KB009953

# 해국도지【四】

海國圖志 四

# 해국도지 海國圖志【四】

초판 1쇄 인쇄   2022년 5월 10일
초판 1쇄 발행   2022년 5월 20일

—

저   자 ┃ 위원魏源
역주자 ┃ 정지호·이민숙·고숙희·정민경
발행인 ┃ 이방원
발행처 ┃ 세창출판사

　　　　신고번호·제1990-000013호
　　　　주소·03736 서울특별시 서대문구 경기대로 58 경기빌딩 602호
　　　　전화·02-723-8660　팩스·02-720-4579
　　　　홈페이지·http://www.sechangpub.co.kr　이메일·edit@sechangpub.co.kr

—

ISBN　979-11-6684-103-3　94900
ISBN　979-11-6684-040-1　(세트)

—

이 역주서는 2017년 대한민국 교육부와 한국연구재단의 지원을 받아 수행된 연구임.
(NRF-2017S1A5A7020082)

—

이 책은 한국연구재단의 지원으로 세창출판사가 출판, 유통합니다.
잘못 만들어진 책은 구입하신 서점에서 바꾸어 드립니다.

# 해국도지
## 海國圖志

# 【四】
## (권5~권8)

위원魏源 저

정지호 · 이민숙 · 고숙희 · 정민경 역주

세창출판사

# 옮긴이의 말

## 『해국도지』 출판 배경

 1839년 호광총독湖廣總督 임칙서林則徐(1785~1850)는 도광제道光帝(재위 1820~1850)의 특명을 받고 아편 무역을 단속하기 위해 흠차대신欽差大臣(특정한 사항에 대해 황제의 전권을 위임받아 처리하는 대신)으로 광주廣州에 파견되었다. 그의 목적은 아편 수입의 급증에 따른 경제적 혼란과, 관료와 군인들의 아편 흡입으로 제국의 기강이 무너지는 것을 방지하기 위한 것이었다. 광주에 도착한 임칙서는 외국 상인에게서 약 2만여 상자의 아편을 몰수한 후 석회를 섞어 소각해서 바다로 흘려보냈다. 아편 1상자가 약 1백 명이 1년간 상용할 수 있는 양이라고 하니 당시 소각한 아편은 엄청난 양이었음을 알 수 있다.

 임칙서는 아편을 단속하는 한편, 서양 정세에도 깊은 관심을 기울였다. 그러나 당시 서양의 실상을 알기 위한 중국 서적이 거의 없는 상황에서 그는 서양 사정에 관한 다양한 자료를 수집하여 번역하는 작업에 착수했다. 번역 팀은 양진덕梁進德, 원덕휘袁德輝, 아맹亞孟, 임아적林亞適 등으로 구성되었다. 이 중 양진덕은 중국 최초의 기독교 선교사로서 『권세양언勸世良言』을 저술한 양발梁發의 아들이다. 독

실한 기독교 가정에서 자란 그는 미국인 선교사 엘리자 콜먼 브리지먼Elijah Coleman Bridgman으로부터 영어를 배웠다고 한다.

임칙서는 수집한 자료 중에서 영국인 휴 머레이Hugh Murray(중국명 모단慕端)가 저술한 『세계지리대전The Encyclopaedia of Geography』(London, 1834)을 번역하게 한 후 이를 윤색하여 『사주지四洲志』를 편찬했다. 『사주지』는 원저의 요점을 간추려서 20분의 1 분량으로 요약했다고 하는데, 임칙서가 윤색에 어느 정도 관여했는지는 명확하지 않다. 임칙서는 1841년 6월에 아편전쟁의 책임을 지고 이리伊犁로 좌천되었는데, 도중 양주揚州 근처 경구京口(강소성 진강鎭江)에서 위원을 만나 『사주지』를 비롯해 그동안 수집한 다양한 자료 등을 전해 주었다.

공양학자公羊學者이면서 일찍부터 해방海防에 관심이 높았던 위원은 임칙서가 전해 준 『사주지』 등의 자료를 토대로 1년 만인 1842년 『해국도지海國圖志』 50권본을 출간했다. 그 후 1847년에는 60권본으로 증보 개정했고, 1852년에는 방대한 분량의 100권 완간본을 출간했다. 『해국도지』는 그 서명에서도 알 수 있듯이 대륙 중심의 중국이 처음으로 해양을 통한 세계 여러 나라에 관심을 기울이게 된 기념비적인 서적이라고 할 수 있다.

위원은 『해국도지』 서문에서 이 서적의 특징에 대해 "이전 사람들의 책이 모두 중국인의 입장에서 서양을 언급한 것이라면, 이 책은 서양인의 관점에서 서양을 언급한 것이다"라고 밝히고 있다. 나아가 "서양의 힘을 빌려 서양을 공격하고(以夷攻夷), 서양의 힘을 빌려 서양과 화친하며(以夷款夷), 서양의 뛰어난 기술을 배워(爲師夷長技) 서양을 제압하기 위해서 저술한 것이다(以制夷而作)"라고 언급하고 있다. 당시 중화사상에 입각해 외국에 배운다고 하는 것에 저항감이 있었던 중국의 현실에서 위원은 서양을 제압하기 위해서는 서양의 뛰어난 기술을 배울 필요가 있다고 호소한 것이다. 근대 계몽사상가인 량치차오梁啓超는 『중국근삼백년학술사中國近三百年學術史』에서 『해국도지』에 대해 "근래 백 년 동안 중국의 민심을 지배했고, 오늘날까지 그 영향력이 적지 않을 뿐만 아니라 … 중국 사대부의 지리에 관한 지식은 모두 이 책에서 비롯되었다"라고 높게 평가하고 있다.

## 위원의 생애

위원魏源(1794~1857)은 청대 정치가이며 계몽사상가이다. 호남성湖南省 소양邵陽 사람으로, 자는 묵심默深, 묵생墨生, 한사漢士이며, 호는 양도良圖이다. 그의 아버지 위방로魏邦魯(1768~1831)는 강소성 가정현嘉定縣 등에서 지방관을 역임했다. 위원은 주로 강소성 지역에서 활동하면서 해방에 대해 관심이 높았는데, 이러한 해방 의식의 형성 배경에는 이 지역이 해상으로부터 피해를 입기 쉬운 곳이라는 지역적 특성이 작용한 듯하다.

위원은 유봉록劉逢祿으로부터 공양학公羊學을 전수받았다. 공양학은 『춘추공양 전春秋公羊傳』에 입각하여 성인의 미언대의微言大義(간결한 언어로 심오한 대의를 논하는 것) 를 연구하는 학문이다. 그는 특히 동중서董仲舒 『춘추번로春秋繁露』의 미언대의 중 에서 '도道'와 '세勢'의 관계에 주목했다. 도뿐만 아니라 세를 중시하는 그의 사상은 세상을 일대 변국으로 보고 다양한 정치 개혁을 착수하는 데 밑거름이 되었던 것 이다.

위원은 도광 2년(1822) 향시鄕試에 합격해 거인擧人이 되었으나 이후 거듭되는 과거 시험의 낙방으로 결국은 연납捐納을 통해 관직에 진출했다. 이후 내각중서內 閣中書로 일하면서 황실 도서를 이용할 수 있게 되어 이를 바탕으로 『성무기聖武記』 를 저술했다. 이 책은 위원이 10여 년의 시간을 들여 청조의 흥기에서 아편전쟁에 이르기까지 국내의 여러 반란이나 주변 민족의 평정 등에 대해 서술한 것으로 청 조의 전법戰法, 군사, 재정에 대해 종합적으로 논한 것으로 평가되고 있다. 위원은 37세가 되던 1830년 임칙서 등과 함께 선남시사宣南詩社를 결성했다. 이는 문인들 의 모임이지만, 아편 엄금론을 주장한 황작자黃爵滋, 고증학자로 유봉록에게서 공 양학을 전수받은 공자진龔自珍 등 당시로서는 개혁적 성향을 지닌 인사들의 교류 공간이었다. 위원은 1840년 아편전쟁이 발발하자 임칙서의 추천으로 양절총독 유 겸裕謙의 막료로 들어갔다. 영국 장교 앤스트러더Anstruther를 만난 것은 바로 이 시 기이다. 위원은 앤스트러더에게서 영국의 제반 상황을 전해 듣고 1841년 『영길리 소기英吉利小記』라는 소책자를 출간하면서 서양에 대해 본격적인 관심을 기울였다. 마침 같은 해 아편전쟁 패배의 책임을 지고 이리로 좌천되어 가던 임칙서에게서

『사주지』를 비롯해 서양 관련 자료를 전해 받았다. 위원은 "서양 오랑캐를 물리치려면 먼저 서양 오랑캐의 실정을 자세하게 파악하는 데서 시작해야 한다(欲制外夷者, 必先悉夷情始)"(『해국도지海國圖志』권1「주해편籌海篇」)라는 인식하에 이듬해인 1842년 마침내 『해국도지』 50권본을 편찬하게 되었다.

위원은 도광 25년(1845)에 비로소 진사가 되어 고우현高郵縣 지주知州를 지냈으나 만년에는 벼슬을 버리고 불교에 심취했다. 주요 저작으로는 『공양고미公羊古微』, 『동자춘추발미董子春秋發微』, 『춘추번로주春秋繁露注』, 『시고미詩古微』, 『서고미書古微』, 『원사신편元史新篇』, 『고미당시문집古微堂詩文集』, 『성무기』 등이 있는데, 경학經學, 사학史學, 지리학, 문학, 정치, 경제 및 군사 등 다방면의 내용을 다루고 있다.


## 『해국도지』의 판본

『해국도지』는 모두 3종의 판본이 있다. 50권본(1842), 60권본(1847), 100권본(1852)이 그것이다. 그 외, 후에 영 존 앨런Young John Allen에 의하여 20권본이 증보된 120권본이 있는데, 여기에서는 전자인 3종의 판본에 대해 설명한다.

### 1. 50권본

『해국도지』 50권본은 이 책의 「서敍」에 따르면, "도광 22년(1842), 임인년 가평월(음력 12월) 양주에서 내각중서 소양 사람 위원이 쓰다(道光二十有二載, 歲在壬寅嘉平月, 內閣中書魏源邵陽敍于揚州)"라고 되어 있다. 즉 1842년 12월 57만 자에 이르는 『해국도지』 50권본이 처음으로 세상에 모습을 드러낸 것이다. 이 책에는 23폭의 지도와 8쪽에 이르는 서양 화포 도면이 수록되어 있다. 「서」에 따르면, 임칙서의 『사주지』를 토대로 더 많은 내용을 첨가해서 "동남양·서남양은 원서(『사주지』)에 비해 10분의 8이 늘어났고, 대소서양·북양·외대양은 원서(『사주지』)보다 10분의 6이 더 늘어났다(大都東南洋·西南洋, 增于原書者十之八, 大小西洋·北洋·外大洋增于原書者十之六)"라고 기록하고 있다.

## 2. 60권본

『해국도지』 60권본은 이 책의 「원서原敍」에 따르면 "도광 27년(1847)에 양주에서 판각되었다(道光二十七載刻于揚州)"라고 기록하고 있다. 위원은 50권본을 출간한 이후 5년간의 노력 끝에 60여만 자로 확충해 『해국도지』 60권본을 편찬한 것이다. 이 책은 50권본에 비해 해외 각 나라의 당시 상황과 서양의 기예技藝 부분 1권을 8권으로 확충했는데, 위원에 따르면 임칙서가 번역한 서양인의 『사주지』와 중국 역대의 사지史志, 명明 이래의 도지島志 그리고 최근의 외국 지도와 외국 저술에 의거하여 편찬했다고 한다.

## 3. 100권본

『해국도지』 100권본은 "함풍 2년(1852)에 책 내용을 더 보태 100권본으로 만들어서 고우주에서 판각했다(咸豊二年重補成一百卷, 刊于高郵州)"고 한다. 『해국도지』 「후서後敍」에 따르면 함풍 2년 88만 자로 확충해서 100권본을 출간했다고 언급하고 있는데, 이 책에서는 지도 75폭, 서양 기예 도면도가 57쪽, 지구천문합론도식地球天文合論圖式 7폭이 보충되었다. 이후 이를 정본으로 하여 위원의 사후에도 중국 각지에서 100권본에 대한 재간행이 이루어졌다. 그중에서 위원의 후손인 위광도魏光燾가 광서光緒 2년(1876)에 『해국도지』를 재간행했는데, 이 책에는 좌종당左宗棠의 서문이 실려 있다. 최근에는 지난대학暨南大學의 천화陳華 등이 주석을 단 악록서사본岳麓書社本(1988)이 간행되어 『해국도지』를 읽어 나가는 데 유익함을 주고 있다. 본 역주 작업은 광서 2년본 『해국도지』를 저본으로 삼아 악록서사본 및 그외 판본 등을 참조하여 진행했음을 미리 밝혀 둔다.

## 『해국도지』의 구성 및 내용

『해국도지』의 구성은 다음과 같다.

| 권수 | 구성 |
|---|---|
| 권1~2 | 주해편籌海篇 |
| 권3~4 | 해국연혁각도海國沿革各圖 |
| 권5~70 | 동남양東南洋(동남아시아, 일본), 서남양西南洋(인도, 서·중앙아시아), 소서양小西洋(아프리카), 대서양大西洋(유럽), 북양北洋(러시아와 발틱 국가들), 외대서양外大西洋(남북아메리카)의 인문지리 |
| 권71~73 | 동서양 종교, 역법, 기년법 비교표 |
| 권74~76 | 세계 자연지리 총론: 오대주와 곤륜崑崙에 대한 서양의 지도 소개 |
| 권77~80 | 주해방론籌海總論－중국 저명인사의 해방론에 대한 상주문과 해방관련 글 |
| 권81~83 | 청대 신문잡지에 실린 대외 관련 기사 |
| 권84~93 | 해방을 위한 대포, 포탄 등 무기 12종에 관한 논의와 도설 |
| 권94~95 | 망원경 제작 방법 등 서양의 과학 기술에 대한 소개, 아편의 중국 수입 통계 등. |
| 권96~100 | 지구천문합론地球天文合論, 칠정七政과 일월식日月蝕 등 14종의 지구과학적 자연 현상에 대한 해설 |

각 권의 요지는 다음과 같다.

권1~2 주해편은 『해국도지』를 편찬하는 목적이라고 할 수 있는 해방론을 다룬 부분이다. 여기에서 위원은 아편전쟁에서 패한 교훈을 근거로 방어와 화친에 대해 논한다. 먼저 '방어란 무엇인가? 어떻게 방어할 것인가?'라는 문제에 대해 "바다를 지키는 것은 해구海口를 지키는 것만 못하고, 해구를 지키는 것은 내륙의 하천을 지키는 것만 못하다"라는 원칙하에 해안보다는 내지 하천의 방비를 강화할 것을 주장한다. 특히 안남국과 미얀마가 영국을 무찌른 사례를 들어 중국의 지세를 활용한 방어책의 중요성을 강조하며, 나아가 군사 모집의 방법과 용병술에 대해 서술하고 있다. 내부의 방어를 견고히 한 후 외국의 공격을 막기 위해서는 적을 이용해 적을 공격하는 이른바 '이이공이以夷攻夷'를 제기한다. 당시 적국인 영국과 사이가 좋지 않은 러시아와 프랑스를 끌어들여 영국을 견제하게 하는 방안이다. 이와 함께 해상전을 위해 광동과 복건 등지에 조선소를 건설해서 군함을 비롯한 선박을 제조하고 적합한 인재를 양성해 해군력을 강화할 것을 주장한다. 화친에 대해서는 단지 열강과의 충돌이 두려워 그들의 요구를 수용(예를 들면 아편 무역을 허용)하기보다는 대체 무역을 통해 그들의 이익을 보장해 주어 화친할 것을 논하고 있다.

권3~4에서는 동남아시아와 서남아시아·아프리카·대서양 유럽 및 남북아메리카의 연혁과 함께 지도를 수록하고 있다. 역사적으로는 지도를 통해 한대부터 위진 남북조, 당대, 원대까지 역대 사서에 기록된 서역 각 나라의 연혁을 서술하여 세계 각 나라의 지리를 한눈에 볼 수 있게 했다.

권5~18의 동남양에서는 역사적으로 중국과 관계가 깊은 베트남을 필두로 해서 태국, 미얀마[이상을 연안국(海岸諸國)으로 분류], 루손, 보르네오, 자와, 수마트라, 일본[이상을 섬나라(海島諸國)로 분류] 등 각 나라의 지리, 역사, 문화 특색 및 중국을 비롯한 서양 국가들과의 대외관계를 서술하고 있다. 동남아시아의 주요 국가를 기술하면서 일본을 포함시킨 이유에 대해 바다로부터 침입을 막은 해방의 경험이 있기 때문이라고 하며, 조선과 류큐는 해방과는 거리가 멀어 언급하지 않는다고 밝히고 있다. 그리고 베트남을 제일 먼저 서술하고 있는 것에 대해 베트남이 역사상 중요한 조공국인 것도 있지만, 그보다도 지리적 여건을 이용해 여러 차례 네덜란드를 비롯한 서양 선박을 물리친 사실에서 중국이 해방을 하는 데 유의할 만한 사례라고 언급하고 있다. 나아가 베트남에서 아편을 금지한 것도 일본에서 기독교를 금지한 것과 함께 높게 평가하고 있다. 이 동남양에서는 중국에서 동남아시아 제 지역으로 가는 항로에 대해서도 상세하게 소개하고 있어 마치 독자로 하여금 직접 여행하는 기분을 느끼게 해 준다.

권19~32에서는 서남양의 인도 및 서아시아에 대해 서술하고 있다. 먼저 인도를 동인도·서인도·남인도·북인도·중인도로 나누어 이들 지역에 존재했던 왕국의 지리, 역사, 문화 등에 대해 언급하고 아울러 중국을 비롯한 서양 국가들과의 대외관계에 대해 서술하고 있다. 그리고 영국 동인도 회사의 설립과 해산 과정, 영국 속지의 지리, 역사, 문화, 종교, 인구, 풍속 등을 기술하고 있다. 또한 페르시아, 유다 왕국, 터키의 지리, 역사, 문화 및 서양과의 대외관계에 대해 기술하고 있는데, 여기에서는 특히 천주교가 중국에 어떠한 경로를 통해 전래되었는지를 보여 주는 『대진경교유행중국비 大秦景教流行中國碑』 전문을 소개하고 있다. 위원은 천주교의 교리에 대해서도 많은 지면을 할애해서 소개하면서 그 교리의 문제점에 대해 비판적인 자세를 보이고 있다.

권33~36의 소서양에서는 아프리카대륙에 대한 전반적인 소개를 비롯해서 이집트, 에티오피아 등 아프리카대륙 국가들의 역사, 지리, 문화, 대외관계 등에 대해서 기술하고 있다. 특히 로마와 카르타고의 전쟁에 대해 상세하게 서술하고 있어 흥미롭다.

권37~53의 대서양에서는 유럽대륙에 대한 전반적인 소개를 하고 포르투갈을 필두로 해서 유럽 각 나라의 역사, 지리, 문화, 대외관계 등에 대해 기술하고 있다. 포르투갈 편에서는 옹정제 시기 포르투갈 국왕에 대한 하사품으로 일반적인 은상 외에 인삼, 비단, 자기 등 수십여 가지 품목을 구체적으로 기록하고 있어 서양과의 조공무역 일단을 살피는 데 유익하다. 위원은 영국에 대해 특히 많은 관심을 보여 다른 국가에 비해 많은 지면을 할애하여 영국의 역사, 지리, 문화, 정치, 경제, 사회, 대외관계 등에 대해 상세하게 소개하고 있다. 영국과의 아편전쟁이 『해국도지』 편찬에 중요한 계기가 되었음을 보여 주는 좋은 사례라 하겠다.

권54~58 북양·대서양에서는 러시아와 북유럽 국가의 역사, 지리, 민족, 언어, 정치 제도, 종교, 문화 등에 대해 상세하게 소개하고 있다. 특히 러시아 지역을 백해 부근, 백러시아, 발트해 연안, 신러시아, 시베리아 등 여러 지역으로 구분해서 각 지역의 복잡다단한 역사와 지리, 지역적 특성에 대해 고찰하고 있어 러시아에 대한 전반적인 이해를 돕는 데 유익하다. 위원이 러시아에 대해 영국과 마찬가지로 많은 지면을 할애하고 있는 것은 영국과 대립하고 있는 러시아를 이용해 영국을 견제하고자 하는 의도가 담겨 있는 것이라고 하겠다.

권59~70 외대서양에서는 콜럼버스의 아메리카대륙 발견 과정과 남북아메리카대륙의 위치와 기후, 물산의 특징에 대해 서술하고 있다. 특히 미국의 역사와 정치, 종교, 교육, 복지, 경제 및 미국인들의 인격 등에 대해서 상세하게 설명하고 있다. 보스턴 차 사건을 계기로 미국이 영국으로부터 독립을 쟁취하기까지의 과정을 상세히 살펴보면서 미국의 독립을 높게 평가하고 있다. 위원이 영국을 '영이英夷(영국 오랑캐)'라고 표기하면서도 미국을 '미이美夷'라고 표기하지 않은 것 역시 영국에 대한 적대적 감정과 함께 미국을 통해 영국을 견제하고자 하는 의도가 담겨 있는 것이라 하겠다.

　권71~73 표에서는 동서양의 종교, 역법, 기년법의 차이에 대해 상세하게 서술하고 있다.

　권74~76 지구총설에서는 불교 경전과 서양의 도설에 의거해 오대주와 세계의 지붕이라고 불리는 곤륜(파미르고원)의 자연지리 및 설화 등에 대해 상세한 소개를 하고 있다.

　권77~80 주해총론은 당대 관료와 학자들의 변방과 해안 방어에 관한 각종 대책과 상주문을 모은 것으로 19세기 당시 중국 엘리트 지식인들의 영국, 프랑스 등 서양 각 나라에 대한 인식을 비롯해 영국을 제압하기 위한 방도 및 급변하는 시국에 적절한 인재 양성 등을 논하는 내용을 다루고 있다.

　권81~83 이정비채夷情備采에서는 『오문월보澳門月報』를 비롯한 서양 신문 잡지에 실린 내용을 통해 외국의 눈에 비친 중국의 모습을 소개하고 있으며, 서양의 중국에 대한 관심 및 아편 문제, 중국 해군의 취약점 등을 상세하게 서술하고 있다.

　권84~93에서는 해방을 위한 서양의 전함과 대포 및 포탄 등 병기 제조, 전술, 측량술 등을 도면과 함께 상세하게 소개하고 있다.

　권94~95에서는 망원경 제작 방법 등 서양의 다양한 과학 기술을 소개하고 있으며, 아편의 중국 수입량에 대한 통계를 다루고 있다.

　권96~100에서는 포르투갈 출신의 예수회 선교사 호세 마르티노 마르케스José Martinho Marques의 저술에 의거하여 칠정七政, 즉 일日·월月·화성火星·수성水星·금성金星·목성木星·토성土星을 소개하고, 이외 일월식日月蝕, 공기, 바람, 천둥과 번개, 조수 및 조류, 지진, 화산 등 다양한 자연 현상의 발생 원인과 양상에 대해 구체적으로 설명하고 있다. 나아가 일월과 조수의 관계, 절기에 따른 태양의 적위, 서양 역법의 기원에 대해서도 다루고 있다.


### 『해국도지』의 조선 및 일본에의 전래

　전근대 중국의 세계관은 고도의 문명을 자랑하는 중국(華)을 중심으로 해서 그 주변에 아직 문명이 미치지 않은 오랑캐(夷)가 존재한다고 하는 일원적인 세계관을 전제로 했다. 화이관에 입각한 중국의 지배 질서는 황제의 덕이 미치는 정도에 따라 중앙과 지방의 이원적 구조를 뛰어넘어 표면상으로는 전 세계에 걸쳐 있었다. 이른바 '천하일통天下一統'의 관념이 존재했던 것이다. 이러한 화이사상에 근거한 중화 세계 질서는 아편전쟁 이후 서구 열강의 침략을 받게 되면서 서서히 무너져 가기 시작한다. 중국이 서구 열강을 중심으로 하는 국제 질서에 편입하게 됨에 따라 '중국'은 더 이상 세계의 중심이 아니라 많은 나라 중의 하나에 불과하며, 세계는 서로 다른 문화를 가진 각 나라가 서로 경합하는 다원적인 공간이라고 하는 인식의 변화가 일어난 것이다. 이러한 인식의 변화는 당시 중국의 엘리트 지식인들에게는 일찍이 경험해 보지 못한 미증유의 세계였다. 위원이 편찬한 『해국도지』는 중국의 지식인들이 새로운 세계에 눈을 돌릴 수 있는 계기를 제공한 것으로, 그것은 단순히 지리적 세계뿐만 아니라 정신적 세계로의 길잡이 역할을 한 것이다. 이리하여 『해국도지』는 당시 중국 지식인들이 '천하'에서 '세계'로 세계상을 전환하면서 중화사상이라는 자기중심적 세계상에서 탈출하는 힘들고 어려운 여행길에 나설 수 있게 해 주었다.

『해국도지』 50권본은 출간되자마자 조선에 전래되었다. 남경조약이 체결되고 나서 1년여가 지난 1844년 10월 26일 조선은 겸사은동지사兼謝恩冬至使를 북경에 파견했는데, 이듬해인 1845년 3월 28일 겸사은동지사의 일행 중에서 정사正使 흥완군興完君 이정응李晸應, 부사 예조판서 권대긍權大肯이 『해국도지』 50권본을 가지고 귀국한 것이다. 이 50권본은 일본에는 전해지지 않았다. 이후 많은 학자들이 북경에 다녀올 때마다 『해국도지』를 구입해 들여와서 개인 소장할 정도로 인기가 높았다고 한다. 가령 김정희金正喜(1786~1856)는 『완당선생전집阮堂先生全集』에서 "『해국도지』는 반드시 필요한 책이다(海國圖志是必需之書)"라고 했으며, 또한 허전許傳(1792~1886)의 『성재집性齋集』에 실린 「해국도지발海國圖志跋」에는 "그 대강을 초록해 놓음으로써 자세히 살피고 검토하는 데 보탬이 된다(故略抄其槩, 以資考閱云爾)"라고 언급하고 있는 것으로 보아 당시에 이미 요약본도 있었음을 알 수 있다. 나아가 최한기崔漢綺(1803~1877)는 『해국도지』 등을 참고하여 『지구전요地球典要』를 썼고, 1871년 신미양요 중에 김병학金炳學은 『해국도지』를 인용하여 국왕에게 미국의 정세를 보고했으며, 1872년 박규수는 중국에 다녀온 뒤로 당시 청년 지식인들에게 해외에 관한 관심과 이해를 강조하며 『해국도지』를 권장했다고 할 정도로 『해국도지』는 조선의 지식인들에게 외국에 대한 이해를 넓히고 새로운 세계 문명지리에 대한 지식을 갖게 해 주었다. 특히 신헌申櫶(1810~1884)은 『해국도지』에 제시된 무기도武器圖에 근거하여 새로운 무기를 만들었다고 할 정도이니 그 영향이 매우 컸음을 알 수 있다.

이러한 상황은 일본의 경우도 마찬가지이다. 『해국도지』는 1851년 처음 일본에 전해졌지만, 1854년 미일통상수교조약이 체결된 뒤에 정식으로 수입이 허가되었다. 그 뒤로 막부 말기에 가와지 도시아키라川路聖謨가 사재를 들여 스하라야 이하치須原屋伊八에게 번각翻刻 출간하게 함으로써 일반인에게도 알려졌다. 그 뒤로 메이지 원년(1868)까지 간행된 『해국도지』는 23종에 이를 정도로 널리 보급되었으며, 일본 근대화에 큰 영향을 미친 사쿠마 쇼잔佐久間象山, 요시다 쇼인吉田松陰, 사이고 다카모리西鄕隆盛 등은 이 책의 열렬한 독자였다고 전해진다.


### 『해국도지』 역주 작업의 경과 및 의의

『해국도지』 역주 작업은 한국연구재단 명저번역 사업의 일환으로 진행되었다. 번역진은 필자를 포함해 모두 4인으로 총 3년에 걸쳐 초벌 번역을 진행했으며, 이후 지속적이고 꼼꼼한 윤독 과정을 거치며 번역문에 대한 수정 작업에 전념했다. 위원이 『해국도지』의 서문에서 100권이라는 분량의 방대함에 너무 질리지 않았으면 좋겠다고 한 것에서 알 수 있듯이 방대한 분량으로 인해 당초 3년이라는 시간 내에 역주 작업을 마칠 수 있을까 하는 염려가 없지 않았으나, 번역진의 부단한 노력 끝에 무사히 번역 작업을 완수할 수 있게 되었다.

본 역주 작업은 광서 2년에 간행된 『해국도지』 100권을 저본으로 삼아 기존에 간행된 판본과의 비교 검토를 진행하면서 글자의 출입을 정리하는 것에서부터 시작했다. 이 작업에는 악록서사 교점본에 많은 도움을 받았다.

번역 작업은 그 자체로 험난한 여정이었다. 『해국도지』는 세계 문명지리서인

만큼 외국의 수많은 국명과 지명, 인명이 한자어로 표기되어 있는데, 독자들의 가독성을 위해 가급적 원어 명칭을 찾으려고 노력했다. 유럽과 아메리카의 경우 다른 대륙에 비해 명칭 확인이 비교적 용이했지만, 지금은 사라진 국명이나 전혀 알려지지 않은 지명 등의 원어 명칭을 찾는 일은 그 자체로 수고로운 일이었다. 끊임없는 노력을 기울였음에도 원어 명칭을 찾지 못해 한자어 명칭을 그대로 표기한 것도 있는데, 이에 대해서는 독자들의 양해를 구하는 바이다.

또한 이미 언급했듯이 100권이라는 방대한 분량에 각 권의 내용도 상당히 난해하여 해석하고 주석을 다는 일 역시 쉬운 작업은 아니었다. 지금까지 『해국도지』의 중요성을 모두 인식하고 있음에도 불구하고 아직 완역본이 나오지 않은 것 역시 역주 작업의 어려움을 간접적으로 말해 주는 것이다. 이에 본서는 『해국도지』에 대한 세계 최초의 역주서라는 점에서 그 의의를 높게 살 만하지 않을까 생각한다. 게다가 본 번역진의 완역 작업을 통해 그동안 일부 전문 연구자의 전유물이었던 『해국도지』를 일반 독자에게도 제공할 수 있게 되었다는 점에 의미를 부여하고자 한다. 그럼에도 불구하고 본 역주 작업에는 번역진이 미처 인지하지 못한 번역상의 문제가 있을 수 있으니, 독자 여러분의 아낌없는 질정을 바라는 바이다.

마지막으로 어려운 출판 여건 속에서도 좋은 책을 만들기 위해 항상 애쓰시는 세창출판사 관계자 여러분께 깊은 감사를 드린다. 특히 김명희 이사님과 정조연 편집자님의 끝없는 관심과 세세한 교정 덕분에 본서의 완성도를 한층 더 높일 수 있게 되었다고 생각한다.

고황산 연구실에서 역주자를 대표해 정지호 씀

# 차례

# 해국도지
## 海國圖志

### 【四】
(권5~권8)

옮긴이의 말                                          5
일러두기                                            30
해국도지 원서 海國圖志 原敍                            33
해국도지 후서 海國圖志 後敍                            49


해국도지 권5                                        59
동남양 서설 敍東南洋                                  61
동남양 1 東南洋一                                    71
아시아 총설 亞細亞洲總說                               71
베트남 1 越南一                                      79
중집 重輯                                           91
　　부록 베트남 강역 고찰 越南疆域附考                 125


해국도지 권6                                        149
동남양 2 東南洋二                                   151
베트남 2개 분국 越南分國二                            151

베트남 분국 연혁 상 越南分國沿革上         168

베트남 분국 연혁 하 越南分國沿革下         196

**해국도지 권7**         225

동남양 3 東南洋三         227

태국 1 暹羅一         227

중집 重輯         239

**해국도지 권8**         285

동남양 東南洋         287

태국 暹羅國         287

태국 본국 연혁 1 暹羅本國沿革一         308

태국 속국 연혁 2 暹羅屬國沿革二         363

찾아보기         395

# 해국도지 전체 차례

해국도지 원서 海國圖志 原敍
해국도지 후서 海國圖志 後敍

## 해국도지 권1

주해편 1 방어에 대해 논함 상 籌海篇一 議守上
주해편 2 방어에 대해 논함 하 籌海篇二 議守下

## 해국도지 권2

주해편 3 전쟁에 대해 논함 籌海篇三 議戰
주해편 4 화친에 대해 논함 籌海篇四 議款

## 해국도지 권3

해국 연혁도 서설 海國沿革圖敍
　　동남양 각 나라 연혁도 東南洋各國沿革圖
　　서남양 오인도 연혁도 西南洋五印度沿革圖
　　소서양 아프리카 연혁도 小西洋利未亞洲沿革圖
　　대서양 유럽 각 나라 연혁도 大西洋歐羅巴各國沿革圖
한·위·당대 서역 연혁도 총설 漢魏唐西域沿革圖總敍
　　한대 서역 연혁도 漢西域沿革圖
　　『북위서』 서역 연혁도 『北魏書』西域沿革圖
　　당대 서역 연혁도 唐西域沿革圖
원대 강역도 서설 元代疆域圖敍
　　원대 서북 강역 연혁도 元代西北疆域沿革圖
세계 전도 地球正背面全圖
아시아 각 나라 지도 亞細亞洲各國圖
　　아시아 전도 亞細亞洲全圖
　　조선 지도 朝鮮國圖
　　안남 지도 安南國圖
　　동남양 연안 각 나라 지도 東南洋沿海各國圖

중인도·남인도 지도 中南兩印度國合圖
동인도 지도 東印度圖
오인도 지도 五印度國圖
오인도 고지도 五印度國舊圖
서역 이슬람 지역 지도 西域各回部圖
서역 부하라·아프가니스탄·발루치스탄 3국
지도 西域押安比路治三國圖
페르시아 지도 百耳西亞國圖
아라비아 지도 亞拉比亞國圖
터키 전도 土耳其國全圖
남터키 지도 南土耳其國圖
러시아 전도 俄羅斯國全圖
아시아 내 러시아 지도 亞細亞洲內俄羅斯國圖
일본 동부 지도 日本國東界圖
일본 서부 지도 日本國西界圖
동남양 각 섬 지도 東南洋各島圖
네덜란드령 순다열도 지도 荷蘭國所屬葛留巴島圖
오스트레일리아 및 부속 도서 지도 奧大利亞及各島圖
오스트레일리아 지도 奧大利亞洲專圖
오스트레일리아 뉴사우스웨일스주 지도 奧大
利亞內新瓦里士圖
태즈메이니아 지도 地面島圖

## 해국도지 권4

아프리카 각 나라 지도 利未亞洲各國圖
　　아프리카 전도 利未亞洲全圖
　　이집트 지도 麥西國圖
　　아프리카 북방 각 나라 지도 利未亞北方各國圖
　　영국령 아프리카 남부 지도 英吉利所屬利未亞

洲南方各地圖

## 유럽 각 나라 지도 歐羅巴洲各國圖

유럽 전도 歐羅巴洲全圖

스페인·포르투갈 양국 지도 大呂宋葡萄亞兩國合圖

『영환지략』 스페인·포르투갈 양국 지도 『瀛環
志略』大呂宋葡萄亞合圖

프랑스 전도 佛蘭西國全圖

프랑스 지도 佛蘭西

네덜란드·벨기에 양국 지도 荷蘭北義兩國合圖

이탈리아 전도 意大里國全圖

스위스 지도 瑞士國圖

덴마크 지도 大尼國圖

독일·프로이센·오스트리아 3국 지도 日耳曼破
路斯奧地利三國圖

프로이센 지도 普魯社國專圖

오스트리아 지도 奧地利國專圖

북터키 지도 北土耳其國圖

그리스 지도 希臘國圖

스웨덴·노르웨이 양국 지도 瑞丁那威兩國合圖

유럽 내 러시아 지도 歐羅巴洲屬俄羅斯國圖

『영환지략』 러시아 서부 지도 『瀛環志略』俄羅斯西坦圖

『이역록』 러시아 지도 『異域錄』俄羅斯國圖

영국 지도 英吉利本國三島國合圖

『사주지』 영국 구획도 『四州志』英吉利國分部圖

『영환지략』 영국 지도 『瀛環志略』英吉利

스코틀랜드 지도 蘇各蘭圖

아일랜드 지도 伊耳蘭島圖

## 아메리카 각 나라 지도 亞默利加洲各國圖

북아메리카 전도 北亞默利加洲全圖

영국령 캐나다 동부 지도 英吉利所屬加拿他國東
邊各部圖

미국 전도 彌利堅國全圖

멕시코 전도 麥西哥國全圖

과테말라 전도 危亞地馬拉國全圖

북아메리카 내 영국 및 러시아 식민지 지도 北默

利加內英俄二國屬地圖

아메리카 각 섬 지도 亞默利加洲各島圖

남아메리카 전도 南亞默利加洲全圖

콜롬비아 전도 可倫比國全圖

브라질 지도 巴悉國圖

페루·볼리비아 양국 지도 北路破利威兩國圖

아메리카 남부 5국 지도 亞默利加洲南方五國合圖

## 해국도지 권5

동남양 서설 敍東南洋

동남양 1 東南洋一

아시아 총설 亞細亞洲總說

베트남 1 越南一

중집 重輯

부록 베트남 강역 고찰 越南疆域附考

## 해국도지 권6

동남양 2 東南洋二

베트남 2개 분국 越南分國二

베트남 분국 연혁 상 越南分國沿革上

베트남 분국 연혁 하 越南分國沿革下

## 해국도지 권7

동남양 3 東南洋三

태국 1 暹羅一

중집 重輯

## 해국도지 권8

동남양 東南洋

태국 暹羅國

태국 본국 연혁 1 暹羅本國沿革一

태국 속국 연혁 2 暹羅屬國沿革二

## 해국도지 권9

동남양 4 東南洋四

구 태국 동남부 속국 현 영국 조계지 싱가포르
연혁 3 暹羅東南屬國今爲英吉利新嘉坡沿革三

## 해국도지 권10

동남양 5 東南洋五

미얀마 緬甸

연혁 沿革

　　부록 미얀마로 들어가는 여정 附入緬路程
　　부록 『대금사강고』 附『大金沙江考』

## 해국도지 권11

동남양 東南洋

스페인령 섬 1 呂宋夷所屬島一

## 해국도지 권12

동남양 東南洋

네덜란드령 큰 섬 荷蘭所屬大島

보르네오섬·자와섬 각 나라 연혁고 婆羅爪哇大
島各國沿革考

영국·네덜란드·포르투갈 3국령 티모르 등의
섬 英荷布路三夷分屬地悶等島

## 해국도지 권13

동남양 東南洋

영국·네덜란드령 순다열도 英荷二夷所屬葛留巴島
　　부록 순다열도 부속 도서 附葛留巴所屬島

## 해국도지 권14

동남양 東南洋

순다열도 부속 도서 葛留巴所屬島

구 랑카수카 순다열도 연혁 葛留巴島舊爲狼牙修沿革

구 사파국 자와·순다열도 연혁 葛留巴島舊爲闍
婆小爪哇沿革

## 해국도지 권15

동남양 東南洋

영국·네덜란드령 아체 및 스리비자야 英荷二
夷所屬亞齊及三佛齊島

구 파리국 아체 및 팔렘방 연혁고 亞齊舊卽古
婆利沿革考

네덜란드·포르투갈령 말루쿠 荷佛二夷所屬美洛居島

영국령 피낭섬 英夷所屬新埠島

## 해국도지 권16

동남양 東南洋

영국령 뉴홀랜드 英夷所屬新阿蘭島

　　부록 부속 도서 附近此洲各島

## 해국도지 권17

동남양 東南洋

일본 日本島國

　　부록 동남양 각 섬 형세 상 附東南洋諸島形勢上

## 해국도지 권18

동남양 東南洋

동남양 각 섬 형세 하 東南洋諸島形勢下
　　부록 남양 각 섬 附南洋各島
　　부록 동남양 가는 경로 附東南洋道路

동양 항로 東洋鍼路

## 해국도지 권19

서남양 오인도 서설 西南洋五印度國志

서남양 西南洋

오인도 총설 상 五印度總述上

중집 重輯

오인도 보집 五印度補輯

**해국도지 권20**

서남양 西南洋

오인도 총설 하 五印度總述下

오인도 토군 번속국 五印度土君藩屬國

인도 각 토군국 印度各土君之國

**해국도지 권21**

서남양 西南洋

중인도 각 나라 中印度各國

동인도 각 나라 東印度各國

**해국도지 권22**

서남양 西南洋

북인도 각 나라 北印度各國

　　부록 『오문월보』 附『澳門月報』

남인도 각 나라 南印度各國

**해국도지 권23**

서남양 西南洋

서인도 서쪽 페르시아 西印度西巴社國

서인도 서쪽 페르시아 연혁 西印度西巴社回國沿革

**해국도지 권24**

서남양 西南洋

아덴 阿丹國

서인도 서쪽 아덴 연혁 西印度西阿丹國沿革

**해국도지 권25**

각 나라 이슬람교 총설 各國回教總考

이슬람교 고찰 상 天方教考上

이슬람교 고찰 하 天方教考下

**해국도지 권26**

서남양 西南洋

서인도 유다 왕국 연혁 西印度之如德亞國沿革

『경교유행중국비』『景教流行中國碑』

**해국도지 권27**

천주교 고찰 상 天主教考上

천주교 고찰 중 天主教考中

천주교 고찰 하 天主教考下

**해국도지 권28**

남터키 南都魯機國

남터키 연혁 南都魯機國沿革

**해국도지 권29**

서남양 西南洋

오인도 연혁 총설 五印度沿革總考

북위 승려 혜생 『사서역기』 외 北魏僧惠生『使西域記』

원나라 유욱 『서사기』 외 元劉郁『西使記』

갠지스강 고찰 상 恒河考上

갠지스강 고찰 하 恒河考下

**해국도지 권30**

서남양 西南洋

중인도 연혁 中印度沿革

동인도 연혁 東印度沿革

남인도 연혁 南印度沿革

남인도양 스리랑카 연혁 南印度海中錫蘭山島國沿革

　　부록 포탈라카산·몰디브제도 附補落伽山及溜山

서인도 연혁 西印度沿革

북인도 연혁 北印度沿革

**해국도지 권31**

서남양 西南洋

　　부록 북인도 서북 주변부 北印度西北鄰部附錄

**해국도지 권32**

서남양 西南洋

북인도 밖 강역 고찰 1 北印度以外疆域考一

북인도 밖 강역 고찰 2 北印度以外疆域考二

원대 서역 원정 고찰 상 元代征西域考上

원대 서역 원정 고찰 하 元代征西域考下

    부록 파미르고원 동쪽 신강 회부 고찰 상 蔥嶺

    以東新疆回部附考上

    부록 파미르고원 동쪽 신강 회부 고찰 하 蔥嶺

    以東新疆回部附考下


**해국도지 권33**

소서양 아프리카 서설 小西洋利未亞洲各國志

소서양 小西洋

아프리카 총설 利未亞洲總說

이집트 厄日度國

중집 重輯

에티오피아 阿邁司尼國

중집 重輯


**해국도지 권34**

소서양 小西洋

동아프리카 東阿利未加洲

북아프리카 4국 北阿利未加洲四國

중집 重輯

남아프리카 각 나라 南阿利未加洲各國

중집 重輯


**해국도지 권35**

소서양 小西洋

서아프리카 각 나라 西阿利未加洲各國

세네감비아 10국 色黎安彌阿十國

감비아강 이남 벵겔라강 이북 내 14국 安彌河以

南至敏維臘河以北十四國

중집 重輯

서아프리카 각 나라 보집 西洲各國補輯


**해국도지 권36**

소서양 小西洋

중앙아프리카 각 나라 中阿利未加洲各國

중집 重輯

아프리카 각 섬 利未亞洲各島


**해국도지 권37**

대서양 유럽 각 나라 총설 大西洋歐羅巴洲各國總敍

대서양 大西洋

대서양 각 나라 연혁 大西洋各國總沿革


**해국도지 권38**

대서양 大西洋

포르투갈 총설 布路亞國總記

포르투갈 연혁 葡萄牙國沿革


**해국도지 권39**

대서양 大西洋

스페인 大呂宋國

스페인 연혁 大呂宋國沿革


**해국도지 권40**

대서양 大西洋

네덜란드·벨기에 양국 총설 荷蘭及彌爾尼壬兩國總記

네덜란드 연혁 荷蘭國沿革


**해국도지 권41**

대서양 大西洋

프랑스 총설 상 佛蘭西國總記上

프랑스 연혁 佛蘭西國沿革

## 해국도지 권42

대서양 大西洋

프랑스 총설 하 佛蘭西國總記下

## 해국도지 권43

대서양 大西洋

이탈리아 총설 意大里亞國總記

이탈리아 연혁 意大里國沿革

## 해국도지 권44

대서양 大西洋

독일 상 耶馬尼上

    독일 분국 1 耶馬尼分國一

    독일 분국 2 耶馬尼分國二

    독일 분국 3 耶馬尼分國三

    독일 분국 4 耶馬尼分國四

    독일 분국 5 耶馬尼分國五

    독일 분국 6 耶馬尼分國六

    독일 분국 7 耶馬尼分國七

    독일 분국 8 耶馬尼分國八

    독일 분국 9 耶馬尼分國九

    독일 분국 10 耶馬尼分國十

    독일 분국 11 耶馬尼分國十一

    독일 분국 12 耶馬尼分國十二

    독일 분국 13 耶馬尼分國十三

    독일 분국 14 耶馬尼分國十四

    독일 분국 15 耶馬尼分國十五

    독일 분국 16 耶馬尼分國十六

    독일 분국 17 耶馬尼分國十七

    독일 분국 18 耶馬尼分國十八

    독일 분국 19 耶馬尼分國十九

    독일 분국 20 耶馬尼分國二十

    독일 분국 21 耶馬尼分國二十一

    독일 분국 22 耶馬尼分國二十二

    독일 분국 23 耶馬尼分國二十三

    독일 분국 24 耶馬尼分國二十四

    독일 분국 25 耶馬尼分國二十五

독일 연혁 耶瑪尼國沿革

## 해국도지 권45

독일 하 耶馬尼下

## 해국도지 권46

대서양 大西洋

오스트리아 奧地里加國

    부록 헝가리 寒牙里國附記

오스트리아 연혁 奧地里亞國沿革

폴란드 波蘭國

폴란드 연혁 波蘭國沿革

## 해국도지 권47

대서양 大西洋

스위스 瑞士國

스위스 연혁 瑞國沿革

## 해국도지 권48

대서양 大西洋

북터키 北土魯機國

북터키 연혁 北土魯機國沿革

## 해국도지 권49

그리스 希臘國

## 해국도지 권50

대서양 大西洋

영국 총설 英吉利國總記

    부록 영국령 스코틀랜드 英吉利所屬斯葛蘭地附記

    부록 영국령 아일랜드 英吉利所屬愛倫國附記

**해국도지 권51**

대서양 大西洋

영국 개설 상 英吉利國廣述上

**해국도지 권52**

대서양 大西洋

영국 개설 중 英吉利國廣述中

**해국도지 권53**

대서양 大西洋

영국 개설 하 英吉利國廣述下

**해국도지 권54**

북양 러시아 서설 北洋俄羅斯國志

북양 北洋

러시아 총설 俄羅斯國總記

중집 重輯

동러시아 5개 지역 東俄羅斯五部

서러시아 8개 지역 西俄羅斯八部

**해국도지 권55**

북양 北洋

대러시아 18개 지역 大俄羅斯十八部

소러시아 3개 지역 小俄羅斯三部

남러시아 5개 지역 南俄羅斯五部

카잔 러시아 5개 지역 加匽俄羅斯五部

러시아 남부 신관할 5개 지역 俄羅斯南新藩五部

아시아 내 북양 러시아 동부 신관할 지역 洋俄羅斯東新藩在阿細亞洲內地

중집 重輯

**해국도지 권56**

북양 러시아 연혁 北洋俄羅斯國沿革

『국조아라사맹빙기』『國朝俄羅斯盟聘記』

원대 북방 강역 고찰 상 元代北方疆域考上

원대 북방 강역 고찰 하 元代北方疆域考下

**해국도지 권57**

북양 北洋

프로이센 서설 普魯社國記

프로이센 연혁 普魯社國沿革

**해국도지 권58**

대서양 大西洋

덴마크 嗹國

덴마크 연혁 嗹國沿革

스웨덴·노르웨이 총설 瑞丁國那威國總記

스웨덴 연혁 瑞丁國沿革

**해국도지 권59**

외대서양 아메리카 총설 外大西洋墨利加洲總敍

외대서양 外大西洋

아메리카 연혁 총설 墨利加洲沿革總說

미국 총설 상 彌利堅總記上

**해국도지 권60**

외대서양 外大西洋

미국, 즉 미합중국 총설 彌利堅卽育奈士迭國總記

보집 補輯

**해국도지 권61**

외대서양 外大西洋

미국 총설 하 彌利堅國總記下

카리브해제도 南北亞墨利加海灣群島

**해국도지 권62**

외대서양 外大西洋

미국 동부 20개 주 彌利堅國東路二十部

**해국도지 권63**

외대서양 外大西洋

미국 서부 11개 주 彌利堅國西路十一部

테네시주 地尼西部

미국 변경 지역 4개 원주민 부락 彌利堅國邊地土番四部

미국 4개 인디언 원주민 부락 彌利堅國因底阿土番四部


**해국도지 권64**

외대서양 外大西洋

북아메리카 멕시코 北墨利加洲內墨是可國

북아메리카 서남부 4국 北墨利加洲西南四國

북아메리카 서부 3국 北墨利加西方三國

북아메리카 서북부 원주민 부락 北墨利加洲西北諸蠻方


**해국도지 권65**

외대서양 外大西洋

북아메리카 내 영국·러시아 식민지 北墨利加洲內

英俄各國屬地


**해국도지 권66**

외대서양 外大西洋

북아메리카 남부 텍사스·과테말라 北亞墨利加

南境德沙國危地馬拉國


**해국도지 권67**

외대서양 外大西洋

남아메리카 남부 파타고니아 南墨利加洲南智加國

남아메리카 카스티야 델 오로 南墨利加洲內金加西蠟國

남아메리카 페루 南墨利加洲內孛魯國


**해국도지 권68**

외대서양 外大西洋

남아메리카 아르헨티나 南墨利加洲內巴拉大河國

남아메리카 브라질 南墨利加洲內伯西爾國


**해국도지 권69**

외대서양 外大西洋

남아메리카 칠레 南墨利加洲內智利國

남아메리카 각 나라 식민지 南墨利加洲內各國兼攝地

아메리카 최남단 원주민 부락 墨利加洲極南方土番部落


**해국도지 권70**

외대서양 外大西洋

남아메리카제도 南墨利加諸島

서해제도 西海諸島

부록 남극 미개척지 南極未開新地附錄


**해국도지 권71**

표 1 表一

남양·서양 각 나라 종교 표 南洋西洋各國敎門表


**해국도지 권72**

표 2 表二

중국·서양 역법 대조표 中國西洋曆法異同表

부록 인도 『회회력법』 고찰 附天竺『回回曆法』考


**해국도지 권73**

표 3 表三

중국·서양 연표 中國西洋紀年通表

부록 이슬람교 교주 사망 시기 고찰 附回敎主

辭世年月考

부록 부처 생멸 시기 고찰 附佛生滅年歲


**해국도지 권74**

지구총설 상 國地總論上

오대륙 해석 釋五大洲

곤륜 해석 상 釋崑崙上

곤륜 해석 하 釋崑崙下

**해국도지 권75**

지구총설 중 國地總論中

　　마테오 리치 지도설 利瑪竇地圖說

　　알레니 오대륙 지도 총설 艾儒略五大洲圖略度解

　　알레니 사해 총설 艾儒略四海總說


**해국도지 권76**

지구총설 하 國地總論下

　　페르비스트 『곤여도설』 南懷仁 『坤輿圖說』

　　천하명천 天下名河

　　마르케스 『지리비고』 서설 西洋人瑪吉士 『地理備考』 敍

　　마르케스 『지구총론』 瑪吉士 『地球總論』

　　『지구추방도설』 『地球推方圖說』


**해국도지 권77**

주해총론 1 籌海總論一

　　진륜형 『천하연해형세록』 陳倫烔 『天下沿海形勢錄』

　　영국 조공 관련 문서 英夷入貢舊案


**해국도지 권78**

주해총론 2 籌海總論二

　　광동시박론 粵東市舶論

　　광동상주 1 粵東章奏一

　　영국의 화친 요구를 대신하여 올린 미국의 상주
　　奏彌利堅代英夷請款疏


**해국도지 권79**

주해총론 3 籌海總論三

　　각나라의 사정을 복주하여 올린 상주 覆奏各國夷情疏

　　프랑스의 사정을 올린 상주 奏佛蘭西國夷情疏

　　각나라의 사정을 복주하여 올린 상주 覆奏各國夷情疏

　　인도의 사정을 복주하여 올린 상주 覆奏印度夷情疏

　　영국의 사정을 복주하여 올린 상주 覆奏英夷情形疏

　　베트남의 알선 정황을 복주하여 올린 상주 覆奏

　　越南軋船情形疏

　　베트남의 알선 정황을 재주하여 올린 상주 再奏

　　越南軋船情形疏


**해국도지 권80**

주해총론 4 籌海總論四

　　오랑캐 토벌군 약법 7조 剿夷兵勇約法七條

　　장군 혁산의 광동성 방어 6조에 대한 회답 答奕

　　將軍防禦粵省六條

　　오랑캐 선박 제압 방법 보고 稟夷船克制之法

　　천진의 오랑캐 방어 상황 상주 陳天津禦夷情形疏

　　문무 과시 확대를 청하는 상주 請推廣文武科試疏


**해국도지 권81**

이정비채 1 夷情備采一

　　『오문월보』 1 『澳門月報』 一

　　『오문월보』 2 『澳門月報』 二

　　『오문월보』 3 『澳門月報』 三


**해국도지 권82**

이정비채 2 夷情備采二

　　『오문월보』 4 『澳門月報』 四

　　『오문월보』 5 『澳門月報』 五


**해국도지 권83**

이정비채 3 夷情備采三

　　『화사이언』 요지 『華事夷言』 錄要

　　『무역통지』 『貿易通志』

　　바텔 『국제법』 滑達爾 『各國律例』

　　법률의 원리와 정의가 실려 있는 제39조 法律

　　本性正理所載第三十九條

　　제172조 一百七十二條

　　제292조 二百九十二條

## 해국도지 권84

전함 건조 요청 상주 請造戰船疏

서양식 병선을 모방해 건조할 것을 복주하여
올린 상주 覆奏倣造夷式兵船疏

대포 제작 인건비가 규정 가격에 부합하기
어렵다는 상주 造砲工價難符例價疏

수군이 작은 배로 공격하는 정황을 올린 상주
水勇小舟攻擊情形疏

바다로 나가는 전함 제조에 대한 상주 製造出洋戰船疏

안남국 전함에 대한 해설 安南戰船說


## 해국도지 권85

화륜선 도설 火輪船圖說

화륜주와 화륜차 도설 火輪舟車圖說

화륜선에 대한 해설 火輪船說


## 해국도지 권86

화포 주조 쇠 거푸집 모형 도설 鑄砲鐵模圖說

쇠 거푸집 제작 방법 製鐵模法

쇠 거푸집 화포 주조법 鐵模鑄砲法

쇠 거푸집의 이점 鐵模利效

양포 주조 도설 鑄造洋砲圖說

포탄 주조법 鑄砲彈法


## 해국도지 권87

대포 주조에 대한 해설 鑄砲說

　　부록 작포법 附炸砲法

포탄·비포·경포에 대한 해설 炸彈飛砲輕砲說

신형 마반포가 도설 樞機砲架新式圖說

대포에 필요한 활차교가 도설 大砲須用滑車絞架圖說

거중대활차교가 도설 擧重大滑車絞架圖說

회전활동포가 도설 旋轉活動砲架圖說

차가거중 등급론 論車架擧重等第


## 해국도지 권88

서양의 대포 측량법에 대한 해설 西洋用砲測量說

포권 도설 砲圈圖說

불랑기 자모포의 가늠쇠 설치 佛郎機子母砲安表式

중국과 서양의 대포 사용론 中西用砲論

화약 사용법 用火藥法

포탄 사용법 用砲彈法

사정거리와 낙하 수치 經試墜數

정조준해도 명중하지 못할 때가 있음을 논함
測準亦有不中論

중국의 대포 조작법 中華用砲變通轉移法

서양인의 대포 주조와 대포 사용법 西人鑄砲用砲法

대포 사정권에 대한 해명 用砲遠近釋疑

대포 사용 적요 用砲摘要


## 해국도지 권89

상한의로 대포 발사 시 고저 측량법 用象限儀測
量放砲高低法

대포 발사 시 숙지해야 할 중선 준칙론 演砲須
知中線準則論

구고 계산법 도설 勾股相求算法圖說

대포 머리와 꼬리 부분 지름의 빠른 계산법
量砲頭徑尾徑捷便法

『연포도설』 진상 상주 進呈『演砲圖說』疏


## 해국도지 권90

서양 西洋

　　서양의 후미가 낮은 곡절 포대 도설 西洋低後
　　曲折砲臺圖說

　　서양 원형 포대 도설 西洋圓形砲臺圖說

　　윤토 포대 도설 潤土砲臺圖說

　　포대 부근 다중 안전장치 해설 砲臺旁設重險說

　　지뢰 도설 地雷圖說

　　지뢰 사용법 공문 詳覆用地雷法

**해국도지 권91**

서양 자동화기 제조법 西洋自來火銃製法

화약 제조법 造藥方

서양 화약 제조법 모방 요청 상주 請傚西洋製造火藥疏

서양 화약 제조법 西洋製火藥法

서양인 화약 제조법과 활용법 西人製藥用藥法

**해국도지 권92**

선박 공격용 수뢰 도설 상 攻船水雷圖說上

**해국도지 권93**

선박 공격용 수뢰 도설 하 攻船水雷圖說下

**해국도지 권94**

서양 기예 잡술 西洋器藝雜述

중국 반입 아편 통계 鴉片來中國統計若干列

**해국도지 권95**

망원경 제작법 약술 作遠鏡法說略

**해국도지 권96**

지구천문합론 1 地球天文合論一

　　칠정 七政

**해국도지 권97**

지구천문합론 2 地球天文合論二

**해국도지 권98**

지구천문합론 3 地球天文合論三

　　마르케스『지리비고』瑪吉士『地理備考』

**해국도지 권99**

지구천문합론 4 地球天文合論四

위도·경도에 대한 논의 緯經二度論

지구시각도론 地球時刻道論

지구시각표 地球時刻表

사계 한서 변론 辨四季寒暑論

**해국도지 권100**

지구천문합론 5 地球天文合論五

　　『평안통서』천지론『平安通書』論天地

　　부록 대소원근 비유 附大小遠近喩

　　「일구도」해설「日晷圖」說

　　부록「월도도」해설 附「月道圖」說

　　「일월식도」해설「日月蝕圖」說

　　「사시절기도」해설「四時節氣圖」說

　　시각론 時刻論

　　「조신수일월도」해설「潮汛隨日月圖」說

　　부록 진해 한사리 附鎭海潮汛

　　절기에 따른 태양 적위표 節氣日離赤道表

　　서양 역법 기원 西洋曆法緣起

1. 본 번역은 『해국도지海國圖志』 광서光緒 2년본(平慶涇固道署重刊), 『해국도지』 도광
   본道光本과 천화陳華 등이 교점한 『해국도지』(岳麓書社, 1998)(이하 '악록서사본'으로 약칭)
   등 『해국도지』 관련 여러 판본을 참고, 교감하여 진행했다.

2. 『해국도지』는 다음 원칙에 준해 번역한다.
   ① 본 번역은 광서 2년본에 의거하되, 글자의 출입이나 내용상의 오류가 발견될
      경우 악록서사본 등을 참고하여 글자를 고쳐 번역하고 주석으로 밝혀 둔다.

      예) 태국은 미얀마의 동남東南[1]쪽에서 위태롭게 버텨 오다가 건륭 36년(1771)에
          미얀마에게 멸망되었다.
          暹羅國跨長, 居緬東南, 緬于乾隆三十六年滅之.
          1) 동남쪽: 원문은 '동남東南'이다. 광서 2년본에는 '서남西南'으로 되어 있
             으나, 악록서사본에 따라 고쳐 번역한다.

   ② 본 번역은 가능한 한 직역을 위주로 하고 직역으로 문맥이 통하지 않을 경
      우에는 본뜻에 벗어나지 않는 범위 내에서 의역하며, 문맥의 이해를 돕기
      위해 필요시 [ ] 부분을 삽입해 번역한다.

   ③ 본 번역에서 언급되는 중국의 국명, 지명, 인명, 서명의 경우, 한국식 독음으
      로 표기하며, 조목마다 처음에만 한자어를 병기한다. 다만 홍콩, 마카오와
      같이 한국인에게 널리 알려진 지명의 경우는 그대로 사용하며, 지금의 지명
      으로 설명이 필요한 경우는 중국 현대어 발음으로 표기한다.

④ 중국을 제외한 외국의 국명, 지명, 인명, 서명의 경우, 외래어 표기법에 의거하여 해당 국가의 현대식 표기법을 따르고, 조목마다 처음에만 해당 지역의 영문 표기를 병기한다. 나머지 필요한 상황은 주석으로 처리한다. 외국의 국명, 지명, 인명 등에 대한 음역의 경우, 이해를 돕기 위해 두음법칙을 적용하지 않았다.

예) 캘리컷Calicut[1]

　　　1) 캘리컷Calicut: 원문은 '고리古里'로, 인도 서남부의 캘리컷을 가리킨다. 지금의 명칭은 코지코드Kozhikode이다.

⑤ 외국 지명은 현대식 표기법을 따를 때 역사적 사건과 사실이 잘 드러나지 않는 경우가 있다. 안남安南의 경우, 오늘날의 베트남을 지칭하지만, 역사적으로 보면 베트남의 한 왕국 이름이다. 따라서 이 경우에는 부득이하게 한자음을 그대로 따르고 처음 나올 때 이를 주석에 명기한다.

예) 안남安南[1]

　　　1) 안남安南: 지금의 베트남을 가리키는 말로, 당대에 이곳에 설치된 안남도호부安南都護府에서 유래되었다. 청대에는 베트남을 안남국, 교지국 등으로 구분하여 불렀다. 또한 안남국은 꽝남국을 가리키기도 한다.

⑥ '안案', '안按', '원안源案' 및 부가 설명은 번역문과 원문에 그대로 노출시킨다. 본문 안의 안과 부가 설명은 본문보다 작게 표기하고 안은 본문보다 연하게 다른 서체로 표기한다. 다만 본문 가장 뒤에 나오는 '안'과 '원안'의 경우는 번역문과 원문 모두 진하게 표기하고 본문 안의 안과 같은 서체로 표기해 구분한다.

예1) 이에 스페인 사람들은 소가죽을 찢어 몇천 길의 길이로 고리처럼 엮어 필리핀의 땅을 두르고는 약속대로 해 달라고 했다. 살펴보건대 마닐라 땅을 [소가죽 끈으로] 두르고 약속대로 해 달라고 했다고 해야 한다.

其人乃裂牛皮, 聯屬至數千丈, 圍呂宋地, 乞如約. 案: 當云圍蠻里喇地, 乞如約.

예2)　　　　　　**영국·네덜란드령 아체와 스리비자야**

단, 3국은 같은 섬으로, 당唐나라 이전에는 파리주婆利洲 땅이었다.

수마트라의 현재 이름이 아체이다. 스리비자야의 현재 이름이 팔렘방Palembang이다.

**英荷二夷所屬亞齊及三佛齊島**

三國同島, 卽唐以前婆利洲地. 蘇門答剌, 今名亞齊. 三佛齊, 今名舊港.


예3) 위원이 살펴보건대 베트남의 서도는 후에에 있으니 곧 참파의 옛 땅이다. 여기에서
별도로 본저국을 가리켜 참파라고 하는데, 옳지 않다. 본저국은 캄보디아, 즉 옛
첸라국이다.『해록』이 상인과 수군의 입에서 나온 책이기 때문에 보고 들은 것은
비록 진실에 속할지 모르지만, 고대의 역사사실을 고찰함에 있어 오류가 많다. 이
에 특별히 부록을 달아 바로잡는다. 참파의 동남쪽 바다에 있는 빈동룡국은 바로
『송사』에서 말하는 빈다라賓陀羅로, 빈다라는 참파와 서로 이어져 있고 지금도 나
란히 꽝남 경내에 속해 있는 것으로 보아 아마도 용내의 땅인 것 같다. 명나라 왕기
王圻가 편찬한『속통고續通考』에는『불경』의 사위성舍衛城이라고 잘못 가리키고 있
는데, 이에 대해서는 말루쿠제도Maluku 뒤에서 바로잡는다.

源案: 越南之西都, 在順化港, 卽占城舊地也. 此別指本底爲占城, 非是. 本底爲柬埔寨, 卽古眞
臘國.『海錄』出於賈客舟師之口, 故見聞雖眞, 而考古多謬. 特附錄而辯之. 至占城東南瀕海, 尙
有賓童龍國, 卽『宋史』所謂賓陀羅者, 與占城相連, 今竝入廣南境內, 疑卽龍柰之地. 明王圻『續
通考』謬指爲『佛經』之舍衛城, 辯見美洛居島國後.


⑦ 주석 번호는 편별로 시작한다.


⑧ 본서에서 언급하고 있는 '원본'은 임칙서林則徐의『사주지四洲志』이다.


예) 원본에는 없으나, 지금 보충한다.

# 해국도지 원서[1]

---

　『해국도지』 60권은 무엇에 의거했는가? 첫째로 전 양광총독兩廣總督이
자 병부상서兵部尙書였던 임칙서林則徐[2]가 서양인[3]의 저서를 번역한 『사주
지四洲志』[4]에 의거했다. 둘째로 역대 사지史志[5] 및 명대明代 이래의 도지島
志,[6] 그리고 최근의 외국 지도[7]·외국어 저술[8]에 의거했다. 철저하게 조사·
고찰하고 일목요연하게 정리하여 새로운 길을 열고자 한다. 대체로 동남
양東南洋,[9] 서남양西南洋[10]은 원본에 비해 10분의 8 정도를 증보했고, 대서양
大西洋·소서양小西洋,[11] 북양北洋,[12] 외대서양外大西洋[13] 역시 10분의 6 정도를 증
보했다. 또한 지도와 표를 날줄과 씨줄로 하고 다양한 사람들의 논점을
폭넓게 참고하여 논의를 진행했다.

　[이 책이] 이전 사람들의 해도海圖에 관한 서적과 다른 점은 무엇인가?
이전 사람들의 책이 모두 중국인의 입장에서 서양[14]을 언급한 것이라면,
이 책은 서양인의 관점에서 서양을 언급했다는 것이다.[15]

　이 책을 저술한 이유는 무엇인가? 서양의 힘을 빌려 서양을 공격하고

(以夷攻夷), 서양의 힘을 빌려 서양과 화친하며(以夷款夷), 서양의 뛰어난 기술을 배워(爲師夷長技) 서양을 제압하기 위해서 저술한 것이다(以制夷而作).

『주역周易』에 다음과 같은 기록이 있다.

"사랑과 증오가 서로 충돌함에 따라 길흉吉凶을 낳고, 장래의 이익과 눈앞의 이익을 취함에 따라 회린悔吝을 낳으며, 진실과 거짓이 서로 감응함에 따라 이해利害를 낳는다."[16] 그러므로 똑같이 적을 방어한다고 해도 그 상황을 아는 것과 모르는 것은 손익 면에서 아주 큰 차이가 난다. 마찬가지로 적과 화친한다고 해도 그 사정을 아는 것과 모르는 것은 손익 면에서 커다란 차이가 있다. 과거 주변 오랑캐[17]를 제압한 경우에, 적의 상황을 물어보면 자기 집 가구를 대하듯이 잘 알고 있었으며, 적의 사정을 물어보면 일상다반사와 같이 잘 알고 있었다.

그렇다면 이 서적만 있으면 서양을 제압할 수 있다는 것인가? 그렇다고 할 수도 있지만, 아닐 수도 있다. 이것은 군사적 전략은 될 수 있지만, 근본적인 대책은 아니다. 유형의 전략이지 무형의 전략은 아니다. 명대 관료는 말하길 "해상의 왜환倭患을 평정하고자 한다면 우선 사람들의 마음속에 쌓인 우환을 다스려야 한다"라고 했다. 사람들의 마음속에 쌓인 우환이란 무엇인가? [이것은] 물도 아니고 불도 아니며 칼도 아니고 돈도 아니다. 연해의 간민奸民도 아니고 아편을 흡입하거나 판매하는 악인도 아니다. 그러므로 군자는 [무공을 칭송한] 「상무常武」와 「강한江漢」[18]의 시를 읽기 전에 [인정을 칭송한] 「운한雲漢」과 「거공車攻」[19]을 읽으면서 『시경詩經』의 「대아大雅」와 「소아小雅」 시인들이 발분한 원인을 깨달았다. 그리고 『주역』 괘사卦辭와 효사爻辭[20]의 내괘內卦(하괘), 외괘外卦(상괘), 소식괘消息卦[21]를 음미하면서 『주역』을 지은 자가 근심한[22] 원인을 알았다. 이 발분과 우환이야말로 하늘의 도(天道)가 부否를 다해서 태泰로 움직이게 하는 것[23]이고 사람들의 마음(人心)이 몽매함을 벗어나 각성하게 하는 것이며 사람들의 재주(人才)가 허虛를 고쳐서 실實로 옮겨 가게 하는 것이다.

예전 강희康熙·옹정雍正 시기에 세력을 떨쳤던 준가르도 건륭乾隆 중기 순식간에 일소되어 버렸다.[24] 오랑캐의 아편[25]이 끼친 해로움은 그 해악이 준가르보다 더 크다. 지금 폐하[26]의 어짊과 근면함은 위로는 열조列祖[27]에 부합하고 있다. 하늘의 운행과 사람의 일에 길흉화복[28]은 언제나 번갈아 가며 변하는 것이니 어찌 [서양을] 무찔러 버릴 기회가 없음을 근심하는가? 어찌 무위武威를 떨칠 시기가 없음을 근심하는가? 지금이야말로 혈기 있는 자는 마땅히 분발해야 할 때이며, 식견을 가진 자는 마땅히 원대한 계획을 세워야 할 때이다.

첫째로, 허위虛僞와 허식을 버리고 재난에 대한 두려움을 버리며, 중병을 키우지 말고 자신의 안위만을 추구하지 않는다면 사람들의 우매한 병폐는 제거될 것이다.

둘째로, 실제의 일을 가지고 실제의 성과를 평가하고, 실제의 성과를 가지고 실제의 일을 평가해야 한다. 쑥은 삼 년간 묵혀서 쌓아 두고[29] 그물은 연못에 가서 엮고,[30] 맨몸으로 황하를 건너지 말며,[31] 그림의 떡을 바라지 않는다면,[32] 인재가 부족하다는 근심은 사라질 것이다.

우매함이 제거되면 태양이 밝게 빛나고, 인재가 부족하다는 근심이 사라지면 우레가 칠 것이다. 『전』에 이르기를 "누가 집안을 어지럽게 하고서 나라를 다스릴 수 있겠는가? 천하가 안정되니 월상越裳[33]도 신하 되기를 청하네"라고 한다.[34]

『해국도지』의 내용은 다음과 같다.

첫 번째, 「주해편籌海篇」[35]에서는 방어를 통해 공격하고 방어를 통해 화친하며, 오랑캐를 이용해서 오랑캐를 제압하는 열쇠를 쥐고 있는 것은 누구인가에 대해 서술한다.

두 번째, 「각 나라 연혁도各國沿革圖」에서는 3천 년의 시간과 9만 리의 공간을 씨실과 날실로 삼으면서, 지도와 역사적 사실을 아울러 서술한다.

세 번째, 「동남양 연안 각 나라東南洋海岸各國」에서는 기독교[36]와 아편을 영내에 들어오지 못하게 하면 우리의 속국[37]도 또한 적개심을 불태울 수 있다는 것에 대해 서술한다.

네 번째, 「동남양 각 섬東南洋各島」에서는 필리핀[38]과 자와는 일본과 같은 섬나라이지만, 한쪽(필리핀과 자와)은 병합되고 한쪽(일본)은 강성함을 자랑하는 것은 교훈으로 삼을 만하다[39]는 것에 대해 서술한다.

다섯 번째, 「서남양 오인도西南洋五印度」에서는 종교가 세 차례나 변하고,[40] 국토는 오인도[41]로 분할되어 까치집(인도)에 비둘기(영국)가 거주하는 것과 같은 형국이니, 이는 중국[42]에게도 재앙이 되고 있는 것에 대해 서술한다.

여섯 번째, 「소서양 아프리카小西洋利未亞」에서는 백인[43]과 흑인[44]은 거주하는 영역이 멀리 떨어져 있는데도 불구하고 흑인이 부림을 당하고 내몰리고 있는데, 이에 대해서는 해외에서 온 외국인[45]에게 자문한 것을 서술한다.

일곱 번째, 「대서양 유럽 각 나라大西洋歐羅巴各國」에서는 대진大秦[46]과 해서海西[47]에는 다양한 오랑캐[48]가 살고 있는데, 이익과 권위로 반림泮林의 올빼미[49]와 같이 감화시킬 수 있다는 것에 대해 서술한다.

여덟 번째, 「북양 러시아北洋俄羅斯國」에서는 동서양에 걸쳐 있고 북쪽은 북극해에 접해 있으니, 근교원공近交遠攻 정책을 취할 시에 육상전에 도움이 되는 우리 이웃 국가에 대해 서술한다.

아홉 번째, 「외대양 미국外大洋彌利堅」에서는 영국의 침략에 대해서는 맹렬히 저항했지만, 중국에 대해서는 예의를 다하니 원교근공遠郊近攻 정책을 취할 시에 해상전에 도움이 되는 나라에 대해 서술한다.

열 번째, 「서양 각 나라 종교 표西洋各國敎門表」에서는 사람은 모두 하늘을 근본으로 하고 가르침은 성인에 의해 세워져 있으니, 이합집산을 되풀이하면서도 조리를 가지고 문란하지 않은 것에 대해 서술한다.

열한 번째, 「중국·서양 연표中國西洋紀年表」에서는 1만 리 영토의 기년紀年이 하나로 통일되어 있는 점에서 중화에는 미치지 못하지만, 단절되면서도 연속되어 있는 아랍[50]과 유럽[51]의 기년에 대해 서술한다.

열두 번째, 「중국·서양 역법 대조표中國西曆異同表」에서는 중국력은 서양력의 바탕이 되지만, 서양력은 중국력과 차이가 있으며, 사람들에게 농사짓는 시기를 알려 주는 것에 있어서는 중국력이 근간을 이루고 있다는 것에 대해 서술한다.

열세 번째, 「지구총설國地總論」에서는 전쟁은 지세의 이점을 우선하는데, 어찌 먼 변방이라고 해서 경시하겠는가! 쌀이나 모래로 지형을 구축해서 지세를 파악한다면[52] 조정은 전쟁에서 승리할 수 있다는 것에 대해 서술한다.

열네 번째, 「주이장조籌夷章條」에서는 지세의 이점도 사람들의 화합에는 미치지 못하며, 기공법奇攻法과 정공법正攻法을 병용한다면 작은 노력으로도 커다란 성과를 거둘 수 있다는 것에 대해 서술한다.

열다섯 번째, 「이정비채夷情備采」에서는 적을 알고 나를 알면 화친할 수도 있고 싸울 수도 있으니, 병의 증상을 알지 못하면 어찌 처방할 것이며, 누가 어지럽고 눈앞이 캄캄한 증상을 치료할 수 있겠는가에 대해 서술한다.

열여섯 번째, 「전함조의戰艦條議」에서는 해양국이 선박에 의지하는 것은 내륙국이 성벽에 의지하는 것과 같으니, 뛰어난 기술을 배우지는 않고 풍파를 두려워하는 것은 누구인가에 대해 서술한다.

열일곱 번째, 「화기화공조의火器火攻條議」에서는 오행이 상극하여 금金과 화火[53]가 가장 맹렬하니, 우레가 지축을 흔들듯이 공격과 수비도 같은 이치라는 것에 대해 서술한다.

열여덟 번째, 「기예화폐器藝貨幣」에서는 차궤와 문자[54]는 다르지만, 화폐의 기능은 같으니, 이 신기한 것을 유용하게 활용하기 위해서 어찌 지혜를 다하지 않겠는가에 대해 서술한다.

도광 22년(1842) 임인년 12월, 내각중서 소양 사람 위원이 양주에서 쓴다.

# 海國圖志原敍

一

『海國圖志』六十卷何所據? 一據前兩廣總督林尙書所譯西夷之『四洲志』. 再據歷代史志及明以來島志, 及近日夷圖·夷語. 鉤稽貫串, 創榛闢莽, 前驅先路. 大都東南洋·西南洋, 增於原書者十之八, 大·小西洋·北洋·外大西洋增於原書者十之六. 又圖以經之, 表以緯之, 博參群議以發揮之.

何以異於昔人海圖之書? 曰彼皆以中土人譚西洋, 此則以西洋人譚西洋也.

是書何以作? 曰爲以夷攻夷而作, 爲以夷款夷而作, 爲師夷長技以制夷而作.

『易』曰: "愛惡相攻而吉凶生, 遠近相取而悔吝生, 情僞相感而利害生." 故同一禦敵, 而知其形與不知其形, 利害相百焉. 同一款敵, 而知其情與不知其情, 利害相百焉. 古之馭外夷者, 諏以敵形, 形同几席, 諏以敵情, 情同寢饋.

然則執此書卽可馭外夷乎? 曰: 唯唯, 否否. 此兵機也, 非兵本也. 有形之兵也, 非無形之兵也. 明臣有言: "欲平海上之倭患, 先平人心之積患." 人心之積患如之何? 非水, 非火, 非刃, 非金. 非沿海之奸民, 非吸煙販煙之莠民. 故君子讀「雲漢」·「車攻」, 先於「常武」·「江漢」, 而知二雅詩人之所發憤. 玩卦爻內外消息, 而知大『易』作者之所憂患. 慎與憂, 天道所以傾否而之泰也, 人心所以違寐而之覺也, 人才所以革虛而之實也.

　昔準噶爾跳踉於康熙·雍正之兩朝, 而電埽於乾隆之中葉. 夷煙流毒, 罪萬準夷. 吾皇仁勤, 上符列祖. 天時人事, 倚伏相乘, 何患攘剔之無期? 何患奮武之無會? 此凡有血氣者所宜慎悱, 凡有耳目心知者所宜講畫也.

　去僞, 去飾, 去畏難, 去養癰, 去營窟, 則人心之寐患祛, 其一. 以實事程實功, 以實功程實事. 艾三年而蓄之, 網臨淵而結之, 毋馮河, 毋畫餅, 則人材之虛患祛, 其二. 寐患去而天日昌, 虛患去而風雷行. 『傳』曰: "孰荒於門, 孰治於田? 四海旣均, 越裳是臣." 敍『海國圖志』.

　以守爲攻, 以守爲款, 用夷制夷, 疇司厥楗, 述「籌海篇」第一.

　縱三千年, 圜九萬里, 經之緯之, 左圖右史, 述「各國沿革圖」第二.

　夷敎夷煙, 毋能入界, 嗟我屬藩, 尙堪敵愾, 志「東南洋海岸各國」第三.

　呂宋·爪哇, 嶼埒日本, 或噬或駾, 前車不遠, 志「東南洋各島」第四.

　敎閱三更, 地割五竺, 鵲巢鳩居, 爲震旦毒, 述「西南洋五印度」第五.

　維晢與黔, 地遼疆閎, 役使前驅, 疇詡海客, 述「小西洋利未亞」第六.

　大秦海西, 諸戎所巢, 維利維威, 實懷泮鴞, 述「大西洋歐羅巴各國」第七.

　尾東首西, 北盡冰溟, 近交遠攻, 陸戰之鄰, 述「北洋俄羅斯國」第八.

　勁悍英寇, 恪拱中原, 遠交近攻, 水戰之援, 述「外大洋彌利堅」第九.

　人各本天, 敎綱於聖, 離合紛紜, 有條不紊, 述「西洋各國敎門表」第十.

　萬里一朔, 莫如中華, 不聯之聯, 大食·歐巴, 述「中國西洋紀年表」第十一.

　中曆資西, 西曆異中, 民時所授, 我握其宗, 述「中國西曆異同表」第十二.

　兵先地利, 豈間遐荒! 聚米畫沙, 戰勝廟堂, 述「國地總論」第十三.

　雖有地利, 不如人和, 奇正正奇, 力少謀多, 述「籌夷章條」第十四.

　知己知彼, 可款可戰, 匪證奚方, 孰醫瞑眩, 述「夷情備采」第十五.

水國恃舟, 猶陸恃堞, 長技不師, 風濤誰讋, 述「戰艦條議」第十六.

五行相克, 金火斯烈, 雷奮地中, 攻守一轍, 述「火器火攻條議」第十七.

軌文匪同, 貨幣斯同, 神奇利用, 盍殫明聰, 述「器藝貨幣」第十八.


道光二十有二載, 歲在壬寅嘉平月, 內閣中書邵陽魏源敍於揚州.

# 주석

1  원서: 이 서문은 원래 『해국도지』 50권본의 서문이다. 악록서사본에 따르면 이는 도광 22년 12월(1843년 1월)에 서술되어 도광 27년(1847) 『해국도지』 60권본을 출판할 때, 단지 50권본의 '5' 자를 '6' 자로 바꾸고 '서敍'를 '원서原敍'로 수정했다. 나머지 내용은 전부 50권본 그대로이다.

2  임칙서林則徐: 임칙서(1785~1850)는 청나라 말기의 정치가로 복건성 복주 출신이다. 자는 소목少穆, 호는 문충文忠이다. 1837년 호광총독湖廣總督으로 재임 중 황작자黃爵滋의 금연 정책에 호응해서 아편 엄금 정책을 주장했다. 호북湖北·호남湖南에서 금연 정책의 성공을 인정받아 흠차대신으로 등용되어 광동에서의 아편 무역을 단속하게 된다. 1839년 광동에 부임하여 국내의 아편 판매 및 흡연을 엄중히 단속하고 외국 상인이 소유하던 아편을 몰수했으며, 아편 상인을 추방하여 아편 무역을 근절하고자 했다. 그러나 이에 항의한 영국이 함대를 파견하자 이에 대한 책임을 지고 면직되어 신강성新疆省에 유배되었다.

3  서양인: 원문은 '서이西夷'이다.

4  『사주지四洲志』: 임칙서가 휴 머레이Hugh Muray 『세계지리대전The Encyclopædia of Geography』의 일부를 양진덕梁進德 등에게 번역시킨 후, 직접 원고의 일부분을 수정해서 펴낸 책이다. 이하 본서에서 언급하고 있는 원본은 바로 『사주지』를 가리킨다.

5  사지史志: 『해국도지』에 인용되어 있는 24사를 비롯해 『통전通典』, 『문헌통고文獻通考』, 『속문헌통고續文獻通考』, 『황조문헌통고皇朝文獻通考』, 『통지通志』, 『수경주水經注』, 『책부원귀冊府元龜』, 『대청일통지大淸一統志』, 『광동통지廣東通志』, 『무역통지貿易通志』 등의 서적을 가리킨다.

6  도지島志: 『해국도지』에 인용되어 있는 주달관周達觀의 『진랍풍토기眞臘風土記』, 왕대연汪大淵의 『도이지략島夷志略』, 사청고謝淸高의 『해록海

錄』, 장섭張燮의 『동서양고東西洋考』, 황충黃衷의 『해어海語』, 황가수黃可垂의 『여송기략呂宋紀略』, 왕대해汪大海의 『해도일지海島逸志』, 장여림張汝霖의 『오문기략澳門紀略』, 진륜형陳倫炯의 『해국문견록海國聞見錄』, 줄리오 알레니Giulio Aleni의 『직방외기職方外紀』, 페르디난트 페르비스트Ferdinand Verbiest의 『곤여도설坤輿圖說』 등의 서적을 가리킨다.

7   외국 지도: 원문은 '이도夷圖'이다. 서양에서 제작된 지도를 가리킨다.

8   외국어 저술: 원문은 '이어夷語'이다. 서양인이 저술한 서적을 가리킨다.

9   동남양東南洋: 위원이 말하는 동남양은 동남아시아Southeast Asia 해역, 한국Korea·일본Japan 해역 및 오세아니아Oceania 해역 등을 가리킨다.

10  서남양西南洋: 위원이 말하는 서남양은 아라비아해Arabian Sea 동부에 있는 남아시아South Asia 해역 및 서남아시아 동쪽의 아라비아해 서부 등의 해역을 포괄해서 가리킨다.

11  대서양大西洋·소서양小西洋: 위원이 말하는 대서양은 서유럽West Europe 및 스페인Spain·포르투갈Portugal의 서쪽 해역, 즉 대서양Atlantic Ocean에 인접해 있는 여러 국가 및 북해North Sea의 남부와 서부를 가리킨다. 위원이 말하는 소서양은 인도양Indian Ocean과 대서양에 인접해 있는 아프리카Africa 지역을 가리킨다.

12  북양北洋: 위원이 말하는 북양은 북극해Arctic Ocean 및 그 남쪽의 각 바다에 인접해 있는 유럽Europe과 아시아Asia 두 대륙 일부, 일부 발트해 연안 국가의 해역, 덴마크Denmark 서쪽의 북해 동부 및 북아메리카North America의 그린란드Greenland 주위 해역, 즉 노르웨이Norway·러시아·스웨덴Sweden·덴마크·프로이센Preussen 5개국의 해역 및 크림반도 주변 해역을 가리킨다.

13  외대서양外大西洋: 위원이 말하는 외대서양은 대서양에 인접해 있는 남북아메리카 일대를 가리킨다.

14  서양: 대서양 양안의 구미 각 나라를 가리킨다.

15  이 책은 … 언급했다는 것이다: 도광 27년(1847)의 60권본의 5, 7, 13, 14, 16, 20~23, 25~33, 36~38, 40~43권은 유럽인 원찬(歐羅巴人原撰), 후관 임

칙서 역관侯官林則徐譯, 소양 위원 중집邵陽魏源重輯이라고 기록하고 있는데, 이 부분은 『사주지』를 원본으로 하고 다른 서적을 참고해서 증보한 것이다.

16 사랑과 중오가 … 낳는다: 『주역』 제12장 「계사전繫辭傳」 하에 보인다. 길吉은 좋은 것, 흉凶은 나쁜 것이다. 회悔는 후회하는 것이고, 린吝은 개선하려고 하지 않는 것이다. 흉과 길이 이미 벌어진 일이라면 회와 린은 일종의 전조와 같은 것으로 회는 길할 전조, 린은 흉할 전조가 된다.

17 주변 오랑캐: 원문은 '외이外夷'이다.

18 「상무常武」와 「강한江漢」: 모두 『시경』 「대아」의 편명이다. 주나라 선왕宣王이 회북淮北의 오랑캐를 정벌하여 무공을 떨친 것을 기리기 위해 지은 것이다.

19 「운한雲漢」과 「거공車攻」: 「운한」은 『시경』 「대아」의 편명이고 「거공」은 「소아」의 편명이다. 주나라 선왕이 재해를 다스리고 제도를 정비한 것 등 내정을 충실히 한 것을 기리기 위해 지은 것이다.

20 괘사卦辭와 효사爻辭: 『주역』은 본래 양(—)과 음(--)의 결합에 의해 64괘로 이루어져 있다. 이 64괘에 대한 설명을 괘사라고 한다. 그리고 괘를 구성하고 있는 (—)과 (--)을 효라고 하는데, 이에 대한 의미를 설명한 것을 효사라고 한다. 1괘당 6개의 효가 있어 효사는 모두 384개로 이루어져 있다.

21 내괘內卦(하괘), 외괘外卦(상괘), 소식괘消息卦: 원문은 '내외소식內外消息'이다. 모두 『주역』의 용어로서 끊임없는 변화를 의미한다.

22 『주역』을 지은 자가 근심한: 『주역』 「계사전」 하에 의하면 "『주역』이 흥기한 것은 중고 시대일 것이다. 『주역』을 지은 자는 근심을 품고 있을 것이다(『易』之興也, 其於中古乎. 作『易』者其有憂患乎)"라고 언급하고 있다.

23 부否를 다해서 태泰로 움직이게 하는 것: '부'와 '태'는 모두 『주역』 64괘의 하나이다. '부'는 막혀 있는 상태, '태'는 형통하고 있는 상태로서 양자는 정반대의 위치에 있다. '부'가 지극해지면 '태'로 변화하는데, 이는 분노와 우환이 막혀 있는 상태에서 형통하는 상태로 변화하는 것을 의

미한다.

24 **준가르도 … 일소되어 버렸다**: 준가르는 17세기 초에서 18세기 중엽에 걸쳐 세력을 떨친 서북 몽골의 오이라트계 몽골족이다. 17세기 말경 종종 중국의 서북 변경에 침입했으나 1755년 청나라군의 공격을 받아 준가르가 붕괴되고 나아가 1758년 완전히 멸망되었다.

25 **오랑캐의 아편**: 원문은 '이연夷烟'이다.

26 **폐하**: 도광제道光帝(재위 1820~1850)를 가리킨다.

27 **열조列祖**: 청조의 역대 제왕을 가리킨다.

28 **길흉화복**: 원문은 '의복倚伏'이다. 노자老子 『도덕경道德經』의 "화란 것은 복이 의지하는 곳이고, 복은 화가 숨어 있는 곳이다(禍兮福之所倚, 福兮禍之所伏)"라는 말에서 유래한다.

29 **쑥은 삼 년간 묵혀서 쌓아 두고**: 원문은 '애삼년이축지艾三年而蓄之'이다. 『맹자孟子』 「이루離婁」 하편에 "7년의 병을 치료하기 위해서는 삼 년간 숙성된 쑥이 필요하다(七年之病救三年之艾)"는 말이 있다.

30 **그물은 연못에 가서 엮고**: 원문은 '망임연이결지網臨淵而結之'이다. 『한서漢書』 「동중서전董仲舒傳」에 "연못에 임해서 고기를 탐하는 것은 물러나 그물을 만드는 것보다 못하다(臨淵羨魚, 不如退而結網)"라는 말이 있다.

31 **맨몸으로 황하를 건너지 말며**: 원문은 '무풍하毋馮河'이다. 『논어論語』 「술이述而」편에 "맨손으로 호랑이를 잡고 맨몸으로 황하를 건너다가 죽어도 후회가 없다는 사람과는 나는 함께하지 않을 것이다(暴虎馮河, 死而無悔者, 吾不與也)"라는 말이 있다.

32 **그림의 떡을 바라지 않는다면**: 원문은 '무화병毋畫餅'이다.

33 **월상越裳**: 서주 초기의 '월상'은 막연하게 중국 남쪽의 아주 먼 나라를 가리키기 때문에 정확한 지역은 알 수 없다. 삼국 시대 이후에 등장하는 '월상'은 대체로 베트남 중부의 월상현越裳縣을 가리키며, 지금의 하띤성 Ha Tinh 일대에 해당한다. 또한 라오스Laos나 캄보디아Cambodia를 가리키기도 한다.

34 **『전』 … 한다**: 『후한서後漢書』 「남만전南蠻傳」에 의하면 월상은 베트남

의 남쪽에 있던 나라로 주공周公 시기 여러 번이나 통역을 거쳐서 입조해서 흰 꿩을 바쳤다는 일화가 등장하는데, "누가 집안을 … 신하 되기를 청하네"는 한유韓愈의 시 「월상조越裳操」에서 인용한 것이다.

35  「주해편籌海篇」: '의수議守', '의전議戰', '의관議款' 세 항목으로 구성되어 있다.

36  기독교: 원문은 '이교夷教'이다.

37  속국: 원문은 '속번屬藩'이다.

38  필리핀: 원문은 '여송呂宋'이다.

39  교훈으로 삼을 만하다: 원문은 '전거불원前車不遠'이다. 이 말은 앞 수레가 넘어지면 뒤 수레의 경계가 된다는 의미의 '전거복철前車覆轍'과 은나라가 망한 것을 거울로 삼아야 할 것은 멀리 있지 않다는 의미의 '은감불원殷鑑不遠'의 앞뒤 두 글자를 따온 것이다.

40  종교가 세 차례나 변하고: 원문은 '교열삼경教閱三更'이다. '종교의 나라'로로 불리는 인도는 힌두교와 불교의 탄생지이며, 10세기경에는 이슬람군이 인도의 델리 지방을 점거하면서 이슬람교가 전파되기 시작했다.

41  오인도: 원문은 '오축五竺'으로, 동인도·남인도·서인도·북인도·중인도를 가리킨다. 악록서사본에 따르면 오인도는 다음과 같이 구분되고 있다. 동인도Pracys는 지금의 인도 아삼주Assam 서부, 서벵골주West Bengal의 중부와 남부, 오디샤Odisha의 북부와 중부 및 현 방글라데시Bangladesh의 중부와 남부이다. 북인도Udicya는 현 카슈미르주Kashmir, 인도의 펀자브주Punjab, 하리아나주Haryana, 파키스탄의 서북 변경, 펀자브주 및 아프가니스탄의 카불강Kabul River 남쪽 양측 강변 지역이다. 서인도Aparanta는 현 파키스탄 중부와 남부, 인도 구자라트주Gujarat의 북부와 동부, 마디아프라데시주Madhya Pradesh의 북부와 서부, 라자스탄주Rajasthan의 남부이다. 『대당서역기大唐西域記』에는 '인도국'이 아니라고 명확히 밝히고 있다. 중인도Madhyadesa는 현 방글라데시 북부, 인도의 서벵골주 북부, 라자스탄주 북부, 우타르프라데시주Uttar Pradesh이다. 네팔Nepal을 중인도에 넣고 있는데, 이는 옳지 않다. 선학들도 이미 논한 바 있다. 남인도

Daksinapatha는 인도차이나반도상의 오디샤주의 남부, 중앙주의 동남부, 마하라슈트라주Maharashtra와 위에서 서술한 세 곳 이남의 인도 각주 및 서북쪽으로 면한 카티아와르반도Kathiawar Peninsular이다. 『대당서역기』에는 '인도국'이 아니라고 명확히 밝히고 있다. 위원이 『해국도지』를 편찬할 때 무굴 제국Mughal Empire은 이미 멸망하여 잘 알지 못했기 때문에 『직방외기』에서 언급한 동·북·중·서인도가 무굴 제국에 병합되었다고 하는 설의 영향을 크게 받았다. 확실하게 영국의 동인도 회사가 직접 통치하는 뱅골(현 방글라데시와 인도의 서벵골주 지역)을 동인도로 하고 카슈미르를 북인도라 한 것을 제외하고는 예전 중·서인도 및 동·북인도의 나머지 지역을 '중인도'라고 했다. 또한 지금 이란의 아라비아반도에 이르는 일대를 '서인도'라고도 했다.

42 중국: 원문은 '진단震旦'으로, 지나支那와 같이 중국을 달리 부르는 말이다.

43 백인: 원문은 '석皙'이다.

44 흑인: 원문은 '검黔'이다.

45 해외에서 온 외국인: 원문은 '해객海客'이다.

46 대진大秦: 고대 로마 제국Roman Empire, 또는 동로마 제국Byzantium Empire을 가리킨다.

47 해서海西: 고대 로마 제국, 또는 동로마 제국을 가리킨다.

48 오랑캐: 원문은 '융戎'이다. 고대 중국은 주변 민족을 동이東夷, 서융西戎, 남만南蠻, 북적北狄으로 불렀다. 여기에서 융은 중국의 서쪽에 있는 이민족을 가리킨다.

49 반림泮林의 올빼미: 원문은 '반효泮鴞'이다. 『시경』 「노송魯頌·반수泮水」 편에 "훨훨 날아다니는 올빼미가 반궁 숲에 내려앉았네. 우리 뽕나무의 오디를 먹고서는 나에게 듣기 좋은 소리로 노래해 주네(翩彼飛鴞, 集于泮林, 食我桑黮, 懷我好音)"라고 하는데, 이는 훨훨 나는 올빼미가 오디를 먹고 감화되었다는 것을 의미한다.

50 아랍: 원문은 '대식大食'이다. 대식은 원래 이란의 한 부족명이었는데, 후에 페르시아인은 이를 아랍인의 국가로 보았다. 중국은 당조唐朝 이후

대식을 아랍 국가의 명칭으로 사용하고 있다.

51 유럽: 원문은 '구파歐巴'이다.

52 쌀이나 모래로 … 파악한다면: 원문은 '취미화사聚米畫沙'이다. 『후한서』 권24 「마원열전馬援列傳」에 의하면, 후한 광무제가 농서隴西의 외효隗囂 를 치기 위하여 친정했을 때, 농서 출신 복파장군伏波將軍 마원이 쌀을 모아서 산과 골짜기 등 지형을 그림처럼 만들어 보여 주자 광무제가 오 랑캐가 내 눈앞에 들어왔다고 기뻐했다는 고사가 전해진다.

53 금金과 화火: 금과 화는 음양오행설의 목·화·토·금·수의 순서에 따라 상 극(상승) 관계에 있다. 동시에 여기에서는 무기, 화기를 나타낸다. 『주 역』에 "우레가 지축을 흔든다(雷奮地中)"라는 말이 있다.

54 차궤와 문자: 『예기禮記』 「중용中庸」편에 "지금 천하의 수레는 차궤를 같이하고, 서적은 문자를 같이하며, 행실은 윤리를 같이한다(今天下車同 軌, 書同文, 行同倫)"라고 한다. 여기에서 차궤, 문자, 행실은 넓은 의미에서 인류 사회의 문명을 의미한다.

# 海國圖志

# 해국도지 후서

—

 

 

서양의 지리에 대해 이야기할 경우에는 명대 만력萬曆[1] 중엽 서양[2]인 마테오 리치Matteo Ricci[3]의 『곤여도설坤輿圖說』[4]과 줄리오 알레니Giulio Aleni[5]의 『직방외기職方外紀』[6]에서부터 시작해야 한다. 이들 책이 처음 중국에 소개되었을 때, 중국인들은 대체로 추연鄒衍[7]이 천하를 논하는 것과 같다고 생각했다.[8] 청조[9] 시기에 이르러 광동에서 통상무역[10]이 활발해지면서 중국어와 산스크리트어가 두루 번역됨에 따라 지리에 관한 많은 서적이 중국어로 번역·간행되었다. 예를 들면, 북경 흠천감欽天監[11]에서 근무하던 페르디난트 페르비스트Ferdinand Verbiest[12]와 미셸 베누아Michel Benoist[13]의 『지구전도地球全圖』가 있다. 광동에서 번역 출간된 것으로서 초본鈔本[14]인 『사주지四洲志』·『외국사략外國史略』[15]이 있고, 간행본으로는 『만국지리전도집萬國地理全圖集』[16]·『평안통서平安通書』[17]·『매월통기전每月統紀傳』[18]이 있는데, 하늘의 별처럼 선명하고 손금을 보는 것처럼 명료했다. 이에 비로소 해도海圖와 해지海志를 펼쳐 보지 않았으면 우주의 창대함과 남북극의 상하가 둥글다는 것을 몰랐다는 사실조차 몰랐을 것이다. 다만, 이 발행물들은 대부분 서양 상인들이 발행한 것으로 섬 해안가 토산물의 다양함, 항구도시 화물 선박의 수, 더위와 추위 등 하늘의 운행에 따른 절기에 대해서는 상세하다. 그리고 각 나라 연혁의 전모나 행정 구역의 역사로 보아 각 나라 사서史書에 9만 리를 종횡하고 수천 년을 이어져 온 산천 지리를 기록할 수 있을 것 같은데, [이들 책에서는] 유감스럽게도 아직 들어 보지 못했다.

다만 최근에 나온 포르투갈[19]인 호세 마르티노 마르케스José Martinho Marques[20]의 『지리비고地理備考』,[21] 미국[22]인 엘리자 콜먼 브리지먼Elijah Coleman Bridgman[23]의 『미리가합성국지략美理哥合省國志略』[24]은 모두 그 나라의 문인들이 고대 전적典籍[25]을 세세하게 살펴 [집필하여] 문장의 조리가 매우 분명해 이해하기가 쉽다. 그리고 『지리비고』의 「구라파주총기歐羅巴洲總記」 상하 2편[26]은 더욱 걸작으로, 바로 오랫동안 막혀 있던 마음을 확 트이게 해 주었다. 북아메리카[27]에서는 부락이 군장을 대신하고[28] 그 정관이 대대로 이어지는데도 폐단이 없고, 남아메리카[29] 페루국[30]의 금은은 세계에서 제일 풍부하지만, 모두 역대로 들은 바가 없다. 이미 [『해국도지』는] 100권을 완성해 앞에 총론을 제시해서 독자들로 하여금 그 대강을 파악한 후에 그 조목을 상세하게 알게 해 두었으니 분량의 방대함에 질려 탄식하지 않기를 바란다.

또한 예전 지도는 단지 앞면과 뒷면 2개의 전도全圖만 있고, 또한 각 나라가 모두 실려 있지 않아 좌우에 지도와 역사서를 모두 갖추는 바람을 채우지 못했다. 그런데 지금 광동과 홍콩에서 간행된 화첩畫帖[31] 지도를 보면 각각 지도는 일국의 산수와 성읍의 위치를 구륵鉤勒, 즉 동그라미로 표시하고 색칠해 두었으며 경도[32]와 위도[33]를 계산하는 데 조금도 어긋나지 않았다. 이에 고대부터 중국과 교류가 없었던 지역임에도 산천을 펼쳐 보면 마치 『일통지一統志』의 지도를 보는 것 같았고 풍토를 살펴보면 마치 중국 17개 성省의 지방지를 읽는 것 같았다. 천지 기운의 운행이 서북쪽에서 동남쪽으로 해서 장차 중외가 일가를 이루려고 하는 것인가!

무릇 그 형세를 자세하게 알면 다스리는 방법이 틀림없이 「주해편」에 들어 있다는 것을 알게 될 것이다. 「주해편」은 작게 쓰면 작은 효용이, 크게 쓰면 큰 효용이 있을 것이니 이로써 중국의 명성과 위엄을 떨칠 수 있다면 이는 밤낮으로 매우 원하던 바이다.

마르케스의 『천문지구합론天文地球合論』과 최근 수전에서 사용되었던 화공과 선박, 기기의 도면을 함께 뒤쪽에 부록으로 실어 두었으니, 지식을 넓히는 데 보탬이 되고, 유익하게 활용하는 데 도움이 되기를 바란다.

함풍咸豊 2년(1852), 소양 사람 위원이 고우주高郵州에서 쓴다.

# 海國圖志後敍

———

　　譚西洋輿地者, 始於明萬曆中泰西人利馬竇之『坤輿圖說』, 艾儒略之『職方外紀』. 初入中國, 人多謂鄒衍之談天. 及國朝而粵東互市大開, 華梵通譯, 多以漢字刊成圖說. 其在京師欽天監供職者, 則有南懷仁·蔣友仁之『地球全圖』. 在粵東譯出者, 則有鈔本之『四洲志』·『外國史略』, 刊本之『萬國地理全圖集』·『平安通書』·『每月統紀傳』, 爛若星羅, 瞭如指掌. 始知不披海圖海志, 不知宇宙之大, 南北極上下之渾圓也. 惟是諸志多出洋商, 或詳於島岸土產之繁, 埠市貨船之數, 天時寒暑之節. 而各國沿革之始末·建置之永促, 能以各國史書誌富媼山川縱橫九萬里·上下數千年者, 惜乎未之聞焉.

　　近惟得布路國人瑪吉士之『地理備考』與美里哥國人高理文之『合省國志』, 皆以彼國文人留心丘索, 綱舉目張. 而『地理備考』之『歐羅巴洲總記』上下二篇尤爲雄偉, 直可擴萬古之心胸. 至墨利加北洲之以部落代君長, 其章程可垂奕世而無弊, 以及南洲孛露國之金銀富甲四海, 皆曠代所未聞. 既彙成百卷, 故提其總要於前, 俾觀者得其綱而後詳目, 庶不致以卷帙之繁, 望洋生歎焉.

又舊圖止有正面背面二總圖, 而未能各國皆有, 無以愜左圖右史之願. 今則用廣東香港冊頁之圖, 每圖一國, 山水城邑, 鉤勒位置, 開方里差, 距極度數, 不爽毫髮. 於是從古不通中國之地, 披其山川, 如閱『一統志』之圖, 覽其風土, 如讀中國十七省之志. 豈天地氣運, 自西北而東南, 將中外一家歟!

夫悉其形勢, 則知其控馭必有於「籌海」之篇. 小用小效, 大用大效, 以震疊中國之聲靈者焉, 斯則夙夜所厚幸也. 夫至瑪吉士之『天文地球合論』與夫近日水戰火攻船械之圖, 均附於後, 以資博識, 備利用.


咸豐二年, 邵陽魏源敍於高郵州.

# 주석

1 만력萬曆: 명나라 제13대 황제 신종神宗 주익균朱翊鈞(재위 1573~1620)의 연호
이다.

2 서양: 원문은 '태서泰西'이다. 널리 서방 국가를 가리키는데, 일반적으로
서유럽과 미국을 의미한다.

3 마테오 리치Mateo Ricci: 원문은 '이마두利瑪竇'이다. 마테오 리치(1552~1610)
는 이탈리아 마체라타Macerata 출신으로 1583년에는 광동에 중국 최초의
천주교 성당을 건립해 그리스도교를 전파했다. 그는 유학에도 상당히
조예가 깊었으며, 철저한 중국화를 위해 스스로 유학자의 옷을 입었다.
그리고 조상 숭배도 인정하는 융통성을 보여 유학자들로부터 '서양의
유학자(泰西之儒士)'라고 불리었다. 대표적인 저작으로 자신과의 대화 형
식을 빌려 천주교 교리를 설명한 『천주실의天主實義』가 있다.

4 『곤여도설坤輿圖說』: 청대 초기 흠천감을 맡고 있던 페르비스트(1623~1688)
는 천문 역법뿐만 아니라 세계 지리와 지도, 천주교 등 다양한 유럽 문
화를 소개했는데, 그중 세계 지리서로 간행한 것이 바로 『곤여도설』이
다. 이 책은 상하 2권 1책으로 구성되어 있다. 여기에서 마테오 리치의
저술이라고 한 것은 오류이다. 마테오 리치는 1601년 『만국도지萬國圖
志』를 그려서 만력제에게 선물했으며, 세계 지도 위에 지리학과 천문
학적인 설명을 덧붙여 놓은 『곤여만국전도坤輿萬國全圖』를 번역하기도
했다. 본문에서 『곤여도설』은 『곤여만국전도』의 오류가 아닌가 생각
한다.

5 줄리오 알레니Giulio Aleni: 원문은 '애유략艾儒略'이다. 알레니(1582~1649)는
이탈리아 출신의 예수회 소속 선교사이다. 중국의 복장과 예절을 받아
들여 '서양의 공자'라고 일컬어졌다.

6 『직방외기職方外紀』: 알레니가 한문으로 저술한 세계지리도지世界地理圖

志이다. 마테오 리치의 『만국도지』를 바탕으로 증보했으며, 아시아, 유럽, 아프리카, 아메리카 및 해양에 관한 내용을 적고 있다. 『주례周禮』에 기록된 관제 중에 직방씨職方氏가 있는데, 천하의 땅을 관장하기 위해 지도를 맡아 관리했다. 이에 따르면 천하는 중국과 주위의 사이四夷, 팔만八蠻, 칠민七閩, 구맥九貊, 오융五戎, 육적六狄으로 구성되어 있다. 이에 알레니는 중국 사람들에게 천하에는 이들 이외에 중국에 조공하지 않는 많은 나라가 있음을 이 책을 통해 알려 주려고 한 것이다.

7  추연鄒衍: 추연(기원전 305~기원전 240)은 중국 전국 시대戰國時代 제齊나라 사람으로 제자백가 중 음양가陰陽家의 대표적 인물이다. 오행사상五行思想과 음양이원론陰陽二元論을 결합하여 음양오행사상을 구축했다.

8  천하를 논하는 것과 같다고 생각했다: 여기에서 천문은 추연의 대구주설大九州說을 말하는 것이다. 『사기史記』에 따르면, "중국을 이름 붙이기를 적현신주赤縣神州라고 했다. 적현신주의 안에 구주九州라는 것이 있는데, 우禹임금이 정한 구주가 바로 이것이나, 대구주는 아니다. 중국의 밖에는 적현신주 같은 것이 9개가 있는데, 이것이 구주인 것이다"라고 되어 있다. 즉 추연은 우공의 구주 전체를 적현신주라 하고 이와 똑같은 것이 8개가 더 합쳐져서 전 세계가 하나의 주를 구성하고 있다고 보았다. 추연의 대구주설은 처음에는 이단으로 받아들여졌으나, 서양의 세계 지도가 중국에 전래되면서 관심을 끌게 되었다고 한다.

9  청조: 원문은 '국조國朝'이다.

10 통상무역: 원문은 '호시互市'이다. 본래 중국의 역대 왕조가 국경 지대에 설치한 대외무역소를 가리키는데, 명청 시대에는 책봉 관계를 체결하지 않은 외국과의 대외무역 체제를 의미한다.

11 흠천감欽天監: 명청 시대 천문·역법 등에 관한 일을 담당하던 기관으로 서양 선교사들이 황실의 천문을 살펴 주고 그 사업을 주도했다.

12 페르디난트 페르비스트Ferdinand Verbiest: 원문은 '남회인南懷仁'이다. 벨기에 출신으로 1659년 중국에 와서 전도에 일생을 바쳤다. 당초 예수회 수사 아담 샬Adam Schall을 도와 흠천감에서 근무했는데, 이는 서양의 천

문학과 수학에 통달했기 때문이었다. 강희 원년(1662) 양광선楊光先을 중심으로 하는 보수파의 반대 운동에 부딪혀 아담 샬과 함께 북경 감옥에 갇혔다. 이어 보수파가 실각하자 다시 흠천감의 일을 맡게 되었으며, 궁정의 분수 등을 만들어 강희제의 신임을 받아 공부시랑工部侍郎의 직위를 하사받았다. 또한 서양풍의 천문기기를 주조하고 그것을 해설한 『영대의상지靈臺儀像志』(1674) 16권을 출판했으며, 같은 해에 『곤여도설坤輿圖說』이라는 세계 지도를 펴냈다.

13 미셸 베누아Michel Benoist: 원문은 '장우인蔣友仁'이다. 미셸 베누아(1715~1774)는 프랑스 출신의 예수회 선교사, 천문학자이다.

14 초본鈔本: 인쇄 기술에 의존하지 않고 손으로 직접 글을 써서 제작한 도서나 출판물을 가리킨다. 필사본이라고도 한다.

15 『외국사략外國史略』: 영국인 선교사 로버트 모리슨Robert Morrison의 작품으로 『해국도지』에 커다란 영향을 미쳤다.

16 『만국지리전도집萬國地理全圖集』: 광서 2년본에는 '『만국도서집萬國圖書集』'으로 되어 있으나, 악록서사본에 따라 고쳐 번역한다.

17 『평안통서平安通書』: 미국 선교사 디비 베툰 매카티Divie Bethune McCartee의 저서로, 기독교 교의와 과학 지식, 천문天文·기상氣象 관련 상식들을 소개하고 있다.

18 『매월통기전每月統紀傳』: 원명은 『동서양고매월통기전東西洋考每月統記傳』으로, 카를 귀츨라프Karl Gützlaff가 1833년에 광주廣州에서 창간한 중국어 월간지이다.

19 포르투갈: 원문은 '포로국布路國'이다.

20 호세 마르티노 마르케스José Martinho Marques: 원문은 '마길사瑪吉士'이다. 마규사馬圭斯, 혹은 마귀사馬貴斯라고도 한다. 마르케스(1810~1867)는 어려서부터 마카오의 성요셉 수도원에서 한학을 배웠다. 1833년 23세 때 통역사 자격을 취득한 후 마카오 의사회에서 통번역 일을 했으며, 1848년부터는 프랑스 외교사절의 통역에 종사했다.

21 『지리비고地理備考』: 전 10권으로 구성되어 있다. 제1권은 지리학, 천문학

과 기상학, 제2권은 지진, 화산 등 각종 자연 현상, 제3권은 포르투갈의 정치 무역을 비롯해 각 나라의 기원과 역사에 대해, 제4권에서 제10권은 지구총론, 유럽, 아시아, 아프리카, 아메리카, 오세아니아주의 정치, 지리, 경제 현상에 대해 서술하고 있다.

22 미국: 원문은 '미리가국美里哥國'이다.

23 엘리자 콜먼 브리지먼Elijah Coleman Bridgman: 원문은 '고리문高理文'이나, 비치문裨治文으로 표기하는 것이 일반적이다. 브리지먼(1801~1861)은 중국에 파견된 최초의 미국 프로테스탄트 선교사이다. 성서 번역 외에 영어판 월간지 Chinese Repository를 창간했다. 또한 싱가포르에서 한문으로 미국을 소개한 『미리가합성국지략』을 간행했는데, 이 책은 위원의 『해국도지』에서 미국 부분을 서술하는 데 중요한 참고자료가 되었다.

24 『미리가합성국지략美理哥合省國志略』: 원문은 '『합성국지省國志』'이다. 혹자는 이 말을 오해해서 『합성국지』가 『해국도지』 100권본에 이르러 비로소 인용되었다고 하지만, 악록서사본에 따르면 이미 『해국도지』 50권본에서 이 책을 인용하고 있다고 한다.

25 고대 전적典籍: 원문은 '구색索丘'이다. 『팔색八索』과 『구구九丘』를 아울러 칭한 것으로 일반적으로 고대의 모든 전적을 가리킨다.

26 『지리비고地理備考』의 「구라파주총기歐羅巴洲總記」 상하 2편: 위원은 『지리비고』의 「방국법도원유정치무역근본총론邦國法度原由政治貿易根本總論」의 전문을 각색해서 「구라파주총기」 상하 두 편으로 표제를 수정했다.

27 북아메리카: 원문은 '묵리가북주墨利加北洲'이다.

28 부락이 군장을 대신하고: 원문은 '이부락대군장以部落代君長'으로, 미국의 연방제를 가리키는 것으로 보인다.

29 남아메리카: 원문은 '남주南洲'이다.

30 페루국: 원문은 '패로국孛露國'이다.

31 화첩畵帖: 원문은 '책혈冊頁'이며, 화책畵冊이라고도 한다.

32 경도: 원문은 '개방리차開方里差'이다. 오늘날 시간대를 나타내는 이차의 원리는 원나라 이후 널리 알려져 절기와 시각, 일식과 월식을 예측하는

데 널리 적용됐다.

**33** 위도: 원문은 '거극도수距極度數'이다.

# 해국도지
## 권5

一

소양邵陽 위원魏源 편집

본권에서는 동남양 가운데 베트남의 지리, 역사, 풍속, 외모, 언어, 문화적 특색 및 중국을 비롯한 서양 국가들과의 대외관계를 기술하고 있다. 특히 베트남과 관련된 전대의 문헌 『명사明史』, 「외국전外國傳」, 『만국지리전도집萬國地理全圖集』, 『성무기聖武記』, 『영환지략瀛環志略』, 『외국사략外國史略』, 『지리비고地理備考』, 『비해기유裨海紀遊』, 『오문기략澳門紀略』, 『대만지臺灣志』 등을 인용, 소개하는 동시에 이들 기록에 대한 위원 자신의 독창적인 견해와 비평을 함께 싣고 있다.

# 海國圖志

# 동남양 서설

—

위원魏源이 말한다.

해국에 관한 기록은 『명사明史』「외국전外國傳」[1]보다 상세한 것이 없다. 『명사』「외국전」은 검토檢討 우동尤侗[2]이 편찬했다. 우동은 명대의 야사와 왕기王圻[3]의 『속통고續通考』[4]를 바탕으로 편찬했는데, 『명사』「외국전」에는 세 가지 큰 결점이 있다. 첫째, 유럽Europe[5]과 동남아시아[6]가 구분되어 있지 않다. 캘리컷Calicut[7]과 촐라Chola[8]는 모두 동남아시아 인접 국가임에도 네덜란드Netherlands, 포르투갈Portugal[9]과 같은 권에 들어 있다. 이탈리아Italia[10]는 대양의 최서단에 위치해 있는데, 코치Kochi,[11] 벵골Bengal[12]과 같은 권에 수록하면서 심지어는 포르투갈이 믈라카Melaka[13] 인근에 위치해 있다고 언급하고 있다. 이 어찌 북쪽의 진秦나라와 남쪽의 월越나라가 같은 자리에 있는[14] 꼴이 아닌가? 이것이 바로 첫 번째 결점이다. 둘째, 섬나라와 연안국이 구분되어 있지 않다. 보르네오Borneo[15]는 빠따니Pattani[16]라고 하면서 연안국에서 섬으로 바꾸어 놓았고, 아체Aceh

는 타지Tazi[17]와 페르시아Persia[18]라고 하면서 섬나라에서 연안국으로 바꾸어 놓았다. 조호르Johor[19]는 자운푸르Jaunpur,[20] 아우르섬Pulau Aur[21]은 인도India,[22] 판두랑가Panduranga[23]는 슈라바스티Sravasti[24]라고 하면서, 말레이반도Malay Peninsula[25]에서 인도[26]로 바꾸어 놓았다. 보르네오,[27] 자와Jawa,[28] 보르네오 칼리만탄[29]·자와섬Pulau Jawa[30]에 관해서도 에둘러 말하면서 혼용하고 있는데, 이것은 장님이 구리 쟁반을 더듬고 촛대를 더듬으면서 태양에 대해 말하는 격이다. 이것이 두번째 결점이다. 셋째, 같은 섬과 같은 연해에 속해 있는 나라들을 분리시켜서는 안 되는데, 분리시켰다는 점이다. 빠따니, 파항Pahang,[31] 조호르, 믈라카, 클란탄Kelantan[32]은 모두 태국Thailand[33] 남쪽의 속국이다. 보르네오, 브루나이, 자와, 술루군도Sulu Archipelago,[34] 반자르마신Banjarmasin[35]은 모두 한 섬을 둘러싸고 있다. 인접하고 있는 속들은 태국에 덧붙여 기록하고, 브루나이 등은 모두 같은 섬에 넣어 기록해야 마땅하다. 나머지 아체Aceh,[36] 스리비자야Srivijaya,[37] 자와섬, 스리랑카Sri Lanka[38] 등 유명한 몇몇 큰 섬나라를 제외하고는 대체로 모두 황량하고 작은 섬들이다. 인구는 수백 가구에 지나지 않고 조공도 한두 번밖에 오지 않았는데, 그 변천사와 상관없이 어찌 같은 세계에 넣을 수 있겠는가? 따라서 그저 통틀어 한편으로 합쳐서 기술하고 명칭만 정리하는 것이 맞다. 그런데 나라마다 따로 기술하여 내용이 불분명하고, 모두 동남아시아 해역에 넣어 포괄적으로 기술하고 있는데, 증명할 만한 강역이나 연혁도 보이지 않고, 기술할 만한 교역 상황과 해안 경비 관련 기록도 없다. 이것이 세 번째 결점이다.

위원이 또 말한다.

천지의 기운이 명대에 와서 크게 변한 것인가? 망망대해의 운행이 둥근 지구를 따라 서쪽에서 동쪽으로 이동한 것인가? 지난 시절 천하의 통일과 무관했던 동진東晉, 남당南唐, 남송南宋, 제齊, 양梁의 경우 중국의 한쪽 구석에서 할거했다. 그런데도 배로 보물을 실어 바치는 섬과 솜옷과 가죽옷 등을 조공으로 바친 기록들이 역사서에 끊이지 않았는데, 지금은 왕회王會[39]에도 한 번 참석하지 않았다. 서양인들[40]이 동쪽으로 상선을 몰고 온 것은 왜인가? 연안에 이르면 연안을 빼앗고, 섬을 만나면 그 섬을 점령하여 도시와 항구를 만들고 군대를 배치하여 방비하니, 무릇 동남아시아의 중요 항구가 모두 유럽의 도시로 변해 버렸다. 땅의 기운과 천시天時가 변하니 역사적 사실도 세상을 따라 변해 동남아시아에 대한 기록이 실제로는 유럽에 대한 기록이 되어 버렸다. 그래서 지금은 스페인Spain,[41] 네덜란드, 프랑스, 영국United Kingdom,[42] 포르투갈[43]이 동남아시아를 다스리고 있다. 베트남Vietnam,[44] 태국, 미얀마Myanmar,[45] 일본은 서양에 포함되지는 않지만, 바다로부터의 침입을 막은, 즉 해방海防 사실이 있어 이편篇에 기록한다. 반면 조선朝鮮과 류큐[46]는 해방 사실과 무관하여 언급하지 않는다. 모두 합쳐서 연안국은 세 나라이고, 섬나라는 여섯 나라이다.

# 敍東南洋

一

魏源曰: 志海國莫瑣于『明史』「外國傳」. 傳成于尤檢討侗. 侗本乎明外史及王圻『續通考』, 大蔽有三. 一曰西洋與南洋不分. 古里·瑣里皆南洋近國, 而與荷蘭·佛郎機同卷. 意大里亞處大洋極西, 而與柯枝, 榜葛剌同卷, 甚謂佛郎機近滿剌加. 何翅秦越同席? 其蔽一. 二曰島國與岸國不分. 謂浡泥卽大泥, 則移島於岸, 謂亞齊卽大食·波斯, 則移岸於島. 謂柔佛卽佛國, 而東西竺島卽天竺, 賓童龍卽舍衛, 則移西天於東洋. 至若婆羅·闍婆·大小爪哇, 影射互淆, 叩盤捫燭. 其蔽二. 三曰同島同岸數國不當分而分. 大泥·彭亨·柔佛·滿剌加·吉蘭丹皆暹羅南境屬國也. 婆羅·浡泥·爪哇·蘇祿·文郎馬神皆一島所環處也. 止宜以毗連各屬國附於暹羅之傳, 以浡泥等統立一同島之傳. 餘自亞齊·三佛齊·小爪哇·錫蘭山等著名數大島國外, 類皆荒洲小嶼. 人不過數百家, 貢不過一再至, 無關沿革, 何與共球? 止宜統述一篇, 臚其名目. 乃各國各傳, 觸目迷離, 槪稱在東南海中, 無疆里沿革可徵, 無市舶邊防可述. 其蔽三.

魏源又曰: 天地之氣, 其至明而一變乎? 滄海之運, 隨地圜體, 其自西而東乎? 前代無論大一統之世, 卽東晉·南唐·南宋·齊·梁, 偏隅割據. 而航琛獻賮之島, 服卉衣皮之貢, 史不絶書, 今無一登於王會. 何爲乎紅夷東駛之舶? 遇岸爭岸, 遇洲據洲, 立城埠, 設兵防, 凡南洋之要津, 已盡爲西洋之都會. 地氣天時變, 則史例亦隨世而變, 志南洋實所以志西洋也. 故今以呂宋·荷蘭·佛郞機·英吉利·布路亞五國綱紀南洋. 其越南·暹羅·緬甸·日本四國, 雖未幷於洋寇, 亦以事涉洋防者著於篇. 而朝鮮·琉球, 洋防無涉者不及焉. 凡海岸之國三, 海島之國六.

# 주석

1 『명사明史』「외국전外國傳」: 『명사』는 홍무洪武 원년(1368)에서부터 숭정
崇禎 17년(1644)까지 277년간의 명대의 역사를 기전체로 정리한 정사이
다. 이 가운데 「외국전」은 권320에서 권328까지인데, 전대의 정사 「외
국전」에 비해 수록된 국가나 종족의 범위가 훨씬 방대하다. 조선, 안남,
일본, 필리핀 등을 비롯한 동남아시아 대륙부와 도서부에 위치해 있는
자와, 스리비자야, 믈라카 등은 물론이고, 캘리컷, 스리랑카 등의 인도
양 주변 국가들, 페르시아만 주변국, 아프리카 동부 지역 국가들, 나아
가 프랑스, 네덜란드, 이탈리아 등의 서구 국가들까지 모두 포함해 서
술하고 있다. 이처럼 전대에 비해 수록 국가의 범위가 광대해진 것은
첫째, 영락 연간 정화鄭和의 남해 원정으로 인한 교류 국가의 증대, 둘
째, 송·원대에 걸쳐 조여괄趙汝适의 『제번지諸蕃志』 등과 같은 민간 기
록에 의한 해외 여러 지역에 대한 정보와 지식의 축적, 셋째, 15~16세
기 이래 포르투갈, 영국 등의 서양 열강과의 접촉 등으로 인한 현실 인
식 때문이다. 동북아역사재단 엮음, 『明史 外國傳 譯註 1』(동북아역사재단,
2011), 21~25쪽 참고.

2 검토檢討 우동尤侗: 원문은 '우검토동尤檢討侗'이다. 우동(1618~1704)은 명말
청초明末淸初의 관리이자 문학가로, 소주부蘇州府 장주長洲(지금의 강소성江蘇省
소주蘇州) 출신이다. 박학홍사과博學鴻詞科에 뽑혀 한림원翰林院 검토가 되어
우검토동으로도 불렸다. 우동은 『명사』 편찬에 참여했으며, 시문에 능
했고 사詞, 변문騈文, 희곡에도 뛰어났다. 저서로 시문집 『우서당문집尤
書堂文集』(22종 65권), 『간재권고유문집艮齋倦稿遺文集』 등이 있다.

3 왕기王圻: 명대 문헌 학자이자 장서가이다. 왕기(1530~1615)는 강교江橋 출
신으로, 자는 원한元翰이며 호는 홍주洪洲이다. 명대 가정嘉靖 44년(1565)
에 진사進士가 되었다. 청강지현淸江知縣, 만안지현萬安知縣, 섬서제학사陝

西提學使 등을 역임했다. 저서로 『홍주유고洪洲類稿』 4권, 『삼재도회三才圖會』 106권, 『양절염지兩浙鹽志』, 『속문헌통고』, 『익법통고謚法通考』 등이 있다.

4 『속통고續通考』: 『속문헌통고續文獻通考』이다. 총 254권으로, 1586년에 명대 왕기가 편찬했다. 원대 마단림馬端臨의 『문헌통고文獻通考』에 이어, 남송南宋 말부터 요遼, 금金, 원元, 명대 만력萬曆 초까지의 역사가 수록되어 있다. 책의 체재가 『문헌통고』와 비슷하지만, 「절의고節義考」 등 약간의 항목이 증보되었다. 명대의 제도, 사회 및 경제 관련 사료史料로, 그 가치가 매우 크다.

5 유럽Europe: 원문은 '서양西洋'으로, 여기서는 유럽을 가리킨다. 『해국도지』에서 서양은 유럽과 아메리카, 대서양을 가리킨다.

6 동남아시아: 원문은 '남양南洋'이다.

7 캘리컷Calicut: 원문은 '고리古里'로, 인도 케랄라Kerala 북쪽 가의 코지코드Kozhikode이다.

8 촐라Chola: 원문은 '쇄리瑣里'로, 지금 인도의 코로만델해안Coromandel Coast에 위치한 왕국이다.

9 포르투갈Portugal: 원문은 '불랑기佛郎機'로, 지금의 포르투갈을 말한다. 명대에 서양식 대포인 불랑기포佛郎機砲가 전해졌다고 하는데, 이는 마카오의 포르투갈인들에 의해 전해진 것이다.

10 이탈리아Italia: 원문은 '의대리아意大里亞'이다.

11 코치Kochi: 원문은 '가지柯枝'로, 인도 남부 케랄라주의 항구도시이다.

12 벵골Bengal: 원문은 '방갈랄榜葛剌'로, 지금은 방글라데시와 인도의 서뱅골주로 나뉘어 있다.

13 믈라카Melaka: 원문은 '만랄가滿剌加'이다. 한대에서 당대에 이르기까지 가라부사哥羅富沙라고도 불렸으며, 지금은 말레이시아를 구성하는 13개 주州 중 하나이다.

14 북쪽의 진秦나라와 남쪽의 월越나라가 같은 자리에 있는: 원문은 '진월동석秦越同席'이다. 진나라와 월나라는 춘추 시기 각각 남북으로 멀리 떨

어져 있던 두 나라로, 이후에 먼 거리나 소원한 관계를 의미하는 말로 사용되었다.

15 보르네오Borneo: 원문은 '발니浡泥'이다. 지금의 인도네시아 칼리만탄 Kalimantan 북쪽에 위치하는데, 학자들에 따라 브루나이로 보기도 한다.

16 빠따니Pattani: 원문은 '대니大泥'이다. 고대에 말레이반도에 있던 국명으로, 지금은 태국 남부의 빠따니주 일대이다.

17 타지Tazi: 원문은 '대식大食'이다. 당나라 때는 아라비아 사람을 '타지(大食, Tazi, Tajiks)'라고 칭했다. 그러나 『신당서新唐書』「가릉전訶陵傳」에 있는 '타지'는 남해의 타지를 가리키며, 현재의 싱가포르와 말레이시아 조호르 지역이다.

18 페르시아Persia: 원문은 '파사波斯'이다. 『당서唐書』에서 말하는 파사는 서남아시아에 위치한 페르시아, 즉 이란을 가리킨다. 반면에 『만서蠻書』에서 말하는 파사는 남해의 파사이Pasai를 지칭하며, 인도네시아 수마트라섬 동북부에 위치해 있다.

19 조호르Johor: 원문은 '유불柔佛'로, 말레이시아 조호르 지역이다. 『명사』「유불전柔佛傳」에서는 유불이 "동서인도인 것 같다(疑卽東西竺)"라고 언급했는데, 유불은 사실 자운푸르이다.

20 자운푸르Jaunpur: 원문은 '불국佛國'이다. 『명사』「외국전」에 따르면, '불국'은 '소납박아沼納朴兒'(인도 북부 지역에 위치한 자운푸르)로, "옛날에 불국으로 불렀다(古所稱佛國)"라고 언급하고 있다.

21 아우르섬Pulau Aur: 원문은 '동서축도東西竺島'로, 말레이시아 아우르섬을 말한다.

22 인도India: 원문은 '천축天竺'이다. 고대 중국에서 인도를 지칭하던 호칭 중 하나이다.

23 판두랑가Panduranga: 원문은 '빈동룡賓童龍'이다. 베트남 투언하이성Thuận Hải 북부와 푸카인성Phú Khánh 남부 일대로 추정되나, 판랑Phan Rang이나 그 남쪽의 파다란Padaran 가로 보는 사람도 있다.

24 슈라바스티Sravasti: 원문은 '사위舍衛'이다. 일반적으로 인도 북쪽의 우타

르프라데시에 있는 곤다Gonda와 바흐라이치Bahraich의 변경 지역에 위치한 슈라바스티 유적지를 말한다. 『명사』 「빈동룡전」에 보이는 사위는 사성舍城이나 왕사성王舍城으로, 라자푸라Rajapura의 의역이다.

25  말레이반도Malay Peninsula: 원문은 '동양東洋'으로, 말레이반도 동쪽의 해양을 가리킨다.

26  인도: 원문은 '서천西天'으로, 옛날 인도를 말한다. 즉 인도, 파키스탄, 방글라데시 등 여러 나라를 지칭한다.

27  보르네오: 원문은 '파라婆羅'로, 발니渤泥라고도 한다.

28  자와Jawa: 원문은 '사파闍婆'로, 사파달闍婆達이라고도 하는데, 고대의 국가명이다.

29  보르네오 칼리만탄: 원문은 '대조왜大爪哇'로, 지금의 보르네오 칼리만탄을 가리킨다. 대신하란大新荷蘭, 혹은 파라라고도 불렀다.

30  자와섬Pulau Jawa: 원문은 '소조왜小爪哇'이다. 지금의 자와섬을 가리키며, 소신하란小新荷蘭, 혹은 하왜呀哇라고도 한다.

31  파항Pahang: 원문은 '팽형彭亨'으로, 고대의 국가명이다. 지금의 파항이며 말레이반도에서 면적이 가장 넓은 주이다.

32  클란탄Kelantan: 원문은 '길란단吉蘭丹'이다. 고대의 국가명으로, 지금의 클란탄이며 말레이시아를 구성하는 13개의 주 가운데 하나이다. 북쪽으로는 태국 나라티왓주Narathiwat, 남동쪽으로는 트렝가누주Terengganu, 서쪽으로는 페락주Perak, 남쪽으로는 파항주, 북동쪽으로는 남중국해와 인접해 있다.

33  태국Thailand: 원문은 '섬라暹羅'이다. 태국의 고대 명칭으로, 동남아시아의 말레이반도와 인도차이나반도 사이에 걸쳐 있다.

34  술루군도Sulu Archipelago: 원문은 '소록蘇祿'이다.

35  반자르마신Banjarmasin: 원문은 '문랑마신文郎馬神'으로, 인도네시아 반자르마신을 말한다. 광서 2년본에는 '문래마신文萊馬神'으로 되어 있으나, 악록서사본에 따라 고쳐 번역한다.

36  아체Aceh: 원문은 '아제亞齊'이다.

37 스리비자야Srivijaya: 원문은 '삼불제三佛齊'로, 지금의 수마트라이다. 인도와 중국을 잇는 항로 중간, 믈라카해협과 순다해협Selat Sunda의 중앙에 위치하여 8세기에 해상 무역 국가로 발전했다. 중국은 당대에 스리비자야의 시장성을 인식하고 이곳에 진출했으며, 이를 통해 스리비자야는 중계 무역지로서의 역할을 담당했다.

38 스리랑카Sri Lanka: 원문은 '석란산錫蘭山'이다. 고대 국가 이름으로, 승가라국僧伽羅國, 혹은 사자국師子國이라고도 했다. 지금의 스리랑카로, 명나라 때 중국에 조공했다.

39 왕회王會: 옛날에 제후와 사방의 이민족, 속국들이 천자에게 조공하던 회합을 말한다.

40 서양인들: 원문은 '홍이紅夷'이다. '이夷'는 오랑캐란 뜻으로 다른 민족을 멸시하는 말이다. 네덜란드인들이 붉은 군복을 입고 있었기 때문에 청대에는 그들을 '홍이'라고 불렀지만, 나중에는 서양 사람들을 두루 칭하게 되었다.

41 스페인Spain: 원문은 '여송呂宋'이다. 여송은 일반적으로 필리핀 북부에 있는 큰 섬(루손섬)을 가리키나 여기서는 스페인을 지칭한다. 여송(필리핀)은 소가죽만 한 크기의 땅을 대여송大呂宋, 즉 스페인에게 떼어 주면서 스페인의 속국이 되었고, 대여송에 비추어 이전의 이름을 그대로 사용하면서 앞에 소小 자를 붙여 소여송小呂宋, 혹은 여송도呂宋島라 불리게 되었다. 이에 대한 자세한 내용은 본서 권11에 나온다.

42 영국United Kingdom: 원문은 '영길리英吉利'이다.

43 포르투갈: 원문은 '포로아布路亞'이다.

44 베트남Vietnam: 원문은 '월남越南'이다.

45 미얀마Myanmar: 원문은 '면전緬甸'으로, 지금의 미얀마이다.

46 류큐: 원문은 '유구琉球'로, 현재 일본의 오키나와沖縄를 가리킨다. 유구라는 명칭은 『명실록明實錄』에서 처음 보인 이후 아마미奄美, 오키나와, 사카시마先島 지역을 총칭하는 명칭으로 정착되었다.

# 아시아 총설

—

원본에는 없으나, 지금 보충한다.

 

 

명대 줄리오 알레니Giulio Aleni[1]의 『직방외기職方外紀』[2]에 다음 기록이 있다.

아시아는 세계에서 가장 큰 대륙이다. 인류의 탄생이 시작된 땅이며, 성현이 처음 출현한 곳이다. 이 지역은 서쪽의 아나톨리아Anatolia[3]에서 시작하는데, [아나톨리아는] 카나리아제도Canary Islands[4]에서 62도 떨어져 있다. 동쪽으로는 아나디리만Anadyr Bay[5]에 이르는데, [아나디리만은] 카나리아제도에서 180도 떨어져 있다. 남쪽은 자와(瓜哇)[6] 과瓜는 음이 과攊이다. 에서 시작되는데, [자와는] 적도 남쪽 12도에 위치한다. 북쪽으로는 북극해 Arctic Ocean[7]에 이르는데, [북극해는] 적도 북쪽 72도에 위치한다. 아시아에는 백여 개 이상의 나라가 있는데, 그 가운데 중국이 제일 크다. 이 밖에 타타르Tartars,[8] 유목 민족은 모두 여기에 속한다. 이슬람, 인도, 오인도이다. 무굴Mughal,[9] 소백두회국小白頭回國[10]이다. 페르시아,[11] 대백두회국大白頭回國[12]이다. 튀르크 Turk, 튀르크 제국이다. 유대Judaea[13] 메카Mecca[14]와 메디나Medina[15]가 그 속국이다. 역시 아시아에서 큰 나라들이다. 바다에는 큰 섬들이 있는데, 스리랑카,[16] 석란

산석란山을 말한다. 수마트라Sumatra,[17] 자와, 갈류파葛留巴로 자와섬이다. 보르네오,
보르네오는 섬이다. 이를 통해 빠따니는 보르네오의 오기임을 알 수 있다. 여송, 대만
인근에 위치해 있다. 말루쿠Maluku[18] 『곤여도설坤輿圖說』에는 '목로각木路各'으로 되어 있
는데, '미락거美洛居'라고도 한다. 가 바로 그것이다. 더욱이 지중해의 여러 섬도
아시아의 경계 내에 있다. 중국은 아시아의 동남쪽에 위치하고 있다. 위
도[19]는 남으로 북위 18도인 경주瓊州[20]에서부터 북으로 북위 42도인 개평
開平 등의 땅에 걸쳐져 있다. 남쪽에서 북쪽까지 모두 24도에 걸쳐 있으
며, 직경이 6천 리이다. 동서 간의 거리도 이와 비슷하다. 대서양으로부
터는 거리가 9만 리 이상 떨어져 있어, 천지가 열린 뒤로 일찍이 교류한
적이 없었다. 그러나 해외에 떠도는 소문에 따르면 중국을 '위대한 지나
(大知納)[21]로 존칭했다. 근 백 년 이래로 서양 상선이 왕래하여 교역을 하
면서 길을 개척하기 시작했다. 게다가 예수회의 여러 신부가[22] 중국에서
생활하며 널리 보고 들었는데, 그 견문이 상당했다. 『대명일통지大明一統
志』[23]에 상세하게 기록된 내용들은 중복 서술하지 않고, 아시아 대륙 전
체에 관한 내용을 간략히 적어 둔다.


『만국지리전도집萬國地理全圖集』[24]에 다음 기록이 있다.

사대륙 중에서 아시아Asia[25]는 가장 광대하여 길이가 24,000리이고 너비
는 12,300리에 달한다. 대지는 북위 2도에서 78도에 이르며, 영국을 중심
으로 동경(偏東)[26] 26도에서 190도에 위치한다. 남쪽으로는 인도양에 이르
며, 베트남,[27] 태국, 페르시아만Persian Gulf[28]이 있다. 북쪽으로는 북극해[29]에
이르고, 동쪽으로는 태평양과 연해 지역에 이르고, 서쪽으로는 유럽[30]과
지중해로 이어져 있다. 일부 지역은 아프리카Africa[31]와도 맞닿아 있으며,
또한 홍해 연안 지역과 인도양까지 이른다. 아시아대륙에 속해 있는 남

쪽 나라로는 말레이군도,[32] 태국, 베트남, 라오스Laos,[33] 미얀마, 오인도,[34] 페르시아,[35] 아랍Arab[36] 등이 있다. 북쪽에는 시베리아Siberia[37]라고도 불리는 러시아[38]의 속국이 있다. 동쪽에는 중국과 속지인 만주 각 지방과 일본열도와 류큐제도가 있다. 서쪽에는 서역의 여러 나라와 터키Turkey[39]의 속국이 있다. 중앙에는 몽골족의 각 부락과 사막, 티베트Tibet[40]가 있다. 동남쪽에는 많은 군도가 있는데, 광대하면서도 멀리 떨어져 있다. 서방에서는 아시아를 인류 시조의 본원지로 여겼다. [인간이 지켜야 할] 도리와 술법, 종교의 교파가 모두 아시아에서 나왔기 때문이다. 그래서 예로부터 지금까지 중요한 지역으로 간주했다. 살펴보건대, 아제아亞齊亞는 아세아亞細亞를 말하며, 아실아阿悉亞라고도 한다.

# 亞細亞洲總說

—

原本無, 今補輯.

明艾儒略『職方外紀』: 亞細亞者, 天下一大州也. 人類肇生之地, 聖賢首出之鄉. 其地西起那多理亞, 離福島六十二度. 東至亞尼俺峽, 離福島一百八十度. 南起瓜 音撾 哇, 在赤道南十二度. 北至冰海, 在赤道北七十二度. 所容國土不啻百餘, 其大者首推中國. 此外曰韃而靼 凡游牧部落皆是. ·曰回回·曰印弟亞 卽五印度. ·曰莫臥爾 小白頭回國. ·曰百兒西亞 大白頭回國. ·曰度爾格 都魯機回國. ·曰如德亞, 天方·默德那所屬國. 幷此州巨邦也. 海中有巨島, 曰則意蘭 卽錫蘭山. ·曰蘇門答剌·曰爪哇 卽葛留巴小爪哇也. ·曰渤泥 此渤泥爲島, 可證謂大泥卽渤泥之謬. ·曰呂宋 近臺灣島. ·曰馬路古. 『坤輿圖說』作木路各, 卽美洛居也. 更有地中海諸島, 亦屬此州界內. 中國則居其東南. 其北極出地之度, 南起瓊州, 出地一十八度, 北至開平等處, 出地四十二度. 從南涉北, 其得二十四度, 逕六千里. 東西大抵略同. 其距大西洋, 路幾九萬, 開闢未始相通. 但海外傳聞, 尊稱之爲大知納. 近百年以來, 西舶往來貿遷, 始闢其途. 兼以歷算之士, 得歷中華廣聞見, 曠然遠覽. 其『一統志』所詳者, 今不復述, 姑錄全洲大略於左.

『萬國地理全圖集』曰: 四大地之中, 亞齊亞最廣大, 長二萬四千里, 闊一萬二千三百里. 大地北極出地二度至七十八度, 英國中綫偏東自二十六至一百九十度. 南及印度海, 有東京, 暹羅, 北耳西海隅. 北及北冰海, 東及太平海與其海隅, 西連歐羅巴大地及地中海. 有微地與亞非利加大地相連, 又及于紅海隅與印度海也. 在此大地內, 南方之各國稱謂蕪來由列邦·暹羅·安南·老撾·緬甸·五印度·北耳西·亞剌百等國. 北有俄羅斯藩屬國, 亦稱西百利. 東有中國及所屬滿州各地方, 日本群島幷琉球. 西有西域列國與土耳基藩屬. 中有蒙古族各部地·沙漠·西藏. 東南邊則多群島, 廣大且遠焉. 亞齊亞, 西方爲各人類始祖之本地. 道理術法與教門, 一皆由亞齊亞出. 故亘古至今視爲重地. 案: 亞齊亞, 卽亞細亞也, 一作阿悉亞.

# 주석

1　줄리오 알레니Giulio Aleni: 원문은 '애유락艾儒略'이다.

2　『직방외기職方外紀』: 명나라 말, 예수회 소속의 이탈리아 선교사 줄리오 알레니(1582~1649)가 중국어로 저술한 세계지리도지世界地理圖志이다. 마테오 리치의 『만국도지萬國圖志』를 바탕으로 증보했으며, 아시아, 유럽, 아프리카, 아메리카 및 해양에 관한 내용을 적고 있다. 『주례周禮』에 기록된 관제 중에 직방씨職方氏가 있는데, 천하의 땅을 관장하기 위해 지도를 맡아 관리했다. 이에 따르면 천하는 중국과 주위의 사이四夷, 팔만八蠻, 칠민七閩, 구맥九貊, 오융五戎, 육적六狄으로 구성되어 있다. 따라서 알레니는 중국 사람들에게 천하에는 이들 이외에 중국에 조공하지 않는 많은 나라가 있음을 이 책을 통해 알려 주려고 한 것이다.

3　아나톨리아Anatolia: 원문은 '나다리아那多理亞'로, 터키의 아나돌루를 지칭한다.

4　카나리아제도Canary Islands: 원문은 '복도福島'이다.

5　아나디리만Anadyr Bay: 원문은 '아니엄협亞尼俺峽'이다.

6　자와(瓜哇): 조왜爪哇의 오기이다.

7　북극해Arctic Ocean: 원문은 '빙해冰海'이다.

8　타타르Tartars: 원문은 '달이단韃而靼'이다. 명대에는 몽골의 각 부족을 달단韃靼으로 통칭해서 불렀다.

9　무굴Mughal: 원문은 '막와이莫臥爾'이다. 16세기 초부터 19세기 중반까지 지금의 인도 북부와 파키스탄, 아프가니스탄에 이르는 지역을 지배한 이슬람 왕조인 무굴 제국을 지칭한다.

10　소백두회국小白頭回國: 힌두스탄을 가리킨다. 상세한 내용은 『해국도지』 권21 참조.

11　페르시아: 원문은 '백아서아百兒西亞'이다.

12 대백두회국大白頭回國: 페르시아를 가리킨다. 상세한 내용은 『해국도지』 권21 참조.

13 유대Judaea: 원문은 '여덕아如德亞'이다.

14 메카Mecca: 원문은 '천방天方'이다. 원래는 이슬람교의 발상지인 메카를 지칭하는 말이었으나, 후에는 아랍을 지칭하는 말로 사용되었다.

15 메디나Medina: 원문은 '묵덕나默德那'이다.

16 스리랑카: 원문은 '칙의란則意蘭'이다.

17 수마트라Sumatra: 원문은 '소문답랄蘇門答剌'로, 자와 서쪽에 위치한 나라이다.

18 말루쿠Maluku: 원문은 '마로고馬路古'로, 목로각木路各, 미락거美洛居라고도 한다. 인도네시아 말루쿠제도를 가리킨다.

19 위도: 원문은 '북극출지北極出地'로, 북극고도北極高度라고도 한다. 지면에서 북극성을 바라본 각도를 말하는데, 오늘날의 위도와 비슷한 개념이다.

20 경주瓊州: 지금의 해남성海南省 해구시海口市의 별칭이다.

21 위대한 지나(大知納): 지나는 중국의 별칭으로, 지나支那, 지나至那, 지나脂那로도 불렸다. 수당 시대에 인도승이 불경을 중국어로 번역할 때 산스크리트어 Cina를 중국어 지나로 번역하면서 시작된 말이다.

22 예수회의 여러 신부가: 원문은 '겸이역산지사兼以歷算之士'라고 되어 있으나, 문맥상 이해가 되지 않는 부분이 있어 『직방외기교석職方外紀校釋』(中華書局, 1996)의 내용에 근거하여 '야소회중제사耶蘇會中諸士'로 고쳐 번역한다.

23 『대명일통지大明一統志』: 원문은 '일통지一統志'로, 명나라 영종英宗 때 제작한 지리총서이다. 여기에는 중국의 주변국 지도가 그려져 있다.

24 『만국지리전도집萬國地理全圖集』: 카를 귀츨라프Karl Gützlaff(1803~1851)의 저서이다. 그는 19세기의 유명한 독일 선교사로, 중국에서 선교 활동에 종사하며 성경 번역에 힘썼다. 아편전쟁을 전후로 서양 학문을 중국에 전해 준 중요한 인물 중 한 사람이다.

25 아시아Asia: 원문은 '아제아亞齊亞'로, 아실아阿悉亞, 아세아亞細亞라고도 하

며, 아시아대륙을 말한다.

26 동경(偏東): 천문학 용어로, 오늘날의 경도에 해당된다. 당시 경도는 중국 베이징을 기준으로 한 편동 도수度數를 기본으로 계산했다.

27 베트남: 원문은 '동경東京'이다. 여기서는 베트남 남북부 지역을 말한다.

28 페르시아만Persian Gulf: 원문은 '북이서해우北耳西海隅'이다.

29 북극해: 원문은 '북빙해北冰海'이다.

30 유럽: 원문은 '구라파歐羅巴'이다.

31 아프리카Africa: 원문은 '아비리가亞非利加'이다.

32 말레이군도: 원문은 '무래유열방蕪來由列邦'이다. 말레이반도와 인도네시아 각지의 말레이시아인이 세운 국가를 의미한다.

33 라오스Laos: 원문은 '노과老撾'이다.

34 오인도: 원문은 '오인도五印度'로, 줄여서 '오인五印'이라고도 하는데, 동인도, 북인도, 서인도, 남인도, 중인도를 가리킨다.

35 페르시아: 원문은 '북이서北耳西'이다.

36 아랍Arab: 원문은 '아랄백亞剌百'이다.

37 시베리아Siberia: 원문은 '서백리西百利'이다.

38 러시아: 원문은 '아라사俄羅斯'이다.

39 터키Turkey: 원문은 '토이기土耳基'이다.

40 티베트Tibet: 원문은 '서장西藏'이다.

# 베트남 1

—

안남국安南國[1]은 태국의 동북쪽에 위치하며, 수도는 투언호아Thuận Hóa[2] 여기서는 부의傅依라고 하는데, 후에 호지虎地로도 불렸다. 대개 서경西京인 순화항順化港의 다른 이름이다. 에 세워졌다. 원래 세 나라였는데, 바로 꽝남Quảng Nam,[3] 코친차이나Cochinchina,[4] 통킹Tongking[5]이다. 아울러 코친차이나에 속하는 작은 두 나라로는 란쌍Lanxang[6]과 참파Champa[7]가 있다. 코친차이나는 꽝남과 접해 있는데, 바로 『명사』에서 말하는 판두랑가로, 판두랑가는 참파와 맞닿아 있다. 대략 꽝남 동쪽의 바닷가에 있는 작은 나라이다. 1774년 건륭 39년 에 꽝남국의 꽝쭝제Quang Trung[8]는 어려서 나라가 망하자 망국의 신하들과 함께 섬에 숨어들었다가 프랑스[9] 아드랑Adran의 주교인 피에르 피뇨 드 베엔Pierre Pigneau de Béhaine[10]을 만났다. 그들은 서로 의기투합하여 복수심을 품고, 마침내 원병을 청하러 프랑스로 돌아갔다. 마침 프랑스의 국난이 안정되지 않은 상황이어서 여러 해가 지나서야 비로소 병선兵船을 얻어 나라를 되찾는 데 도움을 받았다. 1790년 건륭 55년 에 원수를 물리치고 나라를 되찾았다.

살펴보건대, 본서에서 말하고 있는 안남국의 꽝쭝제가 어린 시절 당한 왕위 찬탈 사건은 건륭 39년(1774)에 있었던 일이다. 서양 군대의 힘을 빌려 나라를 되찾은 것은 건륭 55년(1790)의 일이다. 이는 명대 가정嘉靖[11] 연간에 레주이담Lê Duy Đàm[12]이 복수를 위해 막Mạc[13] 왕조를 멸망시킨 사건도 아니고,[14] 가경 7년(1802)에 응-우옌푹아인Nguyễn Phúc Ánh[15]이 태국 군대의 힘을 빌려 복수를 위해 응-우옌Nguyễn[16] 왕조를 멸망시킨 사건도 아니다.[17] 건륭 55년은 마침 응-우옌꽝빈Nguyễn Quang Bình[18]이 레Lê 왕조[19]를 찬탈하고,[20] 레 왕조의 후손이 중국에 망명한 시기이기 때문에 더욱이 실제 사실에 부합하지 않는다. 전후 상황으로 살펴보건대, 이는 꽝남국에만 해당하는 사실이다. 『고종어제시집高宗御製 詩集』「건륭을미제평정합부시乾隆乙未題平定合符詩」의 주에 다음 기록이 있다.

이시요李侍堯[21]가 올린 상주에 따르면, 광동 사람 이아집李阿集은 사사로이 국경을 넘어 안남국의 투언호아[22]에 갔다. 이 지역은 안남국의 도성 서남쪽에 위치하며 멀리 큰 바 다를 사이에 두고 있다. 예전에 응-우옌 왕조가 이곳을 점령해 9대를 이어 내려오면서 투언호아 왕[23]이라 칭했고, 안남국의 레 왕조와는 대대로 원수지간으로 지냈다. 투언 호아의 왕이 죽자, 그에게는 아들 둘이 있었는데, 적자는 어리고 서자가 나이가 많아 서자를 왕으로 세웠다. 왕의 외숙이 제멋대로 권력을 휘두르자, 동성同姓인 응-우옌냑 Nguyễn Nhạc[24]이 간신을 제거하고 적자를 옹립한다는 명분하에 군사를 모집하여 스스로 '떠이선Tây Sơn 왕'[25]이라 칭했다. 그는 투언호아성을 공격하여 두 아들을 모두 내쫓아 버렸다. 이아집은 전공을 세우고 개국공開國公에 봉해졌다. 응-우옌냑이 스스로 왕위에 오를 생각을 하자, [따르던] 무리들이 흩어져서 그를 따르지 않았다. 이아집은 바다 로 나갔다가 투언호아 왕의 두 아들이 탄 배를 만났는데, [그때] 재물을 강탈했다. 이 어 가족을 이끌고 내지로 돌아왔다가 관리에게 붙잡히고 가산을 몰수당했다. 그 와 중에 군사를 통솔할 수 있는 옥부玉符가 상하 각각 하나씩 발견되었는데, 좌우가 서로 맞아떨어졌고, 형태는 둥글면서도 길쭉했으며 소전小篆으로 글자가 새겨져 있었다고 한다.

살펴보건대, 건륭 을미년은 [건륭] 40년으로 여기에 기록된 39년과는 1년 차이이고 모든 상황이 사실과 맞아떨어진다. 두 아들이 바다에서 강탈당한 사건은 본서에 기록된 섬에 숨어들어 간 일을 말하는 것이다. 응-우옌꽝빈의 본명은 응-우옌후에Nguyễn Huệ[26]이고, 형은 응-우옌낙[27]인데, 「건륭을미제평정합부시」의 주에서 언급하고 있는 '적자는 어리고 서자는 나이가 많았다'라는 사실이 바로 이에 해당한다. 즉 응-우옌꽝빈은 어렸을 때 난을 만나 황량한 곳에 숨어들었고, 장성해서는 군대를 빌려 꽝남국을 되찾았으며, 또한 레씨[28]와 찐씨Trịnh[29]의 내분을 틈타 안남국까지 차지하게 된 것이다. 중국에서는 그저 응-우옌꽝빈이 만년에 안남을 빼앗은 사실만 알았을 뿐 그가 어린 시절 꽝남국을 빼앗긴 일은 몰랐던 것이다. 살펴보건대, 「어제시御製詩」의 주, 즉 「건륭을미제평정합부시」의 주와 본서에 기록된 내용은 서로 차이가 있다. 또한 『전계演繫』에 실린 사범師範의 『안남기략安南紀略』 역시 본서의 기록과 차이가 있다. 꽝쭝제가 응-우옌꽝빈이라는 것은 의심할 바 없다.

꽝쭝제는 유럽의 도움에 감격하고, 또한 그들의 병법을 흠모하여 병선과 화기를 본떠 만들고 군대를 훈련시켰다. 당시에 포선砲船 3백 척과 큰 군함 한 대를 보유하고 있어 아시아대륙 여러 국가 중 대적할 만한 나라가 드물었고, 안남국, 통킹 및 코친차이나를 차지하여 3국을 합병하고 통일했다. 여기서 응-우옌꽝빈이 안남국과 통킹을 합병한 일을 처음 언급하고 있다. 미얀마와 태국의 군사 제도는 모두 대장이 각자 알아서 병사를 모집하여 군대를 이룬다. 무기로는 긴 창과 칼, 쇠뇌가 있다. 총포도 있지만 [모두] 서양에서 폐기 처분한 것들을 구매하여 수리한 것이라 사용하기에 적합하지 않다. 다만 안남국의 군기軍器 제도는 유럽의 것을 그대로 가져왔기 때문에 미얀마와 태국보다 한 수 위였다. 해전용 군함은 길이가 8길에서 10길까지 일정하지 않고 너비는 거의 8자이다. 제조법을 살펴보면, 통으로 된 유목油木 한 그루를 가져다가 일정한 길이로 잘라서 먼저 불에 태워 중앙에 홈을 판 후 다시 칼과 도끼로 도려내고 잘라서 만들었다. 연해의 각 성에서 모두 병선을 준비해 놓고 대기하다가, 유사시에 일단 부르면 한꺼번에 병선 5백 척이 모여들었다. 병선의 노잡이는 50~60명으로 각자 긴 창과 단검을 찼으며, 총포를 쏠 병사 30인을 따로 배치했다. 배의 앞머리는 평평하고 곧았으며, 포 1기를 장착했는데, 발사하는 포가 6파운드에서 12파운드까지 그 무게가 일정치 않았다. 적을 만나면 병선을 횡대로 배열하고 함께 군가를 합창하며 온 힘을 다해 노를 젓는다. 그러다가 순식간에 적진에 몰려들어 사력을 다해 싸운다. 만약 적의 군함이 작은 배를 향해 돌진해 들어오면 작은 배는 신속하게 피하는데, 상당히 빠르다. 평소 왕과 귀족들이 타는 배는 조각 장식과 도금이 되어 있어 물에 찬란하게 반사되는데, 서민들은 감히 넘볼 수도 없다. 안남국의 병선은 최근 들어 갈수록 정교하게 제조되고 있다. 병선의 길이는 10길 9자이고, 그 자재로 서양 병선의 중간 돛대도 설치했다. 미얀마와 태국은 지상전에서는 견고하고 날카로운 목책에 전적으로 의지하고, 주위에 해자를 여러 개 설치하여 영국 군대라 하더라도 역시 때때로 막을 수 있었다. 다만 군대의 기강이 해이해져서 일단 목책이 파괴되면 궤멸되어 모두 흩어진다. 안남국의 군사 제도는 유럽의 병법을 기반으로 훈련을 통해 이루어진 것이다. 기강 담당 군사軍師가 병사의 수를 헤아려 보니, 1800년 가경 6년에 대략 14만 정도였다고 한다. 지금은 5만을 넘지 않으며, 그중 3만은 나라 안에서 국왕을 호위한다. 안남국 국왕의 금고에는 금이 714만 원員이나 쌓여 있으며, 은은 셀 수 없을 정도로 많다고 한다. 미얀마의 인구는 대략 5백만 명이며, 태국은 120만 명 정도이다. 안남국의 통킹과 코친차이나[30]의 인구는 5,104,000명이고, 란쌍은 84만 명이며 말레이시아

Malaysia[31]는 19만 명 정도이다. 또한 이곳에 등록된 중국인은 대략 44만 정도에 달한다. 이곳의 관제官制와 관복, 문자는 거의 모두 중국을 따르고 있어서 동방 여러 나라가 미치지 못할 정도이다. 메콩강Mekong River[32]은 안남국에서 가장 큰 물길로 운남雲南에서 발원한다. 남쪽으로 바싹강 Bassac River[33] 해구를 거쳐 바다로 흘러 들어간다.[34] 메콩강은 부량강富良江을 지칭하는 것 같다. 그 상류는 운남의 여화강黎花江으로 안남을 거쳐 바다로 들어간다. 해구에서 물길을 거슬러 올라가면 약 20여 일이 소요되는데, 큰 배로는 돛을 올려 곧장 갈 수 있다. 세 나라의 토산물로는 목면, 곡물, 유목, 화목花木, 백설탕, 후추, 등죽藤竹, 등황滕黃,[35] 빈랑檳榔, 제비집, 해삼, 상아 등이 있다. 여기까지가 원본이다.

안남국은 동쪽으로는 바다를 경계로 하고 남쪽으로도 바다를 경계로 하며, 서쪽으로는 태국을 경계로 하고 북쪽으로는 중국 광서를 경계로 한다. 수도는 투언호아[36]이고, 21개의 부락을 관할한다. 원본에 있는 부락명은 모두 토속어로 되어 있어서 지금 삭제한다. 안남국의 군현은 모두 이전 사서에 잘 나와 있다.

# 越南一

---

安南國在暹羅之東北, 國都建于傅依. 此曰傅依, 後又曰虎地. 蓋西京順化港
之異名也. 亦原有三國: 一曰廣南, 一曰干波底阿, 一曰東京. 幷有干波底阿所
屬之臘阿土·窮巴兩小國. 干波底阿地接廣南, 當卽『明史』之賓童龍, 與占城接壤
者. 蓋廣南以東瀕海之小國. 千有七百七十四年, 乾隆三十九年. 因廣南光中王,
冲幼被難, 與其遺臣遁于海島, 遇佛蘭西敎師阿特蘭. 彼此投契, 其懷義憤, 遂
回佛蘭西乞師. 適值佛蘭西國難未定, 閱數載, 始請得兵船, 助其恢復. 于千有
七百九十年, 乾隆五十五年. 滅仇復國. 案: 此志謂安南光中王冲幼被篡, 事在乾
隆三十九年. 借西洋兵復國, 事在乾隆五十五年. 旣非明嘉靖中黎維潭復仇滅莫之
事, 又非嘉慶七年, 阮福映借暹羅兵復仇滅阮之事. 乾隆五十五年, 正阮光平篡黎
氏, 黎氏投中國之時, 更與此情事不合. 以前後考之, 此當專指廣南而言. 『高宗御
製詩集』「乾隆乙未題平定合符詩」注云: 李侍堯奏粤民李阿集私越邊界, 至安南國
之順化. 其地在安南王城西南, 遠隔重洋. 昔爲阮姓竊據, 歷九世皆稱順化王, 與安
南黎王世仇. 會順化王死, 有子二, 嫡幼而庶長, 先立. 其舅擅威福, 有同姓阮翁裔

者, 以除奸立嫡爲名, 募兵自稱西山王. 逼順化城, 二子皆出走. 李阿集以戰功封開國公. 阮翁衮思自立, 衆解不從. 李阿集入海, 遇順化二子舟, 劫奪其財. 攜家回內地, 爲有司所執, 籍其家. 得調兵玉符上下各一, 左右鑿枘相應, 形圓而橢, 鑴小篆文云云.

案: 乾隆乙未爲四十年, 與此志三十九年先後一歲, 情事正符. 而二子海中被劫, 卽此志所謂遁入海島之事. 阮光平本名阮惠, 有兄阮岳, 卽詩注所謂嫡幼庶長之事. 蓋阮光平幼時, 本遭難遁荒, 及長, 乃借兵恢復廣南, 又乘黎·鄭內釁之際, 因竝據安南耳. 中國惟知其晚年盜有安南之事, 不知其幼年亡失廣南之事. 惟「御製詩」注與此志相表裏. 而『滇繫』載師範『安南紀略』, 亦與此志互有出入. 光中王之爲阮光平無疑.

光中王旣感歐羅巴之扶佐, 又慕歐羅巴之兵法, 遂仿造兵船·火器, 訓練國兵. 是以現有砲船三百艘, 大兵船一號, 在阿細亞洲諸國, 罕與匹敵, 是以兼取安南·東京及干波底阿國, 幷合三國而統一之. 此處始謂阮光平兼幷安南東都之事. 緬甸·暹羅兵制, 皆由各頭目招募充伍. 器械皆長槍刀弩. 雖有火槍, 皆西洋所廢棄之物, 購買修整, 不堪適用. 惟安南軍器制度得之歐羅巴, 故在緬甸·暹羅兩國之上. 其水戰兵船, 長自八丈以至十丈不等, 而寬僅八尺. 其製造之法, 取整油木一株, 截定長短尺寸, 先用火燒出中槽, 後用刀斧刓斫而成. 沿河各城, 均備此以待, 臨時一招而至, 卽有五百號. 每船掉槳五六十人, 各帶長槍短劍, 別配火槍兵三十人. 船頭平直, 安砲一門, 自六棒至十二棒重不等. 遇敵將船橫排成列, 群唱戰歌, 極力掉槳. 頃刻逼近, 隨卽死鬭. 如敵人大船欲衝擊小船, 則小船閃避又甚巧速. 其王與貴人尋常所乘之船, 雕飾鍍金, 映水熌爍, 士庶不敢僭也. 安南兵船, 近日造作愈精愈巧. 每船長十丈九尺, 其材可作西洋兵船之中桅. 緬甸, 暹羅兩國陸戰全恃堅銳木棚, 環繞重濠, 雖英吉利之兵馬, 亦有時可以拒之. 第兵欠紀律, 設一破其柵, 卽未免潰亂奔竄. 安南軍制, 按歐

羅巴兵法訓練而成. 可云紀律之師, 計其兵數, 于千有八百年間, 嘉慶六年. 約
十有四萬. 今則不過五萬, 內有三萬在國扈衛國王. 聞安南國王庫貯金錢計有
七百十四萬員, 而銀則不計其數也. 緬甸戶口約有五百萬, 暹羅戶口約百有
二十萬. 安南東京, 干波底阿戶口五百有十萬四千, 臘阿士戶口約八十有四萬,
蕉萊由戶口約十有九萬. 又中國人在彼人籍約四十有四萬. 其官制·章服·文字
大略都遵中國, 爲東方諸國所不及. 眉公河爲安南最巨之河道, 亦發源雲南. 南
經巴塞門而注之海. 眉公河似指富良江. 其上遊卽雲南之黎花江, 經安南入海. 由
海口溯流而上, 約二十餘日, 巨舶可揚帆直駛. 三國土産木棉·穀米·油木·花木·
白糖·胡椒·藤竹·藤黃·檳榔·燕窩·海參·象牙. 原本.

　安南國東界海, 南界海, 西界暹羅, 北界中國廣西. 以虎地爲國都, 領部落
二十有一. 原本部落名皆夷語, 今刪之. 其安南郡縣, 具詳前史.

# 주석

1 안남국安南國: 베트남을 통칭하는 말로, 당대에 이곳에 설치된 안남도호부安南都護府에서 유래되었다. 청대에는 베트남을 안남국, 교지국 등으로 구분하여 불렀다. 또한 안남국은 꽝남국을 가리키기도 한다. 따라서 본 역서에서는 역사 사실의 이해를 돕기 위해 원문에 입각하여 이 명칭을 그대로 사용한다.

2 투언호아Thuận Hóa: 원문은 '부의傳依'이다. 호지虎地, 서경西京, 순화順化, 순화항順化港이라고도 하는데, 모두 베트남의 후에Hué를 지칭한다.

3 꽝남Quảng Nam: 원문은 '광남廣南'이다. 광남은 쯔놈Chữ Nôm으로 꽝남이라 부르는데, 베트남 남중부 지역에 위치한 성이다.

4 코친차이나Cochinchina: 원문은 '간파저아干波底阿'이다.

5 통킹Tongking: 원문은 '동경東京'으로 지금 베트남의 수도 하노이를 가리킨다.

6 란쌍Lanxang: 원문은 '납아토臘阿土'로, 노과老撾, 즉 라오스를 말한다.

7 참파Champa: 원문은 '궁파窮巴'이다. 참파(占婆, 占城, 林邑, 環王이라고도 한다)는 베트남 중남부에 위치해 있다. 악록서사본에 따르면 『사주지四洲志』가 근거한 『세계지리대전The Encyclopaedia of Geography』에는 당시 "란쌍과 참파는 거의 태국의 속국이 되었다"라고 쓰고 있다고 한다. 그런데 양진덕梁進德은 이 문장을 "코친차이나(柬埔寨)의 속국"이라고 개역했다. 또한 위원은 코친차이나를 『명사』에 기록된 '판두랑가(賓童龍)'로 보고, '꽝남 동쪽의 바다에 위치한 작은 나라'로 재차 잘못 주석을 달았는데, 이는 오류에 오류가 더해진 기록이다. 위원은 「동남양 각 나라 연혁도東南洋各國沿革圖」에서 '코친차이나'의 위치를 잘못 표시했다. 당시 상황을 부연설명하자면, 란쌍이 태국의 압박을 심하게 받고 있을 때, 참파는 1802년에 베트남에 의해 완전히 패망한 상태였다. 코친차이나의 자딘 지역은 이미 베트남에

합병된 상태였고, 다른 일부 지역도 태국의 지배하에 있었다고 한다.

8 꽝쯩제Quang Trung: 원문은 '광중왕光中王'이다. 악록서사본에 따르면 꽝쯩
제는 응우옌푹아인의 와전이다. 『세계지리대전』에서는 응우옌푹아인
을 'Caung Shung'으로 잘못 표기했는데(『세계지리대전』, p.391, Vol. II 참조), 양
진덕 역시 대조 번역하면서 실수를 반복했고, 임칙서林則徐 또한 문제점
을 발견하지 못했다. 위원은 '실제 사실에 부합하지 않는다'고 생각했지
만, 서양인의 오류를 바로잡을 수는 없었다. 뿐만 아니라 오히려 긴 평
어를 써서 꽝쯩제가 떠이선 출신의 응우옌반후에Nguyễn Văn Huệ임을 증
명했는데, 이 역시 잘못된 것이다.

9 프랑스: 원문은 '불란서佛蘭西'이다.

10 아드랑Adran의 주교인 피에르 피뇨 드 베엔Pierre Pigneau de Béhaine: 원문은
'아특란阿特蘭'으로 바다록Bá Đa Lộc(百多祿)이라고도 한다. 그(1741~1799)는
프랑스의 가톨릭 선교사로 프랑스와 베트남의 정치적 관계를 구축하는
데 기여했다.

11 가정嘉靖: 명나라 제11대 황제 세종世宗 주후총朱厚熜의 연호(1522~1566)이다.

12 레주이담Lê Duy Đàm: 원문은 '여유담黎維潭'으로, 후레 왕조의 제16대 황제
(재위 1573~1599)이다.

13 막Mạc: 원문은 '막씨莫氏'이다.

14 레주이담Lê Duy Đàm이 … 아니고: 막당중이 안남을 찬탈하자, 국왕 레주
이후에는 타인호아와 투언호아의 4부로 도주하여 망명했다. 후에 손자
인 레주이담 때에 이르러 막씨를 물리치고 나라를 되찾았다.

15 응우옌푹아인Nguyễn Phúc Ánh: 원문은 '완복영阮福映'이다. 베트남 대월국
응우옌 왕조의 초대 황제(재위 1802~1820)이다.

16 응우옌Nguyễn: 원문은 '완씨阮氏'이다.

17 태국 군대의 … 아니다: 응우옌푹아인은 왕족 가문인 꽝남 출신이고,
응우옌씨는 떠이선 출신의 완씨이다. 후레 왕조 말기에 나라는 찐씨 중
심의 북부 월남, 꽝남 응우옌씨 중심의 중남부 월남으로 양분되었다.
이때 떠이선 출신의 응우옌씨 삼형제가 반란을 일으켜 북부의 찐씨 정

권과 중남부의 응우옌씨 정권을 몰아내면서 응우옌씨 왕족을 대부분 살해했다. 이때 목숨을 건진 응우옌푹아인이 후에 태국, 캄보디아, 프랑스 등의 도움을 받아 1802년 떠이선 출신의 응우옌씨를 멸망시켰는데, 여기서는 바로 이 사건을 가리킨다.

18 응우옌꽝빈Nguyễn Quang Bình: 원문은 '완광평阮光平'이다. 본명은 응우옌후에이다.

19 레Lê 왕조: 원문은 '여조黎朝'이다.

20 건륭 55년(1790)은 … 찬탈하고: 후레 왕조 말기에 나라는 찐씨 중심의 북부 월남, 꽝남 응우옌씨 중심의 중남부 월남으로 양분되었다. 그러나 중남부 월남에서 꽝남 응우옌씨의 폭정이 심해지자, 떠이선에서 응우옌(반)냑, 응우옌(반)르, 응우옌(반)후에 삼형제가 반란을 일으켰다. 그러나 이들은 북쪽의 찐씨 정권, 남쪽의 응우옌씨 정권의 공격을 받아 붕괴될 위기에 처해 있었다. 그래서 응우옌냑은 일시적으로 찐씨에 복종하는 척하면서, 응우옌 정권을 멸망시키는 데 가담했다. 그리하여 1777년 응우옌 일족을 몰살시킨 뒤 권력을 장악하고, '복려멸정復黎滅鄭(레씨 왕조를 복귀시키고, 찐씨를 멸한다)'이라는 명분을 내세워 응우옌후에를 사령관으로 삼아 북진했고, 찐씨 정권마저 격파하고 수도 탕롱에 입성하여 레 왕조의 황제를 옹립한다. 그러나 레 왕조의 마지막 황제인 민종이 떠이선 세력을 두려워하여 청에 도망가 지원을 요청하는 실수를 범하는 바람에 결국 응우옌후에는 청의 건륭제가 보낸 원정군을 격파했고, 이로써 후레 왕조는 완전히 멸망하고 마는데, 여기서는 바로 이것을 말한 것이다.

21 이시요李侍堯: 이시요(?~1788)는 건륭제 때의 대신으로, 양광총독兩廣總督을 지내고 태자태보太子太保가 되었다. 대만 정벌에 대한 공으로 '자광각평대만이십공신紫光閣平臺灣二十功臣'에 들어갔다.

22 투언호아: 원문은 '순화順化'로 지금의 후에이다.

23 투언호아 왕: 원문은 '순화왕順化王'이다.

24 응우옌냑Nguyễn Nhạc: 원문은 '완옹곤阮翁袞'이다. 바로 응우옌냑으로, 떠이선 출신의 응우옌씨 삼형제 가운데 한 명이다.

25 떠이선Tây Sơn 왕: 원문은 '서산왕西山王'이다. 떠이선은 베트남 남쪽 꾸이 년부 떠이선읍으로, 베트남 떠이선의 기의는 이곳에서 시작되었다.

26 응우옌후에Nguyễn Huệ: 원문은 '완혜阮惠'이다.

27 응우옌냑: 원문은 '완악阮岳'이다.

28 레씨: 원문은 '여씨黎氏'이다.

29 찐씨Trịnh: 원문은 '정씨鄭氏'이다.

30 코친차이나: 원문은 '간파저아干波底阿'이다. 광서 2년본에는 이 글자가 없어 악록서사본에 따라 고쳐 번역한다.

31 말레이시아Malaysia: 원문은 '무래유蕪萊由'이다. 이 외에도 무래유蕪來由, 마래추馬來酋, 목랄유木剌由, 무래유無來由, 목래유木來由, 몰랄여沒剌予, 몰 랄유沒剌由, 마래홀馬來忽, 목랄전木剌田, 목랄왈木剌日 등으로 불렸다.

32 메콩강Mekong River: 원문은 '미공하眉公河'로, 미공하湄公河라고도 한다. 이 강은 세계에서 12번째로 길며, 10번째로 유수량이 많다. 베트남어로 끄 우롱강Cửu Long Giang이며, 메꽁강Mê Kông이라고도 한다.

33 바싹강Bassac River: 원문은 '파색강巴塞江'이다. 광서 2년본에는 '파이강巴爾江' 으로 되어 있다. 파색강은 바싹강을 말한다. 현재 바싹강을 캄보디아에 서는 톤레바싹Tonle Bassac, 베트남에서는 하우강Hậu Giang이라고 부른다.

34 메콩강Mekong River은 … 바다로 흘러 들어간다: 푸르엉강Sông Phú Lương은 오늘날 베트남 하노이 부근의 홍강Hồng Hà 주류이다. 메콩강과 홍강은 베트남 남북 쪽에 있는 큰 강이다. 위원은 메콩강이 '홍강'이라고 주를 달았는데, 이는 잘못된 것이다.

35 등황藤黄: 광서 2년본에는 '예황豔黄'으로 되어 있으나, 악록서사본에 따 라 고쳐 번역한다. 한약재의 이름으로, 등황과 식물 등황(Garcinia hanburyi Hook.f.)의 수지樹脂이다. 광동과 광서 등지에 널리 분포하며 종기와 독 제거, 지혈, 살충의 효능을 지니고 있다.

36 투언호아: 원문은 '호지虎地'이다.

# 중집

---

원본에는 없으나, 지금 보충한다.

『만국지리전도집』에 다음 기록이 있다.

　안남국 국왕은 통킹을 기반으로 참파국[1]의 대부분을 취했으며, 남쪽으로는 태국과 인접해 있고 남해까지 이르렀다. 북쪽으로는 중국, 동북으로는 광서까지 이르렀다. 서쪽으로는 라오스와 태국까지 이어져 있다. 동쪽으로는 통킹의 연안 지역과 남해까지 이르렀다. 북위 9도에서 23도, 영국을 중심으로 동경 103도에서 108도에 위치한다. 동북쪽으로는 푸르엉강을 마주하고 서쪽으로는 동나이강Sông Đồng Nai[2]과 인접해 있으며, 면적은 사방 294,000리에 달한다. 통킹의 망해평원望海平原[3]은 초원으로 참파국의 지형과 비슷하다. 나라 안에는 산이 많으며, 꾸이호아장로Quy Hóa Giang Lộ[4]는 서남쪽 경계에 접해 있다. 뚜옌호아장로Tuyên Hóa Giang Lộ[5]는 시마도時麻道[6]에 접해 있고, 타장로Tha Giang Lộ[7]는 금치金齒[8] 경계에 접해 있으며, 랑쩌우로Làng Châu Lộ[9]는 좌우(시마도와 금치) 양쪽 경계에 접해 있다. 이 나라에는 22개의 군이 있는데, 그중 6개는 참파의 옛 땅이며 나머지는 안남국의 통킹 땅이다. 이 나라의 강은 운남, 광서에서 발원하여 모두 남쪽으로 흐르며, 오직 통킹의 강만 동쪽으로 흐른다. 바닷가에는 항구가 매우 많아 어디서나 정박 가능하다. 나라의 서쪽 도성[10]인 투언호아성은 해변에서 18리 정도 떨어져 있고, 강을 따라 12리에 걸쳐 집을 짓고 사는데, 대부분이 초가집이고 기와집은 드물다. 통킹성[11]은 강가에 있는데, 바다에서 3백 리 떨어져 있으며 주민이 투언호아성보다 훨씬 많다. 또한 통킹성은 교역이 이루어지는 부두로, 중국과는 통상을 하지만 다른 나라 상인들과는 교역하지 않는다. 통킹[12]의 주민은 원래 중국에서 건너와 개간을 하고 기반을 닦았기 때문에 얼굴이 [중국인과] 크게 차이 나지 않는다. 참파의 원주민은 얼굴이 검고 왜소한 것이 태국 사람들과 비슷하다. 건륭乾隆[13] 연간에 국왕이 죽자 신하들이 역심을 품고 일부는 태국과 결탁하고 일부는 안남과 결탁하더니, 결국 안남국에게 정복당했다. 땅은 비옥한 반면 백성들은 게으르다. 해변에는 참파족[14]이 살고 있는데, 풍속과 언어가 안남국과 달랐다. 참파족은 옛날에는 배를 타고 위험을 무릅쓴 채 다른 나라로 장사를 다녔으나, 근래에는 점차 그 일을 그만두고 산속에서 안거하다가 안남국에 복속되었다. 안남국은 불교를 신봉하고 우상을 숭배한다. 천주교를 신봉하는 이들도 있어, 왕이 그 종파를 모조리 없애고 신부를 죽였지만, 여전히 40여만 명의 신도들이 존재한다. 통킹에서는 금과 철이 생산되며, 광산을 개발하여 매년 20여만 냥어치의 은을 생산한다. 참파에서는 쌀이 많이 나고, 백설탕, 빈랑, 육두구肉豆蔻도 나는데, 중국 배가 가장 많이 드나들었다. 참파의 동나이강[15] 연안에서는 물고기를 잡으면서 살아간다. 안남국 사람들은 왜소하고 긴 옷을 입으며 머리에는 천을 두르고, 진한 검은색 옷을 입는다. 오직 존귀한 사람들만 비단옷을 입는다. 백성들은 불결해 세탁도 하지 않고 목욕도 하지 않는다. 풍속을 살펴보면, 사람들 자체는 밝고 화통하며 만면에 미소를 머금고, 눈썹을 휘날리며 기운차게 행동하고, 편안한 마음으로 천명을 따르며 살아간다. 그러나 백성들은 몇 달씩 계속된 노역으로 빈곤과 고통 속에서 편안할 날이 없다. 반면 왕은 궁전에 살면서 온갖 영예와 위엄을 누리는데, 호위병만 해도 3만 명이나 되었다. 내각內閣을 세우고 육부六部를 두며, 중외 백관들은 모두 중국의 법을 따랐고, 각성에는 독무督撫와 순무巡撫[16] 등의 대관이 있다. 이들이 읽는 책은 중국의 것과 같았지만 발음은 완전히 달랐다. 군비에 있어서는 국왕이 프랑스[17] 무관을 초청해서 서양식 훈련과 무예를 가르치도록 했다. 그래서 제조한 화포나 조총이 프랑스의 것과 다르지 않다. 무관들은 군사 관련 기밀도 잘 파악해 보유하고 있는 군함만으로도 중국의 함대를 크게 물리쳤고, 오인도와 동남아시아 각 나라를 돌아다니면서 식견을 넓혀 나갔다. 또한 누차 공사公使를 외국에 파견하여, 하고 싶은 대로 일 처리를 했다. 어쩌다 외국 선박이 항구로 들어오면 즉시 삼엄한 방비를 하여 일을 방해하거나 모질게 대해 외국 상인의 진출을 막아 버렸다. 중국에서 들어오는 크고 작은 배는 3백 척이고, 안남에서 싱가포르Singapore[18]로 가는 배는 매년 30여 척이지만, 선원은 모두 중국인이다. 왕의 군함은 2~3척으로 다양한 물품을 싣고 마찬가지로 부두에 가서 교역을 했다.

『성무기聖武記』[19]에 다음 기록이 있다.

안남국의 수도는 통킹으로, 바로 당나라 때의 교주도호부交州都護府가 있던 곳이다. 또 꽝남과 투언호아 두 곳을 서쪽 도성으로 정했는데, 바로 옛 끄우쩐Cửu Chân[20]과 넛남Nhật Nam[21]이다. 두 지역은 해구를 사이에 두고 있고, 대대로 응우옌씨가 할거하면서 꽝남 왕이라 칭했으며, 안남국보다 군사력이 강했다. 초기인 명나라 가정 연간 때 막당중Mạc Đăng Dung[22]이 안남을 찬탈하자, 국왕 레주이후에Lê Duy Huệ[23]는 타인호아Thanh Hòa[24]와 투언호아의 4부로 달아나 목숨을 보존했다. 손자인 레주이담[25] 때에 이르러 군사를 일으켜 막씨를 물리치고 나라를 되찾았다. 사실 이는 신하인 찐씨[26]와 응우옌씨의 조력 덕분이었기에, 그들은 대대로 좌우보정左右輔政을 지냈다. 뒷날 우보정 찐씨는 [꽝남 출신의] 응우옌씨가 죽고 그 자식이 어린 틈을 타서 응우옌씨 일가를 투언호아 지역에서 몰아내고, 레주이담에게 꽝남을 다스리게 하면서 자신은 멋대로 국사를 농단했다. 그리하여 응우옌씨와 찐씨는 대대로 원수지간이 되어 싸웠다. 찐동Trịnh Đông[27] 때에 이르러 더욱 멋대로 권력을 휘두르며 나라를 찬탈하려 했으나, 꽝남의 강한 군사력이 마음에 걸렸다. 이에 원주민의 수장인 [떠이선 출신의] 응우옌냑과 응우옌후에를 끌어들여 푸쑤언Phú Xuân[28]에서 꽝남 왕을 공격해서 없애 버렸다. 찐동이 죽자, 응우옌후에는 꽝남에서 군대를 일으켜 찐씨를 공격하여 멸망시켰다. 그리하여 응우옌씨는 다시 나라를 독차지했다. 도성에 있던 진귀한 보물들은 모두 꽝남으로 옮겨 오고 푸쑤언 지역에 성과 해자를 만들었다. 오래지 않아 장군 응우옌럼Nguyễn Lâm[29]을 시켜 수만 명의 병사를 이끌고 통킹을 공격하게 했다. 국왕 레주이끼Lê Duy Kỳ[30]는 사신을 보내 중국에 도움을 청했는데, 이때가 건륭 53년(1788)이었다. 이듬해에 조정에서는 양광총독兩廣總督 손사의孫士毅에게 군대를 끌고 가 응우옌후에를 토벌하도록 명했다. 응우옌후에는 패망하여 도주했고, 레주이끼는 나라를 되찾았다. 이해 겨울에 응우옌후에는 다시 꽝남의 무리들을 총동원하여 습격했고, 손사의 군대는 궤멸하여 돌아왔다. 레주이끼는 다시 투항했고, 응우옌후에 역시 응우옌꽝빈으로 개명하고 입국하여 사죄하며 투항을 청했다. 대대로 꽝남을 다스리면서 안남과는 적대

관계였고 군신 관계는 아니라고 아뢰었으며 또한 건륭 55년(1790)에 입궐하여 천자의 팔순을 경하할 것을 청하기에, 천자가 조서를 내려 응우옌꽝빈을 안남국 국왕에 봉했다. 건륭 57년(1792)에 응우옌꽝빈이 죽자, 아들 응우옌꽝또안Nguyễn Quang Toàn[31]이 그 지위를 세습했다. 처음에는 응우옌씨가 대대로 꽝남을 다스리다가 투언호아의 항만을 문호로 삼고, 참파, 태국과 경계를 접했다. 응우옌꽝빈은 군대를 일으켜 나라를 찬탈하고 국고를 낭비했으며, 또한 상선도 오지 않았다. 이에 오조선烏艚船 백여 척과 총병관 12명을 파견하여 군량 확보를 명분 삼아 중국의 해적을 불러 모은 뒤, 길잡이로 삼아서 복건, 광동, 강소, 절강을 노략질했다. 가경嘉慶[32] 연간 초에 각 성에서 해적을 체포하자고 상주했지만, 누차 안남의 장수와 총병들에게 작위를 하사하고 칙서와 인장을 내린 상황이었기에 조서를 내려 안남에 물어보면서도, 안남국 왕이 미리 알고 있었다고는 되레 생각하지 못했다. 태국은 꽝남과 오랜 원수지간이었는데, 마침 레씨의 생질 응우옌푹아인을 만나자 [응우옌푹아인은] 태국에게 군사 지원을 요청해 서쪽 도성을 탈환하고, 또한 해적 막부관莫扶觀[33] 등을 체포하여 중국에 바쳤다. 중국에서는 비로소 [떠이선 출신의] 응우옌 부자가 해적과 한패가 되어 저지른 일이라는 것을 알게 되었으니, 이때가 바로 가경 4년(1799)이었다. 가경 7년(1802)에 응우옌푹아인은 다시 통킹을 물리치고 안남을 다 차지했으며, 군대를 조직해서 선대 레씨의 복수를 했다. 예전에 분봉받았던 농내農耐[34]는 옛 월상씨越裳氏[35]의 땅이었고, 지금은 안남安南까지 병합해 월남越南이라는 국명을 청하기에 중국에서 조서를 내려 월남국왕에 봉했다. 대략 새로운 응우옌씨(떠이선 출신)가 레씨의 정권을 찬탈한 지 10여 년 만에 다시 옛 응우옌씨(꽝남 출신)에게 망한 것이다. 지금 [중국에] 조공을 바치는 나라는 더 이상 지난날의(떠이선 출신의) 응우옌씨가 아닌 것이다.


『영길리이정기략英吉利夷情紀略』 흡현歙縣 섭종진葉鍾進의 『기미산방잡기寄味山房雜記』
에 보인다. 에 다음 기록이 있다.

가경 11~12년(1806~1807)에 타이판Taipan[36] 로버츠J. W. Roberts[37]는 중국의
속국인 안남의 통킹이 해안에 위치하며, 당시 내분을 겪고 있는 상태라
이 틈을 타 그곳을 취할 수 있다는 사실을 알아냈다. 이 시기는 응우옌푹아
인이 원수를 죽이고 나라를 세워 막 새로이 시작하던 때였다. 이에 직접 벵골[38]로
가서 군 지휘관과 계약을 하고 선박 10척을 몰아 곧바로 안남 푸르엉강
해구로 나아갔다. 먼저 부지휘관에게 예전의 빚을 요구하고, 항만을 찾
는다는 명분을 내세우며 배 7척을 타고 먼저 들어가게 했다. 이 소식을
들은 안남에서 먼저 고깃배와 상선을 정비하여 모두 항구 안쪽에 숨겼기
때문에 항구로 가는 수백 리 내내 막힘이 없었고, 그대로 통킹까지 가서
정박하는 동안 사람 그림자라곤 전혀 보이지 않았다. 밤이 되자 갑자기
무수한 작은 배들이 나타나 건초더미와 화약을 잔뜩 싣고서 사방을 에
워싸고 빠르게 대포를 쏘아댔다. 작은 배들이 모두 순풍[39]을 틈타 포탄을
쏘자 바람이 거세져 배 7척이 모두 불타 버렸다. 수영에 능한 한 흑인이
헤엄쳐 와 이 사실을 알리자, 군 지휘관은 깜짝 놀라 달아나서는 감히 더
이상 쳐들어오지 않았다.


『영환지략瀛環志略』[40]에 다음 기록이 있다.

월남은 안남국으로, 옛날의 교지국交阯國[41]에 해당한다. 진나라 이후
당나라 이전에는 모두 중국에 속해 있었다. 남쪽 경계인 럼업Lâm Ấp[42]은
한나라 말에 자립해서 나라를 세웠다. 안남은 오대 시대에도 중국의 속

국이었으나, 지금은 참파를 합병하여 하나의 나라가 되었고, 다시 첸라 Chenla[43] 북쪽까지 합병했다. 안남의 옛 땅과 남쪽의 참파, 첸라의 옛 땅을 모두 합쳐서 꽝남이라고 부른다. 북쪽으로는 광동, 광서, 운남의 3성을 경계로 하고, 서쪽으로는 태국을 경계로 하며 동남쪽으로는 큰 바다와 마주하고 있다. 도성은 투언호아이며, 푸르엉강의 남쪽 기슭에 위치해 있다. 의관은 당송 시대의 규정을 그대로 따랐고, 앉을 때는 바닥에 자리를 깔고 앉으며, 귀인들은 낮은 걸상에 앉았다. 책론과 시부詩賦로 관리를 뽑았고, 향시鄕試와 회시會試를 실시했다. 사대부들은 모두 시 읊조리기를 좋아했는데, 간혹 실력이 모자라 시구를 완성하지 못해도 사람들은 즐겨 시를 읊었다. 나라는 40여 개의 성으로 나뉘었고, 성마다 몇 개의 현을 관할했다. 문무관의 명칭은 중국 내지와 거의 같다. 총독은 모두 응우옌씨로 왕족 출신이 맡았다. 고관들은 관청에 앉아 간혹 옷을 풀어 헤치고 이를 잡기도 했는데, 그 모습이 참 볼품없었다. 손님을 초대하여 잔치를 열 때는 구리 쟁반을 사용하며, 채소와 고기를 소량씩 놓고 젓갈이 없었기 때문에 생선을 삭힌 액즙으로 대신했다. 아편을 엄금하여 이를 어기는 자는 중벌로 다스렸다. 동남쪽 해안에 녹내祿奈 녹뢰祿賴라고도 하며 용내龍奈, 농내農耐라고도 한다.[44] 라는 대도시가 있는데, 녹내는 참파의 옛 도시이다. 남쪽 해안에는 코친차이나[45]라는 대도시가 있는데, 첸라의 옛 도시이다. 복건과 광동의 상선들이 매년 왕래하며 교역했다. 다른 나라 상선들이 입항하면 심하게 훼방을 놓았고 세금도 무겁게 매겼다. 여러 나라는 이곳의 규정이 가혹하고 번거로운 것을 싫어해서 상선을 몰고 오는 경우가 드물었다. 이곳에서는 번목番木·침남沈楠·각종 향·납·주석·계피·상아·제비집·상어 지느러미 등이 난다. 조공을 할 때는 바닷길이 아닌 광서의 태평부太平府로 입관했다. 안남은 본래 중국 땅으로, 여러 서적에 상세하

게 기록되어 있으므로 불필요한 말은 더 이상 하지 않는다.[46]

세상에 전하는 말에 따르면 홍모선紅毛船[47]은 안남을 가장 두려워하여 감히 그 지역에 발을 들여놓지 않았다고 한다. 안남국 사람들은 수영을 잘해서 홍모선이 출현하면, 대나무 통을 짊어지고 가느다란 실을 잡은 사람 수백 명을 보내 잠수해서 [홍모선의] 배 밑바닥에 못을 박게 했다. 멀리서 작은 배가 오면 그것을 끌어당겨서 좌초되기를 기다렸다가 불을 지르고 재물을 약탈했다. 또한 안남 사람들이 만든 작은 배를 알선軋船이라고 부르는데, 홍모선 밑바닥을 공격할 수 있기 때문에 서양인들이 그것을 두려워했다고도 한다. 지금 살펴보건대 모두 그다지 명확하지 않다. 대개 참파의 북쪽은 바다가 반달 모양으로, 바닷물이 만灣으로 굽이치면 그 기세가 상당히 거칠었다. 선박이 간혹 만의 안쪽으로 휩쓸려[48] 들어올 경우, 서풍이 불지 않으면 밖으로 빠져나갈 수 없다. 홍모선이 흘러들어 와 좌초되는 바람에 여러 척의 배가 부서진 적이 있다. 그래서 지금까지 유럽인들은 바다를 지날 때 멀리 광남산廣南山[49]이 보이면 상당히 조심했다. 상선이 안남 안쪽의 항구에 들어오면, 토착민들이 작은 배를 끈으로 묶어 견인했다. 이는 암초에 부딪혀 좌초될까 봐 우려해서이기도 하고 길을 안내한다는 구실에서였다. 중국 항구의 예인선은 도리어 적선을 파괴하는 데 사용되었는데, 이치상으로도 그럴 법하다. 잠수해서 배 밑바닥에 못을 박는 일은 사실 거의 없었다. 알선 건조의 경우 일찍이 도면이 있어서 그것을 본떠 제작해 바다에 띄워 본 적이 있는데, 일반 선박과 다르지 않았다. 풍문으로 들은 이야기를 실제로 적용해 보면 종종 사실과 다른데, 이 일 한 가지에만 그치지는 않는다.

살펴보건대, 정지룡鄭芝龍이 네덜란드[50]의 선박을 불태운 사건은 『대만외기臺灣外紀』에 보인다. 당시 네덜란드 선박이 복건, 절강 지역에서 소란을 피우자 무위비장撫爲裨將이었던 정지룡은 황제의 명을 받들고 그들을 토벌하러 갔다. 네덜란드 선박은 견고하고 화포도 강했다. 그래서 헤엄을 잘 치고 죽음을 두려워하지 않는 용맹한 병사들을 모집하여 작은 배에 땔감을 싣고 기름을 뿌린 뒤 그 안에 화약을 숨겨 놓았다. 이 배를 앞쪽에 배치하고, 뱃머리에 짧은 쇠사슬을 연결한 뒤 날카로운 송곳을 꽂아 두었다. 용맹한 병사 한 명이 도끼를 들고 뱃머리에 앉아 있고 몇 사람은 옆에서 바람과 조수가 거센 틈을 타 네덜란드의 배에 노를 걸쳤다. 그들은 도끼, 못, 송곳으로 네덜란드 배를 공격하고 화약선에 불을 붙인 후 물로 뛰어들어 헤엄쳐 돌아왔다. 화약이 폭발하여 불이 나고 바람이 더욱 거세지자, 네덜란드 선박이 3척이나 불탔으며 나머지 배들은 달아났다고 한다.

살펴보건대, 정지룡은 본래 바다의 대도로, 그의 수하들은 모두 죽음을 두려워하지 않았다. 그는 권모술수로 사력을 다하는 사람을 얻었기 때문에 기묘한 계책으로 승리를 거둘 수 있었던 것이니, 이는 이치상으로도 그럴 법하다. 다른 책에서도 화공에 대해 언급한 것이 있는데, 많은 뗏목에 땔감을 쌓아 바람과 조류를 따라가도록 그대로 둔다고도 하고, 땔감을 가득 실은 수많은 작은 배를 쇠사슬로 묶어서 항구를 에워싸고 공격한다고 한다. 이는 모두 강에서 사용하는 옛날식 화공법으로, 협판선夾板船에 사용할 경우 효과를 보기 어렵다. 바다는 광활하고 범선은 여기저기 흩어져 1~2리, 3~4리 정도 떨어져 정박하기 마련이니, 뗏목이 아무리 많다고 해도 어찌 온 바다를 메울 수 있겠는가? 또 어찌 바늘을 끌어당기고 지푸라기를 줍듯[51] 쉽게 배를 연결할 수 있겠는가? 이로 볼 때 배는 직접 태워야 하는데, 어찌 그 일을 할 수 있겠는가?

『지리비고地理備考』[52]에 다음 기록이 있다.

안남국은 교지국이라고도 하며, 아시아대륙 남쪽에 위치해 있다. 북위 8도 45분에서 23도, 동경 87도 45분에서 107도에 위치한다. 동남쪽은 중국해에 맞닿아 있고 서쪽은 태국과 접해 있으며 북쪽은 중국과 인접해 있다. 남북의 길이는 3,700리이고 동서의 너비는 1,500리이며 면적은 사방 393,750리에 이르고, 인구는 3300만 명이다. 안남국의 지세는 산과 구릉이 연이어 있고 평원이 드넓게 펼쳐져 있으며 강이 매우 많은데, 긴 강으로는 메콩강[53]·홍강Hồng Giang[54]·체라이강Tche Laî Ho[55]·동나이강[56]이 있다. 호수는 매우 드문데, 가장 큰 호수로는 톤레토치호Tonlé Touch[57]·톤레사프호 Tonlé Sap[58]가 있다. 토지가 비옥해서 곡식과 과일이 풍부하고, 초목이 무성하여 날짐승과 들짐승이 매우 많다. 토산품으로는 금·은·동·철·주석·생사·차·옻칠·청대靑黛(푸른 안료)·사탕수수·면화·빈랑·사등沙藤·계피·후추·상아·약재·목재 등이 있다. 기후는 온화하고 왕위는 세습된다. 종교는 유교와 불교로 일정하지 않다. 기예가 출중하고 교역이 발달했다. 전국은 다섯 지역으로 나뉘는데, 다음과 같다. 당쫑Đang Trong[59]은 관청 소재지가 투언호아에 있는데, 투언호아가 바로 도성[60]이며, 투언호아 강변[61]에 세워졌다. 당응아이Đang Ngay[62]는 동쪽 도성[63]으로 관청 소재지는 하노이Hà Nội[64]이다. 투언하이Thuận Hải[65]의 관청 소재지는 참파[66]이다. 자딘Gia Đinh[67]은 캄보디아Cambodia[68]로 첸라[69]라고도 하며, 관청 소재지는 사이공 Saigon[70]이다. 바오딴Bao Tàn[71]의 관청 소재지는 바오Bảo[72]이다. 각 부락은 사방에 흩어져 있어 통합 관할하지 않으며, 부락의 명칭이 번잡하여 여기서는 언급하지 않는다. 교역의 요충지로는 사이공·호이안Hội An[73]·투란 Tourane[74]·하노이가 있다.

『외국사략外國史略』[75]에 다음 기록이 있다.

아시아[76] 동남양 해안에 위치한 각 나라는 북쪽으로는 중국의 운남, 광서, 광동과, 남쪽으로는 태국 연해와 믈라유제도Kepulauan Melayu,[77] 동쪽으로는 안남국 당응아이[78] 연안과, 서쪽으로는 벵골만Bay of Bengal[79]과 인접해 있으며, 아시아[80] 국가 중에는 최남단에 위치한다. 비교적 긴 강은 다음과 같다. 이라와디강Irrawaddy River[81]은 대금사강大金沙江이라고도 하며, 운남 하류에서 발원하여 미얀마 4,400리를 거쳐 벵골만으로 유입되는데, 강이 깊고 넓어 큰 선박도 운항할 수 있고 작은 삼판선三板船[82]의 경우 운남 경계까지도 갈 수 있다. 살윈강Salween River[83]은 익강潞江이라고도 하며, 역시 운남 하류에서 발원하여 곧장 남쪽으로 미얀마의 마르타반만Gulf of Martaban[84]까지 유입되는데, 북쪽 지류는 사주沙洲[85]가 많고 남쪽 지류는 수심이 30리나 된다. 짜오프라야강Mae Nam Chao Phraya[86]은 원강沅江이라고도 하며, 역시 운남에서 발원하여 남쪽 태국으로 유입된다. 관개 용수로 풍부하게 쓰이고 수심이 가장 깊지만, 발원지는 오히려 수심이 얕다. 메콩강[87]은 난창강瀾滄江으로, 운남에서 베트남으로 유입된다. 당쫑[88]에는 흐엉강Sông Hương[89]이 있는데, 뱃길이 두 갈래이다. 서쪽은 미얀마와 영국의 속지이고, 그 동쪽에는 베트남, 가운데는 태국과 라오스[90] 등의 지역이, 남쪽에는 말레이족[91]이 있다.

또한 다음 기록이 있다.

베트남은 북위 8도 30분에서 23도, 동경 105도에서 109도에 위치하며 면적은 사방 6,700리에 달한다. 인구는 당응아이에 천만 명 남짓, 꽝남에 백만 명 남짓, 첸라,[92] 혹은 캄보디아[93]에 150만 명이 산다. 베트남은 남쪽으로는 태국과, 동쪽으로는 바다와, 북쪽으로는 중국과 경계를 접하고 있으며 서쪽은 라오스와 이어진다. 전국은 남쪽의 첸라 지역에서 시작해, 쿠뚝Khu Túc[94]·하띠엔Há Tiên[95]·남빈Nam Vinh[96]·안장An Giang[97]·빈타인Vĩnh Thanh[98]·딘뜨엉Định Tượng[99]·폰옌Phồn Yên[100]·비엔호아Biên Hòa[101]·빈투언Bình Thuận[102]·냐짱Nha Trang[103]·푸옌Phú Yên[104]·꾸이년Quy Nhơn[105]·호아응에Hòa Nghệ[106]·꽝남이 모두 남방 지역이다. 중앙에는 꽝득Quảng Đức[107]·꽝찌 Quảng Trị[108]·꽝빈Quảng Bình[109]·응에안Nghệ An[110]·통킹 등의 진鎭이 있다. 북방 에는 타인노이Thanh Nội[111]·타인응오아이Thanh Ngoại[112]·훙호아Húng Hóa[113]·남 트엉Nam Thương[114]·남하Nam Hạ[115]·하이동Hai Đong[116]·낀박Kinh Bắc[117]·선떠이Sơn Tây[118]·까오빈Cao Bình[119]·랑박Lang Bắc[120]·타이응우엔Thái Nguyễn[121]·뚜옌꽝Tuyên Quang[122]·꽝안Quảng An[123] 등의 진이 있다. 남방의 첸라 지역은 지세가 낮고 토지가 비옥하며, 산림이 없고 인구가 많다. 사람들이 게으르고 국왕도 교양이 없기 때문에 국고는 충분하지만 백성들은 가난하다. 다만 중국과 접경지대인 당응아이에는 인구가 많고 사람들이 부지런하여 각종 물건 을 제작할 수 있다. 또 흐엉강[124] 강변의 투언호아는 토지는 비옥한 반면, 내지의 산은 척박하며, 저지대에서 쌀·담배·빈랑·설탕·계피·후추·단향 檀香·침향沈香·찻잎 등의 작물이 난다. 항구에서는 교역이 이루어지며, 이 곳 사람들의 외모는 모두 중국인과 비슷한데 알고 보면 모두 중국의 후 손들이다. 중국 문자를 사용하고 중국 책을 읽으며 법도, 규범, 풍속도 모두 중국과 비슷하다. 백성들은 영리하고 항상 미소를 띠고 있으며 생 각이 기발하다. 검은색 옷을 좋아하고, 청결을 좋아하지 않으며 목욕도 하지 않는다. 남자는 요역의 의무를 지는데, 여자는 정절을 신경 쓰지 않 고 남자 대신 일해서 집안을 건사한다. 서민들은 가난해도 [요역을 나가 야 하지만] 화교는 요역을 면제받는다. 농사를 짓는 경우 일은 힘든 반 면 수확은 적다. 상인은 대부분 중국인으로 빈랑·설탕·후추를 가장 많이 운송한다. 교역이 매우 활발하여 캄보디아[125]에서 오는 배에 쌀, 소금 등 의 물건을 싣고 피낭Pinang[126]에 가서 거래를 한다. 국왕 또한 군함을 이끌 고 매년 항구에 갔는데, 벵골만까지 갔다. 당응아이에서 실어다 파는 물 건은 투박한 자기瓷器 등이 있으며 그들이 제조한 조창鳥槍, 대포大砲 등의 화기火器가 특히 좋다. 당응아이에서도 호사胡絲가 나는데, 중국만큼 곱지 않고 베옷이나 비단이 모두 거칠어서 최상품은 반드시 외국에서 사들인다. 건륭 38년(1773)에 당쫑에 사는 삼형제인 장군, 상인, 스님[127]이 함께 왕세자인 응우옌푹아인을 몰아냈다. 프랑스[128] 선교사가 응우옌푹아인과 함께 태국에 원조를 청하고 또한 프랑스[129]로 가서 도움을 구했다. 이때 간신 삼형제는 이미 나라를 점거하고 백성들을 학대했다. 동쪽으로 정벌 나간 병사 중에는 풍토가 맞지 않아 죽어 나간 자가 매우 많았다. 국왕은 영정도伶仃島[130]에 주둔해 있었으며, 프랑스와 본국의 용맹한 군사들이 간신 무리를 몰아냈다. 또한 당응아이를 공격하고 국왕을 복위시킨 뒤 프랑스 무관에게 병사를 훈련시키고 대포를 주조하게 했으며 또한 서양의 갑판과 같은 전함을 만들고 아울러 포대도 지었다. 그 후로 군사력이 날로 강성해지자 국왕은 첸라의 내란을 틈타 태국과 땅을 나눠 가지고 곧장 호찌민Hồ Chí Minh[131]으로 들어갔다. 국왕은 매년 군함에 설탕 등의 물건을 싣고 피낭항[132] 등으로 가서 무역했고, 화교들도 항구를 드나들며 첸라에서 물건을 실었다. 국왕은 전권을 휘두르며 향신鄕紳과 의논하지 않는다. 국왕이 거둬들인 각각의 세금은 대략 5백만 냥 정도 된다. 서쪽 도성은 투언호아로 거주민이 3만 명이다. 각 강변은 바다에서 2리 떨어져 있으며 북위 16도 45분, 동경 106도 32분에 위치한다. 성은 둘레가 2리, 높이가 3길이고 병영이 전각을 둘러싸고 있으며 주민 절반이 야자나무[133]로 집을 짓고 산다. 대포와 화기가 매우 많은데, 모두 프랑스에서 만든 것이다. 처음에는 국왕 또한 해변의 토지를 프랑스에 주어 살게 했지만, 국왕이 나중에 약속을 지키지 않자 프랑스 무관들은 점차 본국으로 돌아갔다. 이에 통상이 모두 끊기고 프랑스와도 단교했으며 천주교를 엄금했다. 그러나 당응아이, 첸라, 꽝남의 각 지역에서는 천주교를 믿고 싶어

하는 사람들이 여전히 있었다. 당응아이 낀박진[134]의 항구는 주민이 15만 명이다. 중국과 무역이 가장 활발한 항구는 호찌민으로 인구는 13만 명이고, 이곳에 태국의 작은 배와 중국의 큰 선박들이 많이 드나든다. 또한 꾸이년, 냐짱, 푸엔 3곳 역시 교역이 활발한 지역이다. 첸라의 옛 수도는 지금 비록 황폐해졌지만 여전히 3만여 명의 주민이 살고 있다. 이것이 베트남 전체의 대략적인 상황이다.

무림武林 사람 욱영하郁永河의 『비해기유裨海紀遊』[135]에 다음 기록이 있다.
홍모선은 목판 두 개를 사용하는데, 나무를 베어 자르지 않고 통째로 사용해서 아주 견고하다. 중국인들은 협판선이라 부르고 있으나 사실 통나무로 만들었기 때문에 목판은 아니다. 돛은 거미줄처럼 짜여 있어 8면에서 바람을 받기 때문에 순항하지 않을 때가 없다. 중국의 돛대가 순풍이 아닐 때 좌우 양쪽의 돛대가 부러져 위험한 상황이 되는 것과 비교하면 더욱 차이가 난다. 그러나 역풍에 강한 배는 순풍일 때 오히려 속도가 떨어진다. 만약 중국 선박과 함께 달린다면 순풍 속에서는 홍모선이 오히려 뒤처진다. 그래서 홍모선의 추격을 받을 경우 키를 돌려 순풍으로 돛을 올리면 화를 면할 수 있다. 그러나 만약 그대로 역풍으로 가면 패하지 않는 경우가 드물다. 하물며 홍모선은 산처럼 크니 작은 배들이 그 위력에 눌려서 어찌 맞서 공격할 수 있겠는가? 네덜란드 사람들은 선박이 크고 돛이 훌륭한 것을 믿고 해외를 횡행하면서 여러 나라를 얕잡아보고 이르는 곳마다 약탈을 자행했지만, 교지국, 즉 안남국에게만은 2번이나 패했다. 교지국에서 적을 격퇴하는 방법은 작은 배를 만드는 것이다. 그 작은 배를 알선이라고 하는데, 길이는 3길에 불과하고 뱃전은 수면에서 1자쯤 나와 있고 선두와 선미가 날카롭고 뾰족한 것이 마치 단오절에 경주하는 용주龍舟와 비슷하다. 24명이 노를 젓는데, 수면 위를 나는 듯이 간다. 물러날 때는 노를 반대로 저으면 선미가 뱃머리로 변하니, 나아가고 물러남이 용이해서 흡사 용이 헤엄치는 것 같다. 배의 선두와 선미에서 각각 홍이포紅夷砲를 조종해 물 가까이에 대고 쏠 때, 알선이 배 밑바닥을 공격해서 밑바닥이 부서지면 바로 배가 가라앉는다. 비록 배를 만드는 기술은 뛰어나지만, [방어] 시설이 없어 결국 크게 패했다. 지금까지도 홍모선은 꽝남을 지날 때 알선을 보면 혼비백산하여 달아난다. 중국의 동남쪽은 절반이 바다로, 날마다 서방 오랑캐와 교역하기 때문에 알선의 제작법 또한 논의되어야 마땅하다.

여문의余文儀의 『대만지臺灣志』[136]에 다음 기록이 있다.

클라파Kelapa[137] 사람들은 본래 민첩하고 싸움을 잘했으나 서양인[138]들이 만든 아편에 빠져 결국 몸은 앙상해지고 행동의 제약을 받아 나라까지 빼앗겼다. 서양인들은 본래 아편을 먹는 사람이 있으면 법에 따라 사람들을 불러 모아 둘러싸고는 아편 먹은 사람을 돛대 위에 묶어 놓고 대포로 쏴 죽였다. 이에 각 나라의 서양인들은 아편을 만들기만 했지, 먹는 사람은 한 명도 없었다. 또한 다음 말을 들었다. 서양 선박이 뭄바이Mumbai[139]에서 광동으로 가려면 반드시 먼저 안남국의 변방을 지나야 한다. 그래서 처음에는 안남국 사람들을 유인해 아편을 먹도록 했다. 그러나 안남국에서 그 음모를 알아채고 명령을 내려 엄금하면서, 이를 어긴 이들에게는 사형을 내려 용서하지 않았다. 결국 온 나라가 아편의 해를 입지 않게 되었다.

『오문기략澳門紀略』[140]에 다음 기록이 있다.

옛날에 서양인[141] 중에 안남국에서 천주교를 선교한 사람들이 있었는데, 백성들이 미혹되자 국왕이 그들을 모두 잡아다 성 밖에다 깃발 두 개를 세우고는 명령했다.

"천주교를 믿지 않는 자는 붉은 깃발 아래 서라. 그 죄를 용서해 주겠다. 천주교를 믿는 자는 흰 깃발 아래 서라. 주살당할 것이다."

결국 한 사람도 붉은 깃발 아래에 서지 않았다. 국왕은 격노하여 대포를 쏘아 그들을 섬멸했다. 그래서 지금까지도 서양과는 교역하지 않고 서양 선박이 오면 대포를 쏘아 격퇴시켰기 때문에 이에 서양인들도 감히 가려 하지 않았다.


위원이 말한다.

베트남은 한漢나라, 당唐나라 때부터 명明나라에 이르기까지 여러 번 중국에 예속되어 군현郡縣으로 편제되고 사적이 전대의 역사서에 실렸다. 다만 서양과의 관계는 모두 청조淸朝에만 해당되며 중국이 해양을 방어하는 데 있어 가장 참조할 만하다. 옹정雍正 초에 서양의 군함이 투언호 아항을 통해 당쫑[142]을 침범하자 당쫑에서는 수공水攻으로 그들을 침몰시켰다. 가경 연간에 다시 푸르엉Phu Lượng해안[143]을 통해 당응아이를 침범하자 당응아이에서는 화공으로 그들을 태워 버렸다. 사나운 새가 공격하려 할 때는 반드시 그 날개를 거두는 법이니 대양을 횡행하던 도적들을 해안의 포대砲臺만으로 막을 수 있다는 말은 들어 보지 못했다. 베트남에서 아편을 금지한 일은 일본에서 예수교를 금지한 일과 같은 공적이고 「주고酒誥」에서 함께 모여 술을 마시는 것(群飮)을 금지한 일[144]과 같은 법률이다. 훌륭하구나 섬나라[145]여! 여전히 백성들을 단속하면서 정치를 행할 수 있음이여!

# 重輯

—

原無, 今補輯.

『萬國地理全圖集』曰: 安南王據東京而取占城國之大半, 南接暹羅, 達于南海. 北及中國, 東北及廣西. 西連老撾·暹國. 東達東京海隅及南海. 北極出自九度至二十三度, 英國中線偏東自一百零三至一百零八度. 東北隔富良江, 西交潦瀬江, 廣袤圓方二十九萬四千方里. 東京望海平原如草場, 與占城地相似. 國內多山, 歸化江路接西南界. 宣化江路接時麻道, 沱江路接金齒界, 諒州路接左右兩界. 其國二十二郡, 六者爲占城故地, 其外爲安南東京地. 其江自雲南·廣西出者皆南流, 惟東京之江東流. 其海之港甚多, 處處可泊. 國西都曰順化城, 離海邊十八里, 沿江十二里建屋宇, 大半草廬, 罕瓦屋. 其東京城在河濱, 距海三百里, 居民比順化更繁. 爲貿易之埠, 與中國通商, 竝不與他商經營. 東安居民原來自中國, 開墾立業, 故其氣色相去不遠. 至占城之土民, 面黑身矮, 與暹相似. 乾隆年間, 國王沒, 臣主異心, 或結暹羅, 或結安南, 故爲安南侵據. 其地豐盛, 而民懶惰. 海邊有湛巴族類, 風俗語音與安南異. 古時乘船冒危, 遠商他國, 近日漸退, 安居山內, 服屬安南. 安南國崇佛敎, 拜偶像. 有奉天主敎者, 王

盡滅其敎門而殺其師, 然尙存四十餘萬信士. 東京出金鉄, 開廣每年掘銀二十
餘萬. 占城産米多, 白糖·檳榔·肉豆蔻, 唐船最多. 占城之綠賴江瀕海, 捕魚爲
生. 安南人矮, 身着長衫褲, 以布纏首, 衣裳黎黑色. 惟尊貴服綢緞. 衆民污穢,
不洗衣, 不浴體. 風俗人淸爽, 滿面笑容, 揚眉暢氣, 安心聽命. 但因連月徭役,
小民貧苦無聊. 王住殿, 太乘榮威, 其侍衛三萬丁. 立內閣, 置六部, 中外百官,
甚效中國之法, 各省有其督撫部院等大官. 所讀之書與中國相同, 但其音懸絶.
至于武備, 國王請佛蘭西武官敎列西國操演武藝. 是以所鑄之火砲, 所造之鳥
槍, 不異佛蘭西. 其武官深曉兵機, 所有兵船大勝中國之艦, 巡駛五印度, 南海
各國, 以廣見識. 其公使屢到外國, 隨便辦事. 遇有外國船隻進港, 卽嚴行防範,
煩撓苛刻, 以塞外商之路. 中國所來之大小船三百隻, 安南往新嘉坡每年三十
有餘隻, 但其水手係漢人. 王之兵船二三隻, 載雜貨, 亦赴其埠貿易.


『聖武記』: 安南所都曰東京, 卽唐交州都護治所. 而以廣南·順化二道爲西
京, 卽古九眞·日南地. 中隔海口, 世爲阮氏割據, 號廣南王, 兵强於安南. 初, 明
嘉靖中, 安南爲莫登庸所簒, 國王黎維譓走保淸華·順化四府. 至孫黎維祁起
兵破莫復國. 實其臣鄭氏·阮氏之力, 世爲左右輔政. 後右輔政鄭氏乘阮死孤
幼, 出阮氏於順化, 使王廣南, 而自專國事. 于是阮·鄭世仇搆兵. 至鄭棟益專
柄, 將簒國, 而忌廣南之强. 乃誘其土酋阮岳·阮惠攻滅廣南王于富春. 及鄭棟
死, 阮惠又起廣南兵攻滅鄭氏. 于是阮氏復專國. 盡取王都珍寶歸廣南, 治城池
于富春. 旋使其將阮任以兵數萬攻東京. 國王黎維祁遣使走投訴中國, 時乾隆
五十三年也. 明年, 朝廷命兩廣總督孫士毅出師討阮惠. 惠敗走, 黎維祁復國.
是多, 阮惠復集廣南之衆傾巢來襲, 孫士毅軍潰走遁. 黎維祁復來投, 阮惠亦改
名阮光平, 叩關謝罪乞降. 言世守廣南, 與安南敵國, 非君臣, 竝請五十五年入
覲, 祝八旬萬壽, 詔封阮光平安南國王. 五十七年卒, 子阮光纘襲封. 初, 阮氏

世王廣南, 以順化海港爲門戶, 與占城·暹羅皆接壤. 阮光平以兵簒國, 國用虛耗, 商舶不至. 乃遣烏艚船百餘, 總兵官十二, 以采辦軍餉爲名, 多招中國海盜, 使爲向導, 入寇閩·粤·江·浙. 嘉慶初, 各省奏擒海賊, 屢有安南兵將及總兵封爵敕印, 詔移諮安南, 尙不謂國王預知也. 暹羅旣與廣南積怨, 會黎氏甥阮福映者, 乞師暹羅, 克復西都, 幷縛海賊莫扶觀等獻諸中國. 中國始知阮氏父子藪奸誨盜之罪, 時嘉慶四年也. 及七年, 阮福映復破東京, 盡有安南, 備陳搆兵始末, 爲先世黎氏復仇. 其舊封農耐, 本古越裳氏地, 今兼竝安南, 請以越南名國, 詔封越南國王. 蓋新阮簒黎十餘年, 復滅于舊阮. 今修職貢者, 非復前日阮氏云.

『英吉利夷情紀略』 歙縣葉鍾進『寄味山房雜記』. : 嘉慶十一二年間, 有大班喇弗者, 探知我屬國安南之東京地居海隅, 時有內訌, 乘隙可取. 時阮福映滅仇立國方新之故. 遂親往孟甲剌, 約其兵頭駕大舶十號, 直趨安南富良江海口. 先令其副兵頭駕七艘入, 以討舊欠, 索馬頭爲名. 安南聞之, 先飭漁艇商船盡藏內港, 故入口數百里無阻, 直至東京下碇, 不見一人. 及夜, 忽有小艇無數, 各載乾柴火藥, 四面圍至, 急發大砲轟之. 小艇皆乘上風, 火發風烈, 七艘俱燼. 有黑鬼善泅者遊水出報, 兵頭駭遁, 不敢再入.

『瀛環志略』曰: 越南卽安南, 古之交址. 秦以後, 唐以前皆隷版圖. 南界之林邑, 漢末卽自立爲國. 安南至五代時乃列外藩, 今幷占城爲一國, 復兼眞臘北境. 安南故地, 南境占城, 眞臘故地, 稱曰廣南. 北界廣東·廣西·雲南三省, 西界暹羅, 東南面大海. 都城曰順化, 在富良江之南岸. 衣冠仍唐宋之制, 坐則席地, 貴人乃施短榻. 取士用策論詩賦, 設鄕會科. 士大夫皆好吟咏詩, 或劣不成句, 而人人喜爲之. 國分四十餘省, 一省所轄止數縣. 文武官名略同內地. 總督皆阮姓, 王之族也. 貴官坐堂皇, 或解衣捫虱, 其簡陋如此. 宴客設銅盤, 置蔬肉各

少許, 無醯醢, 以醃魚汁代之. 鴉片之禁甚嚴, 犯者立置重典. 東南臨海, 有都

會曰祿奈, 或作祿賴, 一作龍奈, 一作農耐. 占城之故都也. 南境臨海有都會曰柬

埔寨, 眞臘之故都也. 閩, 廣商船每歲往來貿易. 別國商船入港, 譏防甚嚴, 榷

稅亦重. 諸國惡其煩苛, 故市舶罕有至者. 所產者番木·沈楠·諸香·鉛·錫·桂皮·象

牙·燕窩·魚翅之類. 其入貢由廣西之太平府入關, 不由海道. 安南本中國地, 諸書

言之綦詳, 故不多贅.

俗傳紅毛船最畏安南, 不敢涉其境. 其人善於泅水, 遇紅毛夾板, 則遣數百

人背竹筒, 攜細纙, 沒水釘於船底. 從遠處登小舟牽曳之, 俟其擱淺, 乃火焚而

取其貨. 又或謂安南人造小舟曰軋船, 能攻夾板船底, 故紅毛畏之. 以今考之,

皆不甚確. 蓋占城之北, 海形如半月, 海水趨灣, 其勢甚急. 海船或溜入灣內,

無西風不能外出. 紅毛夾板入溜擱淺, 曾敗數舟. 故至今歐羅巴人涉海, 以望見

廣南山爲厲禁. 商船入安南內港, 土人皆用小船繫繩牽引. 乃慮其擱觸礁淺, 藉

爲向導. 卽中國各港之引水船, 反用之以碎敵船, 理或有之. 惟沒水而釘船底,

則事涉杳茫矣. 至軋船之製, 曾有繪圖倣造者, 施之海面, 仍無異常船. 耳食之

談, 施之實事, 往往鑿枘, 正不獨此一事也. 按: 鄭芝龍焚荷蘭船, 見『臺灣外紀』.

時荷蘭夾板撓閩·浙, 芝龍方受撫爲裨將, 奉令往剿. 荷蘭船堅砲猛. 乃募死士善泅

者, 以小船堆柴薪, 澆以油, 中藏火藥. 前置引線, 船首施短鐵鍊, 綴利錐. 死士一人

持斧坐船頭, 數人從旁乘風潮急掉傍夷船. 以斧釘錐于船皮, 燃藥線, 投水梟回. 藥

燃火發, 風又猛烈, 荷蘭夾板被焚三艘, 餘遁去云.

按: 芝龍本海中劇盜, 所養皆亡命. 其權譎能得人死力, 故出奇制勝, 理或有之.

他書言火攻者, 謂用千百木筏積薪, 順風潮縱之, 或謂鎖千百小舟積薪艤港面圍之.

皆江河火攻舊說, 施之夾板, 鑿枘甚矣. 海面寬闊, 夾板相地散泊, 相隔一二里·三四

里, 木筏雖多, 豈能塞海? 又豈能引鍼拾芥, 使之相著? 此自焚舟, 何與彼事?

『地理備考』曰: 安南國又名交趾, 亞細亞州之南. 北極出地八度四十五分起, 至二十三度止. 經線自東八十七度四十五分起, 至一百零七度止. 東南皆枕中國海, 西連暹邏國, 北接中國. 南北相距三千七百里, 東西相去一千五百里, 地面積方約三十九萬三千七百五十里, 煙戶三京三兆口. 本國地勢, 山陵綿亙, 平原坦闊, 河則甚多, 其至長者一賣岡河, 一桑該河, 一支來河, 一多乃河. 湖則甚鮮, 其至大者一托湖, 一勞湖. 田土膴腴, 穀果豐稔, 草木茂盛, 鳥獸充斥. 土產金·銀·銅·鐵·錫·絲·茶·漆·靛·蔗·棉花·檳榔·沙藤·肉桂·胡椒·象牙·藥材·木料等物. 地氣溫和, 王位相傳. 所奉之敎, 儒釋不一. 技藝精良, 貿易昌盛. 通國分爲五部. 一唐沖, 首府曰順化, 乃京都也, 建於順化河岸邊. 一唐外, 卽東京, 首府曰給卓. 一平順, 首府曰占城. 一嘉定, 卽柬埔寨, 又名眞臘, 首府曰柴棍. 一包當, 首府曰保. 國中部落, 四散住居, 不屬統轄, 名目紛繁, 玆不及贅. 其通商衝繁之地, 一名柴棍, 一名代佛, 一名罕山, 一名給卓.

『外國史略』曰: 亞悉亞東南洋海岸各國, 北連中國之雲南·廣西·廣東, 南及暹羅海隅及南洋群島, 東及安南東都海隅, 西連榜甲拉海隅, 在亞西亞各國之至南. 其長江: 曰迤拉瓦的江, 一名大金沙江, 由雲南流出, 徑緬甸四千四百里, 入榜甲拉海隅, 水深廣, 可入大海舶, 若小三板船, 可及雲南界. 撒路音河, 一名溺江, 亦由雲南下流, 直南入緬甸之馬他班海隅, 其北支內多暗沙, 南支則水深三十里. 默南江, 一名沅江, 亦由雲南下流, 南向入暹羅. 灌田最豐盛, 其江最深, 而出口處反淺. 默南君河, 卽瀾滄江, 由雲南流入越南. 西都有漳江, 溪港有兩條. 西方係緬甸國竝英吉利藩屬地, 其東越南, 中間爲暹羅·老掌等地, 南則爲蕪萊由族類.

又曰: 越南國北極出地自八度三十分及二十三度, 偏東自一百零五度及一百零九度, 廣袤方圓六千七百里. 民在東都者千餘萬, 在廣南百有餘萬, 在占臘或在干賓百五十萬. 越南南連暹羅, 東及大海, 北與中國交界, 西連老掌. 其全國之地, 自南占臘地起, 如區粟鎭·河仙·南榮·安江·永淸·定祥·蕃安·邊和·平順·衙莊·富安·歸仁·和義·廣南, 皆南地也. 其中央有廣德·廣治·廣平·乂安·東京各鎭. 北方有淸內·淸外·興化·南上·南下·海東·京北·山西·高平·郞北·太原·宣光·廣安等鎭. 其南方占臘之地, 地低田肥, 無山林, 人繁盛. 民不習勤, 國君又不知敎養, 故府庫充而百姓貧乏. 惟與中國交界之東都, 居民蕃庶勤勞, 能製各物. 又花河邊之順化, 田肥地茂, 其內山多磽, 低地出米·煙·檳榔·白糖·玉桂皮·胡椒·檀香·奇南香·粗茶葉等貨. 港口便通商, 面貌皆似中國, 本漢人之苗裔也. 其文學亦用中國字, 讀中國書, 法度規矩風俗, 皆與中國彷彿. 士民伶俐, 恒帶喜色, 多巧思. 衣尙黑, 不好潔, 不浴身. 男應徭役, 女乏貞節, 代男苦勞, 以養其家. 庶民貧乏, 惟僑寓之漢人免徭役. 農力勞, 而收薄. 商買多漢人, 所運出者, 檳榔·白糖·胡椒最多. 通商極興旺, 船由柬埔寨來者, 載米鹽等貨赴新埠頭貿易. 國王亦調兵船每年赴港, 幷赴旁甲拉. 東都所運賣者, 係粗磁等貨, 所造之鳥槍·大砲等火器尤妙. 東都出胡絲, 但不如中國之細, 衣布緞紗皆粗, 其上者必買自外國. 乾隆三十八年, 西都有兄弟三人, 一爲將軍, 一爲商買, 一爲和尙, 共驅國王世子. 有佛蘭西敎主偕世子求援於暹羅國, 幷往佛國求救. 是時三奸已據其國, 虐其民. 其東征者不服水土, 斃死甚衆. 王駐伶仃島, 於是佛國與本地義勇力驅奸徒. 又攻擊東都, 舊王復位, 乃用佛官練兵鑄砲, 又建戰船如西洋之甲板, 且築砲臺. 自後武事日興, 乘占臘國王內亂, 與暹羅分據其地, 直入祿賴. 每年調兵船, 載糖貨赴新埠等港貿易, 所寓漢人亦駛各港口, 在占臘載貨物. 王自操全權, 不與鄕紳會議. 所納各稅約五百萬兩. 其西都曰順化府, 居民三萬. 各江邊離海二里, 北極出十六度四十五分, 偏東一百零六度三十二分. 城周二里, 高三丈, 兵房周繞殿宇, 民居半以竹葵爲之. 大砲火器甚多, 皆佛蘭西造作.

初, 王亦許以海邊土地給佛國居住, 後不踐約, 其佛官漸歸本地. 於是通商悉罷, 且絕佛國, 嚴禁天主教. 然東都·占臘·廣南各地, 尙有思奉教者. 東都京北鎭之港口, 居民十五萬. 與中國貿易最興旺之港曰祿賴, 居民十三萬, 多暹羅小船及中國大船. 又歸仁·衙莊·富安三處, 亦通商興旺之地. 占臘古都今雖廢, 居民猶三萬有餘. 此安南通國情形之大略也.

武林郁永河『裨海紀遊』曰: 紅毛船用板兩層, 斫而不削, 製極堅厚. 中國人目爲夾板船, 其實整木爲之, 非板也. 其帆如蛛網盤旋, 八面受風, 無往不順. 較之中國帆檣不遇順風, 則左右戧折, 傾險迂艱者, 不翅天壤. 然巧於逆風者, 反拙於乘順風. 若與中國舟航竝馳, 順風中彼反後矣. 故遇紅毛追襲, 即當轉柁順風揚帆, 可以脫禍. 若仍行戧風, 鮮不敗者. 況彼船大如山, 小舟方畏其壓, 安能仰攻? 紅夷恃船大帆巧, 橫行海外, 輕視諸國, 所至侵奪, 顧兩敗於交趾. 交址拒敵之法, 創造小舟. 名曰軋船, 長僅三丈, 舷出水面一尺, 兩頭尖銳, 彷彿端陽競渡龍舟. 以二十四人操楫, 飛行水面. 欲退則反其棹, 變尾爲首, 進退惟意, 儼然遊龍. 船中首尾各駕紅夷巨砲, 附水施放, 攻其船底, 底破卽沈. 雖有技巧, 無所施設, 於是大敗. 至今紅毛船過廣南, 見軋船出卽膽落而去. 中國東南半壁皆大海, 日與西夷互市, 軋船之製, 亦所宜講.

余文儀『臺灣志』: 交留巴國人本輕捷善鬪, 紅毛製造鴉片誘使之食, 遂疲羸受制, 其國竟爲所據. 紅毛人自有食鴉片者, 其法集衆紅毛人環視, 繫其人於桅竿上, 以砲擊之. 故紅毛各國祗有造煙之人, 無一食煙之人. 又聞: 夷船由孟邁赴廣東, 必先經安南邊境. 初誘安南人食之. 安南覺其陰謀, 下令嚴禁, 犯者死無赦. 一國卒不受其害.

『澳門紀略』曰: 昔西洋夷人有以天主教行於安南者, 國人惑之, 國王盡拘其人, 立二幟於郊下, 令曰: "不從敎者立赤幟下. 宥其罪. 如守敎者立白幟下. 受誅." 竟無一人肯出敎立赤幟下者. 王怒, 擧砲殲之. 至今不與西洋通市, 至則發大砲擊之, 西夷卒不敢往.

魏源曰: 越南自漢·唐, 明屢隷版圖, 列郡縣, 事燦前史. 惟其與西洋交搆, 則皆在本朝, 於中國洋防最密邇. 雍正初, 紅夷兵舶由順化港闖其西都, 而西都以水攻沈之. 嘉慶中, 復由富良海口闖其東都, 而東都以火攻燼之. 鷙鳥將擊, 必斂其形, 未聞禦大洋橫行之劇寇, 徒以海口砲臺爲事者. 越南之禁鴉片, 與日本禁耶穌敎同功, 與「酒誥」禁群飮同律. 咄咄島邦! 尙能令止而政行.

# 주석

1 참파국: 원문은 '점성국占城國'이다. 베트남 중부 지방에 있던 말레이계의 구 참족이 세운 왕국이다. 당나라 때는 임읍林邑, 환왕국環王國이라고 불렀으며, 송나라 때에는 점성占城이라 불렀다.

2 동나이강Sông Đồng Nai: 원문은 '요뢰강潦瀨江'으로, 본래는 동나이강에 대한 음역이다. 악록서사본에 따르면 당시 서양에서 나온 지리서는 메콩 강을 동나이강과 혼용하고 있다고 한다. 따라서 여기서는 메콩강으로 추정된다.

3 망해평원望海平原: 통킹의 평원을 지칭한다. 동한 시대의 망해성望海城은 베트남 다푹Da Phuc의 북쪽으로, 하노이 동북쪽에서 약 40km 되는 지점이다.

4 꾸이호아장로Quy Hóa Giang Lộ: 원문은 '귀화강로歸化江路'로, 베트남의 호앙리엔선성Hoàng Liên Sơn 일대이다.

5 뚜옌호아장로Tuyên Hóa Giang Lộ: 원문은 '선화강로宣化江路'로, 베트남 하뚜옌성Ha Tuyên 일대로 추정된다.

6 시마도時麻道: 중국 운남의 '특마도特磨道'를 잘못 표기한 것으로 추정된다. 특마도는 지금의 운남성雲南省 광남촌廣南村에 위치한다. 광남은 송나라 때는 특마도로 불렸고, 원나라 때는 광남서로선무사廣南西路宣撫司를 두었다. 홍무 15년(1382)에 투항한 뒤 광남부廣南府로 개명했다.

7 타장로Tha Giang Lộ: 원문은 '타강로沱江路'이다. 광서 2년본에는 '타沱' 자가 '타陀' 자로 되어 있으나, 악록서사본에 따라 고쳐 번역한다. 베트남 서북쪽의 체라이강(黑水河)이 흐르는 빈푸Vinh Phu, 하선빈Ha Sơn Binh, 선라Sơn La, 라이쩌우Lai Châu 일대이다.

8 금치金齒: 운남성 관할의 소수민족 자치구역이다.

9 랑쩌우로Làng Châu Lộ: 원문은 '양주로諒州路'로, 베트남 랑선성 일대이다.

10 서쪽 도성: 원문은 '서도西都'이다. 악록서사본에 따르면 베트남의 역사 책에서는 타인호아만을 서도로 불렀으나, 중국학자와 서양인들은 투언 호아나 투언호아 지역을 '서도'로 보고 있다고 한다.

11 통킹성: 원문은 '동경성東京城'으로, 베트남의 하노이를 말한다.

12 통킹: 원문은 '동안東安'으로, 동경東京이라고 써야 한다. 베트남 북부 지 역을 말한다.

13 건륭乾隆: 청나라 제6대 황제인 고종高宗 애신각라홍력愛新覺羅弘曆(재위 1735~1796)의 연호이다.

14 참파족: 원문은 '담파족류湛巴族類'이다.

15 동나이강: 원문은 '녹뢰강綠賴江'이다. 동내하同奈河로, 사이공강Sông Sài Gòn을 일컫기도 한다.

16 순무巡撫: 원문은 '부원部院'이다. 청대 각 성의 순무가 병부시랑兵部侍郎 과 도찰원우부도어사都察院右副都御史를 겸직한 데서 순무를 부원이라 칭 했다.

17 프랑스: 원문은 '불란서佛蘭西'이다.

18 싱가포르Singapore: 원문은 '신가파新嘉坡'이다.

19 『성무기聖武記』: 중국 청대에 위원이 편찬한 경세서經世書이다. 전체 14권 으로 1842년에 간행되어 1844년과 1846년에 개정·증보했다. 1~10권에 서는 청나라 초에서 아편전쟁까지의 청나라 용병用兵의 실태를 분류·서 술하고, 11권 이후로는 군사·재정의 재건책 등에 관해 기술하고 있다.

20 끄우쩐Cửu Chân: 원문은 '구진九眞'이다. 지금의 베트남 타인호아와 응에 띤Nghe Tinh 두 성에 걸쳐 위치한다.

21 녓남Nhật Nam: 원문은 '일남日南'이다.

22 막당중Mạc Đăng Dung: 원문은 '막등용莫登庸'으로, 베트남 막 왕조의 초대 황제(재위 1527~1529)이다.

23 레주이후에Lê Duy Huệ: 원문은 '여유혜黎維譓'이다.

24 타인호아Thanh Hòa: 원문은 '청화淸華'로, 지금의 베트남 타인호아이다.

25 레주이담: 원문은 '여유담黎維潭'이다.

26 쩐씨: 원문은 '정씨鄭氏'이다.

27 쩐동Trịnh Đông: 원문은 '정동鄭棟'으로, 정삼鄭森의 오기이다. 쩐섬Trịnh Sâm을 말한다.

28 푸쑤언Phú Xuân: 원문은 '부춘富春'이다. 지금의 베트남 후에를 가리킨다.

29 응우옌럼Nguyễn Lâm: 원문은 '완임阮任'이다.

30 레주이끼Lê Duy Kỳ: 원문은 '여유기黎維祁'이며, 후레 왕조의 제27대 황제 (재위 1786~1787, 1789~1790)이다.

31 응우옌꽝또안Nguyễn Quang Toản: 원문은 '완광찬阮光纘'이다.

32 가경嘉慶: 청나라 제7대 황제인 인종仁宗 애신각라옹염愛新覺羅顒琰(재위 1796~1820)의 연호이다.

33 막부관莫扶觀: 막부관(?~1801)은 광동 수계현遂溪縣 출신이다. 청나라 건륭, 가경 연간에 화남華南 해적의 두목이었으며, 일찍이 베트남 떠이선 왕조 때 총병을 지내기도 했다.

34 농내農耐: 녹내, 녹뢰라고도 한다. 녹뢰는 베트남의 쩔런Chợ Lớn, 사이공, 자딘 일대로, 지금의 호찌민시를 말한다.

35 월상씨越裳氏: 서주 초기의 '월상'은 막연하게 중국 남쪽의 아주 먼 나라를 가리키기 때문에 정확한 지역은 알 수 없다. 삼국 시대 이후에 등장하는 '월상'은 대체로 베트남 중부의 월상현越裳縣을 가리키며, 지금의 하띤Hà Tĩnh 일대에 해당한다. 또한 라오스나 캄보디아를 가리키기도 한다. 『후한서後漢書』 「남만전南蠻傳」에 따르면 월상은 베트남의 남쪽에 있던 나라로 주공 시기 여러 번이나 통역을 거쳐서 내조하여 흰 꿩을 바쳤다는 일화가 등장하며, "누군가의 가문에서 … 우리 신민이 된 것이다"라는 한유韓愈의 시 「월상조越裳操」에서 인용한 것이다.

36 타이판Taipan: 원문은 '대반大班'이다. 19세기에서 20세기 초엽에 걸쳐 중국이나 홍콩의 거대 기업의 회장을 맡고 있는 외국 출신 경영자에 대한 호칭으로 사용되었다.

37 로버츠J. W. Roberts: 원문은 '나불喇弗'이다.

38 벵골: 원문은 '맹갑랄孟甲剌'로, 지금은 방글라데시와 인도의 서벵골주로

나뉘어 있다.

**39** 순풍: 원문은 '상풍上風'으로, 배가 가는 방향으로 부는 바람, 즉 적군을 향해 부는 바람을 말한다. 『손자병법』「화공편」을 보면, "바람이 적군을 향해 불 때, 즉 순풍이 불 때는 불을 질러야 하며, 아군 쪽으로 불 때는, 즉 역풍이 불 때는 화공을 멈춰야 한다(火發上風, 無攻下風)"가 있다. 나아가 순풍을 타면 유리한 고지를 차지하기 때문에 유리한 고지를 의미하기도 한다.

**40** 『영환지략瀛環志略』: 청대의 세계 지리서로, 서계여徐繼畬(1795~1873)가 편찬했다. 서계여는 청대의 관리이자 지리학자로 자는 건남健男이며 호는 송감松龕이다. 1826년 진사에 급제하여 한림원시강翰林院侍講, 어사御史, 지부知府, 안찰사按察使 등을 역임했다. 복건성福建省 순무로 재직 시 서양인들과 교류하며 지도를 수집해서 그것을 바탕으로 『영환지략』을 편찬했다. 이 책은 1848년에 완성하여 1850년에 간행했다. 조선 말 역관 오경석吳慶錫이 청에서 구입하여 우리나라에 들어오게 되었다.

**41** 교지국交阯國: 교지交阯는 곧 교주交州로, 15세기 초에 베트남 지역에 설치된 승선포정사사承宣布政使司의 명칭이다. 영락제는 쩐조를 찬탈한 호꾸이리Ho Quy Ly를 토벌한다는 명분으로 베트남에 출병하여 영락 5년(1407)에 이곳을 병합하는 동시에 교지승선포정사사를 두어 통치했다. 그러나 호꾸이리를 중심으로 독립군이 일어났고, 선덕宣德 2년(1427)에 명나라가 전쟁에 패함으로써 교지포정사사를 폐지하고 베트남 독립을 인정했다.

**42** 럼업Lâm Ấp: 원문은 '임읍林邑'이다. 고대의 국가 이름으로, '상림지읍象林之邑'의 줄인 말이며, 지금의 베트남 중부에 위치한다. 진한秦漢 시기에는 상군象郡 상림현象林縣(지금의 후에) 지역이었다. 동한 말엽, 상림현 공조功曹의 아들 구련區連이 스스로 왕위에 올랐다. 중국 역사서에서는 처음에는 임읍으로 부르다가 당나라 지덕 연간(756~758) 이후로 환왕環王으로 바꾸어 불렸고, 9세기 후반에는 점성이라고 칭했다. 17세기 말에 꽝남의 응우옌씨에게 멸망했다. 중국 정사와 『제번지』, 『도이지략島夷志略』,

『영애승람瀛涯勝覽』 등에 모두 럼업국에 대한 기록이 있다.

43 첸라Chenla: 원문은 '진랍眞臘'이다. 6세기 메콩강 중앙 유역에서 일어난 크메르족의 나라이다.

44 녹뢰祿賴라고도 … 한다: 이 부분은 서계여의 안이다.

45 코친차이나: 원문은 '간포채柬埔寨'이다.

46 안남은 본래 … 하지 않는다: 이 부분은 서계여의 안이다.

47 홍모선紅毛船: 네덜란드와 영국의 선박을 지칭한다.

48 휩쓸려: 원문은 '유溜'이다. 광서 2년본에는 이 글자가 없으나, 악록서사본에 따라 고쳐 번역한다.

49 광남산廣南山: 짬섬Cù lao Chàm을 말한다.

50 네덜란드: 원문은 '하란荷蘭'이다.

51 바늘을 끌어당기고 지푸라기를 줍듯: 원문은 '인침습개引鍼拾芥'이다. 한나라 왕충王充의 『논형論衡』 「난룡亂龍」에 나온다. "호박琥珀은 지푸라기를 달라붙게 하고, 자석은 바늘을 끌어당기는 법이다(頓牟掇芥, 磁石引鍼)." 이 말은 바로 말 없는 가운데 두 사람의 마음이 서로 감응하여 이루어진 결과를 의미한다.

52 『지리비고地理備考』: 원명은 '『외국지리비고』'이다. 1847년 포르투갈인 호세 마르티노 마르케스José Martinho Marques가 쓴 책으로 10권으로 구성되어 있다. 권1과 권2는 자연지리를, 권4에서 권10까지는 지구총론과 유럽, 아시아, 아프리카, 아메리카, 오세아니아의 지리에 대해 설명하고 있다.

53 메콩강: 원문은 '매강하賣岡河'로, 미공하湄公河라고도 한다.

54 홍강Hồng Giang: 원문은 '상해하桑該河'로, 홍하紅河를 말한다.

55 체라이강Tche Laî Ho: 원문은 '지래하支來河'로, 체라이강을 말한다. 체라이강은 홍강 최대의 지류로, 흑수하黑水河라고 하는데, 베트남에서는 일반적으로 홍강이라고도 한다.

56 동나이강: 원문은 '다내하多乃河'로, 동나이강이다.

57 톤레토치호Tonlé Touch: 원문은 '탁호托湖'이다. 톤레토치호(작은 호수)로 코

친차이나에 있다.

58 톤레사프호Tonlé Sap: 원문은 '노호勞湖'이다. 톤레사프호(큰 호수)로 코친차 이나에 위치하며 주요 하천과 연결되어 있다. 동남아시아 최대의 호수 이고, 크메르어로 톤레tonle는 강, 사프sap는 거대한 담수호라는 의미가 있다.

59 당쫑Đang Trong: 원문은 '당충唐沖'이다. 베트남 중부의 후에, 꽝남 일대를 말한다.

60 도성: 원문은 '경도京都'로, 광서 2년본에는 '경京' 자 대신 '서西' 자를 두어 서쪽 수도로 보고 있다. 이에 악록서사본에 따라 고쳐 번역한다.

61 강변: 원문은 '변邊'이다. 광서 2년본에는 이 글자가 없어 악록서사본에 따라 고쳐 번역한다.

62 당응아이Đang Ngay: 원문은 '당외唐外'로, 베트남 북부를 가리킨다.

63 동쪽 도성: 원문은 '동경東京'이다. 광서 2년본에는 '동도東都'로 되어 있 어 악록서사본에 따라 고쳐 번역한다.

64 하노이Hà Nội: 원문은 '급탁給卓'이다.

65 투언하이Thuận Hải: 원문은 '평순平順'이다. 대략 베트남 투언하이성이다.

66 참파: 원문은 '점성占城'이다.

67 자딘Gia Định: 원문은 '가정嘉定'이다. 캄보디아 남쪽을 말한다.

68 캄보디아Cambodia: 원문은 '간포채柬埔寨'이다.

69 첸라: 원문은 '진랍眞臘'이다.

70 사이공Saigon: 원문은 '시곤柴棍'이다. 서공西貢이라고도 하며, 지금의 호찌 민시이다.

71 바오딴Bao Tàn: 원문은 '포당包當'으로, 베트남 라오까이Lào Cai이다.

72 바오Bào: 원문은 '보保'로, 라오까이를 말한다.

73 호이안Hội An: 원문은 '대불代佛'로, 베트남 꽝남성의 호이안이다.

74 투란Tourane: 원문은 '한산嘽山'으로, 베트남 투란이다. 투란은 지금의 베 트남 다낭의 옛 이름이다.

75 『외국사략外國史略』: 영국인 로버트 모리슨Robert Morrison(1782~1834)이 쓴

책이다.

76 아시아: 원문은 '아실아亞悉亞'이다.

77 플라유제도Kepulauan Melayu: 원문은 '남양군도南洋群島'이다.

78 당옹아이: 원문은 '동도東都'로, 당옹아이이다.

79 벵골만Bay of Bengal: 원문은 '방갑랍해우榜甲拉海隅'로, 벵골만이다.

80 아시아: 원문은 '아서아亞西亞'이다.

81 이라와디강Irrawaddy River: 원문은 '이랍와적강迦拉瓦的江'으로, 미얀마에서
가장 큰 강이며 고대 중국에서는 대금사강 또는 여수麗水라고 칭했다.

82 삼판선三板船: 중국이나 동남아시아의 연안이나 하천에서, 사람이나 물
건을 가까운 거리로 실어 나르는 작고 갑판이 없는 배를 말한다.

83 살윈강Salween River: 원문은 '철로음하撒路音河'이다.

84 마르타반만Gulf of Martaban: 원문은 '마타반해우馬他班海隅'로, 마르타반만이다.

85 사주沙洲: 원문은 '암사暗沙'로 모래와 산호 부스러기로 만들어진 섬을 말
한다.

86 짜오프라야강Mae Nam Chao Phraya: 원문은 '묵남강默南江'으로, 미남하湄南河
라고도 한다. 태국어로 메남짜오프라야Mæ Nam Chao Phraya는 '어머니 강'
이란 뜻이다.

87 메콩강: 원문은 '묵남군하默南君河'이다.

88 당쫑: 원문은 '서도西都'이다.

89 흐엉강Sông Hương: 원문은 '장강漳江'으로 흐엉강으로 추정된다.

90 라오스: 원문은 '노장老掌'이다.

91 말레이족: 원문은 '무래유족蕪萊由族'이다.

92 첸라: 원문은 '점랍占臘'으로, 진랍眞臘이라고도 한다. 캄보디아로 크메르
족Khmer이 다스렸다.

93 캄보디아: 원문은 '간빈干賓'으로, 지금의 캄보디아 일대에 해당한다.

94 쿠뚝Khu Túc: 원문은 '구속진區粟鎭'으로 떠이꾸옌Tây Quyen이다. 옛 땅은
베트남 후에 부근 또는 꽝케Quảng Khe 서쪽에 있다. 일설에는 타치한강
Sông Thạch Hãn과 껌로강Sông Cam Lộ이 만나는 곳이라고 한다.

95 하띠엔Hà Tiên: 원문은 '하선河仙'으로, 베트남에서 최남단에 위치한 도시이다.

96 남빈Nam Vinh: 원문은 '남영南榮'이다.

97 안장An Giang: 원문은 '안강安江'으로, 베트남 안장성, 허우장성Hau Giang 일대를 말한다.

98 빈타인Vĩnh Thanh: 원문은 '영청永清'이다.

99 딘뜨엉Định Tượng: 원문은 '정상定祥'이다.

100 폰옌Phồn Yên: 원문은 '번안蕃安'이다.

101 비엔호아Biên Hòa: 원문은 '변화邊和'이다.

102 빈투언Bình Thuận: 원문은 '평순平順'이다.

103 냐짱Nha Trang: 원문은 '아장衙莊'이다.

104 푸옌Phú Yên: 원문은 '부안富安'이다.

105 꾸이년Quy Nhơn: 원문은 '귀인歸仁'이다.

106 호아응에Hòa Nghệ: 원문은 '화의和義'이다.

107 꽝득Quảng Đức: 원문은 '광덕廣德'이다.

108 꽝찌Quảng Trị: 원문은 '광치廣治'이다.

109 꽝빈Quảng Bình: 원문은 '광평廣平'이다.

110 응에안Nghệ An: 원문은 '예안乂安'이다.

111 타인노이Thanh Nội: 원문은 '청내清內'이다.

112 타인응오아이Thanh Ngoại: 원문은 '청외清外'이다.

113 흥호아Hưng Hóa: 원문은 '흥화興化'이다.

114 남트엉Nam Thương: 원문은 '남상南上'이다.

115 남하Nam Hạ: 원문은 '남하南下'이다.

116 하이동Hai Đông: 원문은 '해동海東'이다.

117 낀박Kinh Bắc: 원문은 '경북京北'이다.

118 선떠이Sơn Tây: 원문은 '산서山西'이다.

119 까오빈Cao Bình: 원문은 '고평高平'이다.

120 랑박Lang Bắc: 원문은 '낭북郎北'이다.

121 타이응우옌Thái Nguyên: 원문은 '태원太原'이다.

122 뚜옌꽝Tuyên Quang: 원문은 '선광宣光'이다.

123 꽝안Quảng An: 원문은 '광안廣安'이다.

124 흐엉강: 원문은 '화하花河'로, 흐엉강으로 추정된다.

125 캄보디아: 원문은 '간포채柬埔寨'이다. 광서 2년본에는 '간柬' 자가 없어, 악록서사본에 따라 고쳐 번역한다.

126 피낭Pinang: 원문은 '신부新埠'로, 지금의 말레이시아 피낭섬Pulau Pinang이다.

127 당쫑에 사는 삼형제인 장군, 상인, 스님: 이들이 바로 떠이선 출신의 응우옌반냑, 응우옌반르, 응우옌반후에이다.

128 프랑스: 원문은 '불란서佛蘭西'이다.

129 프랑스: 원문은 '불국佛國'이다. 다음 단락에서는 불란서와 불국을 혼용하고 있다.

130 영정도伶仃島: 중국 주해珠海 향주香洲 동남부 해역, 즉 홍콩 남쪽에 위치해 있다.

131 호찌민Hồ Chí Minh: 원문은 '녹뢰祿賴'로 베트남 남부의 호찌민시, 즉 사이공이다.

132 피낭항: 원문은 '신부항新埠港'으로, 말레이시아 피낭섬이다.

133 야자나무: 원문은 '죽규竹葵'로, 잎이 뾰족한 테이블야자Chamaedorea Elegans이다.

134 낀박진: 원문은 '경북진京北鎭'이다.

135 『비해기유裨海紀遊』: 청대의 지리학자인 욱영하가 쓴 지리서이다. 욱영하의 자는 창랑滄浪으로 절강浙江 무림(항주) 출신이며 생몰년은 상세하지 않다. 욱영하는 강희康熙 36년(1697)에 유황을 채집하기 위해서 복건福建에서 대만臺灣으로 건너갔는데, 그 과정에서 비교적 심도 있는 고찰을 통해 일기 형식의 『비해기유』를 썼다.

136 『대만지臺灣志』: 건륭 29년(1764)에 대만부臺灣府 지부 여문의가 쓴 『속수대만부지續修臺灣府志』를 말한다. 여문의는 자가 보강寶岡으로 절강성 제기諸暨 출신이다.

137 클라파Kelapa: 원문은 '교류파交留巴'로, 지금의 인도네시아 수도 자카르
   타Jakarta를 가리킨다.

138 서양인: 원문은 '홍모인紅毛人'이다. '홍모'는 붉은 털로 원래는 네덜란드
   사람을 가리켰으나 나중에는 서양 사람들을 두루 칭하게 되었다. 1653년
   네덜란드인이 대만의 대남臺南에 적감성赤嵌城을 세웠는데, 이를 홍모성
   紅毛城이라고 한다.

139 뭄바이Mumbai: 원문은 '맹매孟邁'이다. 맹매孟買라고도 하며, 봄베이
   Bombay의 현재 이름이다. 지금 인도의 금융과 상업 중심지이자 제1의
   항구로서 세계에서 가장 크고 인구밀도가 높은 도시 가운데 하나이다.

140 『오문기략澳門紀略』: 인광임印光任과 장여림張汝霖이 마카오에 대해 전문
   적으로 쓴 책이다. 두 사람은 모두 마카오 해방군민동지海防軍民同知를
   지냈기 때문에 마카오의 실정에 대해 매우 밝았다.

141 서양인: 원문은 '서양이인西洋夷人'이다. 광서 2년본에는 '인人' 자가 없어
   악록서사본에 따라 고쳐 번역한다.

142 당종: 원문은 '서도西都'로 당시 서쪽 도성이었던 당종을 말한다.

143 푸르엉Phu Lương해안: 원문은 '부량해구富良海口'이다.

144 「주고酒誥」에서 … 금지한 일: 이 말은 『서경』「주고」에서 나왔다. "누
   가 여럿이 술을 마시고 있다고 고하거든, 너는 놓치지 말고 모두 붙들
   어 주나라로 보내라. 내가 그들을 죽여 버리겠다(厥或誥曰, 群飮, 汝勿佚, 盡執
   拘以歸於周, 予其殺)."

145 섬나라: 베트남이 바다와 접해 있는 국가이기에 위원은 섬나라로 오해
   한 듯하다.

# 부록
# 베트남 강역 고찰

—

원본에는 없으나, 지금 보충한다.

『황청통고皇淸通考』[1] 「사예문四裔門」에 다음 기록이 있다.

안남은 바로 교지국으로, 운남·광동과 인접해 있다. 광서에서 안남으로 가는 길은 다음 세 가지가 있다. 빙상주憑祥州[2]에서 들어가면 [안남의] 반우옌Văn Uyên[3]·토앗랑Thoát Lãng[4]·랑선Lạng Sơn·온주溫州·귀문관鬼門關[5]·보록현保祿縣을 거쳐 7일이면 안월현安越縣[6]의 송까우Sông Cầu[7]에 도착한다. 사명부思明府[8]에서 들어가면 마천령摩天嶺[9]·뜨랑주Tư Lăng[10]·록빈주Lộc Bình[11] 두 주를 거쳐서 다시 차리강車里江·안박주安博州·모군동耗軍洞·단프엉현Đan Phượng[12]을 지나 총 8일이면 송까우에 도착한다. 용주龍州에서 들어가면 평이애平而隘[13]·칠원주七源州[14]를 거쳐 4일이면 문란주文蘭州, 빈자Bình Gia[15]에 도착하는데, 여기서 길이 두 개로 나뉜다. 하나는 문란주에서 출발해 우롱현右隴縣 북산北山을 지나 귀문관을 경유해서 쓰엉강Xương Giang[16]을 건너고, 옌테현Yên Thế[17]·옌중현Yên Dũng[18] 두 현을 지나 3일이면 송까우에 도착한다. 다른 하나는 빈자 서쪽에서 출발해서 보나이주Võ Nhai[19]의 산길과 사농현司農縣²⁰의 평지를 거쳐 4일이면 송까우에 도착한다. 송까우는 안월현의 경계에 위치하며 쓰엉강의 남쪽 길이 모두 모이는 곳이다. 50리를 더 가서 뜨선부Từ Sơn²¹·자럼Gia Lâm²²에 도착하면 푸르엉강을 건너 교주로 들어간다.

운남에서 안남으로 가는 길은 다음 두 가지가 있다. 하나는 몽자현蒙自縣²³에서 출발해 연화탄蓮花灘²⁴을 거쳐 정란동程瀾洞으로 들어가서, 타오강Thao Giang²⁵ 원류의 오른쪽 강변을 돌아 투이비현Thùy Vi²⁶·반반현Văn Bàn²⁷·쩐옌현Trân Yên²⁸·하호아현Hạ Hòa²⁹·타인바현Thanh Ba³⁰을 지나 27일이면 럼타오부Lâm Thao³¹에 도착한다. 다시 선비Sơn Vi³²·홍호아·박학Bạch Hạc³³을 지나 열흘이면 푸르엉강을 건넌다. 다른 하나는 하양애河陽隘에서 출발해 타오강 원류의 왼쪽 강변을 돌아 평원주平源州·복안현福安縣·뚜옌장Tuyên Giang³⁴·도안훙부Đoan Hùng³⁵를 지나 23일이면 푸르엉강에 도착한다. 그러나 모두 산길이라 길이 비탈져 있어 지나가기가 어렵다. 만약 타오강의 오른쪽 강변을 돌아 들어가면 바로 큰길이 나온다. 만약 광동에서 뱃길로 간다면 염주廉州의 오뢰산烏雷山³⁶에서 배로 출발해 북풍을 타고 순조롭게 하루 이틀 가면 교주의 하이동부에 도착할 수 있고, 해안을 따라 8일을 가면 비로소 하이동에 도착할 수 있다. 박당Bạch Đằng³⁷·안즈엉An Dương³⁸·도선Đồ Sơn³⁹·반욱Van Uc⁴⁰ 등의 하구가 있는데, 각 하구에 있는 지항支港을 통해 교주에 갈 수 있다. 이것이 뱃길로 가는 대략적 방법이다.

수도는 교주로 [중국의] 도성으로부터 11,165리 떨어져 있는데, 바로 당나라 때 도호부都護府⁴¹를 두어 다스렸던 곳이다. 안남의 군현은 13도道로 나누고, 도는 13승선포정사사承宣布政使司⁴²로 나뉘는데, 안방An Bang⁴³·하이즈엉성Hải Dương⁴⁴·선남Sơn Nam⁴⁵·긴박·선떠이·랑선·타이응우옌·민꽝Minh Quảng⁴⁶·홍호아·타인호아성⁴⁷·응에안·투언호아·꽝남⁴⁸이 그것이다.

안방에 예속된 부로는 하이동 한 곳으로, 옛날 교주 땅이다. 하이즈엉성에 예속된 부로는 하이즈엉 한 곳으로, 옛날 떤안Tân An[49] 땅이다. 선남에 예속된 부로는 트엉홍Thương Hồng[50]·하홍Hạ Hồng[51]·티엔쯔엉thiên trường[52]·꽝동Quảng Đông[53]·응티엔Ứng Thiên[54]·낀몬시Kinh Môn[55]·떤흥현Tân Hưng[56]·쯔엉안Trường An[57]·리년Lý Nhân[58]·쓰엉빈Xương Bình[59]·응이아흥현Nghĩa Hưng[60] 열한 곳으로, 옛날 랑장성Lạng Giang[61]·끼엔쓰엉현Kiến Xương[62]·푸웅호아Phụng Hóa[63]·쩐만Trấn Man[64]·끼엔빈Kiến Bình[65]의 땅이다. 낀박에 예속된 부로는 박하현Bắc Hà[66]·뜨선현[67]·랑장현·투언안현Thuận An[68] 네 곳으로, 옛날 박장성 Bắc Giang[69]과 랑장성의 땅이다. 선떠이성에 예속된 부로는 꾸이호아Quy Hóa·삼대三帶·도안홍현[70]·안떠이An Tây[71]·럼타오현·타장 여섯 곳으로, 옛날 교주·가흥직례주嘉興直隷州[72]·꾸이호아 땅이다. 랑선에 예속된 부로는 랑선 한 곳으로, 옛날 랑선 땅이다. 타이응우옌에 속하는 부로는 타이응우옌·푸빈현Phú Bình[73]·통화通化 세 곳으로 옛날 타이응우옌 땅이다. 민꽝에 예속된 부로는 뚜옌호아 한 곳으로 옛날 뚜옌호아 땅이다. 홍호아성에 예속된 부로는 홍호아·광위직례주廣威直隷州[74]·티엔코앙Thiên khoáng[75] 세 곳으로, 옛날 광위직례주의 땅이다. 타인호아에 예속된 부로는 티에우티엔Thiệu Thiên[76]·쩐닌Trấn Ninh[77]·꾸이쩌우현Quỳ Châu[78]·하쭝현Hà Trung[79] 네 곳으로, 옛날 타인호아 땅이다. 응에안성에 예속된 부로는 응에안·찌에우퐁Triệu Phong[79]·뜨응이아Tư Nghĩa[80]·끼호아Ky Hóa[81]·득꽝Đức Quang[82]·지엔쩌우Diễn Châu[83]·박빈Bắc Bình[84]·타인도Thanh Đô[85] 여덟 곳으로, 옛날[86] 응에안·지엔쩌우 땅이다. 투언호아에 예속된 부로는 꽝호아Quảng Hóa[87]·아인도Anh Đô[88]·탕호아Thăng Hóa[89] 세 곳으로, 옛날 투언호아·탕호아 땅이다. 꽝남에 예속된 부로는 꽝남·다낭Đà Nẵng[90]·응옥마Ngọc Ma[91] 세 곳으로 옛날 응에안 땅이다.

지형은 동남 일대는 모두 바다이다. 망해성望海城이 있는데, 한나라의 복파장군伏波將軍 마원馬援이 세운 것이다. 나라의 경계는 서쪽으로는 란쌍 왕국,[92] 북쪽으로는 광서, 동북쪽으로는 광동과 접해 있다. 변경 일대는 산이 첩첩이 쌓여 있고 깊은 골짜기를 따라 시냇물이 흐르며 대밭이 넓게 퍼져 있다. 대낙고령大落靠嶺·소낙고령·귀문관·나파羅婆·나옹羅翁·녹령麓嶺은 특히 중국의 교통 요충지이다. 교주만은 푸르엉강을 낀 천혜의 요새로, 푸르엉강의 폭은 2~3리이고 강물은 혼탁하다. 한 줄기는 미얀마에서 흘러 들어와[93] 홍호아를 거쳐 가흥부를 지나가고, 다른 줄기는 운남에서 흘러 들어와 홍호아부를 거쳐 자오장Giao Giang[94]에 이르면 작은 강들과 합쳐진다. 강들이 모일수록 강줄기가 커져서 서쪽에서 동쪽으로 흘러 교주 북쪽을 지나서 동남쪽 바다로 흘러 들어간다. 나라에는 모두 2백여 개의 주현이 있고 동서의 너비는 1,760리이고 남북의 길이는 2,800리로, 이것이 안남 전체의 면적이다. 국왕 레씨는 타인호아 사람으로 안남국의 왕이 되었으며 수도는 타인호아이다. 대대로 교주가 요충지의 역할을 하면서, 또한 통상에도 유리했기 때문에 비로소 교주로 수도를 옮겼다. 나라에는 성과 해자가 없어 사람들이 몰려들며, 지형이 넓고 평평해 온통 밭밖에 없다. 마을이 이어져 있으며, 사람들은 많은 반면, 땅은 적다. 온 나라의 주현州縣은 일일이 다 셀 수 있을 정도이다. 당나라 조로調露[95] 연간 초에 안남도호부를 설치하면서 비로소 안남이라 불리었고, 지덕至德[96] 연간 초에 이름이 진남鎭南으로 바뀌었다가 대력大曆[97] 연간에 다시 안남이라 불리었다. 무릇 국왕은 왕위를 계승하면 배신陪臣을 보내와서 조정의 명을 청했고, 그러면 황제의 명을 받은 정사正使와 부사副使가 가서 [국왕을] 왕에 봉하고 "안남국왕安南國王"이라 적힌 도금한 인장을 하사했다. 안남의 문무 관제는 중국과 거의 비슷하다. 군사들은 모두 정은丁銀(인두

세)과 요역傜役을 면제해 주고 매달 군량을 지급했다. 군사는 육군과 수군으로 구분했지만, 공격과 수비는 구분하지 않았다. 병력으로는 코끼리를 중요하게 여겼는데, 코끼리 한 마리당 군사 250명을 배치했고, 정상노正象奴[98] 한 명과 부상노副象奴 두 명을 두었으며, 나머지 군사들은 화기와 무기들을 나누어 들고 행군할 때는 앞뒤로 순서대로 행진하고 싸울 때는 좌우로 배열했다. 무릇 접경지대의 요충지와 중요 군현은 모두 코끼리를 두어 진수했다. 상례喪禮와 제례祭禮는 주공周公 단旦[99]의 예를 따랐고, 풍수를 믿고 받들었다. 관리와 백성들이 날짜를 택해 산에 매장하는 것은 안 되었기 때문에 오직 밭에만 매장할 수 있었다. 부자들은 무덤 위에 모옥을 세웠는데, 시간이 지나면 평평하게 밀었고, 오직 국왕과 보정 찐씨만이 장지葬地를 선택해 장례를 치를 수 있었다. 권세가 있고 요직에 있는 사람의 경우 간혹 몰래 개인적으로 장지를 선택해 장례를 치르기도 하지만 들통나면 역시 평평하게 밀었다. 교주에는 국학國學과 문묘文廟가 있고 각 군현에 학교를 세웠는데, 모두 중국과 같았다. 간혹 불자, 도교 신자, 서양인들이 섞여 살았는데, 성정이 가볍고 성급하며 가난하고 약한 사람을 부리고 재물 약탈도 꺼리지 않았다. 자오쩌우Giao Châu와 아이쩌우Ái Châu[100] 사람들만은 호탕하고 도모하기를 좋아하며, 호안쩌우Hoan Châu[101]와 지엔쩌우 사람들은 순수하고 배우기를 좋아한다. 자오쩌우는 수도이자[102] 안방승정사安邦承政司의 지배 아래 있었고, 아이쩌우는 청화승정사清華承政司, 호안쩌우와 지엔쩌우는 예안승정사乂安承政司의 지배 아래 있었다고 한다. 집은 오직 왕부王府와 보정의 저택 및 사당만이 기와를 이용해 짓고 자황색紫黃色을 사용했으며, 나머지는 모두 초가집이었다. 안남국은 쌀농사와 누에치기가 극성하고, 콩과 마가 들을 덮고 있고 생선과 소금이 아주 풍부하며, 금·진주·산호·대모·석경石磬[103]·화제주火齊珠[104]·단사丹

砂 등이 난다. 안남국의 분열과 통일, 왕조의 변천이 진대에서 명대에 이르기까지 역사서에 모두 실려 있다. 본조 순치順治 16년(1659)에 운남이 평정되자 안남국 왕 레주이끼는 표를 바치며 조공했다. 강희 5년(1666)에 레주이히Lê Duy Hi[105]가 예전 명나라 황제 영력제永曆帝가 준 관인을 바쳤기에 조서를 내리고 사신을 보내 레주이히를 안남국 왕에 봉했다.

건륭 52년(1787)에 레주이끼가 응우옌꽝빈에게 멸망당하자 청나라가 나라를 되찾아 주었지만, 얼마 지나지 않아 다시 응우옌꽝빈이 나라를 차지했다. 응우옌꽝빈이 투항하면서 조공을 바치러 오자 [청나라는] 조서를 내려 응우옌꽝빈을 안남국 왕에 봉했고, 아들 응우옌꽝또안[106]이 그 지위를 세습했다. 가경 7년에 레씨의 오랜 신하 응우옌푹아인이 나라를 되찾자, [청나라에서] 조서를 내려 월남이라 명명했다. 지금에 이르기까지 6년 동안 두 번 조공 왔다.


『일통지』에 다음 기록이 있다.

광동 흠주欽州, 광서 좌강左江,[107] 운남의 임안부臨安府·원강현元江縣은 모두 교지와 경계를 접하고 있다. 흠주 동쪽은 바닷길로 교지의 건너편에 위치하고, 흠주 서쪽은 남녕부이다. 남녕부의 동남쪽, 사명부 관할의 사주思州·충주忠州·상석서주上石西州 및 하석서주下石西州,[108] 태평부 관할의 용영龍英·태평太平·안평安平·상동주上凍州와 하동주下凍州[109]는 모두 교지와 경계를 접하고 있다. 서쪽의 용주현龍州縣[110]은 [교지국에 가려면] 반드시 거쳐 가야 할 경유지이고, 빙상주는 그곳의 요충지이다. 진안부鎭安府 관할의 귀순歸順과 하뢰동下雷洞 역시 교지와 경계를 접하고 있다. 이동二峒의 서쪽은 운남과 접해 있다. 임안부의 아미주阿迷州,[111] 좌능채左能寨[112] 등의 9개 장관사長官司[113]는 모두 교지와 가까운 경계 지역이다. 원강현에는 교지로 통하는 뱃길이 있고, 몽자현은 [교지국에 가려면] 반드시 거쳐 가야 할 경유지이다. 교지국으로 가는 길은 다음과 같다. 광서의 경우 태평부에서 출발해 용주와 빙상주를 거쳐 가면 랑선부에 이르고, 통킹이라 불리는 곳까지 가는 데는 7일이면 된다. 광동의 경우 흠주 서남쪽에서 출발해 하루면 영안주永安州[114]에 도착한다. 옥산玉山 등에서 출발해 통킹까지는 5일이면 된다. 운남의 경우 임안부에서 출발해 몽자현 하천의 연화탄을 거쳐 통킹에 도착하는 데 4~5일이면 된다. 이상은 중국과 교지의 남쪽 변경 지역의 대체적 상황이다.

『월중견문粤中見聞』[115]에 다음 기록이 있다.

안남 땅은 동서의 너비는 1,760리이고 남북의 길이는 2,800리이다. 안남은 17개의 부, 47개의 주, 157개의 현으로 구성되어 있다. 매년 사농司農에서는 1360여만 섬을 거두어들이는데, 운남·귀주·복건·광동에서 거둔 세금도 이보다 부족했기에 풍요롭다고 알려져 있다. 명대에는 쓸모없는 땅이라 치부하고 내버려 두었다. 가정 연간에 레 왕조와 막 왕조의 변란이 일어나 조정에서 토벌을 논의할 때 광동의 선철 곽문민霍文敏[116]은 대사마大司馬를 보내 변경에서 주둔하면서 교주 사람들에게 조서를 보내 위무하고 군郡을 가지고 귀순하는 사람은 군을 주고, 주州를 가지고 귀순하는 사람은 주를 주어 광서의 토관土官[117]들처럼 스스로 지키게 하면 칼에 피 한 방울 묻히지 않고 평정할 수 있다고 했다. 담문간湛文簡[118]의 주장 역시 이와 같았지만 끝내 시행되지 않았으니 진실로 안타깝다. 광동에서 교지로 들어가려면 뱃길로는 흠주 남쪽의 대양에서 닻을 올려 하루면 서남쪽 해안에 도착하는데, 바로 교지의 찌에우즈엉Triều Dương[119]이다. 또 염주廉州[120] 관산冠山[121]의 앞바다에서 배를 띄워 북풍을 타고 순조롭게 하루 이틀 정도 가면 교지의 하이동부에 도착한다. 해안을 따라갈 경우인즉[122] 오뢰령烏雷嶺에서 하루 가면 백룡미白龍尾에 도착하고, 다시 이틀 더 가면 옥산문玉山門에 도착하고 하루 더 가면 만녕주萬寧州[123]에 도착하며, 이틀 더 가면 묘산廟山에 도착하고 여기서 3일이면 교지의 하이동부에 도착할 수 있다. 흠주의 천애역天涯驛에서 출발해 묘아항猫兒港[124]을 거치고 만녕주를 경유해 가면 교지의 수도 하노이[125]가 나오는데, 육로로는 291리이다. 또 흠주성에서 배를 타고 이틀을 가면 용륜湧淪에 도착하고 용륜에서 방성防城[126]까지는 육로로는 15리이다. 방성은 염주부廉州府의 동지同知와 용문협좌영龍門協左營의 수비守備 한 명이 주둔하고 있다. 방성에서 뱃길로 3일이면 교지 만녕주 관할의 강평江坪[127]에 도착할 수 있다. 방성에서 뱃길로 이틀 정도 가면 흠주 관할의 옛날 사순검司巡檢[128]이 관할했던 동흥가東興街에 이를 수 있는데, 흠주의 주판州判과 용문협좌영龍門協左營의 천총千總[129] 한 명이 주둔하고 있다. 동흥가에서 강평까지는 육로로 50리 거리이고, 작은 강이 그 사이로 흐르고 있다. 강평은 각 성의 상인들이 몰려드는 곳으로, 이곳에서 결혼해 가정을 이룬 경우도 많다. 생각해 보면 흠주의 동흥가에서 안남의 수도 하노이[130]까지는 뱃길로는 약 6~7일 정도 걸리고, 육로로는 11~12일 정도 걸린다. 광서에서 교지로 들어가는 길은 다음 세 가지가 있다. 빙상주에서 들어가는 경우 진남관鎭南關을 나가서 하루면 반우엔에 도착한다. 사명부에서 구온邱溫에 들어가는 경우 마천령을 지나서 하루면 뜨랑주에 도착한다. 용주에서 들어갈 경우 하루면 평이애에 도착한다. 운남에서 교지로 들어가는 길은 원나라 때 처음 두 개의 길이 열렸다. 몽자현에서 들어가면 연화탄을 거쳐서 교지의 석롱石瀧에 도착할 수 있다. 하양애에서 들어가면 타오강의 왼쪽 강변을 돌아 열흘이면 교지의 평원에 도착하는데, 모두 산길이라 가기가 어렵다. 명나라 영국공英國公 장보張輔[131]는 빙상주에서 군사를 일으켰고, 검국공黔國公 목성沐晟[132]은 몽자현에서 군사를 일으켜 복파장군 마원이 갔던 길을 따라가지 않고 협공해서 승리를 거두었으니, 이들이 바로 기병奇兵[133]이다.

# 越南疆域附考

—

原無, 今補.

『皇清通考』「四裔門」: 安南卽交趾, 與滇·粵接界. 由廣西至其國, 道有三. 從憑祥州入, 則經文淵·脫朗·諒山·溫州·鬼門關·保祿縣, 凡七日至安越縣之市橋江. 由思明府入, 則過摩天嶺·思陵·祿平二州, 又過車里江·安博州·耗軍洞·鳳眼縣, 凡八日至市橋江. 自龍州入, 則由平而隘·七源州, 四日至文蘭平茄社, 分二道. 一從文蘭過右隴縣北山, 經鬼門關渡昌江, 經安世·安勇二縣, 凡三日至市橋江. 一從平茄縣西經武崖州司農縣, 凡四日至市橋江. 市橋江在安越縣境, 昌江之南諸路總會處. 五十里至慈山府·嘉林縣, 渡富良江入交州.

由雲南至其國, 道有二. 一由蒙自經蓮花灘入程瀾洞, 循洮江源右岸, 過水尾·文盤·鎮安·夏華·清波諸州縣, 凡二十七日至臨洮府. 又過山圍縣·興化府·白鶴縣, 凡十日渡富良江. 一由河陽隘循洮江源左岸, 過平源·福安·宣江·端雄諸府州縣, 凡二十三日至富良江. 然皆山徑, 敧側難行. 若循洮江右岸入, 乃大道也. 若廣東海道, 自廉州烏雷山發舟, 北風順利, 一二日可抵交之海東府, 沿海岸行八日, 始至海東. 有白藤·安陽·塗山·多魚諸海口, 各有支港以達交州. 此海道大略也.

國治在交州, 距京師萬有千百六十五里, 卽唐都護治所. 郡縣分十三道, 道分十三承政司, 安邦·海陽·山南·京北·山西·諒山·太原·明光·興化·淸華·乂安·順化·廣南是也. 隷安邦者府一, 曰海東, 舊卽交州地. 隷海陽者府一, 仍曰海陽, 舊卽新安地. 隷山南者府十有一, 曰上洪·下洪·天長·廣東·應天·荊門·新興·長安·泣仁·昌平·義興, 舊卽諒江·建昌·奉化·鎭蠻·建平地. 隷京北者府四, 曰北河·慈山·諒江·順安, 舊卽北江·諒江地. 隷山西者府六, 曰歸化·三帶·端雄·安西·臨洮·沱江, 舊卽交州·嘉興·歸化地. 隷諒山者府一, 仍曰諒山, 舊諒山地. 隷太原者府三, 曰太原·富平·通化, 舊太原地. 隷明光者府一, 曰宣化, 舊宣化地. 隷興化者府三, 曰興化·廣威·天關, 舊卽廣威州地. 隷淸華者府四, 曰紹天·鎭寧·葵州·河中·舊淸化地. 隷乂安者府八, 曰乂安·肇豐·思乂·奇華·德光·演州·北平·淸都, 舊卽乂安·演州地. 隷順化者府三, 曰廣化·英都·昇華, 舊卽順化·昇華地. 隷廣南者府三, 曰廣南·茶麟·玉麻, 舊卽乂安地.

其形勢, 東南一帶皆海. 有望海城, 漢伏波將軍馬援建. 國境西界南掌, 北界廣西, 東北界廣東. 沿邊皆有重巒深澗, 林箐彌蔓. 至大小落靠嶺·鬼門關·羅婆·羅翁·麓嶺, 尤其國中要地. 交州獨倚富良江爲天險, 江闊二三里, 其水混濁. 一自緬甸流入, 由興化過嘉興府來, 一自雲南流入, 由興化府來, 至交岡匯合諸小河. 漸匯漸大, 自西東下, 經過交州北, 向東南流入海. 在國總屬州縣二百餘, 東西相距一千七百六十里, 南北二千八百里, 此安南全境也. 國王黎氏, 祖籍淸華人, 爲安南王, 都淸華. 繼因交州爲歷代割據險要地, 兼有通海之利, 始遷都之. 國無城池, 人煙輻輳, 地勢平坦, 一望皆田. 村莊櫛比, 人多地少. 合境州縣, 不過具數而已. 唐調露初置安南都護府, 始名安南, 至德初改鎭南, 大曆間復名安南. 凡國王嗣位, 遣陪臣來請朝命, 欽命正副使往封, 賜以鍍金銀印, 文曰 "安南國王." 其國中文武官制, 略同中國. 兵丁皆免丁銀徭役, 按月給餉. 兵分水陸, 不分戰守. 兵以象爲重, 每象額兵二百五十名, 有正象奴一·副象奴二, 其餘兵丁分執火器刀槍, 行則前後序進, 戰則左右排列. 凡交界隘口及衝要郡縣, 皆撥象鎭守. 喪祭遵文公禮, 信尙風水. 官民不許卜葬山上, 惟許葬於田. 富貴者冢上蓋茅屋, 歲久卽平, 惟國王與輔政鄭氏, 葬必卜地. 至於權幸勢要, 或有私卜, 敗則亦平矣. 交州有國學文廟, 各郡縣皆建學校, 俱如中國. 間有釋老夷獠雜居, 性輕悍, 役使貧弱, 俘掠不忌. 惟交·愛二州倜儻好謀, 驩·演二州淳秀好學. 交州爲國都及安邦承政司所屬地, 愛州屬淸華承政司, 驩州·演州屬乂安承政司云. 屋舍惟王府輔政宅及廟宇用瓦, 色紫黃, 餘皆茆屋. 國中農桑極盛, 豆麻蔽野, 兼饒魚鹽之利, 金·珠·珊瑚·玳瑁·石磬·火齊·丹砂諸貨. 若其中外離合, 國祚變遷, 自秦及明, 前史備載. 本朝順治十六年, 雲南平定, 安南國王黎維祺奉表貢. 康熙五年, 維禧繳呈故明王永曆所給敕印, 詔遣使封爲安南國王.

乾隆五十二年, 黎維祁爲阮光平所滅, 大兵恢復其國, 旋仍爲阮光平所取. 光平來降竝入朝, 詔封阮光平安南國王, 傳子阮光纘. 嘉慶七年, 爲黎氏舊臣阮福映所滅, 詔改封越南國. 至今六年, 兩貢竝進.


『一統志』曰: 廣東欽州·廣西左江·雲南臨安·元江, 皆與交趾爲界. 欽以東, 海道與之對境, 欽以西爲南寧府. 南寧之東南, 思明府所屬思州·忠州·上下石西諸州, 太平府所屬龍英·太平·安平·上下凍諸州, 皆與接境. 西龍州, 乃其所必由之路, 而憑祥州則其要害也. 鎭安府所屬有歸順及下雷洞, 亦與接境. 二峒迤西, 則雲南界矣. 臨安之阿迷州, 左能寨等九長官司, 皆其近界. 元江有水路通之, 而蒙自縣則其所必由之路也. 其道路. 在廣西, 則由太平府歷龍州及憑祥州, 抵其諒山府, 至其所稱東都者, 可七日程. 在廣東, 則自欽州西南, 一日至其永安州. 由玉山等處至其東都, 可五日程. 在雲南, 則由臨安府經蒙自縣河底之蓮花灘, 至其東都, 可四五日程. 此中國與交南邊境之大略也.

『粤中見聞』曰: 安南地, 東西相距一千七百六十里, 南北相距二千八百里. 其爲府十七, 爲州四十七, 爲縣一百五十七. 歲入司農一千三百六十餘萬, 擧滇·黔·閩·廣之賦, 不足以當之, 俗稱富庶. 明代棄若弁髦. 嘉靖中, 黎莫變生, 廷議征討, 吾粤先哲霍文敏議遣大司馬按兵境上, 詔諭交人, 以郡歸者授之郡, 以州歸者授之州, 使其自爲守, 若廣西之上官然, 可不血刃而定. 湛文簡權論亦如此, 而竟不行, 誠可惜也. 由廣東入交趾, 海道自欽州南大海揚帆, 一日至西南岸, 卽交趾潮陽鎮. 又自廉州冠山前海發舟, 北風順利, 一二日可抵交趾海東府. 若沿海岸而行, 則烏雷嶺一日至白龍尾, 又二日至玉山門, 又一日至萬寧州, 又二日至廟山, 又三日可抵交趾海東府. 自欽州天涯驛經猫兒港, 由萬寧州抵交趾國城, 陸路止二百九十一里. 又欽州城下登舟, 兩日至湧淪, 自湧淪至防城, 陸路一十五里. 防城有廉州府同知龍門協左營一守備駐箚. 防城水路三日可至交趾萬寧州管下之江坪. 防城水路兩日可至欽州管下如昔司巡檢所轄之東興街, 有欽州州判與龍門協左營一千總駐箚. 東興街至江坪, 陸路止五十里, 隔一小河耳. 江坪, 各省商賈輻湊, 多有婚娶安居者. 計欽州東興街至安南國城, 海道約六七日, 陸路約一十一二日也. 由廣西入交趾, 分三路. 自憑祥州入者, 出鎮南關, 一日至文淵州. 自思明府入邱溫者, 過摩天嶺, 一日至思陵州. 自龍州入者, 一日至平而隘. 由雲南入交趾, 元時始開兩路. 自蒙自縣入, 經蓮花灘以抵交趾之石瀧. 自河陽隘入, 循洮江左岸, 十日至交趾平原, 皆山徑難行. 明英國公張輔發兵憑祥, 黔國公沐晟發兵蒙自, 不隨馬伏波故道, 夾攻取勝, 此奇兵也.

# 주석

1 『황청통고皇淸通考』:『흠정황조문헌통고欽定皇朝文獻通考』를 가리키며,『황조문헌통고皇朝文獻通考』,『청조문헌통고淸朝文獻通考』,『황조통고皇朝通考』라고도 한다. 청나라 고종 건륭 32년(1767)에 혜황嵇璜·유용劉墉 등이 칙명을 받고 『속문헌통고』 가운데 청나라 관련 부분만 분리하여 독자적으로 만든 뒤, 기윤紀昀 등이 교정하여 건륭 52년(1787)에 완성되었다. 청나라 개국(1616)부터 건륭 50년(1785)까지의 전장典章 제도를 기록하고 있다. 즉 전부田賦·전폐錢幣·호구戶口·직역職役·징각徵権·시적市糴·토공土貢·국용國用·선거選擧·학교學校·직관職官·교사郊社·군사群祀·종묘宗廟·군묘群廟·왕례王禮·악樂·병兵·형刑·경적經籍·제계帝係·봉건封建·상위象緯·물이物異·여지輿地·사예四裔 등의 26고考로 구성되어 있다.

2 빙상주憑祥州: 지금의 광서 태평부太平府에 위치한다.

3 반우옌Văn uyên: 원문은 '문연주文淵州'로, 응우옌 왕조 때 반랑현Văn Lãng에서 분리되었다.

4 토앗랑Thoát Lãng: 원문은 '탈랑주脫朗州'로, 응우옌 왕조 때 반랑현에서 분리되었다.

5 귀문관鬼門關: 계문관桂門關, 한고관漢沽關이라고도 하며, 지금의 광서성 북류시北流市와 옥림시玉林市 사이에 위치한다. 고대 흠주欽州, 염주廉州, 뇌주雷州, 경주瓊州와 교지로 통하는 교통의 요충지로, 한나라 복파장군 마원이 교지를 정벌할 때 이곳을 지나갔다고 한다. 풍토병이 자주 창궐해 이곳을 지나가는 사람 중에 열에 아홉 명이 죽는다고 해서 귀문관이라 불렸다.

6 안월현安越縣: 명나라 영락 5년(1407) 6월에 설치했다가 영락 6년(1408)에 없앴다. 옛 관할 소재지는 지금의 베트남 하박성Hà Bắc 비엣옌현Việt Yên에 있다.

7 송까우Sông Cầu: 원문은 '시교강市橋江'으로, 바로 구강求江이다. 이전 송까우성은 지금의 베트남 박닌성Bắc Ninh 동쪽 답까우Đap Cầu에 있다.

8 사명부思明府: 중국 고대의 부府이다. 당나라 때 지금의 광서 장족廣西壯族 자치구 영명현寧明縣에 사명주思明州를 세운 데서 출발해 명나라 홍무 2년(1369)에 사명부가 되었다. 홍무 3년에 사릉주思陵州를 줄여 사명부에 귀속시켰다. 또 홍무 초년에 없앴던 상사주上思州를 홍무 21년(1388) 정월에 부활시키고 사명부에 복속시켰다. 동시에 새로 설치한 사릉주는 광서승선포정사사廣西承宣布政使司에 예속시켰다. 홍무 말년에 줄였던 상석서주를 영락 2년(1404)에 부활시켰다. 홍치弘治 18년(1505)에 상사주를 남녕부南寧府에 예속시키고, 만력 38년(1610)에 상석서주를 태평부에 귀속시켰다. 청나라 때 들어 사주思州, 영명주寧明州로 분리했다.

9 마천령摩天嶺: 광서 융수현融水縣 서북쪽 모퉁이에 위치한다. 고개가 구름을 뚫고 들어가 하늘에 닿을 만큼 높은 데서 마천령이라 부른다.

10 뜨랑주Tư Lăng: 원문은 '사릉주思陵州'이다.

11 록빈주Lộc Bình: 원문은 '녹평주祿平州'이다.

12 단프엉현Đan Phượng: 원문은 '봉안현鳳眼縣'이다.

13 평이애平而隘: 광서 빙상주 서북쪽에 위치한다. 원래 이름은 평이관平而關이었으나, 명대에 평이애로 바뀌었다.

14 칠원주七源州: 당대에 설치한 기미주羈縻州(중국 수당 시대에 이민족의 자치를 인정하며 설치한 지방 행정기구)로, 송대와 명대에도 유지되다가 후에 안남에 귀속되었다. 지금의 베트남 량선성 짱딘현Tràng Định에 위치한다.

15 빈자Bình Gia: 원문은 '평가사平茄社'로, 지금의 베트남 동북부에 있는 량선성의 현이다.

16 쓰엉강Xương Giang: 원문은 '창강昌江'으로, 지금의 베트남 북부에 있는 트엉강Sông Thương을 말한다. 트엉성은 트엉강의 동쪽 해안에 있는 박장 일대에 위치한다.

17 옌테현Yên Thế: 원문은 '안세安世'로, 박장성에 위치한다. 광서 2년본에는 '세안世安'으로 되어 있어 악록서사본에 따라 고쳐 번역한다.

18 옌중현Yên Dũng: 원문은 '안용현安勇縣'으로, 박장성에 위치한다.

19 보나이주Võ Nhai: 원문은 '무애주武崖州'로, 지금의 타이응우옌성에 위치한다. 광서 2년본에는 '애崖' 자가 '암巖' 자로 되어 있어 악록서사본에 따라 고쳐 번역한다.

20 사농현司農縣: 명대 교지승선포정사 태원부 관할의 현으로, 관청 소재지는 지금의 베트남 타이응우옌성 푸빈현에 위치한다.

21 뜨선부Từ Sơn: 원문은 '자산부慈山府'로, 박닌성에 위치한다.

22 자럼Gia Lâm: 원문은 '가림현嘉林縣'으로 하노이 동북쪽에 위치한다.

23 몽자현蒙自縣: 운남성 홍하주紅河州 관할의 홍하 합니족哈尼族 자치주로, 운남성 동남부에 위치한다.

24 연화탄蓮花灘: 운남성 임안부 몽자현에 속하며, 예로부터 베트남으로 통하는 중요한 교통 요지이자 군사적 요충지이다.

25 타오강Thao Giang: 원문은 '조강洮江'으로, 지금의 베트남 비엣찌Việt Trì 북쪽의 타오하의 한 지류이다.

26 투이비현Thùy Vĩ: 원문은 '수미水尾'이다. 지금의 베트남 라오까이성의 바오탕현Bảo Thắng이다.

27 반반현Văn Bàn: 원문은 '문반文盤'으로, 지금의 베트남 라오까이성의 반반현이다.

28 쩐옌현Trần Yên: 원문은 '진안鎭安'으로, 지금의 옌바이성에 위치한다.

29 하호아현Hạ Hòa: 원문은 '하화夏華'로, 지금의 푸토성Phú Thọ 서북쪽에 위치한다.

30 타인바현Thanh Ba: 원문은 '청파淸波'로, 명나라 영락 5년(1407)에 설치되었다가 영락 17년(1419)에 폐지되었다.

31 럼타오부Lâm Thao: 원문은 '임조부臨洮府'이다.

32 선비Sơn Vi: 원문은 '산위현山圍縣'으로, 지금의 베트남 푸토성 럼타오현 일대이다.

33 박학Bạch Hạc: 원문은 '백학현白鶴縣'으로, 지금의 베트남 푸토성에 위치한다.

34 뚜옌장Tuyên Giang: 원문은 '선강宣江'으로, 지금의 베트남 푸토성 서북부

와 하뚜엔 남부 일대인 것 같다.

35 도안흥부Đoan Hùng: 원문은 '단웅부端雄府'로, 푸토성에 위치한다.

36 오뢰산烏雷山: 광서 2년본에는 '오烏' 자가 '오五' 자로 되어 있어 악록서사 본에 따라 고쳐 번역한다.

37 박당Bạch Đằng: 원문은 '백등白藤'으로, 지금의 베트남 동북쪽 해안의 남찌에우Nam Trieu를 가리킨다.

38 안즈엉An Dương: 원문은 '안양安陽'으로, 하이퐁Hai Phong 부근의 낀타이Kinh Thay 하구를 가리킨다.

39 도선Đồ Sơn: 원문은 '도산堗山'이다.

40 반욱Van Uc: 원문은 '다어多魚'로, 도선 서남쪽에 있는 반욱 하구를 가리킨다.

41 도호부都護府: 새로 정복한 변경의 이민족을 통치하기 위해 설치한 군사적인 지방통치기구를 말한다.

42 승선포정사사承宣布政使司: 원문은 '승정사承政司'로, 승선포정사사의 줄인 말이다. 명 태조太祖 홍무 9년(1376)에 원나라의 대행중서성代行中書省을 고쳐 승선포정사사로 만들었다. 『명사』에 근거해 볼 때 포정사는 한 성省의 호구와 전답 등의 조사와 등재를 포함한 제반 민정 업무를 담당했다.

43 안방An Bang: 원문은 '안방安邦'으로, 지금의 베트남 꽝닌성Quảng Ninh 일대로 추정된다.

44 하이즈엉성Hải Dương: 원문은 '해양海陽'으로, 지금의 베트남 훙옌성과 하이퐁시로 추정된다.

45 선남Sơn Nam: 원문은 '산남山南'으로, 지금의 훙옌·타이빈성Thái Bình·하박성 남부·하남닌성Hà Nam Ninh 북부 일대로 추정된다.

46 민꽝Minh Quảng: 원문은 '명광明光'으로, 뚜옌꽝을 말한다.

47 타인호아성: 원문은 '청화淸華'로, 지금의 베트남 타인호아성으로 추정된다.

48 꽝남: 원문은 '광남廣南'으로, 지금의 베트남 꽝남성 일대로 추정된다.

49 떤안Tân An: 원문은 '신안新安'으로, 베트남 북부의 떤안을 가리킨다.

50 트엉홍Thương hồng: 원문은 '상홍上洪'이다.

51 하홍Hạ hồng: 원문은 '하홍下洪'이다.

52 티엔쯔엉thiên trường: 원문은 '천장天長'이다. 지금의 남딘시Nam Định 내에 위치한 현이다.

53 꽝동Quảng Đông: 원문은 '광동廣東'이다.

54 응티엔Ứng Thiên: 원문은 '응천應天'이다.

55 낀몬시Kinh Môn: 원문은 '형문荊門'이다.

56 떤흥현Tân Hưng: 원문은 '신흥新興'이다.

57 쯔엉안Trường An: 원문은 '장안長安'이다.

58 리년Lý Nhân: 원문은 '이인沝仁'으로, 지금의 베트남 리년을 가리킨다.

59 쓰엉빈Xương Bình: 원문은 '창평昌平'이다.

60 응이아흥현Nghĩa Hưng: 원문은 '의흥義興'이다.

61 랑장성Lạng Giang: 원문은 '양강諒江'으로, 박장성에 위치한 현이다.

62 끼엔쓰엉현Kiến Xương: 원문은 '건창建昌'이다.

63 푸웅호아Phụng Hóa: 원문은 '봉화奉化'로, 지금의 남딘시 내에 위치한 한 지역이다.

64 쩐만Trấn Man: 원문은 '진만鎭蠻'으로, 지금의 타이빈성 내에 위치한 지역이다.

65 끼엔빈Kiến Bình: 원문은 '건평建平'이다.

66 박하현Bắc Hà: 원문은 '북하北河'이다.

67 뜨선현: 원문은 '자산慈山'으로, 박닌성에 위치한 현이다.

68 투언안현Thuận An: 원문은 '순안順安'으로, 빈즈엉성Bình Dương에 위치한 현이다.

69 박장성Bắc Giang: 원문은 '북강北江'이다.

70 도안흥현: 원문은 '단웅端雄'으로, 푸토성에 위치한다.

71 안떠이An Tây: 원문은 '안서安西'이다.

72 가흥직례주嘉興直隸州: 명대 교지승선포정사 관할의 직례주로, 지금의 베트남 호아빈성Hòa Bình과 선라성 일대이다.

73 푸빈현Phú Bình: 원문은 '부평富平'으로, 타이응우옌성에 위치한다.

**74** 광위직례주廣威直隷州: 명대 교지승선포정사 관할의 직례주로, 지금의 베트남 선떠이 서북쪽과 하동성Hà Đông 서북쪽과 호아빈성 동북쪽 일대이다.

**75** 티엔코앙Thiên khoáng: 원문은 '천관天關'이다.

**76** 티에우티엔Thiệu Thiên: 원문은 '소천紹天'으로, 타인호아시에 속한다.

**77** 쩐닌Trấn Ninh: 원문은 '진녕鎭寧'이다.

**78** 꾸이쩌우현Quỳ Châu: 원문은 '규주葵州'이다. 광서 2년본에는 '채주蔡州'로 되어 있으나, 악록서사본에 따라 고쳐 번역한다.

**79** 찌에우풍Triệu Phong: 원문은 '조풍肇豐'으로, 지금의 꽝찌성에 위치한다. 광서 2년본에는 '풍豐' 자가 '평平' 자로 되어 있으나, 악록서사본에 따라 고쳐 번역한다.

**80** 뜨응이아Tư Nghĩa: 원문은 '사의思義'이다.

**81** 끼호아Kỳ Hòa: 원문은 '기화奇華'이다.

**82** 득꽝Đức Quang: 원문은 '덕광德光'이다. 광서 2년본에는 '광光' 자가 '선先' 자로 되어 있다. 이에 악록서사본에 따라 고쳐 번역한다.

**83** 지엔쩌우Diễn Châu: 원문은 '연주演州'이다.

**84** 박빈Bắc Bình: 원문은 '북평北平'으로, 지금의 빈투언성에 속한다.

**85** 타인도Thanh Đô: 원문은 '청도清都'이다.

**86** 옛날: 원문은 '구舊'이다. 광서 2년본에는 이 글자가 없으나, 악록서사본에 따라 고쳐 번역한다.

**87** 꽝호아Quảng Hóa: 원문은 '광화廣化'이다.

**88** 아인도Anh Đô : 원문은 '영도英都'이다.

**89** 탕호아Thăng Hòa: 원문은 '승화昇華'이다. 지금의 베트남 꽝남성과 응이아빈Nghĩa Bình 북반부를 가리키며 모두 4개의 주를 관할한다. 그 가운데 탕쩌우Thăng Châu와 호아쩌우Hoa Châu는 모두 꽝남성에 있다.

**90** 다낭Đà Nẵng: 원문은 '도린茶麟'이다. 광서 2년본에는 '도茶' 자가 '차茶' 자로 되어 있으나, 악록서사본에 따라 고쳐 번역한다. 투란으로, 지금의 베트남 중부 다낭을 말한다.

**91** 응옥마Ngọc Ma: 원문은 '옥마玉麻'로, 광서 2년본에는 '옥玉' 자가 '오五' 자

로 되어 있으나, 악록서사본에 따라 고쳐 번역한다. 지금의 베트남 중남부 응이아빈·푸카인성 경계에 있는 꺼우몽Cầu Mộng산 일대에 위치한다.

92 란쌍 왕국: 원문은 '남장南掌'으로, 란쌍은 란창 왕국瀾滄王國이라고도 한다. 14~18세기에 걸쳐 메콩강 중류 지역에 존재했던 역사적 왕조이다. 란쌍은 라오어로 '백만 마리의 코끼리'를 뜻하며, 라오족의 정치 제도와 상좌부 불교를 합친 왕권 사상에 의해 지배되어 왔다. 란쌍 왕조는 현재 라오스 영토를 거의 지배하고 있어서 란쌍은 라오스의 다른 이름으로 사용되기도 한다.

93 미얀마에서 흘러 들어와: 홍강Hồng Hà의 두 물줄기는 모두 중국 운남에서 흘러 들어가지, 미얀마에서 유입되지 않는다.

94 자오장Giao Giang: 원문은 '교강交岡'으로, 지금의 베트남 푸토성 비엣찌 일대를 가리킨다.

95 조로調露: 당나라 고종高宗 이치李治의 연호(679~680)이다.

96 지덕至德: 당나라 숙종肅宗 이형李亨의 연호(756~758)이다.

97 대력大曆: 당나라 대종代宗 이예李豫의 연호(766~779)이다.

98 정상노正象奴: 태국은 아시아에서 코끼리가 가장 많이 나는 국가로, 코끼리를 조련시키는 사람을 두었는데, 이를 상노象奴라고 한다.

99 주공周公 단旦: 원문은 '문공文公'이다. 주周나라의 정치가로, 문왕文王의 아들이자 무왕武王의 동생이다. 성은 희姬, 이름은 단, 시호는 문공文公이다. 강태공과 더불어 주 왕조를 일으킨 사람으로, 형인 무왕이 죽자 조카인 성왕成王이 성인이 되기까지 섭정을 하면서도 왕위를 찬탈하지 않았으며 조카인 성왕을 도와 주 왕조의 기틀을 마련한 인물이다.

100 아이쩌우Ái Châu: 원문은 '애주愛州'로, 지금의 베트남 타인호아성으로 추정된다.

101 호안쩌우Hoan Châu: 원문은 '환주驩州'로, 지금의 베트남 안타인An Thanh 빈Vinh 일대에 위치한다.

102 수도이자: 원문은 '위국도爲國都'이다. 광서 2년본에는 '위爲' 자가 '유惟' 자로 되어 있으나, 악록서사본에 따라 고쳐 번역한다.

103 석경石磬: 석경은 상고 시대에 '석', '경磬' 또는 '명구鳴球'라 불렸는데, 그 역사가 아주 오래되었다. 모계사회 당시 어렵 생활을 할 때 노동 후, 각종 동물 분장을 한 뒤에 돌을 두드리면서 춤을 추고 즐겼다고 한다.

104 화제주火齊珠: 붉은빛이 도는 보석이다.

105 레주이히Lê Duy Hi: 원문은 '여유희黎維禧'이며, 후레 왕조의 제18대 황제(재위 1662~1671)이다.

106 응우옌꽝또안: 원문은 '완광찬阮光纘'이다. 광서 2년본에는 '찬纘' 자가 '현顯' 자로 되어 있으나, 악록서사본에 따라 고쳐 번역한다.

107 좌강左江: 현재의 광서성 서남부 욱강郁江의 상류 지역을 가리킨다.

108 하석서주下石西州: 북송 때 설치되었으며, 옹주邕州 관할 아래 있었다. 원대 때는 사명로에 속했고, 홍무 연간 말에 없어졌다가 영락 2년(1404)에 다시 설치되었으며 사명부 관할 아래 있었다. 청나라 말에 폐지되었다.

109 상동주上凍州와 하동주下凍州: 상동주와 하동주의 옛 이름은 동강凍江이었고, 원나라 때 상·하동의 두 주로 나누었다가 곧 하나로 합쳐 용주만호부龍州萬戶府에 소속되었다.

110 용주현龍州縣: 광서 장족 자치구 중의 하나로, 광서 서남부에 위치한다.

111 아미주阿迷州: 운남성의 홍하주 개원시開遠市이다.

112 좌능채左能寨: 운남성 홍하현紅河縣 보화구寶華區에 위치한다. 채寨는 소수민족 지역의 전형적인 가옥 형태와 그 구성원이 지닌 특성을 살려 부른 명칭으로 추정된다. 광서 2년본에는 '채寨' 자가 '색塞' 자로 되어 있다. 이에 악록서사본에 따라 고쳐 번역한다.

113 장관사長官司: 지방 행정기구명으로 원元나라 때 서남쪽 소수민족 거주지에 설치되었으며, '만이장관사蠻夷長官司'라고도 했다.

114 영안주永安州: 지금의 광서성 장족 자치구 오주시梧州市 몽산현蒙山縣에 위치한다.

115 『월중견문粤中見聞』: 청대 범단앙范端昻의 저서로, 모두 35권 29만 자로 이루어져 있다. 광동의 농업과 수공업에 대해 상술하는 동시에 대량의 민간 가요와 이야기를 인용해 광동 사람들의 생활 습관을 소개하고 있다.

116 곽문민霍文敏: 곽도霍韜(1487~1540)로, 자는 위선渭先이고 호는 올애兀崖이며 남해현南海縣 석두향石頭鄉 출신이다. 평생 학문에 정진하고 박학다식하여 문인 학사들은 그를 위애渭崖 선생이라 불렀다.

117 토관土官: 봉건 왕조 시대에 중앙정부에서 정식으로 파견하는 유관流官에 대칭되는 말로, 국가가 특정 지역의 유력자를 인정해서 그들의 세습 통치를 허용했던 관리들을 가리킨다. 대체로 소수민족을 다스리기 위해 그 지역 출신의 관원을 임용하는 경우가 많았다.

118 담문간湛文簡: 담문간(1466~1560)은 명대의 철학자이자 교육자로, 자는 원명元明이고 호는 감천甘泉이며 광동성 증성增城 출신이다.

119 찌에우즈엉Triều Dương: 원문은 '조양진潮陽鎭'이다.

120 염주廉州: 명나라 홍무 원년(1368)에 염주로廉州路로 바뀌어 지금의 광서성 북해北海, 방성防城 등을 관할하다가 7년 뒤에 염주가 되었으며, 1912년에 없어졌다.

121 관산冠山: 북해시北海市 서진단西盡端에 위치한다.

122 즉: 원문은 '즉則'이다. 광서 2년본에는 이 글자가 없다. 이에 악록서사 본에 따라 고쳐 번역한다.

123 만녕주萬寧州: 원래는 베트남 꽝옌Quảng Yên(廣安省) 하이동부에 속했으나, 지금은 하이닌Hải Ninh(海寧省)에 속한다.

124 묘아항猫兒港: 중국 광서성 귀항貴港 항성진港城鎭에 위치한다.

125 교지의 수도 하노이: 원문은 '교주국성交州國城'으로, 지금의 하노이를 말한다.

126 방성防城: 광서 장족 자치구의 성도인 남녕南寧에서 남쪽으로 150km 떨어진 곳에 위치한다.

127 강평江坪: 강평江平이라고도 하는데 바로 강평사江坪司로, 지금의 광서성 방성防城 서남쪽 60리에 위치해 있다.

128 사순검司巡檢: 관서명은 순검사巡檢司이고, 관명은 순검사巡檢使이며 줄여서 순검巡檢이라고도 한다. 송나라 때 도성의 4문에 순검 한 명씩을 두거나 강변이나 해변에 순검사를 두어 군사를 훈련시키거나 고을을 순

찰하는 일을 맡아 보았다. 명·청대에는 진鎭이나 요충지에 순검사를 설치하고 순검을 두었는데, 현령 아래에 있었다.

129 천총千總: 청대의 하급 무관으로, 수비 아래 직급이다.

130 안남의 수도 하노이: 원문은 '안남국성安南國城'으로, 지금의 하노이를 말한다.

131 장보張輔: 장보(1375~1449)의 자는 문필文弼이고, 하남성 상부祥符(지금의 개봉) 출신이다. 명나라의 중신이자 성조成祖에서 영종 때의 무신이다. 안남국의 국상國相 레꾸이리Lê Quý Ly가 안남국의 왕 진일규陳日煃(쩐하오Trần Hạo)를 시해하고 명령을 받지 않자, 목성과 함께 안남을 평정하는 등 여러 지방을 정벌하는 데 큰 공을 세웠다.

132 목성沐晟: 중국 명나라 성조에서 영종 때의 무신이다. 자는 경무景茂이고, 검녕왕黔寧王 서평후西平侯 목영沐英의 아들이다. 안남국의 국상 레꾸이리가 안남국의 왕 진일규를 시해하고 명령을 받지 않자, 장보와 함께 안남을 평정했다.

133 기병奇兵: 적을 기습하는 군대를 말한다.

# 海國圖志
## 卷六

# 해국도지
## 권6

一

소양邵陽 위원魏源 편집

본권에서는 제5권의 뒤를 이어 베트남의 분국인 꽝남국, 럼업국, 참파국 등의 지리, 역사, 풍속, 언어, 문화적 특색 및 중국을 비롯한 서양 국가들과의 대외관계를 기술하고 있다. 여기에서는 중국 정사를 비롯해서 『동서양고東西洋考』, 『황청통고皇淸通考』, 『해국문견록海國聞見錄』, 『해록海錄』 등의 기록을 인용, 소개하는 동시에 이들 기록에 대한 위원 자신의 독창적인 견해와 비평을 함께 싣고 있다.

# 베트남 2개 분국

—

베트남의 서도西都[1]는 꽝남Quảng Nam[2]이다.
한대에는 녓남Nhật Nam,[3] 끄우쩐Cửu Chân[4]군, 진晉 이후에는 럼업Lâm Ấp,[5]
송 이후에는 참파Chămpa,[6] 청조에서는 꽝남이라고 부른다.
지금은 베트남의 서도이다.
원본에는 없으나, 지금 보충한다.

『동서양고東西洋考』에 다음 기록이 있다.

안남국安南國[7]은 13[8]개의 승정사承政司[9]로 나뉘어져 있는데, 사실 승정사는 중국의 부府에도 미치지 못한다. 혹자는 뜨선Từ Sơn[10]·리년Lý Nhân 등과 같이 예전 현이 승급되어 부가 되었다고도 하고, 혹자는 승정사는 단지 안방An Bang[11]·랑장Lạng Giang[12] 등과 같이 1개 부를 관할할 뿐이라고 한다. 옛 이름은 여러 차례 변경되고 [구획이] 갈라졌으며, 선원들이 통킹이라 부르는 곳이 바로 [안남국의] 옛 도읍지이다. 국왕이 거처하는 곳을 일남전日南殿이라고 한다. 타인호아Thanh Hóa[13]는 옛 청화부淸化府로 한대에는 끄우쩐의 군치郡治[14]가 있던 곳이다. 수·당대에는 아이쩌우Ái Châu[15]라고 했는데, 자오찌Giao Chỉ[16]에서 보면 서경西京이 된다. 지금의 청화승정사淸華承政司이다. 투언호아Thuận Hóa[17]는 옛 순화부順化府로 지금의 순화승정사順化承政司이다. 꽝남[18]은 옛 응에안Nghệ An[19]으로 한대에는 녓남, 수·당대에는 호안쩌우Hoan Châu[20]라고 했으며, 지금의 광남승정사廣南承政司이다. 꽝남의 태부太傅 응우옌 모 씨[21]는 나라의 재상 찐뚱Trịnh Tùng[22]의 외숙이다. 찐뚱이 국정을 장악하자 응우옌 모 씨는 평정하지 못해 군대를 거느리고 이곳(꽝남)으로 나와 거점을 확보하고 여러 군에 위세를 떨쳤다. 응우옌 모 씨가 사망하자 그의 아들[23]이 비로소 통킹Tongking[24]에 공물을 바쳤다. 꾸이년Quy Nhon[25]은 옛 신안부新安府로, 지금의 해양승정사海阳承政司이다. 푸미Phù Mỹ[26]는 역시 자오찌에 속하는 현으로 풍속은 대체로 통킹과 유사하다. 그리고 산남승정山南承政[27]·경북승정京北承政·산서승정山西承政·양산승정諒山承政·태원승정太原承政·명광승정明光承政·홍화승정興化承政·예안승정乂安承政이 있는데, 모두 해안 지역이 아니라서 상선이 갈 수 없기 때문에 상세히는 알 수 없다. 중국 상선이 해구에 도착하면 사관司關[28]이 예물을 바치고 군주에게 보고한다. 선주가 군주를 알현하고 4번 절을 올리며 예물을 바친다. 군주는 상인들을 위해 음식을 마련하고 전사廛舍(객사)에 목패를 하사해 백성들과의 교역을 허락한다. 군주가 필요로 하는 것이 있으면 수레를 타고 가서 관에서 책정해 놓은 가격[29]으로 거래를 한다. 꽝남의 군주는 여러 오랑캐에게 호령을 하며 그 위세가 통킹에 버금가서 꾸이년·푸미 모두 복속했다. 무릇 꾸이년·푸미에 정박하는 상선의 경우 반드시 며칠 여정을 가서 꽝남에 들어가 공물을 바친다. 그러면 꽝남 군주 역시 목패를 하사하는데, 백성들이 목패를 지날 때에는 반드시 예의를 표한 후에 지나갔다.

『황청통고皇淸通考』「사예문四裔門」에 다음 기록이 있다.

꽝남국은 옛 자오찌의 남쪽 땅이다. 왕은 본래 중국인이었으나 응우옌씨가 왕이 된 이래 조공을 바치지 않았다. 그 지역은 동쪽으로 안남에 접해 있고 서쪽으로는 참파와 이웃하고 있으며 남쪽으로 바다에 닿아 있고 동북쪽으로는 미얀마[30]에 이르고 있다. 서북쪽으로 태국과의 국경[31] 사이에는 높은 산과 바다가 둘러싸고 있어 멀리서 보면 반달과 같은데 광남만廣南灣[32]이라고 부른다. 사람들은 헤엄을 잘 친다. 홍모국인紅毛國人[33]의 협판선[34]은 대단히 커서 바람이 순조롭지 못해 광남만에 표류해 오면 나라 사람들은 즉시 소형 선박 수백 척을 타고 그곳에 구름처럼 몰려들었다. 사람들마다 대나무 통 하나를 짊어지고 긴 줄을 넣은 채 잠수해서 배 밑바닥에 못을 박고 줄을 묶었다. 노를 저어 돌아온 작은 배가 멀리서 [홍모선을] 수심이 얕은 곳으로 끌어당겨 멈추게 하고는 화물을 약탈하고 배에 불을 질렀다. 이로 인해 홍모인들은 광남산廣南山[35]이 보이지 않으면 다행으로 여겼다. 꽝남에 들어가는 다른 나라 상선은 화물에 대한 세금이 배나 되었다. 강희康熙[36] 8년(1669) 광동도사廣東都司 유세호劉世虎 등이 풍랑을 만나 그 지역에 표류했는데, 꽝남국 왕은 신하 조문병趙文炳을 시켜 그들을 송환하는 동시에 화물선을 이끌고 광동에 가게 했다. 예부禮部에서 다음과 같이 주청했다.[37]

"조문병 등은 비록 꽝남국 왕의 인장을 날인한 문서를 받들어 파견되어 왔으나 실제로는 중국 사람이니 머물게 할 것인가 혹은 돌려보낼 것인가에 대해 칙명을 하사해 주길 요청합니다. 가지고 온 물건은 현재 해금 정책을 실시하고 있으므로 무역을 할 수 없으니, 일단 호부에 입고하는 것이 마땅하옵니다."

이에 다음 칙명이 내려졌다.

"꽝남국 왕이 유세호 등을 광동으로 돌려보내 준 것은 매우 갸륵한 일이니, 대조 확인해서 분명히 지급하고 돌아갈 때 꽝남 선박의 화물은 반드시 입관하지 말고 파견되어 온 사절에게 주어라."

무릇 왕래하는 상선이 하문廈門을 거쳐 꽝남에 가는 경우에는 우선 안남의 경계를 지나 칠주양七洲洋[38]을 거쳐서 꽝남 밖의 짬섬Cù Lao Chàm[39]에 근접해서 그 경계로 들어간다. 나라에는 성곽이 없고 주위에 가시대나무[40]를 세워 방비했다고 한다.

살펴보건대, 꽝남은 응우옌꽝빈Nguyễn Quang Bình[41]의 선대가 책봉을 받은 곳으로[42] 본래 안남도호부에 부속되어 있었으며, 지형이 험하고 군사력이 강해 자립해서 일국을 세웠지만, 최근에는 안남에 귀속되었다. 『황청통고』는 레 왕조가 아직 멸망하기 전에 편찬되었기 때문에 꽝남을 별도의 일국으로 여긴 것이다.

진륜형陳倫炯의 『해국문견록海國聞見錄』에 다음 기록이 있다.

동남아시아 여러 나라는 중국의 서쪽에 치우쳐 있는 형세로 나침반을 이용해서 방향을 잡으면 모두 남서쪽[43] 사이에 있다. 하늘과 땅이 대서양을 품고 만나니 24방위에 비추어 보면 곧 남동쪽[44]에 위치한다. 안남국은 중국과 접해 있는데, 바다로는 염주廉州[45]에 접해 있고, 산으로는 서북을 둘러싸고 남쪽으로 돌아 곧장 참파에 이르는데, 형태가 반달과 비슷해서 광남만이라고 한다. 진秦대에는 상군象郡, 한漢대에는 교지交阯, 당唐대에는 교주交州, 송宋대에는 안남이라고 불리었으며, 육지로는 양광·운남과 연결되어 있고 풍토와 인물에 대해서는 역사 전적에 기재되어 있다. 훗날 후에Hué[46]·비자야Vijaya[47]·꽝응아이Quảng Ngãi·참파 지역을 통틀어서 꽝남이라고 했다. 외숙[48]이 조카[49]에게 후에의 방비를 위임받음에 따라 무이론곶Mũi Ròn[50]의 포대를 거점으로 했는데, 북쪽으로 강 하나를 사이에 두고 자오찌[51] 포대와 경계를 이루고 있다. 후에에서 남쪽의 참파까지를 꽝남국이라고 한다. 그 왕도 응우옌씨로 역시 꽝남 왕이라고 칭하는데,

예전의 일남군 지역이다. 자오찌를 동경, 꽝남을 서경으로 삼았다. 그런데 서경은 자오찌보다 강해서 남쪽으로 녹뢰祿賴[52]·캄보디아[53]·곤대마昆大嗎[54]를 관할했다. 서남쪽으로 태국에 인접해 있고 서북쪽으로는 미얀마와 인접해 있다. 가시대나무를 심어서 성으로 삼았다. 사람들은 잠수를 잘해 홍모인의 갑판선이 풍랑을 만나 꽝남만으로 표류해 오면 나라에서는 소형 선박 수백 척을 보내 사람마다 대나무 통을 짊어지고 가는 줄을 가지고 잠수해서 갑판선 밑에 가는 줄을 매단 못을 박고는 멀리 견인해서 배가 얕은 곳에 이르러 멈추면 불을 지르고 화물을 약탈했다. 지금 홍모인의 갑판선은 꽝남산이 보이지 않는 것을 경계를 삼아, 산이 [일단] 보이면 선박 운행 책임자인 '과장夥長'이 [그 뒤의] 일을 맡아 했다. 나라에는 일정한 형벌이 있었다. 하문에서 꽝남에 가는 데에는 남오南澳[55]를 경유해 광동의 노만산魯萬山·해남도의 대주두大洲頭를 보면서 칠주양을 지나 꽝남 밖의 짬섬을 거쳐 꽝남에 도착하는데, 뱃길로 72경(약 6일) 정도 걸린다. 하문에서 자오찌까지는 칠주양 서쪽에서 북쪽으로 돌아 자오찌로 나아가는데, 뱃길로 74경(약 148시간)이 걸린다. 칠주양은 해남도 만주萬州의 동남쪽에 있으며 대체로 동남아시아로 가는 경우 반드시 거쳐야 하는 경유지이다. 서양의 갑판선은 혼천의混天儀[56]와 육분의六分儀[57]를 가지고 있고 해가 뜨는 것을 비교해서 시각을 측량하고 해수면에서 떨어진 각도를 측정해서 현재의 위치를 파악한다. 중국의 상선은 이 측량 기기가 없이 단지 나침반을 이용해서 시각을 측정하고 경更당 간격으로 풍속의 크기와 풍향의 변화를 비교했는데, 1경이면 뱃길로 약 60리 정도를 갈 수 있다. 풍속이 크고 순풍일 경우에는 [측정 횟수를] 배로 늘리고, 조수가 높아지고 풍향이 역풍일 경우에는 줄인다. 따라서 비록 어디에 위치하는지는 알더라도 서양 선박만큼 정확하지는 않다. 반드시 어느 지점에서 멀리 산이 보이면 상하 산의 형태를 분별하고 밧줄을 이용해 수심의 깊고 낮음을 재며 모래와 진흙을 살피고 하나하나 배합해서 바야흐로 정확하게 한다. 칠주대양七洲大洋·대주두를 벗어나면 망망대해로 산이나 표지가 없어 풍속이 빠르고 순풍일 경우에도 역시 반드시 6, 7일에야 비로소 지나갈 수 있다. 꽝남 짬섬 외양外洋의 레섬Cù Lao Ré[58]이 보이면 바야흐로 기준으로 삼는다. 동쪽으로 치우치면 만리장사萬里長沙·천리석당千里石塘[59]을 침범한다. 서쪽으로 치우치면 광남만으로 흘러 들어간다. 서풍이 없으면 밖으로 나갈 수가 없고 또한 상선은 본래 꽝남으로 가려고 한 것이 아니더라도 그 경계에 들어가면 하늘의 뜻으로 여기는데, 물건의 세금이 배가 되어 이익을 균분해도 부족하기 때문이다. 홍모인들이 사람과 물자 모두 남아 있지 않은 것에 비하면 오히려 중국은 대체로 사정이 나았다. 이른바 간발의 차가 하늘과 땅의 차이를 초래한 것이다. 칠주양에는 신조가 사는데, 생김새는 바다기러기[60]와 비슷하나 조금 작고 부리는 뾰족하고 붉은색을 띠며 다리는 짧고 녹색이다. 꽁지는 화살과 같고 길이가 2자쯤 되어 이 새를 전조箭鳥(화살 새)라고 부른다. 배가 칠주양에 이르면 날아와서 인도하는데, 선원이 부르면 날아가다가 중간에 의심이 들어 다시 부르면 주변을 자세히 살펴본 후에 의심을 풀고 날아왔다. 종이를 바쳐 신조에게 감사를 표하면 하늘 높이 빙빙 돌다 어디론가 사라진다. 왕삼보王三寶[61]가 서양에 갈 때 그 새를 불러 화살을 쏴서 명중시켜 바다에 떨어뜨렸다는 기록이 있다.

위원이 말한다. 꽝남은 럼업·참파의 옛 땅으로 『명사明史』에는 여전히 안남국의 이웃 나라라고 하고, 건륭 45년에 편찬된 『황청통고』에서도 또한 꽝남과 안남국을 나란히 열거하고 있다. 그래서 응우옌꽝빈이 호소하는 상주에서도 역시 대대로 꽝남은 안남국과 적국이었다고 한다. 그런데 꽝남은 항상 안남국의 숨통을 쥐고 있고 서도(지금의 후에)는 항상 동도東都(지금의 하노이Hà Nội)의 목줄을 잡고 있으니 지리적 형세가 그런 것이 아닌가? 막씨Mạc가 레黎 왕조를 찬탈하자 타인호아, 투언호아(후에) 등 4부는 레 왕조를 지배하다가 마침내 레 왕조에게 전복되었다. 레 왕조가 회복되자 꽝남·투언호아는 응우옌씨에 의해 분할되었다가 마침내 응우옌에게 전복되었다. 응우옌씨가 나라를 점거하자 농내農耐[62]가 꽝남의 턱밑까지 밀고 들어와서 마침내 태국의 힘을 빌려 동도를 점령했다. 옛 기록에 따르면 응우옌이 꽝남을 회복할 때 프랑스의 힘을 빌렸다고 한다. 그런데 옹정 초기에 저술된『해국문견록』에 따르면 수십 년 전에 이미 홍모인은 꽝남과의 수전을 두려워했다고 하는데, 어떻게 응우옌씨는 오히려홍모인의 힘을 빌렸다는 것인가? 또한 이 기록에 따르면 꽝남의 전함은경계심이 얼굴에 드러나고 감정이 말 속에 드러났다고 하는데, 진실로 유럽의 원조 덕분이었다고 둘러대지 않을 수 없었던 것은 영국에게 당한 패배의 굴욕을 은폐하기 위해서였다. 저들은 서양의 코뿔소 갑옷과 과선戈船[63]이 전 세계에 대적할 자가 없다고 하는데, 어찌 오행이 상극으로 갈마들고 음양이 상승으로 갈마드는 것을 알겠는가? 천하에 제압할 수 없는물건이 있다는 것인가? 꽝남 연해의 투언호아는 옛 판두랑가Panduranga[64]로 참파의 동쪽 경계에 해당한다. 명나라 왕기王圻가 잘못해서 사위국舍衛國이라고 했기 때문에『명사』도 이에 따르고 있다. 슬프도다! 슬프도다!변방을 방비하는 계책을 천박하고 비루한 책[65]에 묻고, 조정의 방침을 말하는데, 이치에 맞지도 않은 책에 의지하고, 진탕陳湯[66]을 등용한 것이 석현石顯과 광형匡衡[67]만 못하다고 하다니!

# 越南分國二

一

越南西都, 卽廣南國也.
漢爲日南九眞郡, 晉以後曰林邑, 宋以後曰占城,
國朝曰廣南. 今竝入越南爲西都.
原無, 今補.

『東西洋考』: 安南分十三承政司, 其實一承政不能及中國一府. 或自舊縣升爲府, 如慈山·涖仁之類, 或承政祗管一府, 如安邦·諒江之類. 舊名多更改割裂, 舶人稱東京者, 卽其故都. 其王居曰日南殿. 淸化港卽舊淸化府也, 是漢九眞郡治之地. 隋·唐爲愛州, 在交趾爲西京. 今爲淸華承政司. 順化港卽舊順化府也, 今爲順化承政司. 廣南港, 卽舊乂安府也, 漢爲日南, 隋·唐爲驩州, 今爲廣南承政司. 廣南有太傅阮某者, 國相鄭松之舅也. 松旣執國政, 阮不能平, 擁兵出據於此, 威行諸郡. 某卒, 其子始修貢東京. 新州港卽舊新安府也, 今爲海陽承政司. 提夷港亦交趾屬縣, 風俗大約與東京相類. 尙有山南承政·京北承政·山西承政·諒山承政·太原承政·明光承政·興化承政·乂安承政, 皆非瀕海之地, 賈船所不到, 故不詳之. 中國賈舶至其海口, 司關者以幣報酋. 舶主見酋行四拜禮, 獻方物. 酋爲商人設食, 乃給木牌於塵舍, 聽民貿易. 酋所須者輦而去, 徐給官價以償. 廣南酋號令諸夷, 埒於東京, 新州·提夷皆屬焉. 凡賈舶在新州·提夷者, 必走數日程詣廣南入貢. 廣南酋亦遙給木牌, 民過木牌, 必致敬乃行.

『皇淸通考』「四裔門」: 廣南國爲古南交地. 王本中國人, 阮姓, 歷代以來, 未通職貢. 其地東接安南, 西鄰占城, 南濱海, 東北至緬甸. 西北距暹羅境, 有大山海水環之, 望如半月, 名曰廣南灣. 人善泅. 紅毛國人夾板船最大, 風帆不利漂入廣南灣者, 國人卽遣小舟數百, 雲集其處. 人負一竹筒, 納長縷沒水而釘縷於船下. 還棹小舟, 遠曳以行, 使其閣淺, 始奪其貨而焚其舟. 故紅毛人以不見廣南山爲幸. 他國商船入廣南者, 稅物加倍. 康熙八年, 廣東都司劉世虎等遇風漂泊其地, 廣南國王遣臣趙文炳送歸, 竝帶貨物船隻來粤. 部議: 趙文炳等雖奉廣南印文遣來, 實係中國之人, 或留或遣, 請旨定奪. 其帶來之物, 現奉海禁, 不便貿易, 應入戶部. 得旨: 廣南國王送劉世虎等回粤, 殊爲可嘉, 著給以照驗, 遣歸, 廣南船貨不必入官, 仍給來使. 凡往來商船由廈門至廣南者, 先過安南界, 歷七洲洋, 向廣南外之占畢羅山, 卽入其境. 國無城郭, 周栽莿竹以自固云.

源按: 廣南卽阮光平先世所封地, 本安南附庸, 以地險兵强, 自爲一國, 近則幷歸安南矣.『皇淸通考』係黎氏未滅已前所修, 故以廣南別爲一國.

陳倫炯『海國聞見錄』: 南洋諸國, 以中國偏東形勢, 用針取向, 俱在丁未之間. 合天地包大西洋, 按二十四盤分之, 卽在巽巳矣. 就安南接聯中國而言, 海接廉州, 山繞西北而環南, 直至占城, 形似半月, 名曰廣南灣. 秦象郡, 漢交阯, 唐交州, 宋安南, 陸接兩粤·雲南, 風土人物, 史典備載. 後以淳化·新州·廣義·占城之地, 統名廣南. 因舅甥委守淳化, 隨據馬龍角砲臺, 北隔一水, 與交阯砲臺爲界. 自淳化而南至占城爲廣南國. 其王阮姓, 亦稱廣南王, 古日南郡地也. 以交阯爲東京, 廣南爲西京. 而西京强於交阯, 南轄祿賴·柬埔寨·昆大嗎. 西南鄰暹羅, 西北接緬甸. 栽莿竹爲城. 人善沒, 紅毛甲板船風水不順, 溜入廣南灣內者, 國遣小舟數百, 人背竹筒, 攜細縷, 沒水密釘細縷於甲板船底, 遠槳牽曳,船以淺閣, 火焚而取其輜重. 今紅毛甲板, 以不見廣南山爲戒, 見則主駕舟者曰夥長. 國有常刑. 廈門至廣南, 由南澳見廣之魯萬山·瓊之大洲頭, 過七洲洋, 取廣南外之占畢羅山而至廣南, 計水程七十二更. 廈門至交阯, 由七州西繞北而進交阯, 水程七十四更. 七州洋在瓊島萬州之東南, 凡往南洋者, 必經之所. 西洋甲板有混天儀, 量天尺, 較日所出, 刻量時辰, 離水分度, 卽知爲某處. 中國洋艘無此儀器, 止用羅經刻漏沙, 以風大小順逆較更數, 每更約水程六十里. 風大而順, 則倍累之, 潮頂風逆, 則減退之. 雖知某處, 不如西洋船之確. 必見某處遠山, 分別上下山形, 用繩駝探水深淺, 驗其沙泥, 一一配合, 方爲準確. 至七州大洋·大洲頭而外, 浩浩蕩蕩, 無山形標識, 風極順利對針, 亦必六七日始能渡過. 而見廣南占畢羅外洋之外羅山, 方有準繩. 偏東則犯萬里長沙·千里石塘. 偏西則恐溜入廣南灣. 無西風不能外出, 且商船非本赴廣南者, 入其境以爲天賜, 稅物加倍, 均分猶若不足. 比於紅毛人物兩空, 尚存中國大體. 所謂差毫厘失千里也. 七州洋中, 有種神鳥, 狀似海雁而小, 喙尖而紅, 腳短而綠. 尾帶一箭, 長二尺許, 名曰箭鳥. 船到洋中, 飛來引導, 人呼是則飛而去, 間在疑似, 再呼細看決疑, 仍飛而來. 獻紙謝神, 則翺翔不知其所之. 相傳王三寶下西洋, 呼鳥插箭, 命在洋中爲記.

魏源曰: 廣南爲林邑·占城舊壤, 『明史』尙與安南鄰國, 『皇清通考』修於乾隆四十五年, 亦以廣南·安南竝列. 故阮光平自理之疏, 亦謂世守廣南, 與安南敵國. 而廣南常扼安南之項背, 西都常制東都之死命, 則地利形勢然哉? 莫氏篡黎, 而淸華·順化四府據於黎氏, 則卒覆於黎. 黎氏恢復, 而廣南·順化割於阮氏, 則卒覆於阮. 阮氏據國, 而農耐迫廣南肘腋, 則卒借暹助以竝東都. 舊志謂阮氏恢復廣南, 借佛郎機之力. 考『海國聞見錄』作於雍正初, 前乎阮氏數十載, 已言廣南水戰爲紅毛船所畏, 何爲反借助於紅

毛? 且此志中語及廣南戰艦, 戒心動色, 情見乎詞, 固不得不虛稱歐羅巴
援救之功, 以揜英吉利創敗之辱. 彼謂西洋水犀戈船無敵海內外者, 抑知
五行迭相克, 陰陽迭相勝? 天下有不可制之物耶? 廣南瀕海之順化港口,
卽古賓童龍國, 爲占城東盡境. 自明王圻謬指爲舍衛國, 『明史』因之. 悲
夫悲夫! 籌防邊, 問兔園, 語廟謨 恃郢書, 用陳湯, 不如石與匡.

# 주석

1 서도西都: 위원이 언급한 '베트남 서도' 혹은 '서경西京'은 꽝남국을 가리킨다. 악록서사본에 따르면 베트남 남쪽과 북쪽의 응우옌씨Nguyễn와 찐씨Trịnh가 장기간에 걸쳐 대치하는 사이 양측이 통제하는 영강潁江(지금의 쟁하诤河)지역을 경계로 강 이남은 비로소 꽝남국의 영역이 되었다. 한대의 구진군은 강 북쪽에 위치했으므로 현재 베트남의 타인호아·응에띤Nghe Tinh 두 성으로 꽝남의 영역은 아니었다. 타인호아는 베트남과 중국의 서적에서는 비록 '서도'·'서경'이라고 기록하고 있으나 위원이 언급한 '서도'·'서경'과는 전혀 다르다.

2 꽝남Quảng Nam: 원문은 '꽝남국廣南國'으로, 과거 베트남 남중부 지역에 위치했던 꽝남국이 다스린 지역을 의미한다.

3 녓남Nhật Nam: 원문은 '일남日南'이다.

4 끄우쩐Cửu Chân: 원문은 '구진九眞'이다.

5 럼업Lâm Ấp: 원문은 '임읍林邑'이다.

6 참파Chămpa: 원문은 '점성占城'이다.

7 안남국安南國: 베트남을 통칭하는 말로, 당대에 이곳에 설치된 안남도호부安南都護府에서 유래되었다. 청대에는 베트남을 안남국, 교지국交阯國 등으로 구분하여 불렀으며, 꽝남국을 가리키기도 한다.

8 13: 광서 2년본에는 '12'로 되어 있으나, 역사적 사실과 악록서사본에 따라 고쳐 번역한다.

9 승정사承政司: 승선포정사사承宣布政使司의 줄인 말이다. 명 태조 홍무 9년(1376)에 원나라의 대행중서성代行中書省을 고쳐 승선포정사사로 만들었는데, 『명사』에 근거해 볼 때 포정사는 한 성省의 호구와 전답 등의 조사와 등재를 포함한 제반 민정 업무를 담당했다.

10 뜨선Từ Sơn: 원문은 '자산慈山'이다. 지금 베트남의 박닌성에 위치한 현이다.

11 안방An Bang: 원문은 '안방安邦'으로, 광서 2년본에는 '송방宋邦'으로 되어 있으나, 악록서사본에 따라 고쳐 번역한다. 지금 베트남의 꽝닌성Quảng Ninh 일대로 추정하고 있다.

12 랑장Lang Giang: 원문은 '양강諒江'으로, 지금 베트남의 박장성Bắc Giang에 위치한 현이다.

13 타인호아Thanh Hóa: 원문은 '청화항淸化港'이다. 베트남 타인호아 혹은 쭈 강Sông Chu 하구 일대를 가리킨다.

14 군치郡治: '치'는 고대 사회에서 도성을 가리키는 용어로 군치는 지방 장 관이 거주하는 군청 소재지를 의미한다.

15 아이쩌우Ái Châu: 원문은 '애주愛州'이다.

16 자오찌Giao Chỉ: 원문은 '교지交趾'이다.

17 투언호아Thuận Hóa: 원문은 '순화항順化港'이다.

18 꽝남: 원문은 '광남항廣南港'이다. 베트남 중남부 지역에 위치한 성이다.

19 응에안Nghệ An: 원문은 '예안부乂安府'이다.

20 호안쩌우Hoan Châu: 원문은 '환주驩州'이다.

21 응우옌 모 씨: 후레後黎 왕조의 권신인 응우옌낌Nguyễn Kim(1468~1545)의 둘 째 아들 응우옌호앙Nguyễn Hoàng(1525~1613)으로 추정된다. 그는 누나의 남편인 찐끼엠이 권력을 장악하자 위험을 피해 남쪽의 투언호아 지방 으로 내려가 정착했는데, 그의 남하는 이후 찐씨와 응우옌씨가 대립하 는 단초가 되었다.

22 찐뚱Trịnh Tùng: 원문은 '정송鄭松'이다. 찐뚱(1550~1623)은 찐끼엠Trịnh Kiểm 의 아들로 후레 왕조의 권신이다. 1592년 막 왕조의 수도 하노이를 공 략해서 남북조 시대를 종식시켰으며, 그 공으로 황제를 능가할 정도로 막강한 권력을 휘둘렀다. 천자를 끼고 천하를 호령했다고 해서 베트남 에서는 『삼국지』의 조조에 비유되고 있다.

23 그의 아들: 응우옌호앙의 여섯째 아들인 응우옌푹응우옌Nguyễn Phúc Nguyên(1563~1635)으로 추정된다.

24 통킹Tongking: 원문은 '동경東京'이다. 당시 후레 왕조의 수도로서 지금의

하노이를 가리킨다.

25 꾸이년Quy Nhơn: 원문은 '신주항新州港'이다. 베트남 중부의 도시이다.

26 푸미Phù Mỹ: 원문은 '제이항提夷港'이다. 베트남의 응이아빈성Nghĩa Bình, 푸미현 동쪽 해안으로 이 지역은 일찍이 대단히 중요한 항구도시였다. 응이아빈성은 1976년 꽝응아이성과 빈딘성Bình Định을 합쳐서 만들었으나, 1989년 다시 응이아빈성을 해체하고 원래대로 되돌렸다.

27 산남승정山南承政: 광서 2년본에는 '여남승정汝南承政'으로 되어 있으나, 악록서사본에 따라 고쳐 번역한다.

28 사관司關: 화물의 출입을 주관하며 그에 대한 제반 통제와 시장의 세금 징수 등의 직무를 맡은 관리로, 관문을 거치지 않는 화물의 경우 그 화물을 압수하고 사람을 처벌했다.

29 관에서 책정해 놓은 가격: 원문은 '관가官價'이다.

30 미얀마: 원문은 '면전緬甸'이다.

31 태국과의 국경: 악록서사본에 따르면 여기에서 언급하는 꽝남국의 지리적 위치는 오류이다. 북쪽으로는 안남과 접해 있고 남쪽으로는 참파, 동쪽으로는 남중국해에 닿아 있고 서쪽으로는 라오스에 접해 있다고 해야 한다.

32 광남만廣南灣: 베트남 중부 꽝남 동북쪽에 있는 활모양의 만이다.

33 홍모국인紅毛國人: 홍모국인은 붉은 머리털을 가진 사람이란 의미로 명대에는 주로 네덜란드인을, 청대에는 영국인을 가리켰지만, 일반적으로 서양인을 일컫는 말이다.

34 협판선: 갑판이 2층으로 이루어진 대형 범선이다.

35 광남산廣南山: 베트남 중부 꽝남 일대의 산이다. 혹은 몽선산Mong Sơn을 가리킨다.

36 강희康熙: 청나라 제4대 황제 성조聖祖 애신각라현엽愛新覺羅玄燁(재위 1661~1722)의 연호이다. 강희제는 중국 역사상 가장 오랫동안 제위에 있었던 인물로 저명하다. 삼번의 난과 정성공 세력을 진압함으로써 청조 지배의 기틀을 다졌다.

37 예부禮部에서 다음과 같이 주청했다: 『강희조실록康熙朝實錄』권29에 따라 고쳐 번역한다.

38 칠주양七洲洋: 칠주는 해남도의 동북 해안에 속한 9개의 섬을 가리킨다. 이 섬들은 멀리서 보면 2개는 보이지 않고 7개 섬만 산처럼 보여 칠주산이라고도 한다. 이 칠주산 앞바다를 칠주양이라고 하는데, 칠주산에서 서사군도에 이르는 대양을 칠주양이라고도 하는 설도 있다.

39 짬섬Cù Lao Chàm: 원문은 '점필라산占畢羅山'이다.

40 가시대나무: 원문은 '자죽刺竹'이다.

41 응우옌꽝빈Nguyễn Quang Bình: 원문은 '완광평阮光平'이다. 떠이선 왕조의 제2대 황제로 꽝쭝光中이란 연호를 사용해 꽝쭝제(재위 1788~1792)라고 일컬어진다. 레 왕조 응우옌씨의 폭정이 심화되자 1771년 반란을 일으켜 떠이선 왕조를 수립했다. 이후 꽝남 응우옌씨의 잔당과 태국 연합군 및 청나라군을 잇달아 격파하는 데 성공해 베트남의 민족 영웅으로 칭송받고 있다.

42 선대가 책봉을 받은 곳으로: 응우옌꽝빈은 떠이선 기의를 일으킨 영수 중의 한 명으로 본래 응우옌씨의 후예가 아니다. 떠이선군은 정추鄭推가 옛 응우옌 통치를 뒤집고 꽝남 정권을 탈취한 것이다. 이 단락은 응우옌후에의 선대가 꽝남에 이어서 책봉된 것을 잘못 말한 것이다.

43 남서쪽: 원문은 '정미丁未'로, 7시 방향을 가리킨다.

44 남동쪽: 원문은 '손사巽巳'로, 5시 방향을 가리킨다.

45 염주廉州: 광서성 북해시北海市 합포현合浦縣의 염주진이다.

46 후에Huế: 원문은 '순화淳化'이다.

47 비자야Vijaya: 원문은 '신주新州'이다. 지금 베트남 빈딘성 남부 일대이다.

48 외숙: 응우옌낌의 둘째 아들 응우옌호앙으로 추정된다.

49 조카: 응우옌호앙의 외조카인 찐뚱으로 추정된다. 응우옌호앙은 찐뚱을 두려워해 자신의 딸을 찐뚱의 아들에게 시집보냈다.

50 무이론곶Mũi Ròn: 원문은 '마룡각馬龍角'이다.

51 자오찌: 원문은 '교지交阯'이다.

52 녹뢰祿賴: 베트남의 쩔런Chợ Lớn, 사이공Saigon, 자딘Gia Định 일대로, 오늘 날 호찌민시Hồ Chí Minh이다.

53 캄보디아: 원문은 '간포채柬埔寨'이다.

54 곤대마昆大嗎: 지금의 베트남 서남부 하띠엔Hà Tiên 일대이다. 곤대마는 본 래 캄보디아에 속해 있었는데, 후에 베트남으로 이속되었다.

55 남오南澳: 광동성 징해시澄海市에 위치한 남오도南澳島이다.

56 혼천의混天儀: 천체의 운행과 그 위치를 측정하는 천문 관측기이다.

57 육분의六分儀: 원문은 '양천척량天尺'이다. 태양·달·별과 같은 천체와 지평 선 사이의 각을 측정하는 기구이다. 육분의라는 이름은 각 범위가 60°, 즉 원의 1/6이기 때문에 라틴어인 'Sextus'(1/6이라는 뜻)에서 유래했다.

58 레섬Cù Lao Ré: 원문은 '외라산外羅山'이다. 베트남 중부 해안 밖의 꽝동 Quảng Đông군도 중의 레섬이다.

59 만리장사萬里長沙·천리석당千里石塘: 동사군도에서 해남도 만주 및 칠주 양에 이르는 모래가 퇴적되어 형성된 지층 및 암초군을 가리킨다. 자세 한 내용은 『해국도지』 권17을 참조.

60 바다기러기: 원문은 '해안海雁'이다. 광서 2년본에는 '해안海岸'으로 되어 있으나, 악록서사본에 따라 고쳐 번역한다.

61 왕삼보王三寶: 왕경홍王景弘을 말한다. 복건성福建省 장평漳平 출신으로 생몰 연대는 명확하지 않다. 홍무 연간에 입궁하여 환관이 되었다. 영락 3년 (1405) 6월 이래로 정화와 함께 세 차례나 서양 여러 나라를 돌아다녀 왕 삼보라 불리었다. 이후 선덕 9년(1434)에 수마트라에 사신으로 갔다가 자와에서 죽었다. 그는 중국 역사에서 가장 위대한 항해가이자 외교가 중 한 명으로 평가받고 있다.

62 농내農耐: 베트남 남부의 자딘성이다. 사이공에서 1975년 호찌민시로 바뀌었다.

63 과선戈船: 전쟁을 할 때 적이 배에 기어오르지 못하도록 뱃전에 단창短槍 또는 단검을 꽂아 만든 고대 군선軍船의 하나이다.

64 판두랑가Panduranga: 원문은 '빈동룡국賓童龍國'이다. 투언호아와 판두랑가

는 모두 옛 참파의 땅으로 옛 참파 또한 일찍이 판두랑가에 도읍했다. 단 엄밀히 말하면 투언호아는 북쪽에 있고 옛 판두랑가는 남쪽(그 북쪽 경계는 베트남 푸카인성Phú Khánh 남부)에 있으며 서로 약 5백 km 떨어져 있어 서로 같지 않다.

65  천박하고 비루한 책: 원문은 '토원兎園'이다.

66  진탕陳湯: 진탕(?~약 기원전 6)의 자는 자공子公이고 산양山陽 하구瑕丘(현 산동성 연주) 출신이다. 서한 시기 무장이다. 한나라 원제元帝 시기 서역부교위西域副校尉에 임명되어 서역도호西域都護 감연수甘延壽와 함께 흉노를 정벌하는 데 큰 공을 세웠다. 다만, 논공행상 시에 중서령 석현과 승상 광형의 상주에 의해 황제의 윤허를 받지 않고 칙명을 날조하여 서역의 병력과 도호 휘하의 둔전병을 동원하였다는 죄목으로 투옥되었다. 그러나 유향劉向의 진언으로 원제는 진탕과 감연수의 죄를 용서하고 진탕을 관내후關內侯, 감연수를 의성후義成侯에 봉했다.

67  석현石顯과 광형匡衡: 원문은 '석여광石與匡'이다. 석현은 서한 원제 시기 중서령中書令이며, 광형은 승상의 직위에 있었다. 석현은 자신의 누이를 감연수에게 시집보내려고 했으나 감연수가 거절하자 앙심을 품고 감연수와 진탕이 황제의 칙명을 위조했다는 이유를 들어 상을 주어서는 안 된다고 모함했다.

# 베트남 분국 연혁 상

—

꽝남 지역은 진·당·오대 시기에는 럼업이라고 했다.
원본에는 없으나, 지금 보충한다.

『진서晉書』에 다음 기록이 있다.

럼업[1]은 본래 한나라 시기의 상림현象林縣이다. 그 남쪽은 마원馬援[2]이 기둥[3]을 세운 곳으로 남해에서 3천 리 떨어져 있다. 후한 말기 [상림현의] 공조工曹 구달區達[4]이 현령을 살해하고 스스로 왕에 즉위했다. 그 후 왕은 후사가 없어 외손자 팜훙Phạm Hùng[5]이 대를 이었다. 민간에서는 모두 북쪽 문[6]을 열어 해를 맞이했으며,[7] 거주하는 곳은 동쪽과 서쪽 등 일정하지 않았다. 전투에는 과감하고 산을 잘 타며 물에 익숙해서 평지에서 한가롭게[8] 보내지 않았다. 사계절 내내 따뜻해 서리와 눈이 내리지 않았다. 사람들은 모두 벌거벗고 맨발로 다니며 피부가 검은 것을 아름답게 여겼다. 여자를 귀히 여기고 남자를 천시하며, 같은 성씨끼리 혼인을 하고 신부 측에서 먼저 사위를 구했다. 왕은 천관天冠을 쓰고 구슬로 만든 장식을 걸쳤다. 정사를 처리할 때에는 자제나 가까이 모시는 신하 모두 다 가가지 못했다. [서진] 무제 태강太康[9] 연간 처음으로 와서 공물을 바쳤다.

함강咸康<sup>10</sup> 2년(336) [국왕] 팜젓Phạm Dật<sup>11</sup>이 죽자 노복 팜반Phạm Văn<sup>12</sup>이 왕위를 찬탈했다. 팜반은 일남군 서권현西卷縣<sup>13</sup>의 우두머리 팜쯔Phạm Chử<sup>14</sup>의 노복이다. 어느 날 소를 데리고 강가에 갔다가 잡은 두 마리 잉어가 철로 변하여 이것을 가지고 칼을 만들어서 바윗덩어리를 내리치니 바위가 기왓장 쪼개지듯이 부숴졌다. 팜반은 그 칼이 평범하지 않다는 것을 알고 고이 간직했다. 장사치를 따라다니면서 상국上國의 제도를 관찰했다. [팜반은] 럼업에 이르러 마침내 팜젓에게 궁실과 성읍을 짓고 기계를 만드는 법을 가르쳐 주었다. 팜젓이 매우 아끼고 신뢰하여 [팜반을] 장수로 삼았다. 팜반은 곧 [팜젓의] 여러 아들을 참소해서 몇몇은 다른 곳으로 옮겨 가고 몇몇은 달아났다. 팜젓이 사망했으나 후계자가 없어 마침내 팜반은 스스로 왕에 즉위했다. 대기계大岐界·소기계小岐界·식복式僕·서랑徐狼·굴도屈都·건노乾魯·부단扶單 등 여러 나라를 침략해서 이를 병합하니 그 무리가 4만~5만 명에 이르렀다. 사신을 파견해 조공을 바쳤는데, [표의] 글씨는 모두 오랑캐 글자였다. 영화永和<sup>15</sup> 3년(347) 일남군을 공격해서 함락시키고 태수 하후람夏侯覽을 죽이고 5천~6천 명을 살해하니 살아남은 자들은 구진군九眞郡으로 달아났다. 하후람의 시신으로 하늘에 제를 올리고 서권현의 성을 밀어 평지로 만들고 마침내 일남군을 점거했다. 교주자사交州刺史 주번朱蕃에게 알려 일남군 북쪽 변경의 횡산橫山<sup>16</sup>을 경계로 삼을 것을 요구했다. 당초 새외塞外<sup>17</sup>의 여러 나라는 값진 물건들을 가지고 바닷길로 와서 화물을 교역했는데, 교주자사·일남군 태수들은 대부분 이익을 탐해서 해를 끼쳐 [물건값을] 2~3할 깎았으며, 한집韓戢<sup>18</sup>의 경우에는 거의 절반을 후려치기도 했다. 이로 인해 여러 나라가 분노했으며, 하후람이 일남군에 부임해서는 주색에 빠져 정사가 더욱 어지러워졌기 때문에 파멸에 이르게 된 것이다.

얼마 후 팜반은 럼업으로 돌아갔다. 이해 주변이 독호督護 유웅劉雄에게 일남군을 지키게 했는데, 팜반이 다시 공격해서 함락시켰다. [영화] 4년(348) 팜반이 다시 구진군을 습격해서 관리와 백성 열에 여덟아홉 명을 해쳤다. [영화] 5년(349) 정서독호征西督護 등준滕畯이 교주와 광주廣州의 군사를 거느리고 노용盧容[19]에서 팜반을 공격했으나 되레 패배하고는 물러나 구진군에 머물렀다. 그해 팜반이 죽고 아들 팜펏Phạm Phật[20]이 뒤를 이었다. 승평昇平[21] 연간 말[22]에 광주자사廣州刺史 등함滕含이 정벌하자 팜펏이 두려워 항복을 청하니 맹약을 체결하고 돌아왔다.

『양서梁書』에 다음 기록이 있다.

럼업국은 본래 한나라 일남군 상림현으로 옛 월상越裳[23]의 경계이다. 복파장군伏波將軍 마원이 한나라의 남쪽 지경을 개척하고 이 현을 설치했다. 이 지역은 면적이 6백 리 정도 되며 현성은 바다에서 120리 떨어져 있고 일남군으로부터 4백여 리 떨어져 있다. 북쪽으로는 구덕군九德郡[24]에 인접해 있고 남쪽 지경으로 뱃길과 육로로 2백여 리 가면 서쪽에 오랑캐의 나라가 있는데, 또한 왕을 칭하고 있다. 마원이 두 개의 구리 기둥을 세워 한나라의 경계를 표시한 곳이다. 그 나라에는 금이 나는 산이 있으며, 돌은 모두 적색이다. 또한 대모玳瑁[25]·패치貝齒[26]·길패吉貝[27]·침목향沈木香[28]이 난다. 서진 시기 팜반이 왕이 되었는데, 목제穆帝[29] 영화 3년(347) 하후람이 일남군 태수로 부임한 이래 [백성들에 대한] 수탈이 더욱 심해졌다. 럼업은 본래 전답이 없어서 일남 지역의 비옥한 땅을 탐내어 항상 침략의 야욕을 가지고 있었다. 이때에 이르러 백성들의 원성이 자자하게 되자 마침내 군사를 일으켜 일남을 습격해서 하후람을 죽이고 그 시신을 제물로 해서 하늘에 제를 올렸다. [팜반은] 일남에 3년간 머물다가 럼업으로 돌아갔다. 교주자사 주번이 독호 유웅을 파견해서 일남을 지키게 했으나 팜반이 다시 철저하게 파괴했다. 나아가 구덕군을 침범해서 관리와 백성을 잔혹하게 살해했다. 그리고 주번에게 사신을 파견해서 일남군의 북쪽 지경에 있는 횡산을 경계로 하자고 했으나 주번이 승인하지 않자 팜반은 럼읍으로 돌아갔다. 얼마 후 다시 일남에 주둔했다. [영화] 5년 (349) 정서장군征西將軍 환온桓溫[30]이 독호 등준滕畯·구진군 태수 관수灌邃를 파견해 교주와 광주의 군사를 이끌고 토벌하게 하자 그 왕 팜펏이 농성籠城해서 굳게 지켰다. 관수가 범준에게 [성문] 앞에 중무장한 군사를 배치시키고 자신은 정예 군사 7백 명을 거느리고 후방에서 성채를 넘어 들어가니 팜펏의 무리가 놀라 무너지면서 달아났다. 관수가 추격해서 럼읍에 이르자 팜펏은 마침내 투항을 청했다. 안제安帝[31] 융안隆安[32] 3년(399) 팜펏의 손자 팜호닷Phạm Hồ Đạt[33]이 다시 일남군·구덕군을 침략하여 그 태수를 사로잡았다. 교지군 태수 두원杜瑗[34]이 군사를 파견해 이를 격파하자 곧 두원을 [교주]자사로 삼았다. 의희義熙[35] 3년(407) 팜호닷이 다시 일남군을 침략했다. [의희] 9년 구진군을 침략했다. 두원이 모두 군사를 파견해 이를 격파했다. 두원이 죽고 난 후에 럼읍은 일남·구진 등 여러 군을 침략하지 않은 해가 없어 살상자가 매우 많았기 때문에 교주는 마침내 쇠락해졌다. 팜호닷이 죽고 그의 아들 팜딕쫀Phạm Địch Chón[36]이 뒤를 잇자 동생 팜딕카이Phạm Địch Khải는 어머니를 데리고 달아났는데, 팜딕쫀은 어머니와 동생을 용서할 수 없었던 [자신을] 뉘우치며, 나라를 버리고 천축(인도)으로 가며 생질[37]에게 왕위를 선양했다. 그 생질 또한 나라의 재상 장린藏驎 아들의 공격을 받아 살해되고 팜딕반Phạm Địch Văn[38]이 즉위했는데, 팜딕반 역시 프놈국Norkor Phnom[39] 왕의 아들 팜당깐투안Phạm Đăng Căn Thuần[40]에게 죽임을 당했다. 대신 팜쯔농Phạm Chư Nông[41]이 그 난을 평정하고 스스로 왕에 즉위했다.

『송서宋書』에 다음 기록이 있다.

고조高祖[42] 영초永初[43] 2년(421)에 럼업국 왕 팜즈엉마이Phạm Dương Mại[44]가 사신을 파견해 공물을 바치자 [관작을] 제수했다. 문제文帝[45] 원가元嘉[46] 7년 (430)에 사신을 파견해 스스로 교주와 화목하지 못함을 진술하고 너그러 이 용서해 줄 것을 청했다. [원가] 8년(431)에 [럼업국이] 또 누선 백여 척을 파견해서 구덕군을 침략하고 사회포구四會浦口[47]에 들어왔다. 교주자사 완 미지阮彌之가 대주隊主 상도생相道生을 파견해 3천 명을 거느리고 가서 토 벌하게 해서 쿠뚝성Khu Túc[48]을 공격했으나 이기지 못하고 철수했다. 럼 업국은 교주를 정벌하려고 프놈국 왕에게 군사를 빌리고자 했으나 프놈 국 왕이 응하지 않았다. [원가] 10년(433)에 팜즈엉마이가 사신을 파견해 표문을 올리고 공물을 바치며 교주를 다스릴 것을 요구했다. 조서를 내 려 길이 멀어서 허락할 수 없다고 답했다.

태조 원가 초기에 일남군·구덕군 등 여러 군을 침범했다. [원가] 23년 (446)에 용양장군龍驤將軍 교주자사 단화지檀和之[49]에게 토벌하게 하고 또한 태위부 진무장군振武將軍 종각宗慤[50]을 파견해 단화지의 지휘를 받게 했다. 단화지는 부사마府司馬 소경헌蕭景憲을 파견해 선봉으로 삼고 종각은 소경 헌 군대의 부장을 맡았다. 팜즈엉마이[51]는 토벌군이 온다는 소식을 듣고 는 사절을 파견해 표문을 올려 그동안 약탈한 일남군의 민호를 돌려보내 겠다고 하면서 그 나라의 보물을 바쳤다. 그해 2월 군대가 주오朱梧[52] 군 영에 이르자 팜즈엉마이은 겉으로는 귀순하는 척하면서도 의심하며 더 욱 엄중하게 방비를 했다. 소경헌 등이 쿠뚝성을 향해 진군하자 팜즈엉 마이는 수군과 육군을 곧장 그곳으로 보냈다. 소경헌이 그 외부 원군을 격파하고 모든 정예 부대로 성을 공격했다. 마침내 5월에 격파해서 우두머리의 목을 베고 금은 등 헤아릴 수 없이 많은 재물을 획득했다. 승리의 여세를 몰아 추격 토벌해서 곧 림업국을 점령했다. 팜즈엉마이 부자는 사력을 다해 달아났다. 포획한 것들은 진기하고 특이하여 모두 그 이름을 알 수 없는 보물이었다. 또한 금으로 된 동상을 녹여서 황금 수십만 근을 획득했다.

또 [『송서』] 「종각전」에 다음 기록이 있다. 원가 22년(445)에 림업국을 정벌할 때 종각은 자원해서 종군했다. 진무장군을 제수받고 안서참군安西參軍 소경헌군의 부장이 되어 교주자사 단화지를 따라 쿠뚝성을 포위했다. 림업국이 장수 범비사달范毗沙達을 파견해 쿠뚝성을 구원하게 하자 단화지가 한 무리의 군사를 보내 이를 저지하고자 했지만, 적군에 패했다. 이리하여 종각을 보내자 종각은 군사를 여러 길로 나누어 깃발을 숨긴 채 은밀히 진군해서 [범비사달을] 격파했다. [송나라군은] 쿠뚝성을 함락시키고 상포象浦53로 들어갔다. 림업국 왕 팜즈엉마이가 전군을 동원해서 저항하면서 코끼리를 무장시켰는데, 그 무리가 끝도 없어 송나라 군사는 당해 낼 수 없었다. 이에 종각이 말했다. "나는 사자가 백수를 제압할 수 있다고 들었다." 그리고 사자의 형상을 만들어서 코끼리를 막게 하니 과연 코끼리가 놀라 달아나 적군은 무너져 패주했다. 마침내 림업국을 함락시키고 진귀한 보물을 비롯한 재화를 헤아릴 수 없을 만큼 획득했다.

『남제서南齊書』에 다음 기록이 있다.

남이南夷 림업국은 교주의 남쪽에 있는데, 바닷길로 3천 리를 간다. 북쪽으로 구덕군에 접해 있으니, 진秦나라 때의 옛 림업현54이다. 한나라 말기 왕을 칭했다. 서진西晉 태강 5년(284)에 처음으로 공물을 바쳤다. 서진

건흥建興[55] 연간에 일남의 우두머리 팜쯔의 노복 팜반이 여러 차례 상인으로 상국(중국)의 문물제도를 관찰하고는 럼업국 왕 팜젓에게 성과 연못, 누각과 궁궐을 세우게 했다. 왕은 부처의 관과 같은 천관을 쓰고 몸에는 향기가 나는 구슬 장식을 걸쳤다. 나라 사람들은 흉폭하고 사나우며 산천에 익숙하고 싸움을 좋아하며 바다소라를 나팔로 삼아 불었다. 사람들은 모두 벌거벗었고 사계절 내내 따뜻해서 서리와 눈이 없었다. 여자를 귀하게 여기고 남자를 천시했으며 사람들은 검은 피부를 아름답다고 여겼는데, 남방의 여러 나라가 모두 그러했다. 쿠뚝성에는 8자의 대나무[56]를 세워서 보면 해그림자가 남쪽의 8치 지점을 지나간다. 럼업국에서 서남쪽으로 3천여 리를 가면 프놈국에 이른다.

『수경주水經注』「온수편溫水篇」에 다음 기록이 있다.

『교주외역기交州外域記』에 따르면 일남군에서 남쪽으로 4백여 리 가면 럼업국에 도착한다고 한다. 『임읍기林邑記』에 따르면 [럼업국의] 도성은 두 강 사이에 위치하며 삼면이 산으로 둘러싸여 있고 남북으로 강을 굽어보며, 동서로는 계곡에서 나온 물이 성 밑으로 흘러 모인다. 성의 서쪽은 한 모퉁이[57]가 무너져 있고 둘레는 6리이며 13개의 성문을 열어 놓고 있다. 무릇 궁궐은 남향이고 건물은 2,100여 칸이며, [궁궐의] 주위로 시가지가 펼쳐져 있는데, 지형이 매우 험준하다. 따라서 럼업국의 무기와 전쟁 도구는 모두 쿠뚝성에 있으며 [럼업국의 각지에는] 성루가 많다. 럼업국 왕 팜호닷 때부터 진秦나라에서 온 이주민이 오랑캐의 풍속에 동화되어 일남군의 옛 풍속은 완전히 다 변해 버렸다. 나무 위에 집을 짓고 살며 성곽은 산의 주변을 따라 있는데, 이곳은 잡목과 풀이 무성하고 울창한 숲은 구름도 가릴 정도였으며, 안개에 쌓인 깊은 산중이라 사람들이 편안히 살 만한 곳은 아니었다. 쿠뚝성에는 8자의 대나무를 세우고 해의 그림자가 남쪽으로 8치를 지나갈 때 이 그림자 이남은 해의 남쪽에 위치하기 때문에 군의 이름을 [일남이라고] 했다. 여기에서 멀리 북극성을 바라보면 북극성이 하늘 끝으로 떨어지는 것 같았다. 해가 북쪽에 있기 때문에 북쪽 문을 열어서 해를 맞이했다. 이것이 대략적인 내용이다.

일남군의 장중張重[58]이 [종사에] 천거되어 회계를 보고하기 위해 낙양에 들어갔다. 정월 초하루 조회朝會에서 명제明帝[59]가 "일남군은 북쪽에서 해가 나오는가?" 하고 묻자, 장중이 대답했다.

"요즘 군 이름에는 운중雲中·금성金城이라는 이름도 있는데, 반드시 모두 실체가 있는 것은 아닙니다. 해는 언제나 동쪽에서 나올 뿐입니다. 기후가 온난해져서 해그림자가 발밑에 오더라도 관민의 주거지는 사정에 따라 각각 동서남북으로 향해 있어 해를 맞이하거나 등지는 것이 일정하지는 않습니다."

사람들의 품성은 흉폭하고 사나워서 전투에 과감하다. 산을 잘 타고 수영을 잘하지만, 평지 생활은 익숙[60]하지 않다. 선인들은 말한다.

"하늘과 땅은 오령五嶺[61]을 사이로 안(화華)과 밖(이夷)을 구분하는데, 어찌 저 멀리 바다 너머까지 길을 이으려고 하는가! 구령九嶺을 돌아보면 더욱 아득하기만 하니 단지 가는 길이 멀고 험한 것만이 아니라 실로 어둡고 황량한 아득한 지역이다."

건원建元[62] 2년(344) 럼업 왕 팜반이 일남·구진·구덕을 침략해서 백성들이 흩어져 달아나 사방 천 리에 사람이 살지 않아 마침내 럼업으로 돌아갔다. 럼업은 서쪽으로 광주에서 2,500리 떨어져 있다. 성의 서남쪽 모퉁이는 높고 험준한 산이 천연의 요새로 이어져 있다. 산봉우리의 북쪽으로는 계곡으로 이어져 있고 대원회수大源淮水[63]는 아득히 먼 변경에서 나오는데, 삼중의 긴 사주沙洲가 있고 산속에서 나온 물은 [성의] 서쪽을 휘감아 북쪽을 에워싸다가 동쪽으로 돌아 흘러간다. 그 산 남쪽으로 흐르는 계곡물은 소원회수小源淮水[64]가 송근松根의 경계에서 발원해서 산 위의 골짜기를 흘러 깊은 산의 남쪽을 휘감아 굽이굽이 흐르다 동쪽으로 돌아서 대원회수와 합쳐져서 지엔쑤엉Diên Xung[65]으로 흘러간다. 그 성의 서남쪽은 산에 접해 있고 동북쪽으로는 강을 내려다보는데, 이중으로 된 해자로 흐르는 물은 성 아래를 휘감아 돈다. 동남쪽 해자 밖은 성벽에 근접해 있으며, [성의 형태는] 동서 가로로 길며 남북 세로로 좁다. 북쪽과 서쪽 끝은 굽이굽이 꺾여 흘러간다. 성의 둘레는 8리이고, 부엉이 꼬리털과 같이 높이 솟아오른 누각은 바람을 타고 구름에 다다르는 듯했다. 산에 올라 물을 내려다보면 웅장하고 험준했다. 다만 성의 건축은 매우 조잡했고 오랑캐의 풍속에 따라서 성문 4개를 열어 놓았는데, 동쪽이 정문으로 두 줄기 회수의 기슭에 임해 있으며 굽어진 길에는 오래된 비석이 있는데, 오랑캐 글자로 전대 왕 팜호닷의 공덕을 칭송하는 내용이 새겨져 있다. 서쪽 문에는 두 개의 이중 해자가 있는데, 성벽은 북쪽을 돌아 산 위로 향해 있으며 산의 서쪽으로는 회수가 흐른다. 남쪽 문에는 이중의 해자가 있으며 온 공溫公이 세운 보루(壘)와 마주하고 있다. 승평 2년(358) 교주자사 온방지溫放之[66]가 교지태수 두보杜寶와 별가別駕 완랑阮朗을 죽이고 마침내 럼업을 정벌하며 여러 차례 수상과 육상에서 전투를 했다. 팜폣이 성에 들어가 스스로 방어했으나 [얼마 후] 거듭해서 귀순을 요청하니 [온방지가] 승낙했다. 지금 럼업의 동성東城 남쪽 5리에는 온 공이 세운 두 개의 보루가 있는데, 바로 이것이다. 북쪽 문은 회수에 접해 길이 끊어져 다닐 수가 없고, 성안에 둘레가 320보인 작은 성이 또 있는데, 전체 건물이 기와로 되어 있으며 남쪽 벽은 [창문을] 열지 않았다. 두 동의 긴 건물의 용마루는 남북으로 나 있다. 남쪽은 해를 등지고 있다. 서쪽 구역 성안에는 돌산이 회수를 따라 양지를 향해 있고 동쪽을 향해 궁전이 세워져 있다. 부엉이 꼬리 같은 처마가 하늘을 나는 듯하며 푸른색 틈 사이로 붉은색 계단이 있고 처마 끝의 서까래는 대부분 옛 법도를 따랐다. 전각 위의 기둥은 성의 높이보다 1길 5자 남짓 높다. 소의 분비물을 [성벽에] 발라서 성벽이 푸른빛이 난다. 구불구불 회랑이 있는 궁궐의 정원에는 아름다운 들창과 자색 창문이 있다. 후궁에 거주하는 빈첩嬪妾은 구별이 없었으며 종묘 사당(宮觀)·궁실(路寢)·화원의 수로(水巷)는 모두 궁전 안에 있었다. [국왕은] 대청에 걸터앉아 직접 아래를 향해 말을 하고 자제나 대신들은 모두 위로 올라올 수 없었다. 건물은 50여 개 구역으로 나뉘어 용마루와 들보가 서로 이어져 있고 처마가 서로 이어져 있으며, 조상신을 섬기는 사당과 신을 모시는 탑이 있었다. 크고 작은 8개의 묘당에는 층별로 이중의 정자가 있는데, 그 모습이 마치 사찰과 같았다. 성에는 시장과 마을도 없고 도성에 거주하는 사람들은 매우 적었으며 해안은 고요해서 사람들이 사는 곳 같지 않았다. 그런데도 우두머리[67]는 어찌 나라를 10세대나 걸쳐 태평하게 존속시킬 수 있었단 말인가?

『수서隋書』에 다음 기록이 있다.

럼업국은 이전 한나라 말기 자오찌 여인 쯩짝Trưng Trắc[68]의 난을 틈타 내현內縣 공조功曹의 아들 구련區連이 현령을 죽이고 스스로 왕을 칭했다. [구련은] 아들이 없어 외손자 팜홍이 대를 이어 즉위했다. [팜홍이] 죽자 그의 아들 팜젓이 즉위했다. 일남군 사람 팜반이 난으로 인해 팜젓의 노복이 되었는데, 마침내 궁실을 짓고 기계를 만드는 법을 가르쳐 주었다. 팜젓이 매우 신임해서 팜반에게 군사를 거느리게 하니 지극히 무리의 마음을 사로잡았다. 팜반은 [팜짓의] 자제들을 이간질해서 혹은 달아나거나 혹은 옮겨 갔다. 팜짓이 죽자 나라에 후사가 없어 팜반이 스스로 왕에 즉위했다. 그 후 팜짓은 진晉나라 양위장군揚威將軍 대환戴桓에게 격파당했다. 송나라 교주자사 단화지가 군사를 거느리고 공격해서 그 지경 깊숙이 들어갔다. 양梁나라와 진陳나라 시기에도 사신을 보내 왕래했다. 그 나라는 너비가 수천 리이고 땅에는 향목·금은보화가 많이 나며 물산은 대체로 교지군과 같다. 벽돌로 성을 쌓고 신회蜃灰[69]를 발랐으며, 동쪽으로 문을 만들었다. 왕은 금화관金花冠을 쓰는데, 형태가 장보章甫[70]와 같았다. 조하포朝霞布[71]로 만든 옷을 입었고 구슬로 만든 영락纓絡[72]을 몸에 걸쳤다. 발에는 가죽신을 신고 때에 따라 비단 도포를 입었다. 시위侍衛는 좋은 집안 출신의 자제로 2백여 명인데 모두 금장도를 지니고 있었다. 활과 화살, 모矛와 삭槊이 있고 대나무로 노를 만들었다. 화살에는 독을 발랐다. 악기로는 거문고(琴)·피리(笛)·비파琵琶·오현五弦 등이 있는데, 대체로 중국과 같았다. 매번 북을 쳐서 무리에게 경계를 표시하고 호로를 불어서 전투에 임했다. 사람들은 눈이 깊고 코가 높았으며 머리카락은 곱슬머리에다 피부는 검은 색깔이었다. 풍속으로 모두 맨발에다 넓은 천으로 몸을 감싸고 겨울에는 도포를 입었다. 여성들은 머리를 틀어 올렸으며 야자나무잎으로 자리를 깔았다. 사람들은 죽으면 나무로 짠 궤짝에 시신을 넣어 수레가 물가에 도달하면 장작을 쌓아 불에 태운 후에 유골을 수습했다. 왕의 경우에는 [유골을] 금항아리에 넣어 바닷속에 가라앉히고 서민의 경우에는 질그릇에 넣어 강으로 보냈다. 남녀 모두 머리카락을 자르고 상여를 따라서 물가에 이르러 곡을 다한 후에 그쳤다. 7일마다 향을 피우고 꽃을 뿌리며 다시 슬픔이 다할 때까지 곡을 하고 칠칠일(49일)을 다한 후에 마치는데, 백일째와 3년째가 되면 같은 의식을 치렀다. 사람들은 모두 불교를 숭상하며 천축국과 같은 문자를 사용했다.

[수나라] 고조高祖[73]가 진陳나라를 평정하자 이에 사신을 보내 공물을 바쳤으나 그 후 마침내 조공이 끊어졌다. 당시 천하가 평안해지자 군신들은 림읍국에 진귀한 보물이 많다고 했다. 인수仁壽[74] 말에 황제가 대장군 유방劉方[75]을 파견해 환주도행군총관驩州道行軍總管으로 삼고 보병과 기병 만여 명 및 범죄자 수천 명을 거느리고 [림읍국을] 공격하게 했다. 그 나라 왕 팜판찌Phạm Phạn Chi[76]가 무리를 이끌고 거대한 코끼리를 타고 싸우니 유방의 군대가 불리했다. 유방이 이에 작은 구덩이를 많이 파고 그 위에 풀을 덮은 후에 병사들에게 도발하게 했다. 팜판찌가 모든 무리를 이끌고 진용을 갖추자 유방이 싸우다가 거짓으로 패한 척하며 [달아나니] 팜판찌가 추격하다 구덩이가 있는 곳에 이르러 무리의 대부분이 빠져서 서로 구르고 놀라 당황해서 군대가 마침내 흐트러졌다. 유방이 군사를 부려서 이를 격파했다. 싸우는 족족 패하니 마침내 성을 버리고 달아났다. 유방이 도성에 들어가 사당의 위패 18개를 손에 넣었는데, 모두 금으로 만든 것이었다. 대체로 그 나라의 18세대일 것이다. 유방이 군사를 돌리자 팜판찌가 옛 땅을 수복한 후 사절을 파견해 사죄를 하고 조공을 끊이지 않았다.


『신당서新唐書』「남만전南蠻傳」에 다음 기록이 있다.

환왕環王[77]은 본래 림읍으로 점불로占不勞[78]라고 하며 또한 점파占婆라고도 한다. 바로 교주의 남쪽에 위치하며 바닷길로는 3천 리이다. 땅은 동서로 3백 리 남짓하며 남북으로는 천 리이다.[79] 서쪽으로는 첸라의 무온산霧溫山[80]에 이르고 남쪽으로는 분타랑주奔陀浪州[81]에 닿아 있다. 그 남쪽의 대포大浦[82]에는 다섯 개의 구리 기둥이 세워져 있고, 산 모양이 마치 우산을 기울인 것 같으며, 서쪽으로는 산봉우리가 첩첩하며 동쪽으로는 바닷가이다. [구리 기둥은] 후한 시기 마원이 세운 것이다. 그 땅은 겨울에도 따뜻하고 안개와 비가 많으며 호박琥魄·오랑우탄[83]·구관조[84]가 있다. 2월을 한 해의 시작으로 삼고 벼는 한 해에 두 차례 수확한다. 빈랑檳榔[85] 열매의 즙을 채취해서 술을 담그고 야자잎으로 자리를 만든다. 풍속이 흉폭하고 사나워 전투를 잘하며 사향을 몸에 바르는데, 하루에 두 번 바르고 두 번 씻는다. 웃어른을 뵐 때는 합장을 하고 머리를 조아려 절을 한다. 문자를 사용하고 불교를 숭상해 금은으로 부처를 만드는데, 큰 것은 10명이 에워쌀 정도이다. 왕이 거처하는 곳을 점성占城이라 하고, 다른 거주지를 제국齊國[86] 또는 봉피세蓬皮勢[87]라고 한다. 왕은 목화로 짠 백첩白氎으로 만든 옷을 입고 고패古貝[88]를 비스듬하게 팔에 두르고 금과 구슬로 장식한 영락을 걸쳤으며 곱슬머리에는 금화관을 쓰는데, 마치 장포관과 같았다. 왕의 부인은 조하포로 만든 옷을 입고 고패로 만든 짧은 치마를 입었으며 관과 장식은 왕과 같았다. 왕의 시위병은 5천 명으로 전투 시에는 코끼리를 타고 등나무로 만든 갑옷을 입고 대나무로 만든 활과 화살을 지녔다. 코끼리 1천 마리와 말 4백 필을 이끄는데, 전대前隊와 후대後隊로 나누었다. 형벌을 두지 않고 죄를 지은 사람은 코끼리로 밟아 죽이거나 불노산不勞山[89]에 보내 스스로 죽게 했다.

수나라 인수 연간 장군 유방[90]을 파견해 공격하게 하니 그 나라 왕 팜판찌가 물러나 달아났다. 그 땅에 세 군을 세우고 수령을 두었으나 길이 험해 교통할 수 없었기 때문에 팜판찌가 남겨진[91] 무리들로 별도의 나라를 세웠다. 무덕武德[92] 연간 다시 사절을 파견해서 공물을 바치니 고조高祖[93]가 구부악九部樂[94]을 공연하며 연회를 베풀었다. 정관貞觀[95] 시기 왕 팜다우레Phạm Đầu Lê[96]가 길들인 코끼리·금사슬(鏐鎖)·오색 띠·조하포·붉은

빛 구슬[97]을 바쳤는데, 파리婆利[98]와 나찰羅刹[99] 두 나라의 사절과 함께 왔다. 럼업의 말이 공손하지 못해 군신들이 죄를 물을 것을 청했으나 용서하고 죄를 묻지 않았다. 또한 오색 앵무새를 바쳤는데, 앵무새가 여러 차례[100] 춥다고 호소하자 조서를 내려 돌려보냈다. 원화元和[101] 초기 조공을 바치지 않자 안남도호 장주張舟는 괴뢰 환주와 애주의 도통都統을 사로잡고 3만 명의 목을 베었으며 왕자 59명을 포로로 잡고 전투용 코끼리와 거룻배, 갑옷을 포획했다.

# 越南分國沿革上

—

廣南之地, 晉·唐·五代, 曰林邑.
原無, 今補.

『晉書』: 林邑國本漢時之象林縣. 其南則馬援鑄柱之處也, 去南海三千里.
後漢末, 曹區殺令, 自立爲王. 其後, 王無嗣, 外甥范熊代立. 其俗皆開北戶以
向日, 至於居止, 東西無定. 果於戰鬪, 便山習水, 不閑平地. 四時暄暖, 無霜雪.
人皆倮跣, 以黑色爲美. 貴女賤男, 同姓爲婚, 婦先聘婿. 其王服天冠, 被纓絡.
每聽政, 子弟侍臣, 皆不得近. 武帝太康中, 始來貢獻. 咸康二年, 范逸死, 奴文
篡位. 文, 日南西卷縣夷 帥范椎奴也. 嘗牧牛澗中, 獲二鯉魚, 化成鐵, 用以爲
刀, 斫石嶂, 石卽瓦解. 文知其神, 乃懷之. 隨商賈往來, 見上國制度. 至林邑,
遂教逸作宮室城邑及器械. 逸甚愛信之, 使爲將. 文乃譖逸諸子, 或徙或奔. 及
逸死, 無嗣, 文遂自立爲王. 乃攻大岐界·小岐界·式僕·徐狼·屈都·乾魯·扶單等諸
國, 竝之, 有衆四五萬. 遣使入貢, 其書皆胡字. 永和三年, 攻陷日南, 害太守夏
侯覽, 殺五六千人, 餘奔九眞. 以覽屍祭天, 鏟平西卷縣城, 遂據日南. 告交州
刺史朱蕃, 求以日南北鄙橫山爲界. 初徼外諸國嘗齎寶物, 自海路來貿貨賄, 而
交州刺史·日南太守多貪利侵侮, 十折二三, 至韓戢, 估較大半. 由是諸國恚憤,

及覽至郡, 又耽荒於酒, 政敎愈亂, 故被破滅.

旣而文還林邑. 是歲朱蕃使督護劉雄戍於日南, 文復攻陷之. 四年, 文又襲九眞, 害士庶十八九. 五年, 征西督護滕畯率交·廣之兵, 伐文於盧容, 爲文所敗, 退次九眞. 其年, 文死, 子佛嗣. 昇平末, 廣州刺史滕含伐之, 佛懼請降, 與盟而還.

『梁書』: 林邑國者, 本漢日南郡象林縣, 古越裳之界也. 伏波將軍馬援開漢南境, 置此縣. 其地縱廣可六百里, 城去海百二十里, 去日南界四百餘里. 北接九德郡, 其南界水步道二百餘里, 有西國夷亦稱王. 馬援植兩銅柱, 表漢界處也. 其國有金山, 石皆赤色. 又出玳瑁·貝齒·吉貝·沈木香. 晉世范文爲王, 穆帝永和三年, 夏侯覽爲日南太守, 侵刻尤甚. 林邑先無田土, 貪日南地肥沃, 常欲略有之. 至是因民之怨, 遂擧兵襲日南, 殺覽, 以其屍祭天. 留日南三年, 乃還林邑. 交州刺史朱蕃遣督護劉雄戍日南, 文復屠滅之. 進寇九德郡, 殘害吏民. 遣使告蕃, 願以日南北境橫山爲界, 蕃不許, 文歸林邑. 尋復屯日南. 五年, 征西將軍桓溫遣督護滕畯·九眞太守灌邃, 帥交·廣州兵討之, 其王范佛嬰城固守. 邃令畯盛兵於前, 邃帥勁卒七百人, 自後逾壘而入, 佛衆驚潰奔走. 邃追至林邑, 佛乃請降. 安帝隆安三年, 佛孫順達復寇日南·九德, 皆執其太守. 交趾太守杜瑗遣兵擊破之, 卽以瑗爲刺史. 義熙三年, 順達復寇日南. 九年寇九眞. 瑗皆遣兵破走之. 自瑗卒後, 林邑無歲不寇日南·九眞諸郡, 殺傷甚多, 交州遂致虛弱. 順達死, 子敵眞立, 其弟敵鎧攜母出奔, 敵眞追恨不能容其母弟, 舍國而之天竺, 禪位於其甥. 其甥又爲國相藏驎子攻殺, 而立文敵, 文敵又爲扶南王子當根純所殺. 大臣范諸農平其亂, 而自立爲王.

『宋書』: 高祖永初二年, 林邑王范楊邁遣使貢獻, 卽加除受. 文帝元嘉七年,遣使自陳與交州不睦, 求蒙恕宥. 八年, 又遣樓船百餘寇九德, 入四會浦口. 交州刺史阮彌之遣隊主相道生將三千人赴討, 攻區粟城, 不克, 引還. 林邑欲伐交州, 借兵於扶南王, 扶南不從. 十年, 楊邁遣使上表, 獻方物, 求領交州. 詔答以道遠, 不許.

太祖元嘉初, 侵暴日南·九德諸郡. 二十三年, 使龍驤將軍交州刺史檀和之伐之, 遣太尉府振武將軍宗愨受和之節度. 和之遣府司馬蕭景憲爲前鋒, 愨仍領憲軍副. 楊邁聞見討, 遣使上表, 願還所略日南民戶, 奉獻國珍. 二月, 軍至朱梧戌, 楊邁外言歸款, 猜防愈嚴. 景憲等乃進軍向區粟城, 楊邁遣水步軍徑至. 景憲破其外救, 盡銳攻城. 五月克之, 斬其帥首, 獲金銀雜物不可勝計. 乘勝追討, 卽克林邑. 楊邁父子, 挺身奔逃. 所獲珍異, 皆未名之寶. 又銷其金人, 得黃金數十萬斤.

又「宗愨傳」: 元嘉二十二年, 伐林邑, 愨自奮請行. 除振武將軍, 爲安西參軍蕭景憲軍副, 隨交州刺史檀和之圍區粟城. 林邑遣將范毗沙達來救, 和之遣偏軍拒之, 爲賊所敗. 又遣愨, 愨乃分軍爲數道, 偃旗潛進, 討破之. 拔區粟, 入象浦. 林邑王范楊邁傾國來拒, 以具裝被象, 前後無際, 士卒不能當. 愨曰: "吾聞獅子威服百獸." 乃製其形, 與象相禦, 象果驚奔, 衆因潰散. 遂克林邑, 收其異寶雜物不可勝計.


『南齊書』: 南夷林邑國在交州南, 海行三千里. 北連九德, 秦時故林邑縣也. 漢末稱王. 晉太康五年, 始貢獻. 晉建興中, 日南夷帥范稚奴文數商買, 見上國制度, 敎林邑王范逸起城池樓殿. 王服天冠如佛冠, 身被香纓絡. 國人凶悍, 習山川, 善鬪, 吹海蠡爲角. 人皆裸露, 四時暄暖, 無霜雪. 貴女賤男, 人色以黑爲美, 南方諸國皆然. 區粟城建八尺表, 日影度南八寸. 自林邑西南三千餘里至扶南.

『水經注』「溫水篇」:『交州外域記』曰, 從日南郡南去, 到林邑國四百餘里. 『林邑記』曰, 其城治二水之間, 三方際山, 南北瞰水, 東西澗浦, 流湊城下. 城西折十角, 周圍六里, 城開十三門. 凡宮殿南向, 屋宇二千一百餘間, 市居周繞, 阻峭地險. 故林邑兵器戰具悉在區粟, 多城壘. 自林邑王范胡達始, 秦餘徙民, 染同夷化, 日南舊風, 變易俱盡. 巢棲樹宿, 負郭接山, 榛棘蒲薄, 騰林拂雲, 幽煙冥緬, 非生人所安. 區粟城建八尺表, 日影度南八寸, 自此影以南, 在日之南, 故以名郡. 望北辰星, 落在天際. 日在北, 故開北戶以向日. 此其大較也.

日南張重舉計入洛. 正旦大會, 明帝問: "日南郡北向視日邪?", 重曰: "今郡有雲中·金城者, 不必皆有其實. 日亦俱出於東耳. 至於風氣暄暖, 日影仰當, 官民居止, 隨情面向, 東西南北, 迴背無定." 人性凶悍, 果於戰鬪. 便山習水, 不嫺平地. 古人云 "五嶺者, 天地以隔內外, 況綿途于海表. 顧九嶺而彌邈, 非復行路之遙阻, 信幽荒之冥域者矣."

建元二年, 林邑王范文攻日南·九眞·九德, 百姓奔逃, 千里無煙, 乃還林邑. 林邑西去廣州二千五百里. 城西南角, 高山長嶺, 連接天鄣. 嶺北接澗, 大源淮水, 出郍郁遠界, 三重長洲, 隱山繞西, 衞北廻東. 其嶺南開澗, 小源淮水出松根界, 上山壑流, 隱山繞南, 曲街廻東, 合淮流以注典冲. 其城西南際山, 東北瞰水, 重塹流浦, 周繞城下. 東南塹外, 因傍薄城, 東西橫長, 南北縱狹. 北邊西端, 回折曲入. 城周圍八里, 飛觀鴟尾, 迎風拂雲, 緣山瞰水, 騫翥鬼崿. 但制造壯拙, 稽古夷俗, 城開四門, 東爲前門, 當兩淮渚濱, 於曲路有古碑, 夷書銘讚前王胡達之德. 西門當兩重塹, 北回上山, 山西卽淮流也. 南門度兩重塹, 對溫公壘. 昇平二年, 交州刺史溫放之殺交阯太守杜寶, 別駕阮朗, 遂征林邑, 水陸累戰. 佛保城自守, 重求請服, 聽之. 今林邑東城南五里, 有溫公二壘是也. 北門濱淮, 路斷不通, 城內小城, 周圍三百二十步, 合堂瓦殿, 南壁不開. 兩頭長屋, 脊出南北. 南擬背日. 西區城內, 石山順淮面陽, 開東向殿. 飛簷鴟尾, 靑隙

丹墀, 楝題桷橑, 多諸古法. 閣殿上柱, 高城丈餘五. 牛屎爲泥, 牆壁靑光. 回廊
曲掖, 綺牖紫窗. 椒房嬪媵無別, 宮觀·路寢·水巷共在殿上. 臨踞東軒, 徑與下
語, 子弟臣侍, 皆不得上. 屋有五十餘區, 連甍接棟, 簷宇相承, 神祠鬼塔. 小大
八廟, 層臺重樹, 狀似佛刹. 郭無市里, 邑寡人居, 海岸蕭條, 非生民所處. 而首
渠以永安養國十世, 豈久存哉?

『隋書』: 林邑之先, 因漢末交趾女子徵側之亂, 內縣功曹子區連殺縣令, 自
號爲王. 無子, 其甥范熊代立. 死, 子逸立. 日南人范文因亂爲逸僕隸, 遂敎之
築宮室·造器械. 逸甚信任, 使文將兵, 極得衆心. 文因間其子弟, 或奔或徙. 及
逸死, 國無嗣, 文自立爲王. 其後, 范佛爲晉揚威將軍戴桓所破. 宋交州刺史檀
和之將兵擊之, 深入其境. 至梁·陳亦通使往來. 國延袤數千里, 土多香木·金寶,
物産大抵與交阯同. 以磚爲城, 蜃灰塗之, 東向戶. 王戴金花冠, 形如章甫. 衣
朝霞布, 珠璣瓔珞. 足躡革屨, 時復錦袍. 良家子侍衛者二百許人, 皆執金裝刀.
有弓箭矛槊, 以竹爲弩. 傅毒於矢. 樂有琴·笛·琵琶·五弦, 頗與中國同. 每擊鼓
以警衆, 吹蠡以卽戎. 其人深目高鼻, 髮拳色黑. 俗皆徒跣, 以幅布纏身, 冬月
衣袍. 婦人椎髻, 施椰葉席. 人死以函盛屍, 輿至水次, 積薪焚之, 收其餘骨. 王
則內金甖中, 沈之於海口, 庶人以瓦送之於江. 男女皆截髮隨喪至水次, 盡哀而
止. 每七日然香散花, 復哭盡哀, 盡七七而罷, 至百日·三年, 亦如之. 人皆奉佛,
文字同於天竺.

高祖旣平陳, 乃遣使獻方物, 其後朝貢遂絶. 時天下無事, 群臣言林邑多奇
寶者. 仁壽末, 上遣大將軍劉方爲驩州道行軍總管, 將步騎萬餘及犯罪者數
千人擊之. 其王梵志率其徒乘巨象而戰, 方軍不利. 方於是多掘小坑, 草覆其
上, 因以兵挑之. 梵志悉衆而陣, 方與戰僞北, 梵志逐之, 至坑所, 其衆多陷, 轉
相驚駭, 軍遂亂. 方縱兵擊破之. 頻戰輒敗, 遂棄城而走. 方入其都, 獲其廟主

十八枚, 皆鑄金爲之. 蓋其有國十八葉矣. 方班師, 梵志復其故地, 遣使謝罪, 於是朝貢不絕.


『新唐書』「南蠻傳」: 王本林邑也, 一曰占不勞, 亦曰占婆. 直交州南, 海行三千里. 地東西三百里而贏, 南北千里. 西距眞臘霧溫山, 南抵奔陀浪州. 其南大浦, 有五銅柱, 山形若倚蓋, 西重岩, 東涯海. 漢馬援所植也. 其地冬溫多霧雨, 產琥魄·猩猩獸·結遼鳥. 以二月爲歲首, 稻歲再熟. 取檳榔沈爲酒, 椰葉爲席. 俗凶悍, 果戰鬪, 以麝塗身, 日再塗再澡. 拜謁則合爪頓顙. 有文字, 喜浮屠道, 治金銀像, 大或十圍. 王所居曰占城, 別居曰齊國, 曰蓬皮勢. 王衣白氎, 古貝斜絡臂, 飾金琲爲纓, 鬟髮戴金華冠, 如章甫. 妻服朝霞, 古貝短裙, 冠纓如王. 王衛兵五千, 戰乘象, 藤爲鎧, 竹爲弓矢. 牽象千, 馬四百, 分前後. 不設刑, 有罪者使象踐之, 或送不勞山, 俾自死.

隋仁壽中, 遣將軍劉芳伐之, 其王范梵志挺走. 以其地爲三郡, 置守令, 道阻不得通, 梵志衰遺衆, 別建國邑. 武德中, 再遣使獻方物, 高祖爲設九部樂饗之. 貞觀時, 王頭黎獻馴象·鏐鎖·五色帶·朝霞布·火珠, 與婆利·羅刹二國使者偕來. 林邑其言不恭, 群臣請問罪, 敕不問. 又獻五色鸚鵡, 鸚鵡數訴寒, 有詔還之. 元和初, 不朝獻, 安南都護張舟執其僞驩愛州都統, 斬三萬級, 虜王子五十九, 獲戰象舠鎧.

# 주석

1　럼읍: 원문은 '임읍林邑'이다. 지금의 베트남 중부 연해 지방에 존재했던 왕국이다. 건립 시기는 정확히 알 수 없으나 2세기 말 중국 관리 출신인 구련(또는 구달이라고도 한다)이 쯩 자매Hai Bà Trưng의 반란으로 인한 혼란을 틈타 내현의 현령을 죽이고 스스로 왕에 즉위했다고 한다. 중국에서는 당대까지 임읍이라고 불렸으며, 송대 이후로는 점성이라고 불렸다. 주요 주민은 현재 베트남 중부 남단에 거주하는 참족Cham의 선조라고 하는데, 베트남인들과는 다르게 인도 문화를 수용해서 인도의 종교를 신봉했으며, 항해술이 뛰어났다고 전해진다.

2　마원馬援: 마원(기원전 14~49)의 자는 문연文淵으로 섬서성 동북 출신이다. 삼국 시대의 무장 마등馬騰·마초馬超 부자가 바로 그의 후손이다. 광무제를 도와 후한을 세우는 데 공을 세웠다. 그는 35년 화남 지방의 태수로 임명되어 지금의 북베트남에 이르는 지역까지 중국의 지배권을 확립하는 데 커다란 공을 세웠다.

3　기둥: 건무建武 16년(40) 자오찌(현 베트남 북부 등지)에서 쯩 자매가 반란을 일으키자 복파장군에 임명된 마원이 이를 진압한 후 그곳에 동으로 된 기둥 두 개를 세워 한나라의 최남단 경계로 삼았는데, 이 기둥을 말한다.

4　공조工曹 구달區達: 원문은 '조구曹區'이다. 상림현에서 공조 벼슬을 하던 구달로, 그의 아들이 구련이다.

5　팜훙Phạm Hùng: 원문은 '범웅范熊'이다. 럼읍국 창시자인 구련의 외손자에 해당한다. 구련의 사후 왕이 여러 대 지속되었지만, 구련의 혈통이 끊어졌기 때문에 팜훙이 즉위했다고 한다.

6　북쪽 문: 원문은 '북호北戶'이다. 광서 2년본에는 '지호地戶'로 되어 있으나, 악록서사본에 따라 고쳐 번역한다.

7　북쪽 문 … 해를 맞이했으며: 일남군은 해의 남쪽에 있었기 때문에 북

쪽 문을 열어서 해를 맞이했다고 한다. 진대 이후 일남군을 가리켜 북향호北向戶라고 했다.

8 한가롭게: 원문은 '한閒'이다. 광서 2년본에는 '한嫺'으로 되어 있으나, 악록서사본에 따라 고쳐 번역한다.

9 태강太康: 서진 무제武帝 사마염司馬炎 치세의 세 번째 연호(280~289)이다.

10 함강咸康: 동진 성제成帝 사마연司馬衍 치세의 두 번째 연호(335~342)이다.

11 팜젓Phạm Dật: 원문은 '범일范逸'이다. 팜젓(재위 284~336)은 럼업국 왕으로 팜홍의 아들이다.

12 팜반Phạm Văn: 원문은 '범문范文'이다. 팜반(재위 336~349)은 럼업국 왕으로 팜젓의 뒤를 이어 왕위를 찬탈했다.

13 서권현西卷縣: 지금의 베트남 빈찌티엔성Bình Trị Thiên이다.

14 팜쯔Phạm Chữ: 원문은 '범추范椎'이다.

15 영화永和: 동진 목제 치세의 첫 번째 연호(345~356)이다.

16 횡산橫山: 베트남 응에띤·빈찌티엔 두 성 경계의 호아인선Hoanh Son이다.

17 새외塞外: 원문은 '요외徼外'이다.

18 한집韓戢: 교주자사 강장姜莊의 심복이다. 강장이 자신의 심복인 한집과 사치謝稚에게 연이어 일남군을 관장하게 했는데, 두 사람 모두 탐욕스럽고 포학했다고 한다.

19 노용盧容: 베트남 빈찌티엔성에 있다. 일반적으로 이 성의 흐엉강 유역에 있었던 옛 땅으로 투언호아 부근에 위치하고 있었다.

20 팜펏Phạm Phật: 원문은 '범불范佛'이다. 팜펏(재위 349~380)은 팜반의 아들로 그 뒤를 이어 즉위했다. 동진의 광주자사 등함이 대군을 거느리고 침공해 오자 그 위세에 눌려 굴복했다.

21 승평昇平: 동진 목제 사마담의 연호(357~361)이다.

22 말: 원문은 '말末'이다. 광서 2년본에는 '중中'으로 되어 있으나, 악록서사본에 따라 고쳐 번역한다.

23 월상越裳: 『후한서』「남만전」에 따르면 월상은 베트남의 남쪽에 있던 나라로 주공 시기 여러 번이나 통역을 거쳐 내조해서 흰 꿩을 바쳤다고

한다.

**24** 구덕군九德郡: 광서 2년본에는 '구진군九眞郡'으로 되어 있으나, 악록서사본에 따라 고쳐 번역한다.

**25** 대모玳瑁: 바다거북과에 속하는 거북의 일종으로 열대지방에 사는데, 등껍데기는 황갈색에 검은 반점이 있으며 대모갑玳瑁甲이라 하여 공예 재료로 쓰인다.

**26** 패치貝齒: 이치목 개오지(寶貝)과의 연체동물로서 둥근 계란 모양으로 생겼으며, 껍질 양쪽으로 이빨 모양이 새겨진 조개이다. 껍질을 말린 후에 불에 달구어 부숴서 약용으로 사용한다.

**27** 길패吉貝: 면직물이다. 『본초강목』에 따르면 고패古貝가 잘못 전해진 것이라고 한다.

**28** 침목향沈木香: 『양서』 원문에 따르면 침목향은 나무를 베어 수년간 쌓아두고 썩힌 후에 그 마디만 남게 한 것으로, 물에 넣으면 가라앉기 때문에 침향이라고 했다고 한다. 침향은 의복이나 물건에 향기가 스며들게 하고 이를 태우면 향기를 내는데, 옛날부터 가장 귀한 향으로 애용되었다.

**29** 목제穆帝: 동진의 제5대 황제 사마담司馬聃(재위 344~361)으로 자는 팽자彭子이다.

**30** 환온桓溫: 환온(312~373)은 동진의 정치가, 군인, 재상으로 자는 원자元子이다. 군사적 성공을 거듭해 동진을 좌지우지하며 황제의 자리까지 넘봤지만, 주변의 저항으로 실패했다.

**31** 안제安帝: 동진의 제10대 황제 사마덕종司馬德宗(재위 396~403, 404~418)으로 효무제孝武帝의 장남이다.

**32** 융안隆安: 안제 치세의 첫 번째 연호(397~401)이다.

**33** 팜호닷Phạm Hồ Đạt: 원문은 '범순달范順達'이다. 『수경주』에는 『임읍기』·『부남기扶南記』에는 '범호달范胡達'로 되어 있다. 팜호닷은 럼업국 제2 왕조 제3대 국왕이며, 산스크리트어로 이름이 등장하는 최초의 국왕으로 바하드라바르만 1세Bhadravarman I(재위 380~413)이다.

**34** 두원杜瑗: 두원(327~410)은 동진의 무장으로 교지군 주원현朱䖂縣 출신이

다. 일남군 태수·구덕군 태수·교지군 태수를 역임했다. 399년 팜호닷의
침략을 격퇴한 공로로 용양장군·교주자사에 임명되었다.

**35**  의희義熙: 동진 안제 치세의 세 번째 연호(405~418)이다.

**36**  팜딕쫀Phạm Địch Chón: 원문은 '범적진范敵眞'으로, 럼업국 제2 왕조 제4대
국왕 간가라자Gangaraja(재위 413~415)이다.

**37**  생질: 팜딕쫀의 외조카 마노라타바르만Manorathavarman이다.

**38**  팜딕반Phạm Địch Văn: 원문은 '범문적范文敵'이다. 범문적은 곧 범적문范敵文
으로, 위원의 오류로 보인다. 팜딕쫀이 외조카에게 왕위를 선양하려고
하자 당시 재상 장린은 완고하게 말렸으나 따르지 않았다. 이에 외조카
가 즉위하자 장린의 아들이 외조카를 살해한 후 팜딕쫀의 아들 팜딕반
(재위 ?~420)을 세워 왕으로 삼은 것이다.

**39**  프놈국Norkor Phnom: 원문은 '부남국扶南國'이다. 1세기에서 7세기에 걸쳐
현재의 캄보디아 및 라오스 남부, 베트남 남부와 태국 동부 일대에 걸
쳐 번성한 고대 국가이다. 힌두교와 불교를 숭상했다.

**40**  팜당깐투안Phạm Đăng Căn Thuần: 원문은 '범당근순范當根純'으로, 럼업국 제
3 왕조 제4대 국왕(재위 480~492)이다. 『양서』에서는 프놈국 왕의 아들이
라고 하지만, 본래 끄우투라Cừu Thù Là라는 이름의 노예로서 프놈국에서
도망쳐서 흉악한 무리와 결탁해 럼업국의 왕위를 찬탈했다고 한다.

**41**  팜쯔농Phạm Chư Nông: 원문은 '범제농范諸農'으로, 럼업국 제3 왕조 제5대
국왕(재위 492~498)이다. 492년 팜당깐투안을 토벌하고서 왕위에 즉위했
다. 팜즈엉마이 2세의 손자이다.

**42**  고조高祖: 유송劉宋 무제武帝 유유劉裕(재위 420~422)이다.

**43**  영초永初: 유송 무제의 연호(420~422)이다.

**44**  팜즈엉마이Phạm Dương Mại: 원문은 '범양매范陽邁'로, 럼업국 제3 왕조 초
대 국왕 팜즈엉마이 1세(재위 420~431)이다.

**45**  문제文帝: 유송의 제3대 황제 유의륭劉義隆(재위 424~453)으로 제2대 황제
인 소제少帝의 동생이다. 학문과 불교 문화를 융성시켰으며, 범엽范曄이
『후한서』를 완성한 것도 이 시기로서 송나라의 전성기를 맞이하게 된

다. 문제 치세를 그의 연호를 따서 '원가의 치'라고 한다.

46 원가元嘉: 유송 문제의 연호(424~453)이다. 광서 2년본 및 악록서사본에는 '영가永嘉'로 되어 있는데, 이는 오류이다.

47 사회포구四會浦口: 『수경주』에는 '사회조구四會漕口'로 되어 있는데, 현 베트남 꾸아뜨 하구Cửa Tư Hôi이다.

48 쿠뚝성Khu Túc: 원문은 '구속성區粟城'이다. 럼업국의 성으로 지금의 베트남 꽝찌성 꽝찌강 일대이다.

49 단화지檀和之: 단화지(?~456)는 남조 시기 송나라의 명장이다. 원가 20년(443) 용양장군·교주자사에 임명되었다. 원가 23년(446) 럼업을 공략해서 커다란 타격을 가했다.

50 종각宗慤: 종각(?~465)은 남조 시기 송나라의 무장이다. 원가 23년 럼업국 정벌에 자원해서 종군해 단화지를 도와 큰 공을 세웠다.

51 팜즈엉마이: 럼업국 제3 왕조 제2대 국왕 팜즈엉마이 2세(재위 431~446)이다. 본래 이름은 팜숫Phạm Xót이었는데, 즉위하면서 아버지의 이름인 즈엉마이로 개명했다.

52 주오朱梧: 지금 베트남 빈찌티엔성 북부 녓레Nhât Lê 강변의 꽝닌·미레My Lê 일대이다.

53 상포象浦: 지금 베트남 꽝남 북부에 있으며 부자강Sông Vu Gia 하구 일대로, 즉 다이찌엠Đại Chiêm 해구이다.

54 럼업현: 상림현으로 베트남 꽝남 일대이다.

55 건흥建興: 서진 제4대 황제 민제愍帝 사마업司馬鄴의 연호(313~317)이다.

56 대나무: 원문은 '표表'이다. 고대에는 긴 대나무를 세워 시각이나 방위를 측정했다.

57 한 모퉁이: 원문은 '십각+角'이다. 『수경주』에 따르면 '십각'은 '일각'의 오류가 아닌가 추정하고 있다. 여기에서는 일각으로 고쳐 번역한다.

58 장중張重: 자는 중독仲篤이고 합포合浦(현 광서 장족 자치구 남부) 출신이다. 후한 명제 시기의 현인으로 일남군 종사從事를 역임했다.

59 명제明帝: 후한 제2대 황제 유양劉陽(재위 57~75)이다.

60 익숙: 원문은 '한爛'이다. 광서 2년본에는 '한閑'으로 되어 있으나, 악록서 사본에 따라 고쳐 번역한다.

61 오령五嶺: 남령南嶺의 별칭이다. 중국 남부의 오령은 당나라 이래로 산이 많고 험한 지형 때문에 유배지로 유명했다. 지금의 광동·광서에 해당한다.

62 건원建元: 동진 제4대 황제 강제康帝 사마악司馬岳의 연호(343~344)이다.

63 대원회수大源洀水: 지금 베트남 꽝남 지역을 흐르는 부자강이다.

64 소원회수小源洀水: 부자강의 지류이다.

65 지엔쑤엉Diên Xung: 원문은 '전충典冲'이다. 지금 베트남 꽝남 주이쑤엔현 Duy Xuyen의 짜끼에우Tra Kieu이다.

66 온방지溫放之: 동진 온교溫嶠의 아들이다. 관직은 교주자사에 이르렀으며, 작위를 세습하여 시안군공始安郡公에 봉해졌다.

67 우두머리: 원문은 '수거首渠'로 국왕을 가리키는 것 같다.

68 쯩짝Trưng Trắc: 원문은 '징측徵側'이다. 베트남(남비엣)의 유력자인 락장의 딸로, 쌍둥이로 알려진 동생 쯩니와 함께 베트남을 지배하던 중국에 대대적인 반란을 일으켰다. 토착 세력의 지지를 얻은 쯩짝(14~43)은 베트남 북부에서 광동성 남부에 이르는 65개 성을 함락한 후 스스로 왕위에 올랐으나, 41년 복파장군 마원에게 진압되어 처형되었다.

69 신회蜃灰: 조개 껍질을 갈아서 만든 것으로 석회와 같은 용도로 사용되었다.

70 장보章甫: 유학자가 쓰는 관을 가리킨다.

71 조하포朝霞布: 조하포는 붉은색 계통으로 섬세하게 제작된 면직물이다.

72 영락纓絡: 영락瓔珞이라고도 하는데, 고대의 목에 두르는 구슬을 꿰어 만든 장식품을 말한다.

73 고조高祖: 수나라 초대 황제인 문제文帝 양견楊堅(541~604)이다.

74 인수仁壽: 수나라 문제의 연호(601~604)이다.

75 유방劉方: 유방(?~605)은 경조京兆 장안長安(현 섬서성 장안현) 출신으로 수나라 명장이다.

76 팜판찌Phạm Phan Chi: 원문은 '범범지范梵志'이다. 럼업국 제4 왕조 제2대 국왕 삼부바르만Cambhuvarman(재위 ?~629)이다.

77 환왕環王: 원문은 '왕王'이다. 『신당서』「남만전」 원문에 왕은 '환왕環王'으로 되어 있어 이에 따라 고쳐 번역한다.

78 점불로占不勞: 참파로, 베트남 빈찌티엔성에서 투언하이성Thuận Hải 일대이다. 18세기 안남국에게 멸망되었다.

79 천 리이다: 『구당서』에는 '수천 리'로 되어 있다.

80 무온산霧溫山: 무습산霧濕山이라고도 한다. 베트남 응에띤성의 베트남과 라오스의 경계인 쯔엉선산맥Dãy núi Trường Sơn 혹은 께오느아산Đèo Kẹo Nưa 일대이다. 응에띤성은 1991년 응에안성과 하띤성Hà Tĩnh으로 분리되었다.

81 분타랑주奔陀浪州: 광서 2년본에는 '분랑타주奔浪陀州'로 되어 있으나, 악록서사본에 따라 고쳐 번역한다. 베트남 판랑Phan Rang 일대이다.

82 대포大浦: 다이찌엠 해구이다. 베트남 꽝남 북부이다.

83 오랑우탄: 원문은 '성성수猩猩獸'이다.

84 구관조: 원문은 '결료조結遼鳥'이다.

85 빈랑檳榔: 야자나무과의 교목으로 높이는 25m 이상 자란다. 열매를 빈랑자라고 한다.

86 제국齊國: 비자야 지역의 음역으로 베트남 응아이빈성 남부이다. 응아이빈성은 1989년 꽝응아이성과 빈딘성으로 분리되었다.

87 봉피세蓬皮勢: 비자야, 즉 베트남 응아이빈성(현 빈딘성) 안년현An Nhơn 북쪽의 짜반Cha Ban 옛 도읍 터이다.

88 고패古貝: 면직물의 일종이다.

89 불노산不勞山: 베트남 짬섬이다.

90 유방: 원문은 '유방劉芳'으로 되어 있으나 유방劉方의 오기이다.

91 남겨진: 원문은 '쇠유衰遺'이다. 광서 2년본에는 '쇠견衰遣'으로 되어 있으나, 악록서사본에 따라 고쳐 번역한다.

92 무덕武德: 당나라 고조 이연의 연호(618~626)이다.

**93** 고조高祖: 당나라 초대 황제 이연李淵(재위 618~626)이다. 수나라 말기 태원太原에서 군사를 일으켜 장안을 점령하고 근거지로 삼았다. 그곳에서 수나라의 공제恭帝 양유楊侑를 꼭두각시로 세운 후 선양을 통해 황제에 즉위해 당나라를 세웠다. 626년에 태종 이세민에게 양위하고 물러났다.

**94** 구부악九部樂: 수나라와 당나라는 중원을 통일시킨 후에 국경 밖 변방 국가들의 음악과 춤을 모아서 자기 나라의 연회 때에 공연하게 했는데, 청악淸樂(한족 음악), 서량악西涼樂(장액, 돈황 일대 음악), 구자악龜玆樂(서역 음악), 천축악天竺樂(인도 음악), 강국악康國樂(중앙아시아 일대 음악), 소륵악疏勒樂(신강 카슈미르 일대 음악), 안국악安國樂(우즈베키스탄 일대 음악), 고려악高麗樂(한국 음악), 예필곡禮畢曲(남조 음악)을 이른다.

**95** 정관貞觀: 당나라 제2대 황제 태종太宗 이세민李世民의 연호(627~649)이다.

**96** 팜다우레Phạm Đầu Lê: 원문은 '범두려范頭黎'로, 럼업국 제4 왕조 제2대 국왕 간하르파다르마Kanharpadharma(재위 629~?)이다.

**97** 붉은빛 구슬: 원문은 '화주火珠'로, 광서 2년본에는 '화수火樹'로 되어 있으나, 악록서사본에 따라 고쳐 번역한다.

**98** 파리婆利: 인도네시아에 있던 옛 국명으로 지금의 발리섬Pulau Bali 일대이다.

**99** 나찰羅利: 인도네시아에 있던 옛 국명이다.

**100** 여러 차례: 원문은 '수數'이다. 광서 2년본에는 '단斷'으로 되어 있으나, 악록서사본에 따라 고쳐 번역한다.

**101** 원화元和: 당나라 헌종憲宗 이순李純의 연호(806~820)이다.

# 베트남 분국 연혁 하

꽝남 지역은 송나라 이후 참파라고 한다.
원본에는 없으나, 지금 보충한다.

『송사』에 다음 기록이 있다.

참파국[1]은 중국의 서남쪽에 있다. 동으로는 바다에 이르고, 서로는 운남에 이르며, 남으로는 첸라국에 이르고 북으로는 환주와 경계를 이루고 있다. 배를 타고 남쪽으로 가면 삼불제三佛齊까지 5일 정도 걸리며, 육로로 가면 빈타라국賓陀羅國까지 1개월 정도 걸린다. 그 나라들은 참파에 예속되어 있다. 동으로 마일국麻逸國[2]까지 2일 정도 걸리며 포단국蒲端國[3]은 7일 정도 걸린다. 북으로 광주에 이르는데, 순풍을 타고 가면 보름 정도 걸린다. 동북으로 양절兩浙[4]까지 1개월 정도 걸린다. 서북으로는 교주까지 2일 정도 걸리며 육로로는 보름 정도 걸린다. 그 땅은 동서는 7백 리이고 남북으로는 3천 리이다. 남쪽을 시비주施備州[5]라 하고 서쪽을 상원주上源州[6]라 하며 북쪽을 오리주烏里州[7]라고 한다. 대소 38개 주를 다스리는데, 3만 호가 채 안 된다. 그 나라는 성곽이 없고 촌락이 백여 개 있다. 각 촌락의 호는 3백, 5백, 혹은 7백에 이르며 또한 현과 진의 명칭도 있다. 백성은 코뿔소나 코끼리를 잡으면 모두 왕에게 바친다. 풍속과 의복은 대식국大食國8과 서로 유사하다. 교역할 때에 동전 꿰미를 사용하지 않고 단지 금은을 무게를 달아 사용하거나 혹은 면직물9과 비단으로 교역의 가치를 정한다. 악기로는 호금胡琴10·피리·북·큰북이 있고 악단에는 무용수도 들어가 있다. 그 왕은 머리 뒤쪽으로 두 가닥으로 머리를 땋아 늘어뜨렸으며 면직물로 된 옷을 걸치고 금화관을 썼으며 칠보로 꾸민 영락으로 장식했다. 정강이와 허벅지는 모두 드러낸 채 가죽신을 신고 양말은 신지 않았다. 부인들의 의복 및 절하는 방식은 남자들과 같았다. 왕이 매일 오후에 자리하면 관리들은 엎드려 절하며 알현한다. [왕은] 출타를 하면 코끼리를 보거나 채집과 수렵, 물고기 구경 등을 하는데, 모두 며칠이 지나서야 돌아왔다. 가까운 곳은 연포두軟布兜11를 타고 먼 곳은 코끼리를 탔는데, 한 사람이 빈랑 쟁반을 들고 길을 인도하면 십여 수레가 각각 활과 화살·칼과 창·방패 등을 들고 따르는데, 하루에 한 번, 혹은 두 번 외출하기도 한다. 왕은 형을 부왕副王으로 삼고 동생을 차왕次王으로 삼기도 하며, 고관은 모두 8명을 두는데, 동서남북에 각각 2명씩 두어 분담해서 정사를 다스렸다. 봉록은 없고 관할하는 지역에서 조달하게 했다. 정예병은 1만여 명이다. 11월 15일을 동지로 삼았다. 12월 15일 성 밖에서 나무를 묶어 탑을 쌓고 왕과 백성이 옷가지, 향약香藥 등을 탑 위에 놓고 불을 질러 하늘에 제를 올렸다. 사람들은 질병이 생기면 즉시 생약을 채취해서 복용했다. 이 땅에서는 차가 생산되지 않아 단지 야자 술을 마시고 아울러 빈랑을 먹었다. 중죄인은 코끼리로 밟게 했다. 간음한 자는 남녀 모두 소를 바쳐서 속죄했다. 국왕의 재물에 손해를 입힌 자는 황량한 연못에 밧줄로 묶어 놓고 재물을 다 갚은 후에야 풀어 주었다. 이 나라는 전대에는 중국과 교통이 거의 없었다. 후주後周 현덕顯德12 연간에 사신을 파견해 공물을 바쳤는데, 운룡의 형상을 한 통서대通犀帶[13]·보살석菩薩石이 있었다. 또한 장미수가 있는데, 이것을 옷에 뿌리면 해가 지나도록 향기가 다하지 않았고, 맹화유猛火油는 물을 부으면 더욱 타올랐는데, 모두 유리병에 저장했다. 건륭建隆[14] 2년(961) 입조해서 공물을 바치고 표장表章[15]을 패다엽貝多葉에 써서 향나무 상자에 담아 왔다. 태평흥국太平興國[16] 6년(981) 자오찌의 레호안Lê Hoàn[17]이 상주를 올려 참파의 포로 93명을 경사에 바치겠다고 했다. 태종이 참파로 돌려보내 주고 그 왕에게 조서를 내렸다. 순화淳化[18] 원년(990) 새 국왕 양타배楊阤排[19]가 스스로 새롭게 불서국佛逝國[20]을 세운다고 하고 사신을 파견해 길들인 코뿔소와 공물을 바치고 표를 올려 자오찌의 침공으로 나라 백성의 재물이 모두 약탈당했다고 호소했다. 황제가 레호안에게 조서를 내려 각각 경계를 지킬 것을 명했다. 가우嘉祐[21] 7년(1062) 정월 광서 안무경략사安撫經略司가 진언했다.

"참파는 평소 군사 훈련을 하지 않는데 자오찌와 이웃하고 있어 항상 그 침범으로 고통을 받고 있습니다. 그런데 참파가 다시 최근에 군비를 갖추고 자오찌에 대항해서 광동로를 거쳐 경사에 입공하고자 하니 바라옵건대 은혜와 신의로 위무하십시오."

[희녕熙寧[22]] 7년(1074) 자오찌의 리깐득Lý Càn Đức[23]이 진언하길 그 왕이 군사 3천 명과 처자식을 거느리고 투항하러 와서 정월에 자오찌(本道)에 이르렀다고 했다. [희녕] 9년(1076) 다시 사신을 파견해 와서 다음과 같이 아뢰었다. 그 나라는 바닷길로 첸라까지 1개월 정도 걸리고 서북의 자오찌까지는 40일 걸리는데, 모두 산길이다. 다스리는 촌락은 105개소인데 대체로 주·현과 같다. 왕은 대식국의 비단옷을 입거나 혹은 천법금川法錦[24]으로 만든 예복에 일곱 줄의 금으로 장식한 영락을 걸치고 칠보로 장식한 금관을 쓰고 붉은 가죽신을 신었다. 출타할 때에는 5백 명의 시종과 10명

의 부인이 금제 쟁반에 빈랑을 담아 들고 가며 주악대가 인도한다. 왕의
군대가 자오찌를 토벌하려는 것은 평소 원한 때문이니 조서를 내려 기회
를 타서 소탕하는 데 협력하게 했다. 그 나라의 군사 7천 명을 선발해서
적의 요충로를 막게 했다. 그 왕이 나뭇잎에 회신을 써서 보내니 조서를
내려 헌상하게 했는데, 그러나 역시 [자오찌 토벌은] 성공하지 못했다. 후
에 양국이 동시에 입조해 공물을 바치니 참파의 사자가 자오찌 사람을 피
하게 해 달라고 요청했다. 조서를 내려 초하루에 문덕전文德殿에 입조해
서 동서로 나뉘어 서게 하고 대연회에서는 동서로 앉게 했다. 건도乾道[25]
7년(1171)에 한 복건 사람이 참파에 갔다. 그 나라는 바야흐로 첸라국과 싸
우고 있었는데, 모두 커다란 코끼리를 탔으며 승부가 결판나지 않았다.
복건 사람이 그 왕에게 기마와 활쏘기를 익히면 승리할 수 있다고 가르쳐
주자 전쟁에서 크게 승리했다.[26] 이듬해 다시 왔는데, 경주瓊州[27]에서 막아
서자 분노하고는 크게 약탈을 하고 돌아갔다. 순희淳熙[28] 4년(1177) 참파가
수군으로 첸라국을 기습해서 그 나라의 도읍지까지 다가갔다. 경원慶元[29]
이래 첸라가 대대적으로 참파를 정벌해 원수를 갚고 대부분을 살육하고
그 군주를 사로잡아 가니 그 땅은 모두 첸라에 귀속되었다.

『원사元史』에 다음 기록이 있다.

참파는 경주에서 가까워 순풍을 타면 배로 하루 만에 그 나라에 도착
할 수 있다. 세조世祖[30] 지원至元[31] 연간 광남서도廣南西道[32] 선위사宣慰使[33]
마성왕馬成旺이 군사 3천 명·군마 3백 필을 요청해 정벌했다. 지원 15년
(1278) 좌승左丞[34] 사도唆都[35]가 송나라를 평정하고 사람을 파견해 참파에 이
르렀는데, 돌아와서 말하길 그 나라 왕[36]이 귀의할 뜻이 있다고 해서 조
서를 내려 호부虎符[37]를 하사하고 참파 왕으로 책봉했다. 지원 19년(1282)

10월 조정은 참파국 군주가 매년 사절을 파견해 조공을 바치고 신하를 칭하며 내속했기 때문에 마침내 좌승 사도 등에게 명해서 그 지역에 행성을 설치하고 안무케 했다. 얼마 후 그 아들[38]이 지세의 험준함에 의지해서 복속지 않고, 조정에서 사절을 파견해 섬국暹國[39]과 마팔아국馬八兒國[40]에 가는데, 배가 참파를 지날 때에 모두 피랍되었기 때문에 군대를 보내 이를 정벌케 했다. 11월 군대가 꾸이년항[41]에 이르렀다. 항구의 북쪽은 바다로 이어지고 해변에는 5개의 작은 항구가 있어서 그 나라의 대주大州[42]와 통하고 동남쪽은 산으로 막혀 있으며 서쪽으로는 목성木城에 의지하고 있다. 관군은 해안을 따라 주둔했다. 참파군이 목성을 정비해서 사면으로 약 20여 리 되는 곳에 망루를 세우고 서아시아[43]에서 들여온 삼초포三梢砲[44] 백여 좌를 설치했다. 또한 목성의 서쪽 10리에 행궁을 건설하고 그 군주가 친히 중무장한 군대를 거느리고 주둔하면서 격려했다. 행성에서도 관리를 파견해 초무해서 7차례나 갔으나 끝내 복속지 않았다. 지원 20년(1283) 정월 행성에서 명하기를[45] 15일 한밤중에 배를 띄워 성을 공격하게 했다. 때가 되어 군사 1,600명을 보내 수로를 통해 목성의 북쪽을 공격하게 하고 3백 명은 동쪽의 사취沙嘴를 공격하게 하며 또한 3천 명을 세 갈래 길로 나누어 남쪽을 공격하게 했다. 날이 밝을 무렵 배가 해안에 도착하니 풍랑과 파도로 부서진 것이 열에 일고여덟이나 되었다. 적들이 목성의 남문을 열고 군기와 큰 북을 세우고 만여 명이 출진하는데, 코끼리에 올라탄 자도 수십 명이 되었으며, 또한 3개 대열로 나뉘어 적을 맞이하니 화살과 돌멩이가 뒤섞여 쏟아졌다. 묘시卯時(오전 5시에서 7시 사이)에서 오시午時(오전 11시에서 오후 1시 사이)에 이르러 적들이 패배해 관군이 목성에 들어가 다시 동쪽과 북쪽 양군이 연합해 공격하니 죽거나 익사한 자가 수천 명에 달했고 성안의 남은 무리 수만 명도 모두 무너졌다. 왕은 행궁을 버리고 창고를 불태우고는 이전 억류하던 [원나라의] 사절을 죽이고 산으로 달아났다. 17일 군대를 정비해 대주를 공격했다. 19일에는 왕이 사절을 보내 투항하기를 요청했다. 21일 대주에 들어갔다. 23일 [왕이] 외숙 보토투카(寶脫禿花) 및 자제 30여 명을 보내 잡포 2백 필, 커다란 은괴 3개, 작은 은괴 57개, 자잘한 은 한 항아리를 바쳐 폐백으로 삼고 귀순해 왔다. 또한 금박을 입힌 구절표창九節標槍을 바치면서 거짓으로 말하길 "왕께서 뺨에 화살을 맞았는데, 지금은 조금 나아졌지만, 아직 알현할 수가 없습니다"라고 했다. 행성의 관원들은 그 두 아들이 진짜가 아니라고 의심해서 그들을 돌아가게 했다. 왕에게 빨리 투항할 것을 설득하는 한편 병문안을 칭해서 천호千戶 임자전林子全[46]·총파總把 이덕견李德堅[47]을 파견해 상황을 살피게 했다. 두 아들은 도중에 먼저 돌아갔다. 임자전 등은 산으로 들어가 이틀 정도 갔는데, 왕이 사람을 보내 막는 바람에 만날 수 없었다. 이날 또 이전 억류하던 [원나라의] 사절 백여 명을 죽였다. 2월 8일 보토투카가 또 이르러 거짓으로 말하길 "형이 지금의 왕에게 살해당해 참으로 그를 원망합니다. 원하옵건대 지금의 왕 부자를 사로잡아서 바치고 대원의 복식을 받고자 요청합니다"라고 했다. 13일 참파에 머물던 중국인 증연曾延 등이 와서 말했다. "왕은 대주 서북쪽 아후산鴉侯山[48]으로 달아나 군사 3천여 명을 모았으며 아울러 다른 지방에도 병사를 소집했으나 아직 도착하지 않았으니 머지않아 관군과 교전할 것입니다. 중국인이 그 일을 누설할까 봐 두려워 모두 죽이려고 합니다. 소인 등은 눈치채고 도망쳐 왔습니다."

15일 보토투카가 재상·대사 등 5명과 함께 와서 투항하고서 "중국인 증연 등은 간사한 무리로 왕의 군대는 모두 무너져 흩어졌는데, 어찌 감히 다시 싸울 수 있겠습니까?"라고 했다. 또한 말했다.

"아직 귀속하지 않은 주·군은 모두 12곳이니 각 주에 한 사람씩 파견해 초무하십시오. 아마라바티Amaravati⁴⁹의 수로는 행성에서 각각 한 사람을 파견해 배를 타고 초무하기를 청합니다. 육로는 행성의 관원과 제가 가서 왕을 사로잡기를 청하옵니다."

행성은 그 말을 믿고 군사 1천 명을 징발해 반산탑半山塔⁵⁰에 주둔시키고 임자전과 이덕견 등을 보내 군사 1백 명을 거느리고 보토투카와 함께 대주로 가서 토벌케 하고 만약 긴급한 사태가 발생하면 반산 군대에 보고하게 했다. 성 서쪽에 도달했을 때 보토투카는 약속을 배신하고 몰래 달아나 북문에서 코끼리를 타고 산으로 달아나 버렸다. 관군이 첩자를 붙잡으니 왕이 실제로는 아후산에 성채를 쌓고 군사 약 2만여 명을 모았으며 자오찌·첸라·자와Jawa⁵¹ 등에 사절을 보내 군사를 빌렸는데, 판두랑가⁵²·아마라바티 등의 군대는 아직 도착하지 않았다고 했다. 16일 관군이 진격했다. 19일 목성 20리에 근접하니 적들이 깊게 해자와 참호를 파고 거대한 목재로 방어했으나 관군이 베어 죽이고 뛰어올라 돌격해서 2천여 명의 무리를 격파했다. 자리를 옮기며 싸우다가 목성 아래에 이르렀는데, 산림에 가로막혀 나아갈 수 없자 적들이 옆쪽에서 퇴로를 차단하니 병사들이 모두 죽음을 각오하고 싸워 비로소 [포위를] 뚫고 군영에 돌아올 수 있었다. [지원] 21년 3월 6일 사도가 군대를 거느리고 돌아왔다. 15일 강회성江會省에서 파견되어 사도군을 지원하기로 한 만호 홀도호忽都虎 등이 참파에 이르렀을 때 관군은 이미 돌아가고 없었다. 마침 참파 군주가 왕王 통사通事를 파견해 왔다. 4월 12일 왕은 자손들에게 명을 내려 표를 올려 귀순하게 했다. 이해 평장정사平章政事 아릭 카야Ariq Qaya⁵³에게 명해 진남왕鎭南王 토곤Toghon⁵⁴을 받들어 군사를 징발해 자오찌의 길을 빌려 참파를 정벌하라 했으나 실행하지는 못했다.

『명사』에 다음 기록이 있다.

참파는 남중국해에 위치하며 경주에서 배를 타고 순풍을 만나면 하루 만에 도착할 수 있다. 복주에서 서남쪽으로 10여 일을 가면 도착할 수 있다. 곧 주나라 때는 월상, 진秦나라 때는 임읍, 한나라 때는 상림현이라고 했으며, 후한 말기 구련이 그 지역을 근거지로 해서 비로소 럼업 왕을 칭했다. 진晉나라 때부터 수나라 때까지 이 호칭이 사용되었다. 당나라 때는 점불로, 혹은 점파라고 칭했으며 그 왕이 거주하는 곳을 참파라고 했다. 지덕至德[55] 이후 국호를 환環으로 변경했다. [후]주와 송나라 때에 이르러 마침내 참파를 국호를 삼고 조공을 멈추지 않았다. 원나라 세조[56]는 명을 따르지 않는 것을 미워해서 대거 군사를 일으켜 공격했으나 평정하지는 못했다.[57] 홍무洪武[58] 2년(1369) 사절을 파견해서 표를 올리고 조공을 바치자 황제가 관리를 파견해 새서璽書[59]·『대통력大統曆』[60]·문기文綺[61]·사라紗羅[62] 등을 가지고 가서 하사했다. 이후 매년 공물을 바치거나 혹은 격년으로 공물을 바쳤으며 1년에 두 번 공물을 바치기도 했다. 홍무 3년(1370) 사절을 파견해 그 나라의 산천에 제사를 지내게 하고 과거科擧에 관한 조서를 반포했다. 당초 안남국과 참파의 전쟁이 일어나자 황제는 사절을 파견해 화해하도록 회유했으나 안남국이 다시 침략했다. [홍무] 4년 [참파] 왕이 금박을 입힌 표를 받들고 입조했는데, 길이는 1자 남짓이고 너비는 5치로 그 나라의 문자가 새겨져 있었는데, 그 내용은 다음과 같았다.

"무기와 악기·악사를 하사하시어 안남국이 저희 참파는 황제의 교화가 미치는 곳임을 알게 해 주신다면 감히 저희를 능멸하지 못할 것입니다."

황제가 예부에 명해 유지를 내려 다음과 같이 말했다.

"참파와 안남국은 모두 조정을 섬기며 함께 정삭을 받들거늘, 지금 양국이 서로 다투는데, 참파에게만 무기를 하사한다면 이는 너희가 [안남을] 공격하는 것을 돕는 것이니 안무하는 도리에 크게 벗어나는 것이다. 악기와 악사는 언어와 음악이 매우 달라 보내기가 어렵다. 너희 나라에 중국어⁶³를 할 수 있는 자가 있어 선발해서 입국시키면 마땅히 배워 익히게 할 것이다."

이어서 복건성 신하에게 명해 [참파에게] 세금을 징수하지 않게 했다. 홍무 21년(1388) 첸라가 코끼리를 바치는데, 참파가 그 4분의 1을 약탈하고 그 외 덕을 해치는 일들이 매우 많았다. 황제가 이를 듣고 진노해서 행인行人 동소董紹에게 명해 칙서로 질책했다. 얼마 후 [참파에서] 사절을 파견해 사죄했다. 당시 국왕이 덕을 잃어 대신 각승閣勝이 [홍무] 23년 왕을 시해하고 스스로 즉위했다. 이듬해 태사를 파견해 표를 받들고 입조해서 공물을 바쳤으나 황제는 그 반역을 미워해서 물리쳤다. 영락永樂⁶⁴ 원년(1403) 즉위해서 조서를 내려 그 나라에 알렸다. 홍무 6년(1373) [참파의] 조공 사신이 다음과 같이 말했다.

"해적이 스스로 원나라 장수라고 칭하며 해상에서 약탈을 했습니다. 저희 국왕이 이를 격파하니 해적 괴수는 익사하고 그들의 선박 20척과 소목蘇木⁶⁵ 7만 근을 노획했으니 삼가 바칩니다."

황제는 이를 가상히 여겨 하사품을 더 내리도록 명했다. 그해 겨울 사신을 파견해서 안남국에 대한 승전보를 올렸다. 황제가 [중서]성 신하에게 다음과 같이 말했다.

"작년 안남국에서 참파가 국경을 침범했다고 하더니 올해는 참파에서 안남국이 변경을 어지럽힌다고 하니 시비를 가릴 수가 없다. 사람을 파견해서 가서 회유해서 각각 군사를 물리치고 백성을 평안하게 하라."

홍무 10년(1377) 정월 안남국 왕 진일단陳日煓⁶⁶이 [참파와] 크게 싸웠으나 진일단이 패배해 전사하자 참파가 승세를 타고 그 나라에 쳐들어갔다.[67] 왕이 사신을 파견해 상주를 올렸다.

"조공 사절단이 돌아올 때 하사받은 물품을 모두 안남국에게 약탈을 당했습니다. 또한 신(참파국 왕)에게 관복과 인장을 주고는 위협해 신하로 복속하게 했습니다."

영락제가 진노해서 칙서를 내려 안남을 질책하고 참파국 왕에게는 보초寶鈔와 비단을 하사했다. 영락 4년(1406) 다시 안남의 침략을 보고했다.[68] 황제가 드디어 대대적으로 군사를 동원해 정벌에 나서며 이에 참파에게 변경을 엄격하게 방비해서 [안남인이] 넘어오지 못하게 했다. 영락 5년(1407) 4월 [참파는] 안남에게 빼앗긴 땅을 공략해서 다시 회복하고 적의 무리를 사로잡아 포로들을 궐하闕下로 보냈다. 이로부터 후에 정화鄭和[69]가 연이어 그 나라에 사절로 갔다. 영락 13년(1415) 명나라 군대[70]가 바야흐로 쩐꾸이코앙Trần Quý Khoáng[71]을 정벌할 때 참파에 명해 군사적 지원을 하게 했다. [병부兵部]상서 진흡陳洽[72]이 아뢰었다.

"참파 왕은 속으로 두 마음을 품고 있어 약속한 기일을 어기고는 나아가지 않고 오히려 금백金帛·전투용 코끼리를 코앙 측에 지원했고 코앙이 호한트엉Hồ Hán Thương[73]의 딸을 보내자 다시 코앙 무리가 승화부升華府를 침략하기로 약속했으니 그의 죄는 오직 [코앙과] 같습니다."

영락제는 자오찌를 막 평정해서 군사를 더 이상 피로하게 하고 싶지 않아 단지 칙서를 내려 질책하고 침략한 영토를 돌려주게 하니 참파 왕이 즉시 사절을 보내 사죄했다.

정통正統[74] 원년(1436) 경주지부瓊州知府 정형程瑩이 다음과 같이 아뢰었다.

"참파는 해마다 공물을 바치는데, 노고와 비용이 실로 많이 듭니다. 청컨대 섬라暹羅 등 여러 나라와 마찬가지로 3년에 한 번 조공하도록 하시기 바랍니다."

황제가 이를 허락했다. 그러나 참파인[75]은 중국과의 교역이 이로웠기 때문에 비록 이 명령이 내려졌지만 끝내 따르지 않았다. 천순天順 8년(1464) 사신이 다시 안남국이 침략해서 흰색 코끼리를 요구하고 있다고 호소했다. 영락 연간 때와 마찬가지로 관리를 파견해서 경계를 표시하는 비석을 세워 침략해서 욕보이는 것을 막아 달라고 청했다. 병부에서 양국이 바야흐로 다투게 되면 사신을 파견하는 것이 순탄하지 못하니 명령을 내려 사신을 보내 국왕에게 유지를 내려 영토를 굳건히 해서 밖으로 모욕당하는 일을 막고 가벼이 화를 불러일으키지 말라고 하자 이를 따랐다. 성화成化[76] 7년(1471) 2월 안남국이 참파국을 격파해서 국왕을 사로잡았으며 옥새[77]를 탈취하고 마구 불사르고 약탈하고는 마침내 그 땅을 점령했다. 국왕의 동생이 산속으로 달아나 사신을 보내 변고를 알렸다. 병부에서 다음과 같이 아뢰었다.

"안남이 우방국을 병탄했는데, 만약 처분을 내리지 않는다면 참파의 귀부하려는 마음을 잃게 할 뿐만 아니라 안남의 발호하려는 뜻을 조장할까 두렵습니다. 마땅히 관원을 파견해서 칙서를 가지고 가서 회유해서 그 국왕 및 권속들을 돌려보내도록 해야 할 것입니다."

황제가 안남이 명을 거역하는 것을 우려해서 [안남의] 조공 사절이 도착하는 날을 기다려서 칙서를 내려 질책하게 했다. 성화 8년(1472) 사신을 파견해 부절을 가지고 가서 그 [국왕의] 동생을 책봉하게 했는데, 꾸이년 항[78]에 이르자 지키는 자가 막아섰다. 참파가 이미 안남국에게 점령되어 교남주交南州로 변경되었음을 알고 감히 들어가지 못했다. 성화 10년(1474) 겨울에 돌아왔다. 성화 10년, 안남국이 다시 군사를 보내 그 왕의 동생을 사로잡고 이전 왕의 손자를 왕으로 세우고는 [참파국 남쪽 변경의 땅을 주었다. 성화 14년(1478) 왕의 손자가 사신을 파견해 입조해서 공물을 바치며 책봉해 줄 것을 요청하자 급사중 풍의馮義·행인 장근張瑾에게 명해 가서 책봉하게 했다. 풍의 등은 사물私物을 많이 휴대하고서 광동에 이르 렀는데, 왕의 손자가 이미 죽었고 그 동생 고래古來가 사신을 파견해 책봉을 요청한다는 사실을 듣게 되었다. 풍의 등은 빈손으로 돌아가면 손해가 될 것을 우려해서[79] 급하게 참파로 갔는데, 안남국이 이미 칙서를 위조해서 그 나라 사람 제파태提婆苔를 왕으로 세운 것을 알았다. 풍의 등은 상주해서 보고하지 않고 즉시 인장과 폐백을 제파태에게 주고 책봉하고는 뇌물로 황금 백여 냥을 받고 또한 만랄가국에 가서 [가지고 온] 사물을 다 팔고 돌아왔다. 풍의는 해양에 이르러 병사했다. 장근이 그 사정을 보고하고 아울러 조정에 위조 칙서를 바쳤다. [성화] 17년 고래가 상주해서 책봉의 인장을 요청하며 다음과 같이 아뢰었다.

"신의 나라가 소유한 토지는 본래 27곳의 4부府·1주州·22현縣입니다. 동으로는 바다에 닿아 있고 남으로는 첸라에 이르며 서로는 여인산黎人山에 이르고 북으로는 아마라바티[80]에 이르니 모두 3,500여 리입니다. 자오찌인은 이전 천조의 위세를 두려워해서 신과 형의 옛 땅을 돌려주었으나 겨우 판두랑가Panduranga[81]에서 첸라에 이르는 5곳뿐입니다. 청하옵건대 특별히 자오찌인에게 유지를 내려 본국을 모두 돌려주게 해 주십시오."

예부의 관원이 이에 장근이 멋대로 책봉한 것을 탄핵해서 조서를 내려 하옥시키고 사형에 처하게 했다. 이에 고래에게 유지를 내려 광동에서 책봉을 받게 하고 아울러 안남에게 칙서를 내려 허물을 뉘우치게 했다. 고래는 즉시 라오스Laos[82]에서 가속을 거느리고 애주崖州[83]에서 책봉을 받았다. 남경 우도어사右都御史 도용屠湧에게 명해서 가게 하니 광동에 이르러 안남에 격문을 전달해서 화복禍福을 내보였다. 그리고 건장한 병사 2천 명을 모집해 선박 20척을 거느리고 고래를 호송해서 귀국시켰다. 안남국은 도용이 대신으로 어명을 받들고 특별히 파견되어 감히 저항하지 못했기 때문에 고래는 들어갈 수 있었다. 참파는 잔인하게 파괴된 이래 백성과 물산이 급격히 줄어들어 조공 사절도 점차 드물게 되었다. 홍치弘治[84] 18년(1505) 고래가 사망하자 그의 아들이 책봉을 요청했다. 조정에서 회의를 해서 [참파의] 사신에게 명해 칙서를 가지고 가게 하니 이로부터 마침내 선례가 되어 그 나라의 조공 사절 또한 상례적으로 이르지는 않았다. 그 나라는 서리와 눈이 내리지 않고 사계절 내내 여름 같아서 초목이 항상 푸르다. 사람들은 고기잡이를 생업으로 하며 밀과 보리가 없고 애써 경작하지 않기 때문에 수확량도 적다. 빈랑을 즐겨 먹어 하루 종일 입에 달고 살았다. 삭망을 알지 못하고 단지 달이 생기면 초初라 하고 달이 사라지면 진盡이라 했으며 윤달은 두지 않았다. 낮과 밤을 구분해 10경으로 하고 한낮이 아니면 일어나지 않고 한밤이 아니면 잠들지 않았으며 달이 보이면 음주와 가무를 즐겼다. 종이와 붓이 없어 양가죽을 이용해 얇게 두드리고 검게 그을려서 가는 대나무를 뾰족하게 깎아 하얀 재에 담가서 글자를 썼는데, 모양이 마치 지렁이가 기어가는 것 같았다. 성곽과 군대가 있고 사람들은 사납고 교활했으며 교역은 대부분 공정하지 않았다. 집은 모두 북쪽을 향해 문이 나 있고 가옥은 모두 초가지붕으로 덮여 있는데, 높이는 3자를 넘지 않았다. 신분에 따라 차등이 있어 문의 높이 또한 제한을 두었다. 사람들은 피부가 검고 남자들은 머리를 풀어 헤치고 여자들은 머리를 동여매었는데, 모두 맨발이었다. 왕은 촐라Chola[85] 사람으로 불교를 숭상했다. 세시歲時에 살아 있는 사람의 쓸개를 빼내 술에 넣고서 집안사람들과 함께 마시고 또한 몸을 씻으며 말하길 "온몸이 쓸개다"라고 했다. 그 나라 사람들이 [쓸개를] 채취해서 왕에게 바치고 또한 그것으로 코끼리의 눈을 씻었다. 매양 길가에서 사람들을 엿보다가 불의에 기습해서 순식간에 죽인 후에 쓸개를 꺼내 갔다. 여러 쓸개를 그릇에 담아 놓는데, 중국인의 쓸개는 특히 귀하게 여겼기 때문에 항상 위에 두었다. 5, 6월 사이에 상인이 [길을] 나설 때에는 반드시 경계하고 방비했다. 왕은 재위한 지 30년이 되면 왕위에서 내려와 깊은 산에 들어가 형제나 자식, 조카에게 대를 잇게 하고 자신은 재계하고 계율을 지키며 하늘에 고하여 말했다.

"나는 군주로서 덕이 없으니 원하옵건대 호랑이나 이리가 저를 잡아먹거나 혹은 병사하기를 바랍니다."

1년 동안 별 탈이 없으면 다시 예전대로 복위했다. 나라는 그다지 부유하지는 않았지만, 코뿔소, 코끼리는 매우 많았다. 오목烏木·강향降香[86]을 베어서 땔감으로 사용했다. 가남향伽南香은 그곳의 한 산에서만 나는데, 부족장이 사람을 보내 지켜서 백성들은 채취할 수 없었으며 이를 어길 시에는 손목을 자르기까지 했다. 악어가 사는 연못이 있는데, 송사가 있어 해결되지 않을 시에는 양측에게 명해 소를 타고 그 곁을 지나가게 했다. 죄가 있는 자는 악어가 뛰어올라 잡아먹었는데, 죄가 없는 자는 몇 차례를 왕복해도 잡아먹히지 않았다. 시두만屍頭蠻이란 것이 있는데, 일명 시치어屍致魚라고 한다. 본래 부인이었는데, 다만 눈동자가 없어 기이했다. 밤중에 사람과 함께 잠을 자다가 홀연히 머리가 날아가 사람의 오물을 먹고서는 돌아와 다시 살아난다. 만약 사람이 알고서 그 목 부분을 막거나 혹은 [그 몸을] 다른 곳으로 옮겨 두면 그 부인은 곧 죽는다. 나라에는 엄격한 금령을 설치해 [시두만이] 있는데도 신고하지 않으면 그 죄가 온 집안사람에게까지 미쳤다.

『해록海錄』에 다음 기록이 있다.

무릇 남중국해의 선박은 모두 노만산을 통해 나간다. 서남쪽으로 칠주양을 지나가는데, 칠주가 해수면에 떠 있기 때문에 붙여진 이름이다. 다시 능수陵水를 지나 순조롭게 동북풍을 타고 약 4~5일을 가면 곧 베트남의 후에 지경을 지나는데, 후에는 즉 베트남 왕조의 도읍지가 있는 곳이다. 다시 남쪽으로 약 2~3일을 가면 꾸이년[87]에 도착하고 다시 남쪽으로 3~4일을 가면 용내龍奈[88]에 도착하는데, [용내는] 육내陸奈라고도 하며 안남국의 옛 도읍지이다. 용내에서 순조롭게 북풍을 타고 하루 남짓 가면 본저국本底國에 도착하는데, 본저국은 베트남의 서남쪽에 위치하며 또한 감명勘明이라고도 하니 아마도 참파일 것이다. 나라가 작으며 베트남·태국 두 나라 사이에 끼어 있다. 그 나라 사람들의 얼굴색은 베트남 사람에 비해 다소 검고 언어도 또한 약간 다르며 토산품으로는 아연·주석·상아·공작·비취·전령箭翎·바다표범 육포가 있다. 다시 순조롭게 동북풍을 타고 서쪽으로 5~6일을 가면 태국 항구에 도착한다.

위원이 살펴보건대, 베트남의 서도는 후에에 있으니 곧 참파의 옛 땅이다. 여기에서 별도로 본저국을 가리켜 참파라 하는데, 옳지 않다. 본저국은 캄보디아, 즉 옛 첸라국이다. 『해록』이 상인과 수군의 입에서 나온 책이기 때문에 보고 들은 것은 비록 진실에 속할지 모르지만, 고대의 역사 사실을 고찰함에 있어 오류가 많다. 이에 특별히 부록을 달아 바로잡는다. 참파의 동남쪽 바다에 있는 판두랑가는 바로 『송사』에서 말하는 빈다라賓陀羅로, 빈다라는 참파와 서로 이어져 있고 지금도 나란히 꽝남 경내에 속한 것으로 보아 아마도 용내의 땅인 것 같다. 명나라 왕기가 편찬한 『속통고續通考』에는 『불경』의 사위성舍衛城이라고 잘못 가리키고 있는데, 이에 대해서는 말루쿠제도Kepulauan Maluku[89] 뒤에서 바로잡는다.

# 越南分國沿革下

廣南之地, 宋以後曰占城.
原無, 今補.

『宋史』: 占城國在中國之西南. 東至海, 西至雲南, 南至眞臘國, 北至驪州界. 泛海南去三佛齊五日程, 陸行至賓陀羅國一月程. 其國隷占城焉. 東至麻逸國二日程, 蒲端國七日程. 北至廣州, 便風半月程. 東北至兩浙一月程. 西北至交州兩日程, 陸行半月程. 其地東西七百里, 南北三千里. 南曰施備州, 西曰上源州, 北曰烏里州. 所統大小州三十八, 不盈三萬家. 其國無城郭, 有百餘村. 每村落戶三五百, 或至七百, 亦有縣鎮之名. 民獲犀象皆輸於王. 其風俗衣服, 與大食國相類. 互市無緡錢, 止用金銀較量錙銖, 或吉貝錦定博易之直. 樂器有胡琴·笛·鼓·大鼓, 樂部亦列舞人. 其王腦後髽髻散垂, 披吉貝衣, 戴金花冠, 七寶裝纓絡爲飾. 脛股皆露, 躡革履, 無襪. 婦人服及拜揖, 與男子同. 王每日午坐, 官屬謁見膜拜. 或出遊看象·采獵·觀魚, 皆數日方還. 近則乘軟布兜, 遠則乘象, 一人持檳榔盤前導, 從者十餘輩, 各執弓箭·刀槍·手牌等, 日或一再出. 其王或以兄爲副王, 或以弟爲次王, 設高官凡八員, 東西南北各二, 分治其事. 無俸祿, 令其所管土俗資給之. 勝兵萬餘人. 定十一月十五日爲冬至. 十二月十五日, 城外縛木爲塔, 王及人民以衣物香藥置塔上, 焚以祭天. 人有疾病, 旋采生藥服食. 地不產茶, 止飮椰子酒, 兼食檳榔. 有重罪, 令象踏之. 犯奸者, 男女共入牛以贖罪. 負國王物者, 以繩拘於荒塘, 物充而後出之. 其國前代罕與中國通. 周顯德中, 遣其臣貢方物, 有雲龍形通犀帶·菩薩石. 又有薔薇水, 灑衣經歲香不歇, 猛火油得水愈熾, 皆貯以琉璃瓶. 建隆二年, 來貢, 表章書於貝多葉, 以香木函盛之. 太平興國六年, 交州黎桓上言, 欲以占城俘九十三人獻於京師. 太宗遣還占城, 詔諭其王. 淳化元年, 新王楊陀排自稱新坐佛逝國, 遣使貢馴犀方物, 表訴爲交州所攻, 國中人民財寶皆爲所略. 上賜黎桓詔, 令各守境. 嘉祐七年正月, 廣西安撫經略司言: "占城素不習兵, 與交阯鄰, 常苦侵軼. 而占城復近修武備, 以抗交阯, 將繇廣東路入貢京師, 望撫以恩信." 七年, 交州李乾德言, 其王領兵三千人, 竝妻子來降, 以正月至本道. 九年, 復遣使來, 言其國自海道抵眞臘一月程, 西北抵交州四十日, 皆山路. 所治聚落一百五, 大略如州·縣. 王著大食錦, 或川法錦大衫七條金纓絡, 戴七寶裝成金冠, 躡紅皮履. 出則從者五百人, 十婦人執金盤合, 貯檳榔, 導以樂. 王師討交趾, 以其素仇, 詔使乘機協力除蕩. 其國選兵七千, 扼賊要路. 其王以木葉書回牒, 詔使上之, 然亦不能成功. 後兩國同入貢, 占城使者乞避交人. 詔遇朔日朝文德殿, 分東西立, 大宴則東西坐. 乾道七年, 閩人有抵占城者. 其國方與眞臘戰, 皆乘大象, 勝負不能決. 閩人教其王習騎射以勝之, 戰大捷. 明年, 復來瓊州拒之, 憤怒, 大掠而歸. 淳熙四年, 占城以舟師襲眞臘, 傳其國都. 慶元以來, 眞臘大舉伐占城以復仇, 殺戮殆盡, 俘其主, 其地悉歸眞臘.


『元史』: 占城近瓊州, 順風舟行一日可抵其國. 世祖至元間, 廣南西道宣慰使馬成旺嘗請兵三千人·馬三百匹征之. 十五年, 左丞唆都以宋平, 遣人至占城, 還, 言其王有內附意, 詔降虎符, 封占城郡王. 十九年十月, 朝廷以占城國主歲遣使來朝, 稱臣內屬, 遂命左丞唆都等卽其地立行省以撫安之. 旣而其子負固弗服, 朝廷使人往暹國, 往馬八兒國, 舟經占城, 皆被執, 故遣兵征之. 十一月, 兵至占城港. 港口北連海, 海旁有小港五, 通其國大州, 東南止山, 西旁木城. 官軍依海岸屯駐. 占城兵治木城, 四面約二十餘里, 起樓棚, 立回回三梢砲百餘座. 又木城西十里建行宮, 其酋親率重兵屯守應援. 行省遣官招之, 七往終不服. 二十年正月行省令十五日夜半發船攻城. 至期, 分遣兵千六百人由水路攻木城北面, 三百人攻東面沙嘴, 又以三千人分三道攻南面. 舟行至天明泊岸, 爲風濤所碎者十七八. 賊開木城南門, 建旐鼓, 出萬餘人, 乘象者數十, 亦分三隊迎敵, 矢石交下. 自卯至午, 賊敗北, 官軍入木城, 復與東北二軍合擊之, 殺溺死者數千人, 城中餘衆數萬悉潰. 國主棄行宮, 燒倉廩, 殺前所留使, 逃入山. 十七日, 整兵攻大州. 十九日, 國主使來求降. 二十一日, 入大州. 二十三日, 遣其舅寶脫禿花及其子三十餘人, 奉物雜布二百匹, 大銀三錠·小銀五十七錠·碎銀一甕爲質, 來歸款. 又獻金葉九節標槍, 詭言國主頰中箭, 今小愈, 未能見. 省官疑其二子非眞, 聽其還. 諭國主早降, 且以問疾爲辭, 遣千戶林子全·總把李德堅偕往觀之. 二子在途先歸. 子全等入山兩程, 國主遣人來拒, 不果見. 是日, 又殺前所留使百餘人. 二月八日, 寶脫禿花又至, 詭言其兄爲今王所殺, 心實怨之. 願禽今王父子以獻, 請給大元服色. 十三日, 居占城唐人曾延等來言: "國主逃於大州西北鴉侯山, 聚兵三千餘, 竝招集他郡兵未至, 不日將與官軍交戰. 懼唐人泄其事, 將盡殺之. 延等覺而逃來." 十五日, 寶脫禿花偕宰相·大師等五人來降, 謂"唐人延等爲奸細, 國主軍皆潰散, 安敢復戰?" 又言: "今未附州郡凡十二處, 每州遣一人招之. 舊州水路, 乞行省各遣一人乘舟招諭. 陸路則乞行省官與己往禽國主." 行省猶信其言, 調兵一千屯半山塔, 遣子全·德堅等領軍百人, 與寶脫禿花同赴大州進討, 約有急則報半山軍. 比至城西, 寶脫禿花背約間行, 自北門乘象遯入山. 官軍獲諜者, 知國主實在鴉侯山立寨, 聚兵約二萬餘, 遣使交趾·眞臘·闍婆等國借兵, 及徵賓多龍·舊州等軍未至. 十六日, 官兵進攻. 十九日, 近木城二十里, 賊浚濠塹, 拒以大木, 官軍斬刈超距奮擊, 破其二千餘衆. 轉戰至木城下, 山林阻隘不能進, 賊旁出截歸路, 軍皆殊死戰, 始得解還營. 二十一年三月六日, 唆都領軍回. 十五日, 江會省所遣助唆都軍萬戶忽都虎等至占城, 則官軍已回. 適占城主遣王通事者來. 四月十二日, 國主令其孫奉表歸款. 是年, 命平章政事阿里海牙奉鎭南王脫歡發兵, 假道交趾伐占城, 不果行.


『明史』: 占城居南海中, 自瓊州航海, 順風一晝夜可至. 自福州西南行十晝夜可至. 卽周越裳地, 秦爲林邑, 漢爲象林縣, 後漢末, 區連據其地, 始稱林邑王. 自晉至隋仍之. 唐時或稱占不勞, 或稱占婆, 其王所居曰占城. 至德後, 改國號曰環. 迄周·宋遂以占城爲號, 朝貢不替. 元世祖惡其阻命, 大擧兵擊破之, 亦不能定. 洪武二年, 遣使奉表來朝貢, 帝遣官齎璽書·『大統曆』·文綺·紗羅往賜. 自後或比歲貢, 或間歲, 或一歲再貢. 洪武三年, 遣使往祀其山川, 尋頒科擧詔於其國. 初, 安南與占城搆兵, 天子爲遣使諭解, 而安南復相侵. 四年, 其王奉金葉表來朝, 長尺餘, 廣五寸, 刻本國字. "乞賜兵器及樂器·樂人, 俾安南知我占城, 乃聲敎所被之地, 庶不敢欺陵." 帝命禮部諭之曰: "占城·安南竝事朝廷, 同奉正朔, 今兩國互搆, 而賜占城兵器, 是助爾相攻, 甚非撫安之義. 樂器·樂人, 語音殊異, 難以遣發. 爾國有曉華言者, 其選擇以來, 當令肄習." 因命福建省臣勿徵其稅. 洪武二十一年, 眞臘貢象, 占城奪其四之一, 其他失德事甚多. 帝聞之, 怒, 命行人董紹敕責之. 尋遣使謝罪. 時國王失道, 大臣閣勝二十三年弑王自立. 明年, 遣太師奉表來貢, 帝惡其逆, 卻之. 永樂元年, 以卽位詔諭其國. 洪武六年, 貢使言: "海寇自稱元帥, 剽劫海上. 國王擊破之, 賊魁溺死, 獲其舟二十艘, 蘇木七萬斤, 謹奉獻." 帝嘉之, 命給賜加等. 其冬, 遣使獻安南之捷. 帝謂省臣曰:"去年安南言占城犯境, 今年占城謂安南擾邊, 未審曲直. 可遣人往諭, 各罷兵息民." 洪武十年正月, 與安南王陳煓大戰, 煓敗死, 占城乘勝入其國. 王遣使奏:"朝貢人回, 賜物悉遭安南掠奪. 又畀臣冠服·印章, 脅爲臣屬." 帝怒, 敕責安南, 而賜占城王鈔幣. 永樂四年, 復告安南之難. 帝方大發兵往討, 乃敕占城嚴兵境上, 遏其越軼. 永樂五年四月, 攻取安南所侵地, 獲賊黨獻俘闕下. 自後鄭和復連使其國. 永樂十三年, 王師方征陳季擴, 命占城助兵. 尙書陳洽言:"其王陰懷二心, 愆期不進, 反以金帛·戰象資季擴, 季擴以黎蒼女遺之, 復約季擴黨侵升華府地, 厥罪維均." 帝以交趾初平, 不欲勞師, 但賜敕切責, 俾還侵地, 王卽遣使謝罪.

正統元年, 瓊州知府程瑩言:"占城比年一貢, 勞費實多. 乞如暹羅諸國例, 三年一貢." 帝是之. 然番人利中國市易, 雖有此例, 迄不遵. 天順八年, 其使者復訴安南見侵, 需索白象. 乞如永樂時, 遣官建立界碑, 以杜侵陵. 兵部以兩國方爭, 不便遣使, 乞令使臣歸諭國王, 固封疆, 捍外侮, 毋輕搆禍, 從之. 成化七年二月, 安南兵破其國, 執其王, 劫印符, 大肆焚掠, 遂據其地. 王弟逃之山中, 遣使告難. 兵部言:"安南吞竝與國, 若不爲處分, 非惟失占城歸附之心, 抑恐啟安南跋扈之志. 宜遣官齎敕宣諭, 還其國王及眷屬." 帝慮安南逆命, 令俟貢使至日, 賜敕責之. 成化八年, 遣使持節往封其弟, 至新州港, 守者拒之. 知其國已爲安南所據, 改爲交南州, 乃不敢入. 十年冬還. 成化十年, 安南復遣兵執王弟, 立前王孫爲王, 以國南邊地予之. 成化十四年, 王孫遣使朝貢請封, 命給事中馮義·行人張瑾往封之. 義等多攜私物, 旣至廣東, 聞王孫已死, 其弟古來遣使乞封. 義等慮空還失利, 亟至占城, 則安南已以僞敕立其國人提婆台爲王. 義等不俟奏報, 輒以印幣授提婆台封之, 得所賂黃金百餘兩, 又往滿剌加國盡貨其私物以歸. 馮義至海洋病死. 張瑾具其事, 竝上僞敕於朝, 朝廷不知也. 明年十七年, 古來奏請冊印, 言:"臣國所有土地, 本二十七處, 四府·一州·二十二縣. 東至海, 南至占臘, 西至黎人山, 北至阿木喇補, 凡三千五百餘里. 交人前畏天威, 還臣兄故地, 僅自邦都郎至占臘五處耳. 更乞特諭交人, 盡還本國." 禮官乃劾張瑾擅封, 詔下獄, 論死. 乃諭古來詣廣東受封, 竝敕安南悔禍. 古來乃自老撾挈家赴崖州受封. 命南京右都御史屠滽往, 至廣東, 傳檄安南, 宣示禍福. 而募健卒二千人, 駕海舟二十艘, 護古來還國. 安南以滽大臣, 奉特遣, 不敢與抗, 古來乃得入. 其國自殘破之後, 民物蕭條, 貢使漸稀. 弘治十八年, 古來卒, 其子請封. 廷議令其使臣齎敕往, 自是遂爲故事, 而其國貢使亦不常至. 其國無霜雪, 四時皆似夏, 草木常青. 民以漁爲業, 無二麥, 力穡者少, 故收穫薄. 檳榔終日不離口. 不解朔望, 但以月生爲初, 月晦爲盡, 不置閏. 分晝夜爲十更, 非日中不起, 非夜分不臥, 見月則飮酒·歌舞爲樂. 無紙筆, 用羊皮捶薄熏黑, 削細竹蘸白灰爲字, 狀若蚯蚓. 有城郭甲兵, 人狠而狡, 貿易多不平. 戶皆北向, 民居悉覆茅簷, 高不得過三尺. 部領分差等, 門高卑亦有限. 人體黑, 男蓬頭, 女椎髻, 俱跣足. 王瑣里人, 崇釋敎. 歲時采生人膽入酒中, 與家人同飮, 且以浴身, 曰: "通身是膽." 其國人采以獻王, 又以洗象目. 每伺人於道, 出不意急殺之, 取膽以去. 置衆膽於器, 華人膽輒居上, 故尤貴之. 五六月間, 商人出, 必戒備. 王在位三十年, 則避位入深山, 以兄弟子姪代, 而已持齋受戒, 告於天曰: "我爲君無道, 願虎狼食我, 或病死." 居一年無恙, 則復位如初. 國不甚富, 惟犀象最多. 烏木·降香, 樵以爲薪. 伽南香獨產其地一山, 酋長遣人守之, 民不得采, 犯者至斷手. 有鱷魚潭, 獄疑不決者, 令兩造騎牛過其旁. 曲者, 魚輒躍而食之, 直者, 卽數往返, 不食也. 有屍頭蠻者, 一名屍致魚. 本婦人, 惟無瞳神爲異. 夜中與人同寢, 忽飛頭食人穢物, 來卽復活. 若人知而封其頸, 或移之他所, 其婦卽死. 國設厲禁, 有而不告者, 罪及一家.

『海錄』: 凡南洋海艘, 俱由老萬山出口. 西南行過七洲洋, 有七洲浮海面, 故

名. 又行經陵水, 順東北風, 約四五日, 便過越南之順化界, 順化卽越南王建都
之所也. 又南行約二三日到新州, 又南行約三四日過龍奈, 又謂之陸奈, 爲安南
舊都. 由龍奈順北風日餘至本底國, 本底國在越南西南, 又名勘明, 疑卽占城
也. 國小而介於越南·暹羅二國之間. 其人顏色較越南稍黑, 語音亦微異, 土產
鉛·錫·象牙·孔雀·翡翠·箭翎·班魚脯. 又順東北風西行約五六日, 至暹羅港口.

　　源案: 越南之西都, 在順化港, 卽占城舊地也. 此別指本底爲占城, 非是.
本底爲柬埔寨, 卽古眞臘國. 『海錄』出於賈客舟師之口, 故見聞雖眞, 而
考古多謬. 特附錄而辯之. 至占城東南瀕海, 尙有賓童龍國, 卽『宋史』所
謂賓陀羅者, 與占城相連, 今竝入廣南境內, 疑卽龍奈之地. 明王圻『續通
考』謬指爲『佛經』之舍衛城, 辯見美洛居島國後.

# 주석

1 참파국: 원문은 '점성국占城國'이다. 말레이시아계의 참족이 베트남 중남부 지역에 건립했던 국가로서 중국 문헌에는 임읍, 환왕, 점파占婆, 점파占派 등으로 기록되고 있다.

2 마일국麻逸國: 필리핀 민도로섬Mindoro Island이다. 당시 참파를 경유해 배를 타고 마일국에 이르는 데 2일도 걸리지 않았다.

3 포단국蒲端國: 필리핀 민다나오섬Mindanao Island 북쪽 해안의 부탄Butan으로 추정된다.

4 양절兩浙: 북송北宋 시기 지방 행정기구인 양절로兩浙路이다. 대체로 지금의 절강성 및 강소성 등의 지역을 포함한다.

5 시비주施備州: 스리비자야Srivijaya의 음역으로 추정된다. 베트남 응아이빈성 남반부, 즉 꽝남에서 북쪽으로 후에, 꽝찌Quảng Trị에 이르는 일대이다.

6 상원주上源州: 베트남 떠이응우옌Tây Nguyên 지역이다.

7 오리주烏里州: 쩌우오Châu Ô, 쩌우리Châu Lý로, 대체로 베트남 빈찌티엔성의 남반부, 즉 꽝남에서 북쪽으로 후에, 꽝찌에 이르는 일대이다.

8 대식국大食國: 싱가포르의 옛 명칭이거나 혹은 싱가포르와 말레이시아의 조호르Johor를 아울러 가리키는 것으로 보인다.

9 면직물: 원문은 '길패吉貝'이다.

10 호금胡琴: 두 줄의 현을 가진 활모양의 악기이다.

11 연포두軟布兜: 등산용 가마이다.

12 현덕顯德: 후주後周의 치세에 사용된 오대五代의 마지막 연호(954~960)이다.

13 통서대通犀帶: 코뿔소의 뿔을 이용해서 만든 허리띠이다.

14 건륭建隆: 북송 태조太祖 조광윤趙匡胤의 연호(960~963)이다.

15 표장表章: 신하가 제왕에게 의견을 진술해서 바친 글을 말한다.

16 태평흥국太平興國: 북송 태종太宗 조광의趙匡義의 연호(976~984)이다.

17　레호안Lê Hoàn: 원문은 '여환黎桓'으로, 베트남 전례 왕조의 건국자이다. 레호안(재위 980~1005)은 993년에는 교지군왕交趾郡王, 997년에 남평왕南平王으로 책봉되었다. 교지는 후에 교주로 개칭된다.

18　순화淳化: 북송 태종 조광의의 연호(990~994)이다.

19　양타배楊陀排: 참파국 제8 왕조 제1대 왕 인드라바르만 5세Indravarman V(재위 989~997)이다.

20　불서국佛逝國: 비자야국을 말한다. 양타배, 즉 인드라바르만이 비자야에서 새롭게 왕으로 추대되었다.

21　가우嘉祐: 북송 인종仁宗 조정趙禎의 연호(1056~1063)이다.

22　희녕熙寧: 북송 신종神宗 조욱趙頊의 연호(1068~1077)이다.

23　리깐득Lý Càn Đức: 원문은 '이건덕李乾德'이다. 베트남 북부(수도는 현 하노이)에 존재했던 리조李朝의 제4대 인종仁宗 리년똥Lý Nhân Tông(재위 1072~1127)으로 베트남 역사에서 가장 재위 기간이 긴 황제 중 하나이다. 그는 7세의 어린 나이에 즉위해서 성세의 기틀을 다졌다. 1075년 베트남에서 최초로 과거제를 실시했다. 그해 송나라의 군사적 위협에 맞서 선제공격에 나서 송나라에 커다란 타격을 가했으며, 참파를 침략하기도 했다. 그의 통치 시기는 베트남 역사상의 황금기였다.

24　천법금川法錦: 중국 서남 지역의 소수민족이 생산한 견직물이다.

25　건도乾道: 남송 효종孝宗 조신趙昚의 연호(1165~1173)이다.

26　전쟁에서 크게 승리했다: 『송사』 원문에 따르면 복건 사람의 말을 들은 왕이 그에게 말을 수십 필을 사 가지고 돌아오게 해서 전쟁에게 크게 이겼다고 전하고 있다.

27　경주瓊州: 지금의 해남성海南省이다. 당나라 정관 5년(632) 처음으로 경주부가 설치되어 해남도 북부를 관할했다. 원나라 시기 경주로瓊州路로 변경되었고 명·청 시기에는 광동성 경주부에 속해서 해남도 전체를 관할했다.

28　순희淳熙: 남송 효종 조신의 연호(1174~1189)이다.

29　경원慶元: 남송 영종寧宗 조확趙擴의 연호(1195~1200)이다.

30 세조世祖: 몽골 제국의 제5대 대칸이자 원나라의 초대 황제인 쿠빌라이 Khubilai(재위 1260~1294)의 묘호이다.

31 지원至元: 원나라 초대 황제 세조 쿠빌라이 칸의 연호(1264~1294)이다.

32 광남서도廣南西道: 광동과 광서 지역은 영남도嶺南道로 불리다가 송나라 때 광남로廣南路로 개칭되었는데, 이후 광동 지역은 광남동로廣南東路, 광서 지역은 광남서로廣南西路가 되었다. 이것이 이후 광동성과 광서성으로 되었다.

33 선위사宣慰使: 원나라 시기 설치되어 '선위사사宣慰使司' 또는 '선위사도원수부宣慰司都元帥府'라고도 한다. 선위사는 군의 만호부를 겸직해서 군민의 사무를 아울러 처리했고, 관할 군현의 사정을 행성에 전달하거나 행성의 사정을 군현에 전달하는 업무를 관장해서 행성과 군현을 연결하는 역할을 했다.

34 좌승左丞: 광서 2년본에는 '우승右丞'으로 되어 있으나, 악록서사본에 따라 고쳐 번역한다.

35 사도唆都: 사도(?~1285)는 몽골 찰랄씨扎剌兒 씨족으로 원조 초기 쿠빌라이 치세에 남송과 참파 정벌에 커다란 공을 세운 군인이다.

36 왕: 『영환지략』에 따르면 이 왕은 '자야 인드라바르만 6세Jaya Indravarman VI'이다.

37 호부虎符: 구리로 호랑이 모양으로 만든 것으로 군사의 동원을 허가하는 표지로 하사되었다.

38 아들: 『영환지략』에 따르면, 그 아들은 '자야 심하바르만 3세Jaya Simhavarman III'이다.

39 섬국暹國: 시암Siam의 음역이다. 태국 사완칼록Sawankhalok 일대에 있었던 옛 나라로 지금은 태국의 일부가 되었다.

40 마팔아국馬八兒國: 마팔이馬八爾라고도 하며, 마바르Mabar의 음역이다. 지금의 인도반도 서남쪽 말라바르해안Malabar Coast 일대이다.

41 꾸이년항: 원문은 '점성항占城港'이다. 11세기부터 참파 왕국의 도읍지인 비자야의 외항으로 번창했다.

42 대주大州: 당시 참파국의 도성인 불서佛逝, 즉 현 빈딘성 안년현 북쪽의 짜반 옛 도읍 터를 가리킨다. 앞에서는 봉피세로 나온다.

43 서아시아: 원문은 '회회回回'이다.

44 삼초포三梢砲: 당시 포는 화약을 사용하지 않고 지레의 원리를 이용하여 탄환을 발사하는 투석기를 말한다. 포는 기본적으로 지레에 해당하는 나무로 된 초梢 부분에 나무로 된 축이 연결되어 있고 그 축을 받치고 있는 나무로 된 다리 기둥으로 구성되어 있다. 이 초의 구성에 따라 단초포, 쌍초포, 삼초포, 오초포 등으로 불리었는데, 삼초포는 초가 3개로 된 포이다.

45 행성에서 명하기를: 원문은 '행성령行省令'이다. 광서 2년본에는 이 글자가 없으나, 악록서사본에 따라 고쳐 번역한다.

46 임자전林子全: 광서 2년본에는 없으나 악록서사본에 따라서 보충한다.

47 이덕견李德堅: 광서 2년본에는 없으나 악록서사본에 따라서 보충한다.

48 아후산鴉侯山: 베트남 응아이빈성 서북쪽으로 추정되나 상세한 위치는 알 수 없다.

49 아마라바티Amaravati: 원문은 '구주舊州'이다. 아목라보阿木喇補라고도 하는데, 참파 왕국 북부 지구를 가리킨다. 지금의 베트남 다낭에 해당한다.

50 반산탑半山塔: 지금 베트남 응아이빈성 안년현 부근에 있는 참파의 옛 탑이다.

51 자와Jawa: 원문은 '사파闍婆'로, 사파달闍婆達이라고도 하는데, 고대의 국가명이다.

52 판두랑가: 원문은 '빈다룡賓多龍'으로, 빈동룡賓童龍이라고도 한다. 대략 베트남 투언하이성 북부와 푸카인성 남부 일대이다. 판랑이나 그 남쪽의 파다란Padaran 가를 지칭하기도 한다.

53 아릭 카야Ariq Qaya: 원문은 '아리해아阿里海牙'이다. 아릭 카야(1227~1286)는 위구르 출신으로 중국 원나라 초기의 군사가이자 정치가이다.

54 토곤Toghon: 원문은 '탈환脫歡'으로, 원나라 초대 황제 쿠빌라이 칸의 서자로 태어나 진남왕에 봉해진 인물이다.

**55** 지덕至德: 당나라 제10대 황제 숙종肅宗 이형李亨의 연호(756~758)이다.

**56** 세조: 몽골 제국의 제5대 대칸이자 원나라의 초대 황제인 쿠빌라이의 묘호이다.

**57** 평정하지는 못했다: 쿠빌라이 칸은 1292년 참파 원정을 시도해서 비록 실패했으나 결과적으로 해상 루트의 안전을 확보하는 성과를 올렸다.

**58** 홍무洪武: 명나라를 건국한 태조太祖 주원장朱元璋(재위 1368~1398)의 치세에 사용된 연호이다. 명나라 이전에는 한 황제가 조그만 변고에도 연호를 바꾸는 경우가 빈번했는데, 명 태조 주원장은 한 황제의 치세 동안에는 하나의 연호만 사용하는 '1제 1호' 제도를 시행했다. 이 제도는 청나라 가 멸망할 때까지 지속된다.

**59** 새서璽書: 황제의 옥새를 날인한 외교문서를 가리킨다.

**60** 『대통력大統曆』: 원나라의 『수시력授時曆』을 계승해서 명나라 때 사용한 역법이다. 오랫동안 사용되어 실제 천체 현상과 일치하지 않았지만, 개 정하지 않은 채 이슬람계의 회회력回回曆을 보조적으로 사용했다. 명나 라는 이 『대통력』을 조공국에게 한 부씩 하사했는데, 1442년 세종 시기 완성된 『칠정산』은 바로 『대통력』에 회회력을 보완해서 만든 것이라 고 한다.

**61** 문기文綺: 아름다운 무늬가 들어간 비단이다.

**62** 사라紗羅: 거칠게 짠 비단이다.

**63** 중국어: 원문은 '화언華言'이다.

**64** 영락永樂: 명나라 제3대 황제 성조成祖 주체朱棣(재위 1402~1424)의 연호이다.

**65** 소목蘇木: 소방목蘇枋木·적목赤木·홍자紅紫라고도 하며, 인도·말레이시아· 중국 남부 지역에 분포한다. 적황색 목재 부분은 홍색계 염료로 쓰이고 한의학에서는 한방 약재로 사용되며, 뿌리는 황색 염료로 사용된다.

**66** 진일단陳日煓: 광서 2년본에는 '진단陳煓'으로 되어 있으나, 악록서사본에 따라 고쳐 번역한다. 베트남 쩐陳 왕조의 제10대 황제 예종睿宗 쩐낀Trần Kính(재위 1372~1377)이다.

**67** 홍무 10년 … 쳐들어갔다: 이 부분은 시기적으로 앞의 홍무제 부분에

들어가야 마땅하다. 편집상의 오류가 있었던 것 같다.

68 다시 ⋯ 보고했다: 원문은 '부고안남지난復告安南之難'이다. 광서 2년본에
  는 없으나 악록서사본에 따라서 보충했다.

69 정화鄭和: 정화(1371~1434)는 중국 명나라 때 장군이자 환관, 무관武官, 제
  독提督, 전략가, 탐험가, 외교관, 정치가이다. 영락제의 명을 받아 남해
  에 7차례 대원정을 떠난 것으로 유명하다. 본명은 마삼보馬三保로, 운남
  성雲南省 곤양昆陽의 무슬림 가정에서 태어났다. 정화가 이끄는 첫 원정
  대는 1405년에 출발했다. 정화의 함대는 동남아시아, 인도를 거쳐 아라
  비아반도, 아프리카까지 항해했고, 가장 멀리 도달한 지점은 아프리카
  동해안의 말린디Malindi(지금의 케냐 말린디)였다.

70 명나라 군대: 원문은 '왕사王師'이다.

71 쩐꾸이코앙Trần Quý Khoáng: 원문은 '진계확陳季擴'이다. 베트남 후전 왕조
  제2대 황제(재위 1409~1414)로 연호는 쭝꽝重光이다.

72 진흡陳洽: 남경南京 상주부常州府 무진武進 출신이다. 진흡(1370~1426)은 홍
  무 연간 포의 신분에서 천거되어 병과급사중이 되었다. 이후 승진을 거
  듭해 영락 연간 성산후成山侯 왕통王通과 참장參將 마영馬瑛과 함께 안남국
  정벌에 성공해서 병부상서가 되었다.

73 호한트엉Hồ Hán Thương: 원문은 '여창黎蒼'으로 호한트엉(재위 1400~1407)의
  별명이다. 베트남 호 왕조의 제2대 황제로 영락 4년(1406) 명나라군의 침
  략을 받아 패배한 후 체포되어 처형되었다.

74 정통正統: 명나라 제6대 황제 영종英宗 주기진朱祁鎭(재위 1436~1449,
  1457~1464)의 치세에 사용된 연호이다. 명나라는 한 황제가 하나의 연호
  만을 사용하는 것을 원칙으로 하였으나 영종은 유일하게 복위해서 천
  순天順으로 개원해서 천순제로 불리기도 한다.

75 참파인: 원문은 '번인番人'이다.

76 성화成化: 명나라 제8대 황제 헌종憲宗 주견심朱見深(재위 1447~1487)의 연호
  이다.

77 옥새: 원문은 '인부印符'이다.

78 꾸이년항: 원문은 '신주항新州港'이다. 베트남 중남부 빈딘성에 있는 항구로 과거 베트남 남부의 제1 항구였다.

79 손해가 될 것을 우려해서: 풍의 등은 책봉 사절로 가면서 그와는 별도로 사적인 교역을 위한 물건(私物)을 많이 가져간 것 같다. 따라서 그냥 돌아갈 경우에는 손실을 우려했을 것이다.

80 아마라바티: 원문은 '아목라보阿木喇補'이다.

81 판두랑가Panduranga: 원문은 '방도랑邦都郞'이다. 광서 2년본에는 '방도邦都'로 되어 있으나 악록서사본에 따라서 고쳐 번역한다

82 라오스Laos: 원문은 '노과老撾'이다.

83 애주崖州: 홍무 원년 길양군吉陽郡을 애주로 개명해서 경주부瓊州府에 귀속시켰다. 지금의 해남성 삼아시三亞市에 해당한다.

84 홍치弘治: 명나라 제10대 황제 효종孝宗 주우탱朱祐樘(재위 1488~1505)의 연호이다.

85 촐라Chola: 원문은 '쇄리瑣里'이다. 남인도의 촐라 왕조Chola Dynasty를 가리킨다.

86 강향降香: 강진향降眞香이라고도 한다. 강향은 강향단降香檀의 줄기와 뿌리의 심재心材 부분이다. 인도나 중국에서 재배되며 매운맛에 따뜻한 성질을 가지고 있다. 어혈을 풀어 주며 진통 및 출혈 치료에 효과가 있어 약용으로 사용된다. 또한 향이 있어 향료를 만들 수 있다. 돌림 열병이 도는 시기나 집안에 괴상한 기운이 있을 때 피우면 삿된 기운과 나쁜 기운을 물리칠 수 있다고 전해진다.

87 꾸이년: 원문은 '신주新州'이다. 현 베트남 빈딘성의 성도이다.

88 용내龍柰: 녹내祿柰, 녹뢰祿賴라고도 한다. 베트남의 쩔런, 사이공, 자딘 일대로, 지금의 호찌민시를 말한다.

89 말루쿠제도Kepulauan Maluku: 원문은 '미락거도국美洛居島國'이다. 마로고馬路古, 목로각木路各이라고도 하는데, 지금의 인도네시아 말루쿠제도를 가리킨다.

海國圖志
卷七

해국도지
권7

―

유럽인(歐羅巴人) 원찬

후관侯官 임칙서林則徐 역

소양邵陽 위원魏源 중집

본권에서는 동남아시아의 연안국인 안남국, 태국, 미얀마에 대해 개괄적으로 서술한 뒤, 다시 태국의 지리, 역사, 풍속, 외모, 언어, 문화적 특색 및 중국을 비롯한 서양 국가들과의 대외관계에 대해 중점적으로 기술하고 있다. 태국은 13세기 이전의 드바라바티 문명 – 수코타이(暹) 시대 – 아유타야(羅斛) 시대를 거쳐 명대 홍무 연간 이후로 섬라暹羅라 칭해지면서, 톤부리 시대 – 짜끄리 왕조(즉 방콕 왕국)까지 계속 섬라로 불렸다. 그러다 1856년 영국과 태국 사이의 불평등조약인 보링Bowring 조약 때 처음으로 시암Siam으로 불렸으며, 1939년부터는 태국, 타이로 불렸다.

# 태국 1

—

안남국安南國[1]·태국Thailand[2]·미얀마Myanmar[3] 3국은 국경이 인접해 있다. 북쪽으로는 중국의 티베트Tibet[4]·운남雲南·광서廣西와, 약간 서쪽으로는 인도와 인접하고 있으며, 나머지는 모두 바다와 접해 있다. 믈라카Melaka[5]를 제외한 동서의 거리는 약 3천 리이고, 남북의 거리는 3천 리[6]로, 모두 사방 90만 리에 이른다. 산은 모두 인도의 히말라야Himalaya[7]산맥에서 뻗어 나오는데, 히말라야산이 제일 높고, 그다음으로 아삼Assam[8]이 높다. 나머지도 대부분 길이 험해 왕래하기가 어렵다. 계곡 하나가 한 국가를 이룰 정도로 아주 넓고 비옥하다. 태국은 방콕Bangkok[9]에 수도를 세웠으며, 방콕은 양면이 모두 산으로 이루어져 있는데, 한 면의 너비와 길이가 큰 산골짜기만 하다. 산은 겹겹이 이어져 있지만 모두 아주 높지는 않아 5백 길을 넘는 것이 없다. 토지는 비옥하고 물산이 풍부해 배가 드나드는 무역항으로는 최고여서, 인근 국가들은 못 따라갈 정도이다. 이전에 [방콕은] 미얀마에게 합병되었으나 나라 사람들이 굴복하지 않았고, 또한 지세가 가로막혀 있었기 때문에 미얀마가 방콕을 손에 넣긴 했지만, 얼마 지나지 않아 빼앗겨 방콕은 다시 태국 소유가 되었다. 지상전에 사용되는 목책木柵이 아주 견고하고, 가는 곳마다 진을 쳐 방어하는 모습이 미얀마와 완전히 똑같다. 국왕이 조정에 임해 단정하게 앉으면 위엄 있고 엄숙한 모습이 매우 존엄했다. 백관들은 한쪽 어깨를 드러내고 맨발로, 무릎을 굽히고 몸을 웅크린 채 예를 다해 경의를 표한다. 호칭은 금金 자를 붙여 존경을 표하는데, 예를 들어 임금을 칭할 때 금수金首·금목金目·금비金鼻·금구金口·금족金足 등이 그러하다. 미얀마, 태국, 안남 3국 사람들은 대부분 키가 작고 피부색이 검으며, 얼굴이 넓고 광대뼈가 높아 예쁘게 생긴 사람이 극히 드물다. 둔한 것 같으면서도 실제로는 교활하고, 게으른 것 같으면서도 실제로는 날쌔다. 머리숱이 많고 검지만 수염은 도리어 적어, 수염이 자랐을 때 바로 뽑아 버리면 아낙네처럼 보이는데, 이 점이 아시아 여러 나라와는 다르다. 천성적으로 착하고 사랑이 넘쳐 처음 봐도 아주 친절하지만, 조금이라도 비위를 거스르면 바로 사이가 틀어지는데, 이것이 유한 성격의 인도 사람들과는 다르다. 살림을 하고 생계를 꾸려 나가는 것은 중국, 인도와 비슷하지만, 인재나 재주에서는 두 나라에 미치지 못한다. 태국 사람들은 빈둥빈둥 놀면서 지내고 기예를 숭상하지 않으며 특히 외국인을 무시한다. 상선이 태국에 오면 번번이 오랑캐 취급했으며, 하나같이 무능한 일꾼처럼 대했다. 오직 중국만을 받들며 다른 나라가 있는지도 모른다. 3국은 모두 인도의 불교를 존숭해, 만사는 대충대충 간소하게 처리하지만 사원 건축만은 아주 호화롭게 한다. 조각상(불상)을 흰 돌에 새기는 경우도 있고, 구리로 주조하는 경우도 있는데, 높이가 1길인 때도 있고, 2길 남짓일 때도 있으며 금빛으로 눈이 부실 정도이다. 장인들의 솜씨는 유럽에 뒤지지 않으며, 주물 공장도 있다. 불상의 가치가 얼마인지는 불신佛身의 크기에 따라 달라진다. 출가하여 승려가 되면 종신토록 장가들지 않는다. 다만 태국인은 승려가 되었다가 간혹 환속하기도 하는데, 임의대로 갔다 왔다 하면서 또한 이렇게 말한다.

"사람은 태어나면 반드시 출가해야 하는데, 오랫동안 출가해서는 안 된다. 출가하지 않으면 법규를 모르게 되는 반면, 오랫동안 출가하면 세월을 허송하게 된다."

여기서 말하는 출가란 아마도 중국의 자제들이 출가하여 스승을 찾아가 배우고[10] 성년이 되어 아내를 맞아들이면[11] 더 이상 스승을 따르지 않는 것과 같다. 산스크리트 불경(梵典)·산스크리트어(梵字)·술수術數 같은 것은 모두 승사僧師에게서 배우고 전수받으니, 사실은 평생 머리를 깎고 가사를 입는 비구比丘는 아니다. 태국의 문학은 미얀마와 같아 대개 불교를 찬양한다. 게송偈頌 사백은 음률 같은 것이 있어 6주면 다 암송할 수 있다. 불계佛戒[12]를 받들고 육식을 금한다. 그러나 인도의 승려는 불계를 다 지키지는 않는데, 간혹 집에서 기르는 가축은 안 먹지만 야생동물은 먹으면서 계율의 금지조항에는 해당되지 않는다고 말한다. 출가하지 않았을 때는 모두 뱀과 벌레를 맛있는 음식이라 여기는데, 안남과 미얀마도 그러하다. 이것은 중국의 복건과 광주의 풍습에 가깝다.

태국성[13]은 해안을 따라 세워져 있어서 멀리서 보면 뗏목 위에 작은 성을 쌓고 해안에 묶인 채로 물에 떠다니는 것 같다. 의복의 색깔은 아시아의 다른 나라들과 똑같고, 남녀 모두가 귀걸이를 하고 팔찌를 찬다. 땅에서 광물이 많이 나서, 술잔, 힙막,[14] 그릇이 모두 순금으로 되어 있다. 비단에다 금실로 자수를 놓기 때문에 옷을 보면 관직의 등급을 알 수 있다. 여자들의 옷은 폭이 넓고 길며 겨드랑이 아래는 여러 겹으로 주름을 잡았는데, 미얀마와 대체로 비슷하다. 남자는 편안하게 지내고 여자가 노동하는데, 거칠고 힘든 일은 모두 여자에게 맡긴다. 무역도 모두 여자가 한다. 그러나 예법을 엄수해야 해서 시장통에 있다 하더라도 함부로 문밖으로 나가지는 않는다. 시집 안 간 가난한 집 딸은 외국인 숙소에 있는 고용인과 함께 가사를 돌보고 무역을 협력해서 처리하면서 흡사 부인처럼 보이지만, 예의에 벗어나는 일은 하면 안 된다. 이러한 풍속은 안남국이 더욱 심하다. 상을 치르는 것도 각각 다르다. 미얀마는 귀인들은 시신을 관에 넣고 염을 하기 전에 때를 기다리는 데 반해 서민들은 향고香膏를 시신에 칠하고 화장한다. 반면에 태국은 시신을 날짐승의 먹이로 주면서 대부분 불교의 다비식[15]을 따른다. 안남국의 경우는 국상을 당하면 12일 동안 축하 잔치를 여는데, 여러 나라 중에 최고로 화려하고 사치스럽다. 저쪽은 사람을 잃으면 아주 슬퍼하는 반면에, 이쪽은 사람을 잃으면 아주 사치스럽게 하는데, 슬픈 것보다는 또한 사치스러운 것이 낫다. 안남국, 태국, 미얀마 3국은 모두 기예를 중시해 사당 안에 조각하고 그림을 그리는데, 나라마다 각각의 특색을 잘 드러냈다. 관리와 백성들은 모두 연극 보는 것을 좋아해서, 어떤 때는 민가에서, 어떤 때는 군중들 사이에서 종종 분장을 하고 공연을 하는데, 관람료는 상당히 저렴하다. 이것은 반드시 일정한 무대에서 비싼 관람료를 내고 보는 유럽 사람들과는 다르다. 음악의 리듬이 조화롭게 잘 어울려 사람을 감동시키고, 여자들의 음색이 아름답고 부드러운 것이 특히 중국과 비슷하다. 다만 이탈리아Italia[16]의 음악은 3국이 모두 배울 수 없다. 태국은 동쪽으로는 안남국과 접해 있고, 북쪽으로는 중국과 접해 있으며, 남쪽으로는 바다와 접해 있고, 서쪽으로는 미얀마와 접해 있다. 수도는 방콕이고 21개의 부락을 다스리며, 인구는 약 120만 명[17] 정도 된다. 미얀마 북쪽 귀퉁이에 있는 메남강Mae Nam Chao Phraya은 운남에서 발원해서[18] 태국 수도 방콕을 거쳐 바다로 유입된다. 살펴보건대 메남강은 운남의 난창강瀾滄江이 틀림없다. 메남강은 태국에서 현지 말로 황하로 불리는데, 아주 비옥하다.

방콕 수도이다. ·차암Cha Am[19]·짜익마로Kyaikmaraw[20]·빡남Paknam[21]·금도편金都扁[22]·만사격曼士格[23]·쓰리 파고다 패스Three Pagodas Pass[24]·반띠어 미어Banteay Meas[25]·메익Myeik[26]·솜복Sombok[27]·바르디아Bardia[28]·다웨이Dawei[29]·타닌타리Tanintharyi[30]·솜복쿡삼보르Sombokbut Sambor[31]·친Cin[32]·바덴Bà Đen[33]·시암Siam[34]·꺼룬비Columpi[35]·짠타부리Canthaburi[36]·아이헨Aihene[37]·까마우Ca Mau.[38] 이상은 원본에 실린 명칭이다.

위원이 살펴보건대 21개 부락의 명칭이 관서官書 「사예고四裔考」에 보이는 내용과 달라 잠시 참고용으로 둔다.

# 暹羅一

一

安南·暹羅·緬甸三國幅員相接. 北與中國西藏·雲南·廣西交界, 少西與印度交界, 餘皆以海爲界. 除麻六甲以外, 東西距約三千里, 南北距三千里, 共有九十萬方里. 山皆發脈於印度之希馬臘壓山, 此山最高, 次則以阿山爲最. 餘多崎嶇難通. 似每一谷, 可爲一國, 無不廣大衍沃. 暹羅建都於曼谷, 兩面皆山, 一寬長之大谷也. 山雖層疊, 均不甚高, 無過五百丈者. 土沃產豐, 爲海舶市埠之最, 附近各國皆不及. 前被緬甸吞竝, 國人不服, 且地勢阻隔, 故緬甸甫得之, 旋失之, 復爲暹羅所有. 陸戰木柵甚堅, 步步爲營, 全同緬甸. 國王臨朝端坐, 威儀甚尊. 百官偏袒跣足, 屈腰蹲身, 盡禮致敬. 稱謂以金爲尊, 如稱上則曰金首·金目·金鼻·金口·金足之類. 緬甸·暹羅·安南三國, 大都身短色黑, 面扁顴高, 絕少姣好. 似頑實點, 似惰實勇. 髮多而黑, 卻少髯鬚, 有卽拔去, 望若婦人, 與阿細亞洲各國不同. 然性善泛愛, 一見甚殷勤, 稍拂輒反目, 不若印度之柔和. 其居家治生, 亦如中國·印度, 惟不及兩國人材技藝耳. 暹羅人遊惰度日, 不尙技藝, 尤藐視外國人. 有商舶至其地, 輒待同蠻夷, 壹似無能爲役者. 惟尊中國而不知有他國也. 三國皆尊奉印度佛教, 凡事苟且節儉, 惟修建寺宇, 則窮極華靡. 塑像有雕白石者, 有鎔赤銅者, 或高丈, 或高二丈餘尺, 金彩曜目. 其工匠不亞於歐羅巴, 竝有鑄像廠. 其價值多寡, 視像身之大小. 出家爲僧, 終身不娶. 惟暹羅人或爲僧, 或返俗, 任意往還, 且云: "人生不可不出家, 不可久出家. 不出家則不知規矩, 久出家則虛度光陰." 蓋其出家, 猶中國子弟之出外就傅, 及冠有室, 則不復從師. 所習梵典·梵字·及術數之類, 皆從僧師受之, 實非終身披剃之比也. 暹羅文學亦同緬甸, 大抵闡揚佛教. 其讚頌四百似有音律, 須六禮拜之久, 始能誦畢. 奉佛戒, 禁肉食. 然印度僧不盡守戒, 或不食家牲而食野禽, 謂不在律禁. 其在家人, 竝以蟲蛇爲美味, 安南·緬甸亦然. 蓋近中國閩廣之風矣.

暹羅城沿河而建, 遠觀若築柵于筏上, 浮水而繫諸岸. 服色頗同東方, 男女皆耳環手鐲. 地多金礦, 凡酒杯·檳榔盒·器皿, 皆赤金. 以綢緞爲質, 金繡爲文, 觀其服可知其職之差等. 女服寬長, 而腋下疊褶, 略同緬甸. 男逸女勞, 粗重工作, 悉委於女. 貿易亦皆女爲之. 然謹守禮法, 雖在市中, 足不踰戶. 未嫁之貧女, 有與外國人寓所傭工, 支持家務, 襄理貿易, 雖儼如家室, 不可干以非禮. 此俗安南尤盛. 治喪亦各不同. 緬甸貴人, 棺柩停歛需時, 庶人香膏塗屍而火化之. 暹羅以屍飼飛禽, 皆遵佛教荼毗之制. 若安南國中遇喪, 則慶賀燕宴十二日, 奢華甲諸國. 彼則失之過慘, 此則失之太奢, 與其慘又寧奢也. 三國皆重技藝, 而廟宇中雕刻彩繪, 尤各殫其妙. 官民俱嗜觀劇, 或在人家, 或於稠衆, 動輒扮演, 價值甚廉. 非若歐羅巴人, 必有一定之戲臺, 昂貴之戲價也. 音樂節奏, 和暢動人, 女音嬌柔, 尤似中國. 惟意大里之音樂, 三國皆不能學. 暹羅國東界安南, 北界中國, 南界海, 西界緬甸. 以曼谷爲國都, 領部落二十有一, 戶口約百有三十萬名. 緬甸北隅之彌南河, 發源雲南, 歷暹羅之曼谷國都出海. 案: 彌南河當卽雲南之瀾滄江. 至暹羅, 土名黃河水, 極膏沃.

曼谷 國都. ·差唔·依彌羅·巴于含·金都扁·曼士格·持釐巴戈臘·本底阿羅·麥爾古·松波·巴爾底阿·達阿依·特那色領·松波巴·靑地·波巓·西晏·戈倫比·樟底目·艾希里·加磨阿. 以上原本.

源案: 二十一部落, 名目與官書「四裔考」不符, 姑存備考.

# 주석

1  안남국安南國: 베트남을 통칭하는 말로, 당대에 이곳에 설치된 안남도호
   부安南都護府에서 유래되었다. 청대에는 베트남을 안남국, 교지국交阯國
   등으로 구분하여 불렀다. 또한 안남국은 꽝남국을 가리키기도 한다. 따
   라서 여기서는 역사 사실의 이해를 돕기 위해 원문에 입각하여 이 명칭
   을 그대로 사용한다.

2  태국Thailand: 원문은 '섬라暹羅'이다. 태국의 옛날 명칭으로, 동남아시아
   의 말레이반도와 인도차이나반도 사이에 걸쳐 있다.

3  미얀마Myanmar: 원문은 '면전緬甸'으로, 지금의 미얀마이다.

4  티베트Tibet: 원문은 '서장西藏'이다.

5  믈라카Melaka: 원문은 '마륙갑麻六甲'이다. 고대에는 만랄가滿剌加, 만랄滿剌,
   마랄갑麻剌甲, 문로고文魯古, 돈손頓遜, 가라부사哥羅富沙, 마륙가馬六加, 맹랄
   갑孟剌甲 등으로 불렀다. 말레이반도 서해안의 믈라카해협에 면해 있는
   항구도시로, 지금은 말레이시아를 구성하는 13개 주州 중 하나이다.

6  3천 리: 원문은 '삼천리三千里'로, 광서 2년본에는 '남북거南北距' 뒤에 '삼
   천리三千里' 세 글자가 빠져 있어 악록서사본에 따라 고쳐 번역한다.

7  히말라야Himalaya: 원문은 '희마랍압산希馬臘壓山'으로, 지금의 히말라야
   산이다. 이 산은 중국, 파키스탄Pakistan, 인도, 네팔Nepal, 시킴Sikkim, 부탄
   Bhutan 경내에 분포되어 있다.

8  아삼Assam: 원문은 '아산阿山'이다. 『세계지리대전』에 따르면 "아산은 아
   삼 북쪽에 위치한, 고도가 히말라야에 버금가는 높은 산을 가리킨다"라
   고 되어 있다. 그러나 아삼은 브라마푸트라강Brahmaputra River 평원에 위
   치해 있어 북쪽 경계 내에는 기본적으로 이런 높은 산이 없다.

9  방콕Bangkok: 원문은 '만곡曼谷'으로, 지금의 태국 수도 방콕을 말한다.

10 스승을 찾아가 배우고: 원문은 '취부就傅'이다. 이 말은 『예기禮記』 「내칙乃

則」에 나온다. "'남자가] 10살이 되면 집을 나가서 스승에게 배우고, 밖에서 기숙하면서 육서六書와 계수計數를 배우며(十年, 出就外傳, 居宿於外, 學書計)…."

11 아내를 맞아들이면: 원문은 '유실有室'이다. 이 말은 『예기』 「곡례曲禮」 상에 나온다. "30세가 되면 '장壯'이라 하고, 아내를 맞이한다(三十曰壯, 有室)."

12 불계佛戒: 불성계佛性戒, 불승계佛乘戒라고도 한다. 『범망경梵網經』의 대승계를 말한다. 이 계를 받아 지니면 중생이 본래부터 갖추어 있는 불성을 개발하게 되고 불성을 개발하면 불과佛果(성불의 경지)에 이르게 된다.

13 태국성: 원문은 '섬라성暹羅城'이다. 광범위하게 시암이라고도 하고, 방콕만을 지칭하기도 한다. 본문에서는 시암과 방콕을 서로 다른 도시로 보고 있으나, 시암은 1856년부터 1939년까지의 방콕의 옛 이름이다.

14 힙막: 원문은 '빈랑합檳榔盒'이다. 빈랑나무 열매와 다른 것을 섞어 씹는 동남아인의 기호품인 막을 담는 합을 말한다.

15 다비식: 원문은 '도비茶毗'로, 죽은 이의 시신을 불에 태워 그 유골을 거두는 불교의 장례 의식을 말한다.

16 이탈리아Italia: 원문은 '의대리意大里'로, 의대리意大利라고도 한다.

17 120만 명: 광서 2년본에는 '백유십만명百有十萬名'으로 되어 있으나, 악록서사본에 따라 120만 명으로 고쳐 번역한다.

18 메남강Mae Nam Chao Phraya은 운남에서 발원해서: 원문은 '미남하, 발원운남彌南河, 發源雲南'이다. 미남하는 황하黃河라고도 하는데, 바로 미남하湄南河이다. 악록서사본에 따르면 『세계지리대전』에는 메남강이 태국에 있는데, 『사주지』에서 "미얀마 북쪽 귀퉁이"에 있다고 잘못 번역하고 있다. 위원 또한 "메남강은 바로 운남의 난창강瀾滄江"이라고 오역하고 있다고 되어 있다. 다만 여기서 메남강은 "운남에서 발원했다"라고 적고 있는데, 이 부분은 『세계지리대전』에서 가져온 말이다. 사실 메남강의 상류인 4대 지류(핑강, 왕강, 용강, 난강)는 모두 미얀마의 샨고원Shan Plateau에서 발원한다. 유럽에서 제작된 오래된 지도에 표기된 메남(Menam 또는 Mae Nam)은 태국어로 '강'을 가리키는 말이다. 다른 이름은 짜오프라야강 Chao Phraya River이다.

19 차암Cha Am: 원문은 '차오差唔'이다. 광서 2년본에는 '의오義唔'로 되어 있으며, Cham, Cha Am 혹은 Cha um이라 불린다. 옛날에는 '차암差庵'으로 번역했는데, 지금의 태국 살라야Salaya를 말한다.

20 짜익마로Kyaikmaraw: 원문은 '의미라依彌羅'로, 지금의 미얀마 몰먀잉Mawlamyine 동남쪽에 있는 짜익마로를 말한다.

21 빡남Paknam: 원문은 '파우함巴于舍'인데, 파간함巴舍이 맞다. 지금의 태국 사뭇쁘라칸Samut Prakan으로, 빡남이라고도 한다.

22 금도편金都扁: 금도편은 지금의 미얀마 반가탑班加塔 동쪽 일대에 있다.

23 만사격曼士格: 만사격은 지금의 태국 렘웅옵현Laem Ngop의 남쪽 모퉁이에 위치해 있으며 지금의 렘솝Laem Sop을 말한다.

24 쓰리 파고다 패스Three Pagodas Pass: 원문은 '지리파과랍持釐巴戈臘'으로, 지금의 태국 쓰리 파고다 패스를 말한다.

25 반띠어 미어Banteay Meas: 원문은 '본저아라本底阿羅'이다. 광서2년본에는 '목저아라木底阿羅'라 되어 있어 악록서사본에 따라 고쳐 번역한다. 이곳을 둘러싼 중외 학자들의 논쟁은 여전하지만, 일반적으로는 베트남의 코친차이나 경계 지역에 위치한 하띠엔Hà Tiên 일대라 추정한다. 그러나 고증이 더 필요한 상황이다.

26 메익Myeik: 원문은 '맥이고麥爾古'로, 지금의 미얀마의 메익을 말한다. 옛 지명은 메르귀Mergui이다.

27 솜복Sombok: 원문은 '송파松波'로, 코친차이나의 솜복을 말한다.

28 바르디아Bardia: 원문은 '파이저아巴爾底阿'로, 지금의 태국 춤폰에 위치하며, 간혹 지금의 파티오Pathiu라고도 한다.

29 다웨이Dawei: 원문은 '달아의達阿依'로, 지금의 미얀마 다웨이를 말한다.

30 타닌타리Tanintharyi: 원문은 '특나색령特那色領'으로, 지금의 미얀마 타닌타리를 말한다.

31 솜복쿡삼보르Sombokbut Sambor: 원문은 '송파파松波巴'로, 솜복이라고도 하며 코친차이나에 있다.

32 친Cin: 원문은 '청지青地'이다. 지금의 태국 쁘라쭈압키리칸Prachuap Khiri

Khan에 위치해 있으나, 현재의 이름은 명확하지 않다.

33  바덴Bà Đen: 원문은 '파전波顚'으로, 코친차이나 바덴을 말한다.

34  시암Siam: 원문은 '서안西晏'으로, 지금의 태국 프라나콘시아유타야주Phra Nakhon Si Ayutthaya를 말한다.

35  꺼룬비Columpi: 원문은 '과륜비戈倫比'이다. 지금의 태국 우본라차타니 Ubon Ratchatani 콩치암Khong chiam 일대에 위치해 있다.

36  짠타부리Canthaburi: 원문은 '장저목樟底目'이다. 지금의 태국 짠타부리를 말한다.

37  아이헨Aihene: 원문은 '애히리艾希里'이다. 광서2년본에는 '엽히리葉希里'로 되어 있어 악록서사본에 따라 고쳐 번역한다. 지금의 베트남 하띠엔을 말한다.

38  까마우Ca Mau: 원문은 '가마아加磨阿'로, 지금의 베트남 까마우를 말한다.

# 중집

―

원본에는 없으나, 지금 보충한다.

『황청통고皇淸通考』[1] 「사예문四裔門」에 다음 기록이 있다.

태국의 동쪽에 있는 꽝남Quảng Nam,[2] 남쪽에 위치한 코친차이나 Cochinchina[3]는 옛날 수코타이 왕국[4]과 아유타야 왕국[5]의 땅이다. 면적은 사방 1천 리에 달하며 나라가 산으로 둘러싸여 있다. 국가는 군읍郡邑으로 나뉘어 있고, 현縣은 부府에 속하며, 부는 대고사大庫司에 속한다. 대고사는 중국 말로 포정사布政司이다. 대고사는 9개로, 아유타야Ayuthaya[6]·코라트Khorat[7]·펫차분Phetchabun[8]·핏사눌록Phitsanulok[9]·수코타이Sukhothai[10]·깜팽펫 Kamphaeng Phet[11]·메익[12]·다웨이[13]·나콘시탐마랏Nakhon Si Thammarat[14]이 이에 해당한다. 부는 14개로, 차이낫Chai Nat[15]·롭부리Lop buri[16]·피찟Phichit[17]·수판부리SuphanBuri[18]·랏차부리Ratchaburi[19]·펫차부리Phetchaburi[20]·차이야Chaiya[21]·뜨랏 Trat[22]·촌부리Chon Buri[23]·시사껫Sisaket[24]·차이품Chaiyaphum[25]·나콘사완Nakhon Sawan[26]·춤폰Chumphon[27]·카오사밍Khao Saming[28]이 이에 해당한다. 현은 72개이다. 서북쪽의 단단하고 척박한 땅은 수코타이 왕국의 소유이고, 동남쪽의 평평하고 넓은 땅은 아유타야 왕국의 소유이다. 도성은 8개의 문으로 나뉘어 있고, 성과 해자는 벽돌로 쌓여 있으며 사방의 둘레[29]는 10여 리 정도 된다. 도성 안에 배가 다닐 수 있는 작은 강이 있고, 도성 바깥 서남쪽에 백성들이 모여 산다. 왕은 도성 서쪽 모퉁이에 살면서 따로 궁성을 세웠는데, 둘레가 약 3리 남짓 된다.[30] 전각은 금으로 장식하고 단청을 입히며, 구리 기와로 덮는다. 궁실은 주석 기와로 덮고 섬돌의 벽돌은 주석으로 싸고, 난간의 나무는 구리로 씌운다. 왕이 행차할 때는 금과 비단으로 장식한 교자나 코끼리가 끄는 수레를 타고 교장엽菱蔁葉[31]으로 만든 햇빛 가리개를 사용한다. 왕은 매일 아침 전각에 오르고, 관료들은 대臺 아래에 깔개를 깔고 차례대로 가부좌를 틀고 앉아 정수리까지 합장하며 꽃 몇 송이를 바친다. 일이 생기면 문서를 갖추어 낭독하고 아뢰어 왕의 결정을 기다렸다가 물러난다. 국왕은 명明나라 홍무洪武[32] 연간에서부터 비로소 중국에서 하사받은 인장을 사용하기 시작했다. 태국의 관제는 9등급으로 나뉘는데, 첫째, 쏨뎃짜오프라야, 둘째, 짜오프라야, 셋째, 프라야, 넷째, 억쿤, 다섯째, 짜믄, 여섯째, 믄, 일곱째, 판, 여덟째, 억루엉, 아홉째, 짜가 그것이다. 관리 선발은 대고사에서 주최하는 시험을 거쳐 대고사가 왕에게 서면으로 보고한다. 그러면 왕은 날짜를 정해 이들을 시험하는데, 정사에 대해 질문하고 시의적절하게 응대하면 비로소 장복章服[33]을 하사하고 관직을 수여한다. 인사고과 역시 3년을 주기로 하고, 문자는 모두 가로쓰기를 하며, 중국어는 사용하지 않는다. 명나라 정덕正德[34] 연간에 조공 사절단 중 한두 명을 뽑아 중국에 남겨서 삼관三館에 들여보내[35] 공부하게 한 뒤에야 비로소 중국어를 조금 익히게 되었다. 복색은 오직 왕만이 머리를 기르고 투구처럼 생긴 보석 박힌 금관을 쓰며, 윗옷과 아래옷 모두 오색 비단으로 해 입고, 소매통이 좁고 붉은 신발을 신는다. 신하와 백성들은 모두 두발을 자르고 남녀는 머리를 위로 묶고 흰 천으로 머리를 두른다. 1등급부터 4등급까지의 관리들은 보석 박힌 금색 모자를 쓰고, 5등급부터 9등급까지의 관리들은 오색 융단 모자를 쓴다. 옷은 모두 상의와 하의 두 개로 분리되어 있고, 버선과 신은 모두 소가죽으로 만든다. 부인들은 치장할 때 비녀를 찌르고 반지를 끼며 팔찌를 차고 분을 발라 치장하는데, 그 모습이 대체로 중국과 같다. 역시 오색의 직금織金[36]으로 윗옷과 아래옷을 해 입고, 꽃무늬 휘장을 나부끼며, 검붉은색 가죽신을 신는다. 날씨가 무덥고 지세가 낮고 습해 사람들은 모두 충집에서 사는데, 위는 빈랑나무나 등나무를 엮어 덮거나 간혹 질기와[37]를 사용하기도 한다. 침상, 테이블, 안석, 걸상 없이 모두 양탄자나 대자리를 깔고 앉는다. 관민들은 은이 생기면 사사로이 사용할 수 없고 모두 왕궁의 담당 관리에게 보낸다. 그러면 관리가 이를 쏟아부어 구슬을 만들고, 철인鐵印[38]으로 그 위에 도장을 찍고 백 냥당 6전을 세금으로 거두어들인다. 도장이 찍혀 있지 않은 은은 사은私銀이라 보고 죄에 처한다. 초범은 왼쪽 손가락을 자르고 재범은 오른쪽 손가락을 자르고 3범은 사형에 처한다. 전곡錢穀의 수입과 지출에 관련된 일은 부인들이 결정한다. 부인들이 지혜가 많아서 남편들은 부인의 명을 따른다. 나라 사람들은 성이 없고 이름만 있어서 관리가 되면 억(握) 아무개라고 한다. 백성 중 상층민은 나이(奈) 아무개라 부르고 하층민은 아이(隘) 아무개라 부른다. 풍속이 억세고 사나우며 수전에 익숙하다. 조공 물품으로는 용연향龍涎香[39]·속향速香[40]·금은향金銀香[41]·상아·후추·등황藤黃[42]·두구豆蔻[43]·소목蘇木[44]·오목烏木[45]·대풍자大楓子[46]·장미로薔薇露[47]·서양의 수자직繻子織[48]과 금화단金花緞 등이 있다. 금석으로는 금강찬金剛鑽[49]·보석寶石·화석花錫이 있다. 깃 달린 새와 털 난 짐승, 비늘 달린 물고기와 껍질이 있는 동물[50]

로는 공작새·오색 앵무새·무소·코끼리·금사후金絲猴[51]·육족귀六足龜가 있다. 꽃과 나무, 야채와 과일로는 황죽黃竹·책죽策竹·묘죽猫竹·석류·수박·고구마가 있다. 또한 롭부리향(羅斛香)이 생산되는데, 침향처럼 맛이 맑고 깊다. 아마도 산지의 이름을 따서 롭부리향이라 이름 붙인 것이다.

　명나라 홍무 연간에 입조해 '섬라국왕인暹羅國王印'을 하사받으면서 비로소 '섬라국'[52]이라 불리게 되었다. 순치順治 9년(1652) 12월에 태국에서 사신을 보내와 조공을 청해 오자 아울러 인장을 주며 감합勘合무역[53]을 허락하니, 이를 따랐다. 이로부터 기일에 맞춰 끊이지 않고 공물을 바쳐 왔다. 강희康熙 3년(1664)에는 우선 광동 경내로 들어온 외국의 조공선에 대해서는 광동의 지방관이 사실에 부합하는지 검사하고, 해변으로 입항시켜 정박하게 했다. 조공 물품을 봉하고 간수하면서 예부의 문서가 오기를 기다렸다가 비로소 무역하는데, 물품이 번번이 훼손되어 있었다. [강희] 23년(1684) 6월, [태국] 국왕이 사신을 보내 조공하러 오면서 상소를 올려 이후로 조공선이 광동에 도착하면 문서로 보고한 뒤에 즉시 해변에 정박하고 무역을 빨리 할 수 있게 해 달라고 청했다. 또한 유지를 내려 태국이 물품을 고르고 매매할 때 지방관이 발급하고 처리할 수 있게 해 달라고 했다. 조공 사절단이 도성에 입성한 뒤 먼저 조공선을 본국으로 돌려보냈다가 이듬해 배를 보내 황제의 칙령을 받들어 귀국하겠다고 해서 이를 허락했다. 강희 24년(1685), 태국에 비단의 겉감과 안감[54] 50필을 상으로 더해 주었다. 강희 47년에 조서를 내려 조공 사절단이 가져온 물품에 대한 세금을 면제해 주었다. 강희 61년에 다음과 같은 조서를 내렸다.

　"태국 조공 사절단의 말에 따르면 그 땅에서는 쌀이 아주 풍부해 은 2~3전으로 쌀 한 섬을 구매할 수 있다고 한다. 이에 짐은 칙령을 내려 쌀 30만 섬을 복건과 광주, 절강에 나누어 들여와 그 지역에 큰 보탬이 된다면 굳이 세금을 거둘 필요가 없음을 명한다.”

옹정雍正 2년(1724)에 볍씨와 과실수를 바치러 왔는데, 그 배의 조타수 96인은 본래 한족으로 고향으로 돌아올 수 있게[55] 허락해 달라고 해서 그렇게 하라고 했다. 옹정 7년(1729)에 어필로 쓴 「남방의 유토피아(天南樂國)」라는 편액을 하사하면서 속향·안식향安息香[56]·가사袈裟·직물 등의 조공은 감면해 주었다. 건륭 원년(1736) 6월에 예부에 자문咨文을 보내 말했다.

“지난날 황제께서 하사하신 망룡대포蟒龍大袍[57]를 승은정承恩亭에 넣어 두었는데, 여러 대를 거쳐 시간이 지나면서 걱정 없이 간수하기가 어렵게 되었사오니, 다시 한두 벌 하사해 주시기를 간절히 바라나이다. 매년 복송사福送寺를 건립하는 데 [8백 근의] 구리가 필요하니[58] 잠시 「중앙정부 지정 구매 불가 8가지 조항(采買部議不可得八)」을 해금해 주시기 바랍니다.”

이에 조서를 내려 특별히 망단蟒緞[59] 4필을 주고, 거기다가 구리 8백 근을 더해 주었는데, 이후에는 관례로 삼지 않았다. 건륭 8년 9월에 성지를 받들었다. “태국 상인들이 복건으로 쌀을 줄줄이 들여오고 있는데, 차후로 쌀 1만 섬 이상을 가져오는 화물선의 경우는 화물 세은의 5할을 감면해 주고, 5천 섬 이상일 경우는 3할을 감면해 주고, 5천 섬이 안 되어도 세은의 2할을 감면해 주노라.”

이듬해 복건순무福建巡撫 진대수陳大受[60]가 이렇게 아뢰어 왔다.

“복건 상인이 일전에 태국에 쌀을 사러 갔는데, 태국의 목재가 너무 저렴해 응당 배를 만들어 쌀을 운반해 귀국할 수 있게 조사하고 발급해 달라고 합니다.”

이에 가하다고 답해 주었다. 건륭 14년 어필로 쓴 「남방의 번국(炎服屛藩)」이라는 편액을 하사했다. 건륭 16년 복건총독이 태국에 가 쌀 2천 섬 이상을 운반해 오는 상인을 조사하고 서훈[61]하여 정대頂帶[62]를 상으로 하

사하게 해 달라고 상주했다. 건륭 18년 2월 조공을 하면서 인삼·영우纓
牛·좋은 말·상아를 하사해 달라고 간청했고, 또 규칙과 의식을 잘 아는
환관을 붙여 달라고 간청했다. 그러나 중앙정부에서 불가하다고 해서 조
서를 내리고 인삼을 하사했다. 건륭 46년 정월 태국 국왕 피아 딱신Phya
Taksin[63]이 사신을 보내 조공하면서 이렇게 아뢰었다.

"미얀마 비적들의 침입을 받아 능욕을 당했다가 국토를 수복하고 복
수는 했지만, 뒤를 이을 사람이 없었습니다. 이에 많은 관리가 저를 국왕
으로 추대하였기에 관례에 따라 방물을 삼가 바치는 바입니다."

건륭 51년 피아 딱신의 아들 정화鄭華[64]가 그 뒤를 잇고 다시 조공하러
들어왔다. 이에 조서를 내려 정화를 태국 국왕으로 봉했다. 수도는 광동
성 서남쪽에 위치해 있어 뱃길로 45일 밤낮이면 도착할 수 있다. 광동성
향산현香山縣에서 배를 타고 출발해 북풍을 타고 가서 정남향 방향[65]으로
칠주양七洲洋[66]을 벗어나 10일 밤낮이면 안남국 해안에 도착하는데, 그곳
에 레섬Cù Lao Ré[67]이 있다. 8일 밤낮이면 참파국 해안에 이르고, 12일 밤
낮이면 꼰다오섬Đảo Côn Đảo[68]에 도착한다. 또 동북풍을 이용해 배를 돌려
남서쪽 3분[69] 방향으로 5일 밤낮을 가면 혼코아이섬Đảo Hòn Khoai[70]에 도착
할 수 있다. 5일 밤낮이면 빡남[71]에 도착할 수 있는데, 입항 후 2백 리는
담수해이다. 또 5일이면 아유타야[72]에 도착한다. 태국의 서남쪽에는 큰
산들이 연이어 있다. 태국에서 산과 바다를 따라 남쪽으로 가면 싱고라
Singgora[73]·차이야[74]·나콘시탐마랏·빠따니Pattani[75]가 있는데, 모두 태국의 속
국이다.


『해국문견록海國聞見錄』[76]에 다음 기록이 있다.

코친차이나에서부터 큰 산들이 서남쪽까지 에워싸고 있는데, 그곳이

바로 태국이다. 태국에서 산과 바다를 따라 남쪽으로 가면 차이야[77]·나콘시탐마랏·빠따니·트렝가누Trenganu[78]·파항Pahang[79]이 나오며, 산은 중국과 연결되어 있고, 지형은 정남쪽으로 뻗어나가 이곳에서 끝난다. 또 해안을 따라 산의 뒤를 돌아 서쪽으로 가면 파항과 산을 사이에 두고 뒤쪽으로 조호르Johor[80]가 있다. 조호르를 경유해[81] 서쪽으로 가면 믈라카가 나오는데, 바로 트렝가누의 뒤쪽 섬이다. 믈라카에서 출발해 서쪽으로 가고, 운남과 천축 각 나라에서 출발해 서남쪽으로 가면 인도반도[82]의 해안[83](코로만델해안Coromandel Coast과 말라바르해안Malabar Coast)이다. 태국은 산과 바다를 따라 가다 보면 조호르 등의 여러 나라가 나오는데, 나라마다 왕이 있으며 모두 태국의 지배를 받는다. [태국은] 고대에는 시암(暹)과 롭부리(羅斛) 두 왕국으로 나뉘어 있었으나 후에 합쳐져서 아유타야 왕국(暹羅國)이 되었다. 민간에서는 불교를 숭상하고 왕은 아주 화려한 무늬의 옷을 해 입으며, 불상은 금박을 입히고 금으로 된 기물을 사용한다. 지상에서는 상정象亭과 상련象輦을 타고 해상에서는 용봉선龍鳳船을 탄다. 존귀한 사람을 알현할 때는 몸을 드러내고 맨발인 채로 허리를 굽히고 쪼그리고 앉는 것을 예라 여겼으며, 잠방이[84]를 입지 않고 수만水幔[85]을 두른다. 중국을 존경하여 중국인을 관리로 등용해 국정을 처리하고 재정을 담당하게 했다. 성곽은 탁 트여 훤하고 물가를 따라 층집에서 모여 산다. 물에 악어가 많이 산다. 항구에서 도성까지는 물길로 2,400리 정도 되며 [그 물을] 후에앙강 Hueang River[86]이라고 한다. 서양 선박이 물길을 따라 들어올 수 있을 정도로 수심이 깊으며, 황하의 지류와 만난다. 해안 양쪽으로 큰 나무가 숲을 이루고 있고, 원숭이와 참새가 위아래에서 짝지어 운다. 촌락은 여기저기 흩어져 있고, 논밭은 비옥하고 드넓다. 농사철에는 가족 전체가 배를 타고 나가 파종하고 일을 마치면 바로 돌아오는데, 김을 매거나 하지는 않는다. 곡식이 다 익으면 다시 배를 타고 나가 수확해 돌아온다. 볏짚의 길이가 2길 남짓 되는데, 이것도 조공 토산물이다. 파종이 끝난 뒤 후에 앙강의 물이 들어오면 모가 물을 따라 자라는데, 물의 깊이가 6~7자 정도 되면, 모도 6~7자 정도 자라 있고, 물이 빠지면 벼가 익는다. 주요 물줄기가 중국에 유입되면 물살이 사납고 급해진다. 반면에 지류가 서역에 유입되어 코친차이나나 태국을 돌아 바다로 나오면 물살이 흩어지고 완만해지는데, 논밭이 이 물로 인해 비옥해진다. 살펴보건대 여기서는 결국 태국의 물줄기와 중국의 황하가 본류가 같다고 봤는데, 이는 아주 잘못된 것이다. 『동서양고東西洋考』에서만 누런 물이 매년 여름과 가을에 바다에서 들어오면 이용할 수 있다고 보았다.

그런 까닭에 쌀을 생산하는 나라들은 한 섬[87]으로 3년[88]을 먹을 수 있다. 태국 속담에 "사슴은 나무 끝에서 잡고, 소는 위층에서 끌어당긴다"라는 말이 있는데, 아마도 사슴이 물에 빠지면 나뭇가지 끝에서 쉬고, 시냇가의 집이 물에 잠기면 위층에서 소를 잡아당긴다는 것이다. 사람들이 호랑이나 악어에게 잡아먹히는 경우 스님에게 알리면, 스님이 경을 외워 잡아들이는데 호랑이가 제 발로 오고, 물가에서 경을 외면서 면사를 펼쳐 놓으면 악어가 저절로 걸려든다. 그 배를 갈라 보면 사람의 몸이 그대로 있었다. 나쁜 기운에 씌인 자가 스님에게 경을 외워 구해 달라고 하면 바로 나쁜 기운에서 벗어날 수 있었기에 민간에서는 불교를 중하게 여겼다. 부자들은 죽은 뒤에 집에 매장했는데, 이것이 바로 부도浮屠이다.

또 공인共人이 있는데, 공共은 주술을 말한다. 공인은 칼로도 상하게 할 수 없어서 왕이 이들을 양성하여 근위병으로 삼았다. 만약 법을 어기면 스님에게 명해 주술로 교화하게 하고, 그로 하여금 스스로 주술을 물리치게 해서 형벌을 받게 한다. 나라에서 1만 섬 남짓 실을 수 있는 큰 군함을 제조함에 심산에서 돛대로 사용할 큰 나무를 구할 때 먼저 경을 외워 윤허를 청한 후에야 비로소 도끼를 댈 수 있었다. 그렇지 않으면 나무에서 선혈이 나와 손을 대는 자는 그 자리에서 죽는다. 소를 이용해 수레를 끌고 길을 따라가면서 춤추고 노래하면서 기뻐하고 경으로 권면한다. 그러나 [일이] 조금이라도 순조롭지 못하면 나무를 뽑아도 나무가 저절로 원래 있던 곳으로 돌아간다. 그런데 조선소까지 끌고 오면 비로소 나무의 신령함이 사라진다. 은·납·주석·사라사[89]·침향과 황숙향·상아·무소뿔·오목·소목·용뇌향[90]·강진향[91]·물총새 깃털[92]·소뿔·사슴 힘줄·등자리·가문석佳文席·등황·대풍자·두구·제비집·해삼·해초가 난다. 은을 화폐로 사용하는데, 큰 것은 4전이고, 중간 것은 1전이며, 그다음 것은 5푼이고, 작은 것은 2푼 5리釐인데, 이것을 바트라고 하며 모두 왕의 자호를 주조해 넣는다. 은을 쪼개거나 부수는 것을 법으로 금했으며, 잔돈푼으로 사용할 때는 소라 같은 패화貝貨를 사용한다. 하문에서 태국까지 가는 뱃길은 다음과 같다. 남중국해를 지나면 레섬이 보인다. 반면 남쪽을 향해 보면 대모주玳瑁洲·압차우Ap Chau[93]가 보이고, 꼰다오섬이 보인다. 서쪽으로 치우쳐 혼코아이섬[94]과 혼쭈오이섬Đào Hòn Chuối[95]이 보인다. 서북쪽으로 돌아 크람섬Ko Khram[96]을 거쳐 북쪽으로 가면 빡남의 코시창Koh Sichang[97]에 도착하는데, 총 188경[98](약 376시간)이 걸린다. 코시창에 입항해서도 40경을 더 가야 하니 [하문에서 태국까지] 뱃길로 총 228경(456시간, 약 19일)이 소요된다. 반면 동쪽으로 연결된 코친차이나는 뱃길로 겨우 113경(226시간, 약 9일)밖에 안 걸리는데, 어찌하여 서로 간의 거리가 이렇게 차이가 나는가? 그것은 아마도 코친차이나의 남쪽 바다가 모두 진흙탕이기 때문이다. 그래서 그 이름도 까마우[99]라 지었던 것이다. 아래쪽으로는 토쭈섬 Đào Thổ Chu[100]과 와이섬Pulau Wai[101]과 붙어 있어서 바깥쪽으로 돌아가기 때문에 길이 멀다.

『지구도설地球圖說』에 다음 기록이 있다.

태국은 동쪽으로는 안남국과 접해 있고, 남쪽으로는 믈라카와 바다와 인접해 있다. 서쪽으로는 아와국阿瓦國[102]과 접해 있고 북쪽으로는 중국과 접해 있다. 인구는 약 3백만 명이고 수도는 방콕[103]이며, 방콕 인구는 9만 명이고 종교는 불교이다. 현재는 미국[104]과 영국 사람들이 이곳에 예수교를 전파했다. 초가집에서 살고 등자리나 대자리에서 자며 바지를 입지 않고 수만을 두른다. 옷을 입지 않고 맨발로 돌아다니며, 머리는 정수리만 남겨 두고 깎는다. 늘 빈랑을 먹어 이는 검고 입에서 냄새가 난다. 또한 수상에다 집을 짓기도 하는데, 아주 높게 지었다. 국왕들이 흰 코끼리를 좋아해서 전쟁이 나면 흰 코끼리를 선봉에 세운다. 현재 중국의 광동, 복건 사람들이 시암의 선박을 타고 가 그들과 무역할 수 있는데, 간혹 그곳에 가서 농사를 짓고 사는 사람도 있다. 토착민들은 안남국 사람들과 비슷하게 생겼다. 지세가 낮고 꺼져 있어 비가 많이 내리면 온 천지에 물이 넘쳐 난다. 남존여비의 풍속으로 남자 한 명이 여러 명의 여자를 취했고, 마음에 들지 않으면 그만 살아도 아무 상관이 없다. 나라 안에 메남 강이라는 아주 큰 강이 있다. 또한 믈라카의 남쪽에 싱가포르Singapore[105]라는 곳이 있는데, 중국인들과 그곳에서 통상한다. 사슴뿔·상아·백두구白豆蔲·후추·각종 향로·쌀·소금·주석·등나무 목재·소나 호랑이 등의 가죽이 난다. 수입품은 대부분 중국으로부터 사들인다.

『지리비고地理備考』[106]에는 다음 기록이 있다.

태국은 아시아대륙의 남쪽에 위치해 있으며 북위[107] 8도에서 21도 30분,

동경 97도에서 101도에 이른다. 동쪽은 안남국에 이르고 서쪽으로는 믈라카해협Selat Melaka[108]과 이어져 있으며 남쪽은 믈라카[109]와 접해 있고 북쪽은 중국 운남과 접해 있다. 남북의 길이는 약 3,300리 남짓이고, 동서의 너비는 약 1천 리이고, 면적은 사방 201,100여 리이며, 인구는 360만 명이다. 태국의 지세는 서쪽은 첩첩이 쌓인 구릉과 산마루가 줄줄이 이어져 있고, 그 외에는 언덕이 아주 적고 평원이 드넓게 펼쳐져 있어 매번 물난리를 겪는다. 긴 강으로는 메남강,[110] 살윈강Salween River,[111] 매강賣岡이 있다. 호수는 아주 작고 손으로 꼽으려 해도 거의 없다. 논과 밭은 비옥하고 해변은 윤택하다. 이 땅에서는 금·구리·철·주석·납·소금·움집·제비집·상아·두구·침향·후추·담뱃잎·사탕수수·목재 등의 물품이 난다. 날씨가 습하고 더우며 풍속이 소박하다. 왕위는 세습된다. 신봉하는 종교는 불교이다. 나머지 다른 종교를 신봉하는 사람도 간혹 있는데, 대개는 금지하지 않는다. 무역이 발달하여 상인들이 운집한다. 태국 역사를 살펴보면 강희 27년(1688)부터 건륭 46년(1781)까지 미얀마와 날마다 전쟁을 치르고 시시각각 도륙을 일삼다가 건륭 47년(1782)이 되어서야[112] 국왕을 몰아내고 새 국왕을 세웠으며,[113] 이름과 호, 관제가 바뀌었다. 이로부터 42년[114] 뒤에 라마 3세가 즉위한 뒤로 전쟁을 종식하고[115] 국사가 안정되었다. 제일 큰 도시는 방콕[116]으로 바로 태국의 수도이며, 메남강 하구에 건설되었다. 궁전과 묘당은 모두 벽돌과 기와를 이용해 짓고 마을과 건물은 모두 목판을 이용해 짓는다. 통상의 요충지로는 시아유타야Si Ayutthaya,[117] 롭부리,[118] 농카이Nong Khai[119]가 있다. 함께 다스리는 땅으로는 캄보디아Cambodia, 즉 코친차이나와, 라오스Laos,[120] 즉 월상국越裳國, 리골Ligor,[121] 반델론Bondelon,[122] 빠따니,[123] 클란탄Kelantan,[124] 트렝가누,[125] 크다Kedah,[126] 푸껫Phuket[127]이 있다. 이 중에는 태국의 판도에 들어와 있는 곳도 있고 관리를 보내 지키는 곳도 있으며 조공 물품을 받는 곳도 있다.

『매월통기전每月統紀傳』에 다음 기록이 있다.

남중국해에 위치해 있는 태국은 고대 적토국赤土國[128]과 파라찰婆羅刹[129]의 땅이었는데, 후에 시암과 롭부리 두 왕국으로 분리되었다. 시암의 토양은 척박하여 농사짓기에 마땅치 않고, 롭부리의 땅은 넓고 평평해 씨를 뿌리면 많이 거두어들일 수 있어서 시암은 롭부리에 의지해 먹고 살았다. 원명 이래로 모두 그 나라를 섬라라 불렀다. 건륭乾隆[130] 연간에 미얀마 왕이 태국을 정벌했는데, 마침 흉년이 들어 굶주리고 있던 태국은 미얀마에게 정복당했다. 그 뒤 시암에 살고 있던 한 중국인(피아 딱신)이 미얀마가 흉년이 든 틈을 타 군대를 일으켜 복수하고 스스로 섬라 왕이 되었다(톤부리 왕국). 가경嘉慶[131] 초에 시암의 장군(짜오 프라야 짜끄리)이 모반하여 중국인 왕에게 왕위를 양위하게 해, 지금은 이 왕조(짜끄리 왕조)가 태국을 다스리고 있다. 짜끄리 왕조는 자주 미얀마와 전쟁을 벌였고, 라오스·참파국[132]·말레이시아Malaysia[133] 등의 남방 몇 나라를 복속시켰다. 바야흐로 안남국과 전쟁을 하고자 했는데, 아마도 태국 관원이 안남국 공사를 살해한 것 때문인 듯하다. 도광道光[134] 연간에 인도에 주둔하는 영국 총독이 미얀마 왕과 전쟁을 치를 때 태국은 영국과 군사적으로 상호 도와주기로 약속하고, 전쟁이 끝난 뒤에 양국 간의 우호 협정을 의논하기로 했다. 같은 해 미합중국United States Of America[135]의 대통령도 공사를 보내 무역 협정을 맺었다.

태국의 논은 대단히 비옥하다. 그 가운데 농사에 이용하는 강은 매년 누런 물(황수黃水 혹은 황하)이 불어나는데, 5월부터 한 줄기 누런 물이 해구로부터 들어온다. 4월에 모를 심어 두면 물이 불어나면서 모가 자라기 시작하는데, 수위가 점점 높아지면 모두 점점 자라기 시작해 6자 정도까지 자란다. 9월이 되면 불어난 물이 빠지기 시작하고 물이 빠지면 벼도 익어 수확할 수 있다. 논은 물을 받아 비옥해지고 거기서 난 쌀은 희며 먹고 남을 정도로 풍족했다. 배로 실어 나르는 물산이 아주 많은데, 백설탕·소목·물총새 깃털·유향乳香[136]·강진향·상아·무소뿔, 그리고 큰 군함의 돛대를 만들 수 있는 나무가 있다. 또 제비집·해삼·해초·주석 등의 물품이 있다. 태국의 지세는 남쪽은 평탄하고, 북쪽은 산봉우리가 이어져 있다. 토착민들은 중국인들과 비슷하게 생겼으나, 얼굴이 훨씬 검다. 오직 한가하게 노는 것을 좋아해 외국인에게 대신 일하게 한다. 백성들은 충집이나 대나무집에서 살고 부자들은 죽은 뒤에 탑에 묻는다. 사람들은 모두 몸을 드러내고 맨발인 채로 허리를 굽히고 쭈그리고 앉아서 존귀한 사람을 알현한다. 잠방이를 입지 않고 수만을 두르며 오직 스님의 말만 따른다. 무릇 남자들은 모두 몇 년간 승려 생활을 한 뒤에 평민이 된다. 무수히 많은 묘탑廟塔[137]을 세우고 불상에게 경의를 표한다. 태국에는 세 명의 왕이 있었는데, 백성들은 이들을 부처처럼 대하고 신선처럼 모시며 존경했다. 왕궁은 높고 넓으며 황금으로 장식하고 팔괘를 새기며 아주 화려하게 꾸민다. 문이 삼중으로 있는데, 문마다 비선飛仙과 보살의 형상이 그려져 있고 황금 꽃이 걸려 있다. 왕이 사용하는 기물은 모두 황금으로 만들어져 있고, 오직 무릎걸음으로 가야만 국왕을 알현할 수 있다.

태국에 거주하는 중국인들은 태국 여자들을 아내로 맞이했다. 중국인의 수가 토착민들보다 많다. 오직 조주潮州 사람들만이 관리가 되어 작위를 받고 국정을 처리하고 재정을 담당했다.[138] 성곽은 탁 트여 훤하고 물가를 따라 층집을 짓고 모여 산다. 매년 상해上海·영파寧波·천주泉州·하문·조주·광동의 배가 도성에 들어오는데, 이를 방콕과 짠타부리[139] 무역

이라고 칭했다. 영국과 아메리카[140] 각 나라의 배는 모두 방콕의 메남강[141]
에 들어와 무역했다. 태국은 여자들도 장사를 한다. 유감스럽게도 주민
들이 나태하고 황무지가 많은데, 중국인들이 대신 농사를 짓고 경영하지
않았다면 매우 생활하기 어려웠을 것이다.


『외국사략外國史略』에 다음 기록이 있다.

섬라국의 면적은 사방 13,330리이고, 인구는 5백만 명이며, 북위 5도에
서 19도에 위치한다. 남쪽으로는 타이[142] 연안까지 이르고 북쪽으로는 라
오스와 인접해 있으며, 동쪽으로는 베트남과 접해 있고, 서쪽으로는 영
국의 속국 및 미얀마와 인접해 있다. 북쪽에는 산이 있고 남쪽으로는 낮
은 골짜기가 있는데, 메남강[143]의 남쪽 지류가 그쪽으로 흐른다. 땅은 비
옥하고 섬들이 별처럼 늘어서 있고 바둑알처럼 퍼져 있다. 중국에서 출
발해 빡남[144]으로 들어가서 칠주양을 지나면 레섬이 보인다. 남쪽으로는
대모주·압차우·꼰다오섬이, 서쪽으로 치우쳐 혼코아이섬·혼쭈오이섬이
보이고, 서북쪽은 크람섬이다. 북쪽으로 가면 빡남과 코시창에 도착한
다. 초목이 무성하고 메마른 땅이 많아 사람이 살지 않는다. 고대에는 시
암(섬)과 롭부리(라곡) 두 왕국으로 나뉘어 있었으나, 후에는 합쳐져서 하
나의 나라(섬라국, 즉 아유타야 왕국)가 되었다. 불교를 숭상하고 풍수에 미혹
되어 있다. 왕은 화려한 옷을 입고 불상은 금박을 입히고, 금으로 만든 기
물을 사용한다. 뭍에서는 상정과 상련을 타고 [물에서는] 용봉주龍鳳舟를
탄다. 관리를 두는 것을 '초과招夸'라고 하고, 몸을 드러내고 맨발인 채로
허리를 굽히고 쪼그리고 앉는 것을 예라 여겼다. 존귀한 사람을 알현할
때는 잠방이를 입지 않고 수만을 둘렀다. 중국을 존경하여 중국인을 관
리로 등용해 국사를 처리하고 재정을 담당하게 했다. 성곽은 탁 트여 훤

하고 물가를 따라 모두 층집에서 살며 악어가 많다. 항구에서 도성까지는 물이 깊고 넓어 서양 선박이 물을 따라 들어온다. 해안 양쪽으로 나무가 많이 우거져 있고 대나무가 무성하게 있으며, 원숭이와 참새가 위아래에서 짝지어 운다. 시암은 촌락이 여기저기 흩어져 있고, 논밭은 비옥하며, 볏짚의 길이가 2길 남짓 된다. 씨를 뿌린 뒤에 누런 물[145]이 들어오면 모가 물을 따라 자라는데, 장마로 인한 근심은 없고 물이 빠지면 벼가 익는다. 그런 까닭에 모종을 심는 농사철에는 모두 배를 타고 나가 일하며 김을 맬 필요가 없고, 곡식이 익으면 다시 배를 타고 나가 수확해 돌아온다. 누런 물이 이곳에 들어오면 물살이 흩어지고 완만해져 이로 인해 논밭이 비옥해진다. 사람이 죽으면 시신을 태운 뒤 화장하는데, 간혹 시신을 물고기나 새의 밥으로 주면서 사후를 발원하기도 한다. 장차 1만 섬 남짓 실을 수 있는 큰 군함을 제조함에 심산에서 돛대를 구할 때는 큰 나무를 보면 먼저 경을 외워 알리고 나무 신이 윤허하면 비로소 도끼를 갖다 대었다. 은·납·주석·상아·무소뿔·오목·소목·용뇌향·강진향·물총새 깃털·소뿔·사슴 힘줄·두구·제비집·해삼·해초 등의 물산이 난다. 태국은 뱅골Bengal[146]만큼 토산물이 풍부하지만, 쌀값은 태국이 훨씬 저렴하다. 태국은 고지대에서도 보리를 심을 수 있다. 태국은 나무가 아주 견고하고 좋아 배를 만들기에 적합하다. 또한 목재도 많고 가격이 저렴해 중국에서 배를 만드는 가격에 비해 그 값이 반값이다. 또한 홍목紅木[147]이 많이 나는데, 때로는 피낭섬Pulau Pinang[148]으로 운반해 나르고, 때로는 광주·상해·천진天津·영파 등의 항구까지 실어 나른다. 또 백설탕이 많이 난다.[149] 후추는 매년 6만 섬 남짓을 배로 운반해 중국에 팔고 설탕은 10만 섬 남짓을 판다. 중국 배는 두구·강진향·수지(樹膏)·등황·각종 안료·설탕·홍목·오목·단향檀香[150]·상아·주석·호랑이 뼈·호랑이 가죽·소가죽·무소뿔과 함께 잡동사니를 사들인다. 중국인들은 배에 쌀과 설탕을 싣고 와 남중국해 각 섬에 판매하는데, 싱가포르[151]에서 가장 많이 판매한다. 항구마다 들어오는 중국의 배는 매년 90척 정도이고, 작은 배가 아주 많은데 모두 해남도海南島[152]를 거쳐 온다. 지난날 한 미국 배[153]가 구식 철제 화포를 싣고 와 설탕과 바꾸어 갔는데, 매년 한두 척 정도는 있었으나 지금은 거의 없다. 인도에서도 매년 몇 척의 배가 포목을 싣고 이 항구로 들어와 설탕 등의 화물을 바꾸어 갔다. 통틀어 논하자면 중국 배가 매년 싣고 온 화물은 약 4만 톤이고, 외국의 갑판은 약 2만 톤이다. 옛날에 시암에는 선원이 없었는데, 후에 한 세자가 외국의 갑판선을 모방하여 배 몇 척을 만들고는 각 나라로 무역하러 다녔으니, 이것이 통상의 시초가 되었다. 산에는 금사金沙·주석·철이 생산된다. 여기서 나는 과일은 다른 나라에 비해 훨씬 맛이 좋다. 존귀한 사람이나 빈천한 사람이나 모두 사당을 세우고 탑을 건립하면서도 길이 없고 다리가 없는데도 어느 누구 하나 기꺼이 돈을 기부해 세우려고 하지 않으니, 이것은 정말 큰 의문이다.

남자와 여자들은 평상시 옷을 입는 경우가 드물고, 여자는 가슴을 내놓는다. 남자와 여자는 각자 머리를 깎고 정수리에만 머리칼을 남겨 둔다. 남자와 여자들은 늘 목욕하는 것을 즐거워한다. 아주 검소하게 먹고 희생물을 죽이거나 알을 깨지 않는데, 단 외국인을 대접할 경우에는 이를 사용한다. 절을 세우기를 좋아해 비용을 아끼지 않으면서, 본인은 정작 초가집에서 살고, 오직 중국인들의 거처에만 비로소 기와와 돌을 사용한다. 서민들은 매달 반드시 3분의 1은 요역을 나가야만 했고 본업은 즐겨 하지 않는데, 아마도 파리 대가리만큼의 작은 이익이라도 생기면 관리들이 강탈해 가기 때문인 것 같다. 5대 관작인 짜오프라야, 프라야, 프라, 루앙, 쿤은 아주 많다. 품계가 낮은 사람들이 품계가 높은 사람들을 알현할 때는 반드시 기어서 가야지, 서서 가서는 안 된다. 백성들은 속이고 오만하게 굴다가도 난처한 경우가 생기면 바로 겁먹고 감히 행동으로 옮기지 않는다. [태국인들은] 윤회설을 믿는다. 매년 태국에 와서 거주하는 조주와 복건 사람들이 있는데, 이들은 대부분 그곳 여자<sup>154</sup>들과 결혼한다. 지금 태국에서 사는 중국인만 해도 2만여 명이 넘는데, 중국의 습속을 버리고, 태국 사람들과 똑같이 먹고 입는다. 국왕도 그 가운데 총명한 사람을 뽑아 관직을 주고, 조세나 무역에 관련된 일을 처리하게 했다. 시암군은 수시로 이웃 나라들을 정벌해서 그곳 사람들을 포로로 잡아 태국으로 데려왔는데, 그중에서도 미얀마·바고Bago<sup>155</sup>·믈라유Melayu<sup>156</sup>·라오스 사람들이 아주 많다. 다른 나라에서 온 사람 중 자국의 습속을 고수하는 경우에는 세금을 아주 무겁게 매겼다. 거주민은 모두 3백만 명정도 되었는데, 법령이 지나치게 가혹해서 두려워했다.

태국은 본래는 아주 오래된 땅이지만, 원나라 때 처음 그 이름을 알게 되었으며, 중국에 조공했다. 미얀마·말레이시아·참파국·캄보디아<sup>157</sup> 등의 나라와 이웃하면서 수시로 전쟁을 걸어 싸워 이기기도 하고 패하기도 했다. 포르투갈 사람들은 만력萬曆<sup>158</sup> 연간에 처음으로 태국에 와서 개항하고 무역을 시작했다. 후에 영국인과 프랑스인까지 모두 이 나라에 와서 통상했다. 바야흐로 중국인들이 이 나라에 오기 전에 무역을 했던 사람은 겨우 몇만 명에 불과했다. 영국 동인도 회사<sup>159</sup>가 태국에서 무역을 시작하자 한 교활한 자가 [태국] 왕에게 뇌물을 주고 힘을 써서 마침내 프랑스 사람들을 불러들였다. 강희 25년(1686)에 이르러 프랑스 군대가 항구를 통제하자 나라 사람들이 왕을 죽이고 프랑스 군대를 몰아낸 뒤 새로운 왕을 세우고 이전처럼 통상했다. 건륭 38년(1773)에 미얀마 군대가 태국의 도성을 함락시키고 불을 놓아 그곳 사람들을 사로잡아 노예로 삼는 바람에 전 국토가 황폐해졌다. 이를 본 중국인(피아 딱신)이 분노하여 의병을 일으키고 미얀마군을 몰아냈으니 바로 현재 왕조의 선조이다. 이로부터 나라가 다시 번성하고 중국 이민자들이 날로 늘어나면서 무역도 더욱 활발하게 이뤄졌다. 도광 4년(1824)에 미얀마와 영국이 교전을 벌일 때 태국은 영국과 동맹을 맺고 진격해서 이전에 잃어버린 땅을 모두 수복했다. 그리하여 영국과 미국 등의 국가들과 크게 무역을 했다. 그러나 수출하는 물건은 값이 비쌌고, 수입하는 물건은 값이 쌌다. 현재의 국왕은 이미 노쇠했고, 그 세자는 총명해 직접 화륜선을 제조하고, 다른 나라의 예술도 중시하며, 영어를 학습하고 영어책을 읽어 스스로 국가를 세울 수 있었으니, 다른 나라에서도 그와 다툴 자가 없었다.[160] 도광 8년 (1828) 라오스의 땅을 침범해 그곳 사람들을 사로잡아 노예로 삼았다. 또한 일전에 안남국과 전쟁과 화해를 반복하며 첸라Chenla[161]를 차지하기 위해 다투었고, 시암과 베트남이 그 반을 나누어 점령한 이래 두 나라는 지금까지도 끊이지 않고 싸운다. 태국은 5대 관작인 짜오프라야, 프라야, 프라, 루앙, 쿤이 있는데, 관리의 봉록이 많지 않아 청렴하려야 청렴할 수 없다. 국가에서 거들어 들이는 향은餉銀만 해도 150만 냥이고, 거주하고 있는 종족들은 각각의 수장이 그들을 영도했다. 법규는 중국과 비슷하고, 경책은 모두 경(咒語)에 관련된 것이며, 발음도 순수 산스크리트어를 사용했고, 글자 모양은 중국어와도 비슷한 면이 있다. 서책의 태반은 허황되고 황당한 내용이 실려 있으며 중요한 사건을 기록하지 않았다. 중국인들이 『삼국연의三國演義』를 번역해 태국 사람들에게 보여 주자, 예수교를 전도하는 모든 미국 선교사 역시 태국 발음으로 썼다. 선교사들이 저술한 서적이 매우 많았는데, 예수교의 교리를 설명한 것도 있고, 예술을 설명한 것도 있다. 나라 전체는 모두 5개 지역으로 나눌 수 있는데,

첫째가 시암[162]으로, 메남강 양안에 위치해 있다. 토지는 비옥하고 물산이 풍부하며, 수도는 방콕이고, 인구는 20만이며, 판잣집과 상점들이 강에 줄지어 있다. 사찰과 전각은 아주 휘황찬란하지만, 나머지는 모두 너무 작아 보잘것없다. 백성들은 아주 가난하고 부자는 중국 상인과 5대 관작의 사람들뿐이다. 이로부터 더 나아가 아유타야[163]라는 고도古都가 되었는데, 아유타야는 이미 황폐해져 살고 있는 사람들도 아주 적다. 또한 해변에 짠타부리,[164] 촌부리[165] 등의 마을이 있는데, 역시 통상을 하며 후추가 많이 난다. 둘째는 라오스이다. 라오스는 양도받은 땅으로 북쪽에 위치해 있으며 모두 산림으로 둘러싸여 있다. 홍목[166]·오목·상아 등의 물산이 많이 나며 대부분 야만족으로 시암 사람들이 사로잡아 노예로 삼았던 자들이다. 사람들이 순박해서 자식이 부모를 섬기듯 시암 사람들을 섬겼다. 다만 생산물이 너무 적어 공물을 바칠 수 없다. 세 번째는 첸라로, 바로 캄보디아[167]이다. 이제 막 시암의 판도로 들어왔다. 이 땅에서는 산물이 많이 나지만, 인구는 적다. 네 번째는 브루나이Brunei[168]의 일부 지역으로, 영국의 속국 및 미얀마와 접해 있다. 양국의 산중은 토지는 비옥하나, 아직 개간하지 않은 곳도 있고, 또한 사람들을 그곳으로 이주시킨 적도 없다. 다섯째는 말레이 종족의 땅이다. 그 땅의 10분의 1은 크다[169]가 차지하고 있는데, 크다는 영국의 [식민지인] 피낭과 마주 보고 있으며, 이곳에서는 백설탕과 미곡이 난다. 나머지는 모두 추장 소유로, 해마다 시암에 공물을 바친다.

# 重輯

―――

原本無, 今補輯.

『皇淸通考』「四裔門」: 暹羅東廣南, 南柬埔寨, 古暹及羅斛兩國地也. 地方千里, 環國皆山. 國分郡邑, 縣隸於府, 府隸大庫司. 大庫司者, 猶華言布政司也. 庫司九, 曰暹羅·可刺細馬·疋曹本·皮細綠·束骨胎·果平疋·倒腦細·討歪·六昆. 府十四, 曰綵納·老無·比朵·束板普·辣皮·疋皮里·朵野·多鏡·千無里·細辭滑·朵欲·款細灣·沾奔·魁山, 縣七十二. 西北土磽確, 暹地也, 東南土平衍, 羅斛地也. 王城分八門, 城濠磚砌, 周遭十餘里. 城中有小河通舟, 城外西南, 居民輳集. 王居在城西隅, 別建宮城, 約周三里有奇. 殿用金裝彩繪, 覆以銅瓦. 室用錫瓦, 階砌用錫裹磚, 欄杆用銅裹木. 王出, 乘金裝彩轎, 或乘象車, 其傘蓋以葜葦葉爲之. 王每旦登殿, 官僚於臺下設氈, 以次盤膝坐, 合掌於頂, 獻花數朵. 有事則具文書朗誦上呈, 候王可否, 乃退. 國王自明洪武中, 始用中國賜印. 其國官制九等: 一曰握亞往, 二曰握步喇, 三曰握蟒, 四曰握坤, 五曰握悶, 六曰握文, 七曰握板, 八曰握郎, 九曰握救. 選擧由鄉擧於大庫司, 以文達於王所. 王定期試之, 咨以民事, 應對得宜, 始賜章服授官. 考課亦以三年爲期, 其文字皆旁行,不通漢字. 明正德中, 選留貢使一二人入館肄業, 後乃稍習漢文. 其服色, 惟王留髮, 冠金嵌寶石, 形似兜鍪, 上衣下裳, 緞布五采, 小袖朱履. 臣民皆剪髮, 男女椎結白布纏頭. 官一等至四等, 金嵌寶石帽, 五等至九等, 五彩絨緞帽. 衣俱兩截, 襪履用牛皮. 婦人妝髻簪戒指, 鐲釧脂粉, 略同中國. 亦上衣下裳, 五彩織金, 花幔曳地, 皮烏紅黑. 炎熱卑濕, 人皆樓居, 上聯檳榔片藤覆之, 間用陶瓦. 無床桌几凳, 皆藉氍席藤而坐. 官民有銀, 不得私用, 皆送王所委官. 傾瀉成珠, 用鐵印印文其上, 每百兩入稅六錢. 無印文者, 以私銀論罪. 初犯斷左指, 再犯斷右指, 三犯者死. 錢穀出入之事, 取決婦人. 婦多智, 夫聽命焉. 國人有名無姓, 爲官者, 稱握某民. 上者稱奈某, 下者稱隘某. 風俗勁悍, 習水戰. 其貢有龍涎香·速香·金銀香·象牙·胡椒·藤黃·豆蔻·蘇木·烏木·大楓子·薔薇露·西洋閃金花緞之屬. 又金石, 則有金剛鑽·寶石·花錫. 羽毛鱗介, 則有孔雀·五色鸚鵡·犀·象·金絲猴·六足龜. 花木蔬果, 則有黃竹·策竹·猫竹·石榴子·水瓜·土瓜. 又產羅斛香, 味清遠似沈香. 蓋以其地得名也.

明洪武中入朝, 賜印文, 始稱暹羅國. 順治九年十二月, 暹羅遣使請貢, 竝換給印敕勘合, 從之. 自是職貢不絕. 康熙三年, 先是外洋貢船入廣東界, 守臣查驗屬實, 進泊河干. 封貯所攜貢物, 俟禮部文到, 始貿易, 物輒毀壞. 二十三年六月, 國王遣使來貢, 因疏請嗣後貢船到廣具報後, 卽次河干, 俾貨物早得貿易. 竝請本國採買器用, 乞諭地方官給照置辦. 貢使進京, 先遣貢船回國, 次年, 差船迎敕歸國, 許之. 二十四年, 增賞暹羅緞幣表裏五十. 四十七年, 詔貢使所攜貨物, 免其徵稅. 六十一年, 詔曰: "暹羅國貢使, 言其地米甚饒裕, 銀二三錢可買稻米一石. 朕諭令分運米三十萬石至閩廣浙江, 於地方甚有裨益, 不必收稅." 雍正二年, 貢稻種·果樹, 其船梢目九十六人, 本係漢人, 求免回籍, 許之. 七年, 御書「天南樂國」匾額賜之, 竝減免速香·安息香·袈裟·布匹等貢. 乾隆元年六月, 咨禮部言: "往時欽賜蟒龍大袍, 藏承恩亭上, 歷世久遠, 難保無虞, 懇再邀恩賞賜一二. 每年造福送寺, 需用銅斤, 求暫開禁「采買部議不可」."詔特賞蟒緞四匹, 加賞銅八百斤, 後不爲例. 八年九月, 奉旨: "暹羅國商人運米至閩, 源源而來, 嗣後外洋貨船帶米萬石以上者, 免船貨稅銀十之五, 五千石以上者, 免稅十之三, 卽載米不足五千之數, 亦免其船貨稅銀十分之二."次年, 福撫陳大受奏言: "閩商前赴暹羅販米, 其國木料甚賤, 應聽造船運回, 給照查驗."報可. 十四年, 御書「炎服屛藩」匾額賜之. 十六年, 閩督奏準商人赴暹羅運米至二千石以上者, 查明議敍賞給頂帶. 十八年二月入貢, 竝懇賜人參·纓牛·良馬·象牙, 竝通徹規儀內監. 部議不可, 詔賜人參. 四十六年正月, 暹羅國長鄭昭遣使入貢, 奏稱: "自遭緬匪侵淩, 雖復土報仇, 紹裔無人. 茲群吏推昭爲長, 遵例貢獻方物."五十一年, 其子鄭華嗣立, 復入貢. 詔封華暹羅國王. 其國都, 在廣東省西南, 海道約四十五晝夜可至. 始自廣東香山縣登舟, 乘北風, 用午針出七洲洋, 十晝夜, 抵安南海次, 有一山名外羅. 八晝夜, 抵占城海次, 十二晝夜, 抵大崑崙島. 又用東北風轉舟, 向未及申三分, 五晝夜可抵大眞樹港. 五晝夜可抵暹羅港, 入港二百里, 卽淡水洋. 又五日抵暹羅城. 其國西南有大山綿亘. 由暹羅沿山海而南, 爲宋腒膀·斜仔·六崑·大呢, 皆暹羅屬國.


『海國聞見錄』: 自柬埔寨大山繞至西南爲暹羅. 由暹羅沿山海而南, 爲斜仔·六坤·大哖·丁葛奴·彭亨, 山聯中國, 生向正南, 至此而止. 又沿海繞山之背過西, 與彭亨隔山而背坐, 爲柔佛. 由柔佛而西, 爲麻剌甲, 卽丁葛奴之後山也. 由麻剌甲而西, 出於雲南·天竺諸國之西南, 爲小西洋戈什達. 暹羅沿山海而至柔佛諸國, 各皆有王, 均屬暹羅國所轄. 古分暹·羅二國, 後合爲暹羅國. 俗崇佛, 王衣文彩, 佛像肉貼飛金, 用金爲器皿. 陸乘象亭·象輦, 舟駕龍鳳. 見尊貴, 以裸體跣足俯腰蹲踞爲禮, 不衣褌而圍水幔. 尊敬中國, 用漢人爲官屬·理國政·掌財賦. 城郭軒豁, 沿溪樓閣群居. 水多鱷魚. 從海口至國城, 溪長二千四百里, 名黃河. 水深闊, 容洋舶隨流而入, 通黃河支流. 夾岸大樹茂林, 猿猴采雀, 上下呼鳴. 番村錯落, 田疇饒廣. 農時闔家棹舟耕種, 事畢而回, 無俟鋤芸. 穀熟仍棹舟收穫而歸. 粟藁長二丈許, 以爲入貢土物. 因播秧畢, 而黃河水至, 苗隨水以長, 水長至六七尺, 則苗亦長至六七尺, 水退而稻熟矣. 幹河入中國, 勢猛而急. 支河入西域, 歸柬埔寨·暹羅以出海, 勢散而緩, 田疇藉以肥饒. 案: 此竟以暹羅之河, 與中國之黃河同源, 謬甚. 惟『東西洋考』謂黃水每夏秋自海中來者得之.

故產米之國, 石可三星. 俗語"捕鹿枝頭, 牽牛上樓", 蓋鹿爲水漂沒, 閣息於樹梢, 溪屋爲水注浸, 引牛於樓上. 人有被虎噉鱷吞者, 告於番僧, 僧咒拘而虎自至, 咒攄綿紗於水而鱷自縛. 剖而視之, 形骸猶存. 有受蠱者, 向僧求咒則解, 是以俗重佛教. 富者卒後葬以宅, 卽釋氏塔也.

又有一種共人, 共者, 咒法名也. 刀刃不能傷, 王養以爲兵衛. 若犯刑, 令番僧以咒勸化之, 使其自退咒法, 方與受刑. 國造巨艦載萬餘石, 求桅木於深山大樹, 先以咒語告求, 允許, 方敢下斧. 不則樹出鮮血, 動手者立亡. 用牛挽輂, 沿途番戲以悅之, 咒語以勸之. 少有不順, 則拔木而自回舊地. 挽至廠所, 其靈方息. 產銀·鉛·錫·洋布·沈速·象牙·犀角·烏木·蘇木·冰片·降香·翠毛·牛角·鹿筋·藤席·佳文席·藤黃·大楓子·豆蔲·燕窩·海參·海菜. 以銀豆爲幣, 大者重四錢, 中者一錢, 次者五分, 小者二分五釐, 其名曰潑, 皆王鑄字號. 法不得剪碎, 零用找以海螺巴. 廈門至暹羅水程: 過七洲洋, 見外羅山. 向南見玳瑁洲·鴨洲, 見崑崙. 偏西見大眞嶼·小眞嶼. 轉西北, 取筆架山, 向北至暹羅港口竹嶼, 一百八十八更. 入港又四十更, 共水程二百二十八更. 而東聯柬埔寨, 僅水程一百十三更, 何以相去甚遠? 蓋柬埔寨南面之海, 一片盡屬爛泥, 故名爛泥尾. 下接大橫山·小橫山, 是以外繞而途遠也.

『地球圖說』: 暹羅國東界安南國, 南界麻六甲國竝海. 西界阿瓦國, 北界中國. 其百姓約三百萬, 都城名萬國城, 內民九萬, 宗釋教. 現有花旗國·英吉利國人, 在此傳授耶穌聖教. 居茅廬, 以藤席·竹簟爲寢處, 不衣褲而圍小幔. 裸體跣足, 頭剃而留頂髮. 常食檳榔, 齒黑口臭. 亦有建屋水上, 極其高峻. 國君好白象, 戰則以白象爲先鋒. 現有中國廣東福建人, 能駕運船, 與之貿易, 或至此務農. 其土人形狀與安南相似. 地勢低陷, 天雨多則遍地水溢. 民風男尊女賤, 一男多娶數女, 不合則休之無妨. 內有至大之江, 名湄南. 又麻六甲國之南, 有一地, 名新嘉坡, 與中國人通商之處. 產鹿角·象牙·白豆蔻·胡椒·各樣香料·米·鹽·錫·藤木料·牛虎等皮. 所進入之貨, 大抵購自中國.

『地理備考』曰: 暹羅國在亞細亞州之南, 北極出地八度起至二十一度三十分止, 經線自東九十七度起至一百零一度止. 東至安南國, 西連馬拉加海峽, 南接馬拉加國, 北界中國雲南. 長約三千三百餘里, 寬約一千里, 地面積方約二十萬零一千一百餘里, 煙戶三兆六億口. 本國地勢, 西方則重岡疊嶺, 絡繹延袤, 此外則邱阜寥寥, 平原坦闊, 每遭水患. 河之長者, 一名美能, 一名薩轡, 一名賣岡. 湖則甚小, 爲數無幾. 田土膏腴, 河濱沃潤. 土産金·銅·鐵·錫·鉛·鹽·窩宅·燕窩·象牙·豆蔻·沈香·胡椒·煙葉·甘蔗·木料等物. 地氣濕熱, 風俗樸素. 王位世襲. 所奉之敎, 乃釋敎也. 其餘別敎, 人或奉之, 槪不禁止. 貿易興隆, 商賈雲集. 粵稽國史, 康熙二十七年, 至乾隆四十六年, 與緬甸國日尋干戈, 時事屠戮, 迨乾隆四十七年, 廢立擧行, 名器更易. 越四十二載, 有哥羅馬甲者卽位, 其後兵革斂戢, 國事乃定. 首郡名邦哥, 乃本國都也, 建於美能河口. 宮殿廟堂則用磚瓦, 閭閻房屋, 俱用木板. 其通商衝繁之地, 一名西約的亞, 一名廬窩, 一名郎日約內. 其兼攝之地, 一名眞臘, 卽柬埔寨也, 一名老撾, 卽越裳也, 一里哥爾, 一賓德倫, 一巴達尼, 一加蘭丹, 一的靈加諾, 一給達, 一仍塞倫島. 或隸版圖, 或派官居守, 或受其貢焉.

『每月統紀傳』曰: 暹羅在南海沿, 古赤土及婆羅刹地也, 其後分爲暹與羅斛二國. 暹瘠, 土不宜耕稼, 羅斛土平衍而種多獲, 暹賴給焉. 元明以來, 皆稱國曰暹羅. 乾隆年間, 緬甸王征剿暹羅, 値凶年饑歲, 爲緬所服. 其後有漢人在暹國者, 亦乘緬甸荒年, 起兵報復, 破緬凱旋, 自立爲暹羅王. 嘉慶初年間, 暹國內之將軍謀反, 令漢王讓位, 現在此朝治國. 頻數與緬甸打仗, 服老撾·占城·馬萊西南方幾國. 方欲與安南相戰, 蓋暹羅官員殺安南公使. 道光年間, 英國駐印度之總帥, 與緬甸王相戰, 暹羅與英國盟約, 以兵相助, 議息攻戰之後, 兩國友交. 本年亞默利加統邦之治主亦遣公使結貿易約.

暹羅之田, 不勝肥美. 其中穀之江, 每年漲黃水, 自五月一派從海口來. 四月插苗, 隨水漲而發, 水漸高, 苗亦漸長, 遂至六尺. 漲以九月始退, 退卽稻熟可收. 田得水而肥, 其米純白, 盛供所用有餘. 載出口產物甚多, 有白糖·蘇木·翠羽·乳香·降香·象牙·犀角, 木頭能造巨艦之桅. 有燕窩·海參·海菜·錫等貨. 其地向南甚平坦, 向北有山嶺. 土番與漢人相似, 而顏更黑. 惟好閑遊, 却令外國人代工作. 民居樓及竹藤之屋, 富者卒後葬以塔. 人皆裸體跣足, 俯腰蹲踞見尊貴. 不衣褲而圍水幔, 惟僧言是聽. 凡男子皆爲僧幾年, 然後爲平民. 建廟塔無數, 致敬佛象. 暹羅有王三位, 其民皆視之如佛, 敬服如神仙. 王宮高廣, 以黃金爲飾, 雕鏤八卦, 備極美麗. 有門三重, 每門圖畫飛仙菩薩之狀, 懸以金花. 王之器皿都是黃金, 惟膝行可朝見.

華人駐此娶番女. 唐人之數, 多於土番. 惟潮州人爲官屬, 封爵, 理國政, 掌財賦. 城郭軒豁, 沿溪樓閣群居. 每年有上海·寧波·泉州·廈門·潮州·廣東船進其都城, 稱萬國兼占地門貿易. 英吉利及亞墨利加各國之船, 皆進萬國黃河江貿易. 其女人亦爲商賈. 只恨居民懈惰, 多荒地, 若非漢人代爲耕種經營, 甚難度日也.

『外國史略』曰: 暹羅國廣袤萬三千三百三十方里, 居民五百萬, 北極出地自五度至十九度. 南及同名之海隅, 北連老掌, 東及越南, 西連英藩屬地至緬甸. 北有山, 南方有低谷, 墨南河之所南流也. 地豐裕, 海島星羅棋布. 由中國進暹港, 過七洲, 見外羅山. 向南則玳瑁洲·鴨洲·崑崙, 偏西則大眞嶼·小眞嶼, 西北爲筆架山. 向北至暹羅港·竹嶼. 草木茂盛, 多磧地, 無居民. 古分羅國·暹國, 後合爲一國. 崇佛敎, 惑風水. 王衣彩, 肉貼飛金, 用金皿. 陸乘象亭·象輦, 駕龍鳳舟. 設官屬曰招夸, 以裸體跣足·俯腰蹲踞爲禮. 見尊貴不衣褲, 用小幨圍之. 尊敬中國, 用漢人爲官屬, 理國事, 掌財賦. 城郭軒朗, 沿溪皆樓閣, 多鱷魚. 從海口至國城, 水深闊, 洋舶隨之. 夾岸皆茂林深竹, 猿猴彩雀, 上下呼鳴. 暹村錯落, 田疇沃饒, 粟藁長二丈許. 播秧後有黃河水至, 苗隨水長, 無澇傷之患, 水退而稻熟矣. 故其耕種之農, 皆棹舟出作, 無俟鋤芸, 穀熟仍掉舟收獲而歸. 黃水至此, 其勢散而緩, 田疇肥饒. 人死則焚屍而後葬, 或發願死後以屍飼魚鳥. 將造巨艦, 載萬餘石, 求桅於深山中, 遇大樹, 先以咒語告求, 如樹神允許, 方下斧. 產銀·鉛·錫·象牙·犀角·烏木·蘇木·冰片·降香·翠毛·牛角·鹿筋·豆蔲·燕窩·海參·海菜等貨. 暹羅土產之豐, 與旁葛拉相等, 但暹羅米穀價更賤. 高地亦能種麥. 其木最堅美, 宜於造船. 且料多而價賤, 較中國造船費, 惟値半價. 又多紅木, 或運出新埠, 或載廣州·上海·天津·寧波等港. 又多產白糖. 胡椒每年六萬餘石, 亦運賣與中國, 其白糖十萬餘石. 漢舶買豆蔲·降香·樹膏·藤黃·各項顏色·白糖·紅木·烏木·檀香·象牙·錫·虎骨·虎皮·牛皮·犀角竝雜貨. 唐人之船亦載米糖賣與南海各島, 最多在新埠. 各海港所進中國之船, 每年約九十隻, 小船甚多, 俱由海南島. 昔有花旗船, 載舊鐵砲以易白糖, 每年約一二隻, 今則少矣. 印度國每年亦有數船到是港, 載布匹易白糖等貨. 統論漢船每年所載之貨, 約四萬噸, 外國之甲板, 約二萬噸. 向暹人無水手, 後有世子仿外國甲板船, 亦造數隻, 赴各國貿易, 遂爲通商之始. 山產金沙·錫·鐵. 所出之果, 尤美於他國. 尊貴卑賤皆築廟建塔, 然無路無橋, 無一肯捐建者, 此其大惑也.

男女居俱罕穿衣服, 女露胸嬭. 各剃頭, 首頂留髻. 男女恒浴身以遊. 食甚菲薄, 不殺牲破卵, 惟請外國人則用之. 好建寺廟, 不惜費, 自居則草寮, 惟漢人所寓, 始有瓦石. 庶民每月必以三分之一供徭役, 不樂務本業, 蓋稍得蠅頭, 官吏則強奪之故耳. 五爵甚多. 下品覲其上品, 必匍匐不得立起. 民詐而驕傲, 有礙難, 卽失膽, 不敢行動. 信輪回之說. 每年有潮州·福建人赴暹羅居住, 多取其土女. 現所居者二萬餘, 棄漢俗, 衣食一如暹羅. 國王亦擇其聰明者官之, 使理征賦貿易之事. 暹軍亦隨時伐鄰國, 虜居民遷至本地, 其中緬甸·文萊·巫來由·老掌人等甚多. 自外來者各操本俗, 征餉甚重. 居民共計三百萬, 惜政令太苛.

暹羅本古地, 元時始知其名, 入貢中國. 與緬甸·文萊·占臘·干賓等國爲鄰, 時時肇釁交戰, 或勝或敗. 葡萄亞人於萬曆間初至此國, 開埠貿易. 後英人與佛蘭西皆至此通商. 方漢人未到是國以前, 貿易祇數萬名. 英國公班衙於其地開行, 有奸人賄王用事, 遂招佛蘭西人. 至於康熙二十五年, 佛國兵士守港口, 於是國人殺王, 驅佛蘭西軍, 更立新主, 通商如故. 乾隆三十八年, 緬甸軍陷其都城, 且火之, 虜其民爲奴, 全地荒蕪. 漢人憤之, 倡義起兵驅敵, 卽今國王之祖也. 自後國復興旺, 漢氓日增, 貿易益廣. 道光四年, 緬甸與英人交戰之際, 暹羅結盟於英, 合陣前往, 盡復前所失地. 於是與英人及花旗等國大通貿易. 但運出者價昂, 運進者價低. 今王已老, 其世子聰明, 親造火輪船, 他國藝術, 無不講求, 習英語, 讀英書, 能自樹立, 在各國中爲無雙矣. 道光八年, 侵老掌地, 虜其人爲奴. 又前與安南屢戰屢和, 爲爭據占臘國, 暹人與越南各分占其半, 兩國搶奪, 至今未息. 國有五爵, 官憲俸祿無多, 不足以養其廉也. 國所收餉銀百五十萬兩, 其所居之族類, 各有頭目領之. 律例與中國相仿, 其經冊皆係咒語, 其語音亦純用梵語, 其字樣與華音亦有所似. 其書冊大半虛誕, 不錄緊要事. 唐人翻譯『三國演義』與暹羅人閱看, 所有花旗傳耶穌之教者, 亦藉此音以敍述之. 其

書本頗多, 或闡教理, 或訓藝術. 通國分五分: 一曰暹, 在默南河兩岸. 地豐盛,

其都曰萬國城, 居民二十萬口, 板屋列市, 浮於河. 寺殿甚煌, 餘皆渺小. 民貧

乏, 富者惟漢商及五爵. 由此更進, 則爲古都, 曰由他雅城, 已荒廢, 居民鮮少.

海邊又有斬地文·萬巴賽等邑, 亦通商, 多產胡椒. 二曰老掌. 所讓地, 在北方,

皆山林. 出紅木·烏木·象牙等貨, 族類多蠻, 暹人所虜爲奴者也. 其民樸實, 事暹

人如子事父. 惟產業甚微, 不能納貢物. 三曰占臘, 卽甘賓地也. 新歸暹之版輿.

其土豐產, 而少人戶焉. 四曰文萊國之數分, 與英之藩屬及緬甸交界. 兩國山

中, 地美, 而未有墾之者, 亦無新民遷之者. 五曰巫來由種類之地. 其地之一分

曰貴他部, 與英國之檳榔嶼相對, 是出白糖·米穀. 餘皆土酋, 歲貢於暹.

# 주석

🐟

1 『황청통고皇淸通考』:『흠정황조문헌통고欽定皇朝文獻通考』를 가리키며,『황조문헌통고皇朝文獻通考』,『청조문헌통고淸朝文獻通考』,『황조통고皇朝通考』라고도 한다. 청나라 고종高宗 건륭乾隆 32년(1767)에 혜황嵇璜·유용劉墉 등이 칙명을 받고『속문헌통고續文獻通考』가운데 청나라 관련 부분만 분리하여 독자적으로 만든 뒤, 기윤紀昀 등이 교정하여 건륭 52년(1787)에 완성되었다. 청나라 개국(1616)부터 건륭 50년(1785)까지의 전장典章 제도를 기록하고 있다. 즉 전부田賦·전폐錢幣·호구戶口·직역職役·징각徵榷·시적市糴·토공土貢·국용國用·선거選擧·학교學校·직관職官·교사郊社·군사群祀·종묘宗廟·군묘群廟·왕례王禮·악樂·병兵·형刑·경적經籍·제계帝係·봉건封建·상위象緯·물이物異·여지輿地·사예四裔 등의 26고考로 구성되어 있다.

2 꽝남Quảng Nam: 원문은 '광남廣南'이다. 광남은 쯔놈Chữ Nôm으로 꽝남이라 부르며, 베트남 남중부 지역에 위치한 성이다.

3 코친차이나Cochinchina: 원문은 '간포채柬埔寨'로, 간파저아干波底阿라고도 한다.

4 수코타이 왕국: 원문은 '섬暹'이다.『원사元史』에 보이는 섬으로, 1238년 짜오프라야강을 기반으로 북부 태국에 세워진 수코타이 왕국을 가리키며 지금의 수코타이 일대에 위치해 있다.

5 아유타야 왕국: 원문은 '라곡羅斛'으로, 롭부리를 말한다. 롭부리는 명대 역사에 보이는 아유타야 왕국으로, 1350년 라마티보디 1세가 창건한 태국 역사상 최장기 왕국이다. 여기서는 지명인 롭부리로 두는 것보다 문장의 의미상 나라 이름으로 풀이하는 것이 더 적합하다. 옛 땅은 지금의 태국 롭부리 일대에 위치해 있다.

6 아유타야Ayuthaya: 원문은 '섬라暹羅'로, 섬라고사暹羅庫司, 즉 아유타야를 말한다. 지금의 태국 시암과 그 부근 지역을 가리킨다.

7 코라트Khorat: 원문은 '가랄세마可剌細馬'이다. 지금의 태국 코라트로, 나콘라차시마라고도 한다.

8 펫차분Phetchabun: 원문은 '필조본疋曹本'이다. 광서 2년본에는 '족조본足曹本'으로 되어 있어 악록서사본에 따라 고쳐 번역한다. 펫차분은 지금의 태국 펫차분을 말한다.

9 핏사눌록Phitsanulok: 원문은 '피세록皮細綠'으로, 지금의 태국 핏사눌록을 말한다.

10 수코타이Sukhothai: 원문은 '속골태束骨胎'로, 지금의 태국 수코타이를 말한다.

11 깜팽펫Kamphaeng Phet: 원문은 '과평필果平疋'로, 지금의 태국 깜팽펫을 말한다.

12 메익: 원문은 '도뇌세倒腦細'이다. 타나오Tanaos로, 지금의 미얀마 동남쪽 해안에 위치한 메익을 가리킨다.

13 다웨이: 원문은 '토왜討歪'이다. 광서 2년본에는 '토비討丕'로 되어 있어 악록서사본에 따라 고쳐 번역한다. 다웨이는 지금의 미얀마 다웨이를 말한다.

14 나콘시탐마랏Nakhon Si Thammarat: 원문은 '육곤六昆'으로, 지금의 태국 나콘Nakhon을 말한다.

15 차이낫Chai Nat: 원문은 '채납綵納'으로, 지금의 태국 차이낫을 말한다.

16 롭부리Lopburi: 원문은 '로무老無'이다. 광서 2년본에는 '무로無老'로 되어 있어 악록서사본에 따라 고쳐 번역한다. 지금의 태국 롭부리이다.

17 피찟Phichit: 원문은 '비채比采'이다. 지금의 태국 피차이Phichai 혹은 피찟이다.

18 수판부리SuphanBuri: 원문은 '속판보束板普'이다. 광서 2년본에는 '동판노東板魯'로 되어 있어 악록서사본에 따라 고쳐 번역한다. 지금의 태국 수판부리를 말한다.

19 랏차부리Ratchaburi: 원문은 '랄피辣皮'로, 지금의 태국 랏차부리를 말한다.

20 펫차부리Phetchaburi: 원문은 '필피리疋皮里'로, 지금의 태국 펫차부리를 말한다.

21 차이야Chaiya: 원문은 '채야采野'로, 지금의 태국 반돈만Ao Ban Don 서쪽 해안에 위치한 차이야를 말한다.

22 뜨랏Trat: 원문은 '다요多鐃'이다. 지금의 태국 뜨랏으로 추정된다.

23 촌부리Chon Buri: 원문은 '천무리千無里'로, 지금의 촌부리를 말한다.

24 시사껫Sisaket: 원문은 '세사활細辭滑'로, 지금의 태국 시사껫을 말한다.

25 차이품Chaiyaphum: 원문은 '채욕采欲'이다. 지금의 태국 차이품을 말한다. 일설에는 차이요Chaiyo를 지칭하기도 한다.

26 나콘사완Nakhon Sawan: 원문은 '관세만欵細灣'이다. 지금의 태국 나콘사완을 말한다.

27 춤폰Chumphon: 원문은 '점분沾奔'으로 지금의 태국 춤폰을 말한다.

28 카오사밍Khao Saming: 원문은 '괴산魁山'으로, 지금의 태국 동남쪽 해안에 위치한 카오사밍 일대로 추정된다.

29 사방의 둘레: 원문은 '주조周遭'이다.

30 남짓 된다: 원문은 '유기有奇'이다.

31 교장엽茭蔣葉: 볏과에 속하는 여러해살이풀을 말한다. 바다의 모래톱에서 자라는 수초로, 그 잎이 길고 뾰족하다.

32 홍무洪武: 명나라 태조太祖 홍무제洪武帝 주원장朱元璋(재위 1368~1398)의 연호로 명나라 최초의 연호이다.

33 장복章服: 관등의 표식이 달린 옷을 말한다.

34 정덕正德: 명나라 제10대 황제 무종武宗 주후조朱厚照(재위 1506~1521)의 연호이다.

35 삼관三館에 들여보내: 원문은 '입관入館'이다. 송나라 이후 소문관昭文館·집현원集賢院·사관史館을 삼관이라고 하고, 중앙 교육기관인 광문관廣文館·태학관太學館·율학관律學館을 삼관이라고도 한다.

36 직금織金: 평직, 능직, 수자직 등의 바탕에 평금사平金絲, 연금사撚金絲로 무늬를 짠 화려한 직물을 말한다.

37 질기와: 원문은 '도와陶瓦'로, 잿물을 덮어서 진흙으로 구워 만든 기와를 말한다.

38 철인鐵印: 『사이관고四夷館考』에는 '철鐵'이 '전錢'으로 되어 있다.

39 용연향龍涎香: '앰버그리스ambergris'로, 고래의 토사물이다. 동양에서는 주로 향신료로, 서양에서는 향수의 향기가 휘발하는 것을 막는 데 사용된다. 용연향은 신선한 상태에서는 부드러운 질감과 검은색을 띠며 냄새가 다소 불쾌하나, 햇빛·공기·바닷물에 노출되면 딱딱해지고 검은색이 퇴색하며 좋은 냄새가 난다고 한다.

40 속향速香: 향목香木의 하나로, 물에 뜨고 가라앉지 않는 침향, 즉 황숙향黃熟香을 말한다. 명나라 이시진李時珍의 『본초강목本草綱目』「목일木―·침향沈香」에 다음 기록이 있다. "침향에는 세 등급이 있는데, 침향, 잔향, 황숙향이 그것이다. … 황숙향은 향이 가벼워서 물에 뜨는 것으로, 세속에서 이를 잘못 기록해 속향이라 하는데 바로 이것이다(香之等凡三, 曰沈, 曰棧, 曰黃熟香也 … 其黃熟香, 卽香之輕虛者, 俗訛爲速香是矣)."

41 금은향金銀香: 다른 말로 유향, 훈륙향薰陸香, 마미향馬尾香, 유두향乳頭香, 서향西香, 천택향天澤香, 욕향浴香, 적향滴香, 탑향塌香, 마사답길馬思答吉, 마륵향摩勒香, 두노향杜嚕香, 적유滴乳, 적유향滴乳香, 유탑乳塌, 유주乳珠, 이향爾香, 제유향制乳香이라고도 한다. 기가 몰리고 혈이 잘 돌지 않거나, 심장이나 배가 아프거나 넘어지거나 부딪쳐서 다친 곳을 치료하는 데 효과적이다.

42 등황藤黃: 동남아시아에서 자라는 가르키니아속 나무에서 채취해 의약품이나 안료로 사용한다. 등황의 색깔은 주황이나 갈색 계통이며, 분말로 만들면 연노란색을 띤다. 원산지는 캄보디아, 태국, 남부 베트남 일부 지역이다. 이 나무의 수액을 굳히면 등황이 된다.

43 두구豆蔲: 육두구과에 속한 상록활엽교목이다. 높이는 10~20m 정도이고, 잎은 두꺼우며, 꽃은 황백색이고 꽃잎이 없다. 종자는 육두구라 하며 동양에서는 약으로 사용하고, 서양에서는 향미료로 사용한다. 말루쿠제도가 원산지이며, 아시아 열대지방에서 재배된다.

44 소목蘇木: 소방목蘇枋木·적목赤木·홍자紅紫라고도 한다. 열대지방에서 자라는 식물로 높이 5~9m 정도로 자라며 행혈行血·지혈·진통·소종消腫의

효능이 있어 약재로 사용된다.

45 오목烏木: 흑단黑檀의 중심부에 있는 단단한 부분으로, 빛깔은 순흑색 또
는 담흑색으로 몹시 단단하며, 젓가락, 담배설대, 문갑 따위를 만드는
재료로 쓰인다.

46 대풍자大楓子: 상록교목으로, 높이는 20m 정도이고, 잎은 어긋나며 긴
피침형披鍼形이다. 대풍자씨에서 황색 지방유를 얻는데, 문둥병, 매독의
치료제로 사용된다.

47 장미로薔薇露: 장미과에 속하는 들장미꽃의 증류수를 말한다. 산동山東,
강소江蘇, 하남河南 등지에 분포한다. 가슴 통증이나 입안에 난 상처, 소
갈을 치료하는 데 쓰인다.

48 수자직繻子織: 원문은 '섬단閃緞'으로, 선명하고 광택이 있으며 날실과 씨
실의 색이 달라, 보는 각도에 따라 색이 다르게 보이는 비단을 말한다.

49 금강찬金剛鑽: 금강사金剛砂라고도 한다. 석류석을 가루 내어 만든 것으
로 수정이나 대리석을 닦는 데 쓰인다.

50 깃 달린 새와 털 난 짐승, 비늘 달린 물고기와 껍질이 있는 동물: 원문은
'우모린개羽毛鱗介'이다.

51 금사후金絲猴: 들창코원숭이라고도 하며, Golden Snubnosed Monkey를
말한다. 주로 티베트나 중국 서부 지방의 고지대 산림지대에서 서식하
고 있고, 몸길이는 60~70㎝ 정도 된다. 꼬리 길이와 몸의 길이가 거의
비슷하고, 이름처럼 둥근 얼굴에 짧고 뭉툭한 코를 가지고 있으며, 콧
구멍이 앞으로 나와 있어 '들창코(朝天鼻)'라고 한다.

52 섬라국: 오늘날 태국의 옛 명칭으로 태국어로는 샴Sayam, 영어로는 시암
Siam이라고 한다. 1939년 6월 24일에 태국으로 개명했다가 1945년 다시
섬라라고 했다. 1949년에 다시 태국으로 이름을 바꾸고 지금까지 그대
로 사용하고 있다. 본서에서는 섬라를 모두 현대 명칭인 태국으로 바꾸
어 번역하고 있으나, 여기서는 역사적 사실에 해당함으로써 그대로 사
용함을 밝혀 둔다.

53 감합勘合무역: 감합무역은 조공과는 달리 외교관계가 없는 오로지 무역

만 허가되는 무역의 형태로써 황제의 인장이 찍힌 문서가 있어야만 가능했다. 이는 14세기 말 이래 중국을 중심으로 한 동아시아 지역의 가장 보편적인 공무역의 한 형태였다. 감합무역의 원리는 전통적인 중화 중심의 관념에 따라 중국의 주변국들이 중국의 황제에게 종속의 표시로 공물을 바치고 그 반대급부로 회사품回賜品을 받는다는 것이다. 조공무역은 주변국의 당사자들에게 많은 경제적 이익을 주는 것이었기 때문에, 본래의 종속적 의미에 상관없이 다투어 행해졌고, 직업 상인들과 해적들까지 조공을 위장하여 몰려들게 되었다. 이 때문에 중국 정부에서 통제책을 강구했는데, 그것이 곧 감합제도였다. 이는 조공을 원하는 주변국들의 통치자들에게 일정한 형태의 확인표, 즉 감합을 미리 발급하여 공식적인 사행에 지참시키고, 진위를 확인하여 상인이나 해적들의 조공 사칭을 방지할 수 있었다. 감합은 본래 금속·상아·목제 등의 표찰에 글씨를 새긴 뒤 양분하여 한쪽은 보관하고 한쪽은 상대방에 발급하던 것이었다. 그러나 뒤에는 문서화하여 원장에 등록하고 계인契印과 일련번호를 매겨 발급되었다. 명나라는 연호가 바뀔 때마다 주변국에게 새 감합과 저부底簿를 보내고 옛 감합과 저부는 회수했다. 감합은 조공 횟수와 선박의 수 등을 고려해 발부되었다. 중국이나 조선에서 주변국들과 행한 감합무역은 무역 그 자체에서 이익을 추구하려는 것이라기보다 주변 민족들을 효율적으로 통제하려는 외교적 목적에서 행해졌다.

**54** 겉감과 안감: 원문은 '표리表裏'로, 황제가 신하에게 내리거나 신하가 황제에게 바치는 옷의 겉감과 안감을 말한다.

**55** 고향으로 돌아올 수 있게: 원문은 '회적回籍'이다. 광서 2년본에는 '회자回耔'로 되어 있으나, 악록서사본에 따라 고쳐 번역한다.

**56** 안식향安息香: 안식향나무 또는 백화수의 수액을 건조시켜 만든 약재로, 향기가 짙어 모든 사악한 기운을 쫓아낸다고 하여 붙여진 것이다. 베트남, 라오스, 태국, 중국에서 생산한다.

**57** 망룡대포蟒龍大袍: 망포는 화의花衣라고도 하는데, 포袍에 용무늬가 수놓

인 데서 망포라고 부르게 되었다. 서가徐珂의 『청패유초清稗類鈔』에 따르면 "망포는 일명 화의라고도 하는데, 명대 때 만들어졌다(蟒袍, 一名花衣, 明制也)"고 한다. 망포는 명대 때는 관원들의 조복으로 사용되었으나 청대에는 황태자부터 말단 관리까지 모두 입을 수 있게 되었다. 다만 신분에 따라 망포의 색깔과 용의 마릿수에 제한을 두었다.

**58** 복송사福送寺를 건립하는 데 [8백 근의] 구리가 필요하니: 이 부분은 『청사고清史稿』 권 528에 근거하여 보충한다.

**59** 망단蟒緞: 용 모양의 문양을 넣은 비단을 말한다. 청대 만주족들은 의복을 만들 때도 옷감 사용에 엄격한 규정이 있었다. 5품 이하의 관원들은 망단, 장단妝緞(남경에서 만든 고급 비단), 담비 가죽(貂皮), 스라소니 가죽(猞猁猻皮) 등은 사용할 수 없었다.

**60** 진대수陳大受: 진대수(1702~1751)는 자가 점함占咸이고 호는 가재可齋이며 호남성湖南省 기양祁陽 금란교金蘭橋 출신이다. 옹정 11년(1733)에 진사가 되어 서길사庶吉士에 선발되었다. 건륭 원년에 편수編修에 임명된 뒤로, 건륭 13년에 협판대학사協辦大學士, 군기대신軍機大臣, 태자태보太子太保를 지냈고, 안휘성, 강소성, 복건성의 순무巡撫를 거쳐 직례성총독直隸省總督, 양광총독兩廣總督을 지냈다. 건륭 16년(1751)에 양광총독으로 있을 때 과로사했으며 사후 문숙文肅이라는 시호를 받았다. 문집으로는 『진문숙주의陳文肅奏議』가 있다.

**61** 서훈: 원문은 '의서議敍'로, 등급이나 공훈에 의거해 승진, 혹은 기타 장려금을 줄 것을 주청하는 일을 말한다.

**62** 정대頂帶: 청나라 때 관직을 구별하는 모자 장식으로, 정대頂戴라고도 한다.

**63** 피아 딱신Phya Taksin: 원문은 '정소鄭昭'이다. 태국 톤부리 왕조의 초대 국왕(재위 1767~1782)으로, 별칭은 딱신 피야딱Taksin Phiyatak(1734~1782)이다. 중국 광동성 조주 출신의 부친과 태국인 어머니 사이에서 태어난 피아 딱신의 중국 이름이 바로 '정소'이다. 13세의 어린 나이에 아유타야 조정에 출사하여 왕조의 무장이 되었다. 1767년 미얀마(버마) 군대에 의해 아유타야 왕조가 함락되자 남쪽으로 도망쳤던 태국 군대가 미얀마를 공

격하여 1767년 말에 방콕을 탈환했다. 이후에 방콕 주변의 톤부리 지역에서 왕조를 건립하고 왕위에 올랐다.

**64** 정화鄭華: 사실은 피아 딱신의 장군 짜오 프라야 짜끄리Chao Praya Chakri로, 그는 피아 딱신의 아들도 아니고 이름이 '정화'도 아니다. 정화는 방콕 왕조, 즉 짜끄리 왕조의 창시자로, 라마 1세Rama I라 불린다.

**65** 정남향 방향: 원문은 '오침午針'이다.

**66** 칠주양七洲洋: 상달向達이 정리한 『정화항해도鄭和航海圖』에 따르면 '칠주七洲'는 칠주양이라고 하며, 현재의 서사군도西沙群島를 가리킨다고 한다.

**67** 레섬Cù Lao Ré: 원문은 '외라산外羅山'이다. 베트남 중부 해안 밖의 꽝동Quảng Đông군도 중의 레섬이다.

**68** 꼰다오섬Đảo Côn Đảo: 원문은 '대곤륜도大崑崙島'로, 베트남 중부 해안 밖에 위치한다.

**69** 분: 각도를 측정하는 단위로 도의 60분의 1을 가리킨다.

**70** 혼코아이섬Đảo Hòn Khoai: 원문은 '대진수항大眞樹港'이다. 지금의 베트남 남쪽 해안 밖에 위치한다.

**71** 빡남: 원문은 '섬라항暹羅港'이다.

**72** 아유타야: 원문은 '섬라성暹羅城'이다. 『청통고淸通考』에 따르면, 이 말은 명대의 『사이관고』에서 나온 말로, 명대 때의 '섬라성'은 태국의 수도였던 아유타야를 가리킨다.

**73** 싱고라Singgora: 원문은 '송거로宋腒勝'로, 송잡국宋卡國이라고도 하는데, 오늘날의 싱가포르를 지칭한다.

**74** 차이야: 원문은 '적자埤仔'이다.

**75** 빠따니Pattani: 원문은 '대니大呢'이다.

**76** 『해국문견록海國聞見錄』: 옹정 8년(1730) 청나라 수사제독水師提督 진륜형陳倫炯(1687~1751)이 쓴 책으로, 해양 지리의 명저이다. 책은 상하 2권으로 분권되어 있다. 진륜형의 자는 차안次安, 호는 자재資齋로 복건성 동안현同安縣 안인리安仁里 고포촌高浦村 출신이다. 어려서부터 부친을 따라 동서양을 출입하면서 해상에 대해 잘 알았다. 건륭 7년(1742)에 절강 영파

의 수사제독이 되었다.

**77** 차이야: 원문은 '사자斜仔'이다.

**78** 트렝가누Trenganu: 원문은 '정갈노丁葛奴'로, 정가라丁加羅, 정가노丁咖嗽, 정가로丁家廬, 정가라丁咖羅, 정기노丁叽嗽 등으로 불렸다.

**79** 파항Pahang: 원문은 '팽형彭亨'으로, 서말레이시아 동부에 위치해 있다.

**80** 조호르Johor: 원문은 '유불柔佛'로, 지금의 말레이시아 조호르 지역이다.

**81** 경유해: 원문은 '유由'이다. 광서 2년본에는 '출出'로 되어 있어 악록서사본에 따라 고쳐 번역한다.

**82** 인도반도: 원문은 '소서양小西洋'이다. 『해국문견록』에 나오는 '소서양'은 '인도양Indian Ocean'을 지칭한다.

**83** 해안: 원문은 '과십달戈什達'이다. '과십달'은 해안Coast을 뜻한다. 따라서 인도반도의 동서 해안, 즉 코로만델해안과 말라바르해안을 가리킨다.

**84** 잠방이: 원문은 '곤裈'이다. 가랑이가 무릎까지 내려오는 남성용 바지이다.

**85** 수만水幔: 동남아시아 국가에서 하반신에 두르는 천을 말한다.

**86** 후에앙강Hueang River: 원문은 '황하黄河'이다. 태국과 라오스 사이를 흐르는 강으로 메콩강의 한 지류이다.

**87** 한 섬: 원문은 '석石'이다. 곡식을 셀 때 보통 쌀 열 말을 한 섬이라고 한다. 당시에는 쌀 한 가마니가 80kg이었다고 한다. 따라서 여기서는 160kg혹은 180kg이 되니 3년 치 식량 정도에 해당된다.

**88** 3년: 원문은 '삼성三星'이다. 옛날 사람들은 목성이 서쪽에서 동쪽으로 한 번 도는 데 12년이 걸리며, 매년 별자리를 하나씩 거쳐 간다고 생각했다. 그래서 삼성이 세 별자리를 거쳐 가니, 삼성은 곧 3년을 의미한다고 여겼다.

**89** 사라사: 원문은 '양포洋布'로 다섯 가지 빛깔을 이용하여 인물, 조수鳥獸, 화목花木, 또는 기하학적 무늬를 물들인 피륙을 말한다.

**90** 용뇌향: 원문은 '빙편冰片'이다. 용뇌수龍腦樹에서 나오는 무색투명한 결정체로, 서룡뇌瑞龍腦, 매화뇌자梅花腦子, 매편梅片, 매빙梅氷 등등으로도 불린다. 알코올과 에테르에 잘 녹지만 물에는 녹지 않는다. 향료의 원

료로 쓰거나 식중독, 곽란 등의 약재로 사용된다.

91 강진향: 원문은 '강향降香'이다. 인도나 중국에서 재배되며 맛은 맵고 성
질은 따뜻하다. 어혈瘀血을 풀어 주고 출혈을 없애는 효능이 있고, 기를
다스려 통증을 멎게 한다. 진통 효능이 있고, 타박상, 부스럼을 치료하
는 데 이용된다. 강진향은 돌림 열병이 도는 시기, 집안에 괴상한 기운
이 있을 때에 피우면 사기와 나쁜 기운을 물리친다. 이것을 태우면 학이
내려와 빙빙 날아다닌다고도 하고 덕을 많이 입는다고 한다.

92 물총새 깃털: 원문은 '취모翠毛'이다. 불꽃처럼 번득이는 새파란 섬광을
가진 물총새는 3세기 중국에서 상아, 금, 진주처럼 사치품으로 사용되
었는데, 물총새 깃털로 부채, 병풍을 장식했다고 한다.

93 압차우Ap Chau: 원문은 '압주鴨洲'로, 대압주大鴨洲라고도 한다. 홍콩의 섬
으로, 행정 구역상 북구北區에 속한다. 섬의 모양이 오리처럼 생긴 데서
나온 이름이다.

94 혼코아이섬: 원문은 '대진서大眞嶼'이다. 지금의 베트남 남쪽 해안 밖에
위치한다.

95 혼쭈오이섬Đảo Hòn Chuối: 원문은 '소진서小眞嶼'이다. 지금의 코친차이나
에 위치한다.

96 크람섬Ko Khram: 원문은 '필가산筆架山'으로, 지금의 태국 방콕만 내에 있
는 크람섬으로 추정된다.

97 코시창Koh Sichang: 원문은 '죽서竹嶼'로, 지금의 태국 방콕만 내에 있는 시
창Sichang을 가리킨다.

98 경: 원문은 '경更'이다. 과거 경은 크게 밤의 길이를 계산하는 단위와 중
국中國 항해航海의 이정을 나타내는 단위로 사용되었다. 밤의 시간을 계
산하는 경우 하룻밤을 5경으로 나누고, 1경은 약 2시간 정도로 보았다.
중국 항해의 이정을 나타내는 단위로 쓰일 때 1경은 60리 정도 된다. 그
러나 본 번역에서는 『황청통고』「사예문」의 다음 문장에 근거하여 경
을 시간으로 계산했음을 밝혀 둔다. "바닷길은 리里로 계산할 수 없다.
뱃사람들이 대략 하루 밤낮을 10경으로 나누었기 때문에 경을 이용해

리를 기록했다고 한다(以海道不可以里計, 舟人率分一晝夜爲十更, 故以更記里云)."

99 까마우: 원문은 '란니미爛泥尾'로, 지금의 베트남 남쪽 끝단에 있는 까마우를 말한다.

100 토쭈섬Đảo Thổ Chu: 원문은 '대횡산大橫山'이다. 코친차이나에 위치한다.

101 와이섬Pulau Wai: 원문은 '소횡산小橫山'이다. 코친차이나에 위치한다.

102 아와국阿瓦國: 중국 소수민족의 하나인 태족傣族이 세운 나라 아와국을 말한다. 라오스와 베트남, 타이, 미얀마에까지 걸쳐 분포하며, 타이루, 타이 등으로 불리고 있다.

103 방콕: 원문은 '만국성萬國城'으로, 지금의 태국 방콕을 말한다.

104 미국: 원문은 '화기국花旗國'으로, 미합중국을 말한다.

105 싱가포르Singapore: 원문은 '신가파新嘉坡'이다.

106 『지리비고地理備考』: 원명은 '『외국지리비고』'이다. 1847년 포르투갈인 호세 마르티노 마르케스José Martinho Marques가 쓴 책으로 10권으로 구성되어 있다. 권1과 권2는 자연지리를, 권4에서 권10까지는 지구총론과 유럽, 아시아, 아프리카, 아메리카, 오세아니아의 지리에 대해 설명하고 있다.

107 북위: 원문은 '북극출지北極出地'로, 북극고도北極高度라고도 한다. 지면에서 북극성을 바라본 각도를 말하는데, 오늘날의 북위와 비슷한 개념이다.

108 믈라카해협Selat Melaka: 원문은 '마랍가해협馬拉加海峽'이다.

109 믈라카: 원문은 '마랍가국馬拉加國'이다. 오늘날의 말레이시아 믈라카주를 가리킨다.

110 메남강: 원문은 '미능美能'이다.

111 살윈강Salween River: 원문은 '살만薩㟻'으로, 살윈강을 말한다.

112 건륭 47년(1782)이 되어서야: 원문은 '태건륭사십칠년迨乾隆四十七年'으로, 광서 2년본에는 이 문장이 없다. 이에 악록서사본에 따라 고쳐 번역한다.

113 국왕을 몰아내고 새 국왕을 세웠으며: 1767년 미얀마(버마) 군대에 의해 아유타야 왕조가 함락되자 중국 광동성 화교와 태국인 사이에서 태어난 피아 딱신이 미얀마군을 물리치고 난 뒤 1767년 말에 방콕을 탈환했

다. 이후에 방콕 주변의 톤부리 지역에서 왕조를 건립하고 왕위에 올랐는데, 바로 이 일을 말한다.

114 42년: 원문은 '사십이四十二'이다. 광서 2년본에는 '삼십이三十二'로 되어 있으나, 역사적 사실에 따라 고쳐 번역한다.

115 전쟁을 종식하고: 원문은 '기후병혁렴집其後兵革斂戢'이다. 광서 2년본에는 '전승면군戰勝緬軍'으로 되어 있으나, 악록서사본에 따라 고쳐 번역한다.

116 방콕: 원문은 '방가邦咖'로, 지금의 태국 수도 방콕을 말한다.

117 시아유타야Si Ayutthaya: 원문은 '서약적아西約的亞'로, 지금의 태국 프라나콘시아유타야Phra Nakhon Si Ayutthaya를 말한다.

118 롭부리: 원문은 '려와廬窩'이다.

119 농카이Nong Khai: 원문은 '낭일약내郎日約內'이다. 광서 2년본에는 '야일약내耶日約內'로 되어 있어 악록서사본에 따라 고쳐 번역한다. 지금의 태국 농카이를 말한다.

120 라오스Laos: 원문은 '노과老撾'이다.

121 리골Ligor: 원문은 '리가이里哥爾'이다. 포르투갈어 리골은 태국어 라콘Lakon의 잘못된 음역으로, 지금의 태국 나콘을 말한다.

122 반델론Bondelon: 원문은 '빈덕륜賓德倫'이다. 지금의 태국 파탈룽Phattalung으로 추정되며, 고두랑高頭廊이라고도 한다.

123 빠따니: 원문은 '파달니巴達尼'로, 지금의 태국 빠따니 일대에 있다.

124 클란탄Kelantan: 원문은 '가란단加蘭丹'이다. 지금의 말레이시아 클란탄을 가리킨다.

125 트렝가누: 원문은 '적령가낙的靈加諾'이다. 지금의 말레이시아 트렝가누를 말한다.

126 크다Kedah: 원문은 '급달給達'로, 지금의 말레이시아 크다를 말한다.

127 푸껫Phuket: 원문은 '잉색륜도仍塞倫島'로, Ilha de Djankseylon이다. 지금의 태국 푸껫을 말한다.

128 적토국赤土國: 실리불제室利佛逝·삼불제三佛齊라고도 하며, 실리불제는 산스크리트어 스리비자야의 음역이다. 실리불제, 즉 스리비자야는 현재

인도네시아의 팔렘방에 근거를 둔 나라이다. 인도에서 유입된 힌두교 세력들이 나라를 세웠으며 2세기 무렵부터 몇몇 소국들이 점차 성장하여 7세기 말에는 스리비자야라는 커다란 나라로 통일되어 14세기까지 이어졌다. 인도와 중국을 잇는 항로 가운데 위치하고, 믈라카해협과 순다해협의 중앙이라는 지리적 조건으로 8세기에 접어들어 해상 무역 국가로 빠르게 발전했다. 이때는 서방 이슬람 제국의 상선商船이 자주 동쪽으로 진출한 시기이고, 당나라도 이곳의 풍부한 시장성을 노려 중국인 역시 나라 밖으로 진출하기 시작했기 때문에 스리비자야는 중계 무역항 역할을 했다. 7세기 후반 인도에 유학했던 당나라 승려 의정義淨 (635~713)이 도중에 스리비자야에 들러 산스크리트어 연구와 불경 번역 등에 힘썼던 것으로 보아 당시 이 나라 불교의 융성함을 알 수 있다. 8세기 중엽에는 말레이반도의 일부도 지배했던 것으로 보이며 영토도 넓어져 동남아시아에서 거의 유일한 대국이 되었다. 10세기를 최전성기로 하여 점차 쇠퇴하다가 14세기에 몰락했다. 이곳에서 출토되는 비문이나 중국인 의정의 여행기 『남해기귀내법전南海寄歸內法傳』을 통해 스리비자야가 중국이나 동남아시아 여러 나라, 그리고 인도와 활발한 교역 활동을 통해 경제적으로 번영했음을 알 수 있다.

129 파라찰婆羅刹: '파라찰'은 명대 고적에서 『수서隋書』의 '파라사婆羅娑'를 오역해서 나온 명칭으로, 현대 학자들이 파라사가 지금의 인도네시아 수마트라섬의 서북부에 위치해 있음을 밝혀냈다.

130 건륭乾隆: 청나라 제6대 황제인 고종高宗 애신각라홍력愛新覺羅弘曆(재위 1735~1795)의 연호이다.

131 가경嘉慶: 청나라 제7대 황제인 인종仁宗 애신각라옹염愛新覺羅顒琰(재위 1796~1820)의 연호이다.

132 참파국: 원문은 '점성국占城國'이다.

133 말레이시아Malaysia: 원문은 '마래유馬萊酉'이다. 이 외에도 무래유蕪來由, 마래추馬來酋, 목랄유木剌由, 무래유無來由, 목래유木來由, 몰랄여沒剌予, 몰랄유沒剌由, 마래홀馬來忽, 목랄전木剌田, 목랄왈木剌日 등으로 불렸다.

**134** 도광道光: 청나라 제8대 황제인 선종宣宗 애신각라민녕愛新覺羅旻寧(재위 1820~1850)의 연호이다.

**135** 미합중국United States Of America: 원문은 '아묵리가통방亞墨利加統邦'으로, 미국을 가리킨다.

**136** 유향乳香: 나무에서 흐르는 회백색의 수액을 모아 건조시킨 데서 '유' 자가 붙었고, 향기가 있어 '향' 자를 붙여 유향이라 부른다. 약성은 온화하고 독이 없으며 약간 맵고 쓰다. 타박상으로 어혈되었거나, 혈액 순환 장애로 인한 사지동통四肢疼痛에 진통 효과가 뛰어나다. 근육경련으로 동통이 있거나 운동 장애, 관절의 동통에도 자주 쓰이며, 뇌혈관의 순환장애로 인한 반신불수에도 효험이 있고, 관상동맥부전으로 인한 협심통에도 진통 효과가 탁월하다.

**137** 묘탑廟塔: 불상을 안치하여 두는 탑을 말한다.

**138** 오직 … 담당했다: 중국인은 서한 시대에 해상을 통해 태국으로 진출했고, 당나라 때는 스님 의랑義郎이 랑카수카Langkasuka 왕국을 방문했으며, 원·명의 사신들이 여러 차례 아유타야 왕국을 방문했는데, 그 가운데는 정화鄭和의 항해도 포함되어 있다. 청나라 초·중기에는 많은 사신과 무역상들이 바다를 통해 태국에 들렀고, 1782년 톤부리 왕조가 세워진 이후에 양국 간의 해상 교류가 활발해지면서 태국으로 이주한 중국인이 크게 증가했다. 18세기 중엽부터 19세기 중엽까지 태국으로 진출한 화교들이 특히 많았는데, 그 가운데 조주 출신의 화교가 전체 화교 5백만 가운데 150만 명이나 되었으며 특히 수도 방콕에 집중되어 있었다. 또한 톤부리 왕조를 세운 피아 딱신은 중국 광동성 조주 출신의 부친과 태국인 어머니 사이에서 태어난 왕으로, 그의 성공에는 태국에서 다수를 차지하고 있던 조주 출신 중국인들의 지원이 컸다. 특히 피아 딱신이 당시 캄보디아의 남부였던 하띠엔을 점령했는데, 하띠엔에는 광동 출신의 중국인들이 많았다. 따라서 피아 딱신의 정복 활동에는 태국인의 이해관계만이 아니라 중국인들 간의 역학 관계가 작용했다고 보기도 하는데, 이를 통해 볼 때 조주 출신의 상인만이 관계에 발을 들여

놓을 수 있었던 것은 바로 여기에서 출발한 것이 아닌가 추정된다. 『동남아시아사: 전통 시대』(최병욱 지음, 대한교과서주식회사, 2006), 255~257쪽과 「1880년 朝鮮 庇仁縣에 표착한 潮州·泰國 상인의 표류 사정과 교역 활동」(박현규, 『도서문화』 제42집, 2013) 참조 서술.

**139** 짠타부리: 원문은 '점지문占地門'이다. 지금의 태국 짠타부리를 가리킨다.

**140** 아메리카: 원문은 '아묵리가亞墨利加'이다. 광서 2년본에는 '묵墨' 자가 '흑黑' 자로 되어 있으나, 악록서사본에 따라 고쳐 번역한다.

**141** 메남강: 원문은 '황하강黃河江'으로, 메남강을 말한다.

**142** 타이: 원문은 '동명同名'이다. 태국과 같은 이름의 연안, 즉 타이를 말한다.

**143** 메남강: 원문은 '묵남하墨南河'로, 메남강을 말한다.

**144** 빠남: 원문은 '섬항暹港'으로, 지금의 태국 빠남을 말한다.

**145** 누런 물: 원문은 '황수黃水'이다. 광서 2년본에는 '황하黃河'로 되어 있으나, 악록서사본에 따라 고쳐 번역한다.

**146** 벵골Bengal: 원문은 '방갈랍旁葛拉'으로, 지금의 벵골을 가리킨다.

**147** 홍목紅木: 홍목은 소목蘇木·단목丹木·목홍木紅·다목多木·소방蘇芳, 蘇枋·소방목蘇方木·적목赤木 등으로 불리었으며, 지역과 시대에 따라 그 명칭이 달랐다.

**148** 피낭섬Pulau Pinang: 원문은 '신부新埠'로, 지금의 말레이시아 피낭섬을 가리킨다.

**149** 난다: 원문은 '산産'이다. 광서 2년본에는 '종種'으로 되어 있으나, 악록서사본에 따라 고쳐 번역한다.

**150** 단향檀香: 향기가 좋고 색깔이 흰 단향의 목재를 말한다. 단향속은 약 10종種이 있으며 아시아 남동부와 남태평양제도에서 자란다. 뿌리와 나무에는 단향 기름이라고 부르는 노란색의 방향성 기름이 들어 있는데, 이 기름으로 인해 단향의 하얀 변재로 만든 장식용 상자, 가구나 부채 등에서는 향기가 몇 년 동안이나 지속된다. 단향목의 기름은 향수·비누·양초·향료나 민간요법에 쓰이는 약 등을 만드는 데 이용한다.

**151** 싱가포르: 원문은 '신부新埠'이다. 악록서사본에 따르면 '신부' 두 글자

아래에 '두頭' 자가 빠진 것으로 보인다. '신부두新埠頭'는 싱가포르이다.

152 해남도海南島: 중국 광둥성 남쪽에 위치한 섬으로, 면적은 33,210㎢이며, 세계에서 42번째로 큰 섬이다. 중화민국 관할의 대만을 제외하면 중화인민공화국에서 가장 큰 섬이다.

153 미국 배: 원문은 '화기선花旗船'이다. 『해국도지』 권60에서 미국을 '화기국花旗國'으로 부른 것으로 보아 그 배를 '화기선'이라 부른 것으로 추정된다.

154 그곳 여자: 원문은 '토녀土女'이다. 광서 2년본에는 '사녀土女'로 되어 있으나, 악록서사본에 따라 고쳐 번역한다.

155 바고Bago: 원문은 '문래文萊'로, 지금의 미얀마 바고를 가리킨다.

156 믈라유Melayu: 원문은 '무래유巫來由'로, 말레이 사람을 가리킨다.

157 캄보디아Cambodia: 원문은 '간빈干賓'으로, 지금의 캄보디아이다.

158 만력萬曆: 명나라 13대 황제 신종神宗 주익균朱翊鈞(재위 1573~1620)의 연호이다.

159 동인도 회사: 원문은 '공반아公班衙'이다. 영어 Company의 음역으로, 바로 공사公司를 말한다. 아편전쟁 전에 중국인들은 광주廣州에 주둔하고 있는 영국 동인도 공사의 사무소를 이렇게 불렀다.

160 그 세자는 … 다툴 자가 없었다: 몽꿋Mongkut이란 이름으로 더 잘 알려진, 태국에서 가장 존경받는 왕 중의 한 명인 라마 4세(재위 1851~1868)로 추정된다. 1946년 안나 레오노웬즈가 6년간의 궁중 생활 이후에 쓴 「안나와 시암의 왕」이라는 글을 바탕으로 한 《왕과 나》라는 연극과 영화는 외국에도 잘 알려져 있다. 그는 군주로서의 기본 자질뿐만 아니라 학문적 호기심, 자제력, 용기 등을 갖춰 통치 기간 동안 서양의 개혁을 포용했고, 기술과 농업 분야에서 시암의 현대화를 시작해 '시암의 과학과 기술의 아버지'라 불린다.

161 첸라Chenla: 원문은 '점랍占臘'으로, 진랍眞臘을 지칭한다. 캄보디아로, 크메르족Khmer이 다스렸다.

162 시암: 원문은 '섬邏'이다. 『외국사략』에서 말하는 '시암'은 중국 고대 서적에서 말하는 태국 역사상의 수코타이 왕조가 아니라 아유타야 왕조

나 그 이후의 방콕 왕조(짜끄리 왕조)를 가리킨다.

163 아유타야: 원문은 '유타아성由他雅城'으로, 지금의 태국 아유타야를 말한다.

164 짠타부리: 원문은 '참지문斬地文'으로, 지금의 태국 짠타부리를 말한다.

165 촌부리: 원문은 '만파새萬巴賽'로, 지금의 태국 촌부리를 말하며, 만불세
萬佛歲라고도 한다.

166 홍목: 원문은 '홍목紅木'이다. 광서 2년본에는 '목木' 자가 빠져 있어 악록
서사본에 따라 고쳐 번역한다.

167 캄보디아: 원문은 '감빈甘賓'으로, 지금의 캄보디아를 말한다.

168 브루나이Brunei: 원문은 '문래국文萊國'이다.

169 크다: 원문은 '귀타부貴他部'로, 지금의 말레이시아 크다를 말한다.

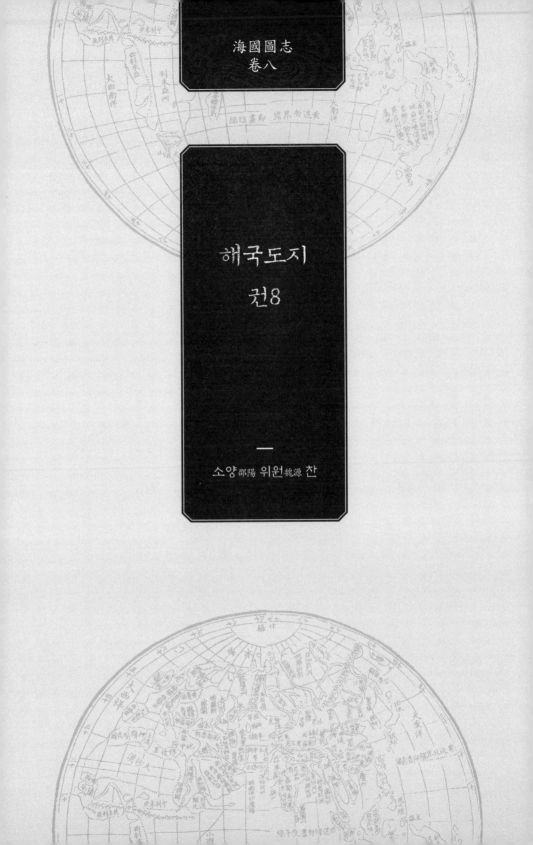

海國圖志
卷八

# 해국도지
# 권8

―

소양邵陽 위원魏源 찬

본권에서는 동남아시아에 위치하는 태국의 지리, 역사, 풍속, 외모, 언어, 문화적 특색 및 중국을 비롯한 서양 국가들과의 대외관계와 태국 본국의 연혁, 태국 속국의 연혁을 기술하고 있다. 아울러 태국과 관련된 전대의 문헌『진서晉書』, 『수서隋書』, 『당서唐書』, 『명사明史』, 『정문록庭聞錄』, 『해어海語』, 『해록海錄』, 『황청통고皇淸通考』, 『동서양고東西洋考』, 『영애승람瀛涯勝覽』 등을 인용, 소개하는 동시에 이들 기록에 대한 위원 자신의 독창적인 견해와 비평을 함께 싣고 있다.

# 태국

—

유건劉健[1]의 『정문록庭聞錄』[2]에 다음 기록이 있다.

태국Thailand[3]·바고Bago[4]·치앙마이Chiang Mai[5] 세 나라는 모두 미얀마 Myanmar[6]와 대대로 원수지간이었다. 명나라 영력제永曆帝 계왕桂王[7]이 미얀마로 도피했을 때 그 유신들도 여러 나라로 흩어져 도망갔다. 마구공馬九功[8]이라는 자는 명나라의 패잔병 3천 명을 모집해서 바고를 도와주었고, 강국태江國泰라는 자는 딸을 태국에 시집보냈다. 각기 사자使者를 파견하여 짜잉통Kyaingtong[9]에서 이정국李定國[10]과 약속을 하고 앞뒤에서 힘을 모아 미얀마를 협공하기로 했다. 그러나 오삼계가 이미 잉와Innwa[11]에서 영력제를 공격하는 바람에 이정국이 비통함을 참지 못해 죽자 두 나라(바고와 태국) 군대는 실망하여 되돌아갔다.

유섭俞燮[12]의 『계사류고癸巳類稿』에 다음 기록이 있다.

미얀마 동쪽에는 호로胡蘆와 꽝남Quảng Nam[13]이 있고, 남쪽에는 태국이 있는데, 그곳에서 나는 물산은 대략 비슷하다. 중국과 마찰이 생긴 이래로 미얀마는 동북 지역 수비 증강에 힘쓰고 동남 지역에서 전력을 다해 싸우느라 재정이 바닥나서 백성들의 근심과 원한이 쌓여 갔다. [건륭] 47년(1782), 추장 마웅마웅Maung Maung[14]이 신구 민Singu Min[15]을 죽이고 그 자리를 차지했는데, 그 나라 사람이 다시 마웅마웅을 죽이고 보다우파야 Bodawpaya[16]를 세웠다. 그리고 이즈음 태국에 환난이 닥쳐 왔다. 태국은 미얀마의 동남東南[17]쪽에서 위태롭게 버텨 오다가 건륭 36년(1771)에 미얀마에게 멸망되었다. 피아 딱신Phya Taksin[18]이라는 자는 중국인이다. 건륭 43년에 태국의 유민들은 미얀마의 무도함에 분개하여 피아 딱신을 왕으로 추대했다. [태국은] 미얀마의 비적들이 중국에 항거하다 인명피해를 입고 재정이 바닥난 틈을 타서 이전의 봉토를 모두 탈환했고, 또한 군대를 일으켜 미얀마의 땅을 차지했다. 신구 민은 여러 차례 곤경에 처하기도 했다. 태국은 [건륭] 46년(1781)에 청나라에 조공을 바치며 당시 사정을 설명했다. 청나라 조정에서는 [상황을 알아보기 위해] 사신을 파견하지도 않고 병란을 저지시키지도 않았다. [건륭] 47년(1782)에 피아 딱신이 죽자, 그의 아들 정화鄭華[19]가 뒤를 이었다. 정화 역시 군사적 전략이 뛰어났기 때문에 보다우파야는 [끝내] 버티지 못하고 동쪽으로 옮겨 가서 만달레이Mandalay[20]에 자리 잡았다. [건륭] 51년(1786)에 정화가 중국으로부터 작위를 받자 보다우파야는 두려움을 느꼈다. [건륭] 53년(1788)에 센위 Hsenwi[21]에서 금엽표金葉表[22]를 갖추어 조공을 바쳤으며 양중영楊重英[23] 등을 석방시켜서 돌려보냈다. 건륭제는 이를 긍휼히 여겨 태국에 휴전을 명했다. 건륭 55년(1790), 사신을 보내 건륭제의 팔순 연회를 경하했으며, 봉작 封爵을 받고 10년에 한 번 조공을 바치기로 정했다. 가경嘉慶[24] 10년(1805) 가을, 태국에서는 조공을 바치겠다는 표表를 올리고는 출병하여 미얀마를 공격해서 승리를 거두겠다고 아뢰었다. 황제는 칙명을 내려 허락했다. 그해 겨울, 미얀마에서는 관문을 두드리며 조공을 바칠 것을 청하고 도움을 요청했다. 관문을 지키던 관리는 조공할 시기가 아니므로 거절하고 들이지 않았는데, 미얀마는 이미 세력이 약해진 상태였다.

『성무기聖武記』[25]에 다음 기록이 있다.

응우옌꽝빈Nguyễn Quang Bình[26]은 이미 레Lê 왕조[27]를 찬탈하고 안남을 차지했으나, 천자의 군대가 다시 공격해 올 것을 두려워하고 또 태국과 교전하려던 차에 태국이 그 후방을 틈탈까 우려하여 관문을 두드리고 사죄하며 항복을 청했다. 또한 태국의 조공 사절이 북경에 들어간다는 말을 듣고 허물을 들추어 화를 불러일으킬까 봐 두려워서 청나라 조정[28]에 태국의 말을 듣지 말 것을 청했다. 응우옌꽝빈은 책봉을 받은 후 곧 세상을 떠났다. 그의 아들 응우옌꽝또안Nguyễn Quang Toản[29]이 뒤를 이었고, 레주이끼Lê Duy Kỳ[30]의 조카 농내왕農耐王[31] 응우옌푹아인Nguyễn Phúc Ánh[32]은 태국으로 도망쳤다. 태국에서 응우옌푹아인의 누이동생을 비로 삼고, 군사적 지원을 해 주어 [응우옌푹아인은] 농내를 회복했다. 농내農耐는 『해록海錄』에서는 농내農泰라고 하며 『해국문견록海國見錄』에서는 녹뢰綠賴라고 한다. 그 나라는 꽝남의 남쪽과 코친차이나Cochinchina[33] 동북쪽에 위치하는데, 바로 첸라Chenla[34]의 동쪽 경계로 꽝남과 항구 하나를 사이에 두고 있다. 세력이 나날이[35] 강성해져서 '구 응우옌'[36]으로 불렸고, 여러 차례 '신 응우옌'[37]과 전투를 벌여 구 도읍지 후에Huế[38]를 탈환했다. 아울러 해적 막부관莫扶觀[39] 등을 포박해서 청나라에 바쳤는데, 모두 중국 해적으로, [막부관은] 안남의 '동해왕東海王'이라는 위조 작위와 허위 총병 직책을 받기도 했다.[40] 또한 후에를 함락시킬 때 획득한 응우옌꽝또안의 책봉 금인金印도 바쳤는데, 때는 가경 4년(1799)이었다. 가경 7년(1802) 12월에 웅우엔푹아인은 안남安南[41]을 완전히 멸망시키고 사신을 보내 조공을 바쳤으며 월남越南[42]을 나라 이름으로 청했다. [청나라에서는] 조서를 내려 그를 월남국 왕에 봉했다.

『영환지략瀛環志略』[43]에 다음 기록이 있다.

태국의 이주민은 광동인이 많았는데, 거의 토착민의 6분의 1 정도가 거주했다. [이주민은] 바닷길로 가는 이도 있고, 흠주欽州의 왕광王光 십만산十萬山[44]에서 월남 경계를 통과해 가는 이도 있었다. 그 땅은 넓고 인구는 적었으며 전답이 비옥해 경작과 수확이 용이했기 때문에 이곳으로 몰려드는 이들이 많았다. 그러나 그 나라에는 사악한 기운으로 인한 피해가 많아서 주문과 주술을 신봉했으며, 그 풍속과 정치는 안남에 훨씬 못 미쳤다.

살펴보건대, 유럽 각국은 이전 명 왕조 때부터 동쪽으로 항해해 와서 곳곳을 차지하여 부두를 세웠다. 안남·태국·미얀마 지역은 모두 바다에 인접해 있었으니, 어찌 곁눈질하고 탐내는 마음이 일지 않겠는가? 안남은 비록 험한 광남만이 있었지만 [중국의] 상선이 수시로 와서 장사를 했고, 태국은 내항內港이 [항만 안쪽] 깊숙이 있어서 유럽에서는 일찍이 염두에 두지 않았으며, 미얀마 역시 해변에 접한 땅이 넓었음에도 불구하고 한 곳에서만 장사를 시작했는데, 어떤 이유에서일까? 게다가 안남은 비록 가난했지만, 물산이 또한 풍부했고, 태국·미얀마는 옛날부터 풍요롭다고 했는데, 서양인들은 모두 여태껏 경시했으니, 무슨 이유일까? 대개 서양인들은 장사를 근본으로 삼아 연해의 부두에서 오로지 이윤만을 챙기는데, 만약 곳곳에 군대를 주둔시켜 지킨다면 얻는 것보다 잃는 것이 더

많게 된다. 동남아시아[45] 여러 섬은 사면이 바다로 둘러싸여 있어서 서로 교류를 하지 않았다. 그 사람들은 말레이시아Malaysia[46] 원주민[47]으로, 천성적으로 우매하고 겁이 많았으며 전쟁을 몰랐다. 그 지형은 두루 바라보면 [한눈에] 다 들어왔고, 화포를 쏘아서 땅이 흔들리면 새와 짐승이 몹시 놀라며 도망가 숨어 꿈쩍하지 못할 정도였으니, 서양인들은 편히 그곳을 차지할 것이라 [믿어] 의심치 않았다. 안남 등 3국은 중국과 맞닿아 있고 산천이 험준했으며, 인구가 꽤 많아 나아가서는 싸우고 물러나서는 수비하는 데 있어서 바다 가운데 외로이 매달려 있는 섬들과는 현저히 달랐다. 또한 나라를 세워 수천백 년 [이어져 내려오는 동안] 땅과 성을 서로 다투었고, 속이고 싸우는 데 능하여 그 의도와 속셈을 서양인들은 헤아릴 수 없었다. 많은 군대를 주둔시키면 헤아릴 수 없는 비용이 들고, 군대를 주둔시키지 않으면 여러 나라가 방비하지 않은 틈을 탈까 우려하여 상선만 왕래하고 부두를 세우지 않았는데, 이 말이 맞는 것 같다.[48]

위원이 말한다.

명나라 만력萬曆[49] 연간에 도요토미 히데요시豊臣秀吉[50]가 조선을 침략했을 때 태국은 출병을 자청하며 비밀리에 일본을 교란시키고 그 뒤를 견제하겠다고 했다.[51] 병부상서兵部尙書 석성石星[52]은 이 제안을 따랐으나, 양광총독 소언蕭彦[53]은 만류했다. 운남성 순무[54] 진용빈陳用賓[55]은 태국과 협정하여 미얀마를 협공했고, 쫓겨 다니느라 지친 미얀마는 마침내 다시는 내침하지 않았다. 영력제가 미얀마로 도피했을 때 태국은 다시 바고와 군대를 일으켜 미얀마를 공격함으로써 이정국의 군대를 지원했으니, 이미 멸망한 전 왕조(明)에 대한 충성심이 이와 같았다. 건륭 연간에 미얀마는 신하를 칭하지 않았으나 태국이 협공하여 누차 승리를 거두자, 미얀마는 비로소 조공을 바치기 시작했다. 응우옌쾅빈 부자가 레 왕조를 찬탈하고 연해 지역을 약탈하자, 태국은 레 왕조를 도와 [떠이선 출신의] 응우옌을 멸망시키고 해적을 생포해 바쳐서 남양南洋[56]이 잠잠해졌으니, 우리 청 왕조에 대한 충성심 또한 이와 같았다. 그 나라는 매년 여름이 되면 바다에서 누런 물(黃水)이 들어와 점차 불어나는데, 물이 한 자면 모도 한 자 길이로 자라고, 물이 열 자면 모두 열 자 길이로 자라며, 물이 빠지면 모가 여물었다. 누런 물이 들어올 때가 되면 온 나라가 북을 치고 악기를 연주하며 의장대를 갖추어 맞이했고, 가을이 되어 물이 빠질 때도 역시 처음처럼 잔치를 벌였다. 씨는 뿌리되 김을 맬 필요는 없고, 자연의 조화가 있어 사람의 힘은 필요 없었다. 곡식은 풍요롭고 가격이 싸서 남해에서 최고였다. 강희 연간 이래[57] 해마다 태국 쌀[58] 수십만 섬을 들여와서 복건과 광동 백성의 식량으로 사용했다. [그러나] 근래에 조세가 면제되어 광동성 세관에 이익이 되지 않자 세관 관리가 암암리에 훼방을 놓아 처음에는 쌀은 팔되 쌀을 쌓아 두지 못하게 하고, 그다음에는 쌀은 쌓아 두되 면세를 허용치 않으니 [그 나라 상인들은] 상황만 살필 뿐 오지 않았다. 만약 [세관 관리가] 암암리에 훼방을 놓지 않고 천진까지 널리 확대하여 해마다 쌀을 구매해서 오랫동안 쌓아 두면, 동남아시아에서의 쌀 수입을 막고 나라의 식량 창고를 가득 채울 수 있어서 중국에 보탬이 됨이 또한 이와 같을 것이다. 세종世宗[59] 대에는 '남방의 유토피아(天南樂國)'라는 찬사가 있었고, 고종高宗[60] 대에는 '남방의 번국(炎服屏藩)'[61]이라는 편액을 내렸는데, 실로 마땅하다. 조선과 류큐琉球[62]는 단지 공손함을 드러낼 뿐 변경에는 도움이 되지 않는다고 보는데, 왜 그러한가? 보아 하니, 서양의 여러 오랑캐는 중국의 차·황금·자기·비단의 이익만을 탐하고 아편의 해로움으로 되갚고 있는데, 또한 왜 그러한가? 태국 동쪽 경계에서 대해로 쑥 들어간 곳은 너비가 수천 리에 이르는데, [이곳은] 해선이 모이는 도시인 믈라카Melaka<sup>63</sup>로 근래에 영국 오랑캐의 할거 지역이었다가 다시 믈라카 항구가 조호르Johor의 옛 땅<sup>64</sup>으로 변경되어 싱가포르Singapore<sup>65</sup>로 이름을 바꾸었다. 그곳에 침입하는 해적의 군량미는 모두 싱가포르에서 조달했다. 태국 군대의 목책은 미얀마처럼 견고하고 단단했으며, 『사주지 四洲志』에 그 기록이 보인다. 전함은 안남과 마찬가지로 좁고 길었다. 『남제서南齊 書』「부남전扶南傳」에 그 기록이 보인다. 오로지 중국만을 떠받들고 영국 오랑캐 는 업신여겼기에, 영국 오랑캐는 끝내 근심거리가 되지 않았다. 『사주지』 에 그 기록이 보인다. 만약 명나라 말엽에 일본을 협공하자는 의견을 받아 들여 태국을 출병시켜 믈라카·조호르의 옛 땅을 회복하고 안남이 찰선 札船<sup>66</sup>으로 도와주었다면, 곧 영국 오랑캐는 안에서 도적의 소굴을 돌아 봐야 하는 근심거리를 갖게 되었을 것이다. [또한] 구르카Gurkhas<sup>67</sup> 오랑캐 와 러시아Russia<sup>68</sup> 오랑캐로 하여금 인도를 공격하게 하는 책략을 병행했 다면 실패함이 없었을 것이다. 옛날에 진탕陳湯<sup>69</sup>은 서역을 이용하여 강 거康居<sup>70</sup>를 물리쳤고, 왕원책王元策<sup>71</sup>은 토번吐藩을 이용해서 인도를 교란시 켰다. 모두 지리에 밝았고 적의 실상을 익히 알았으며, 또한 모두 시기를 적절히 선택해서 변방을 순찰했고 중앙정부의 제재를 받지 않았기에 기 량을 발휘하여 불세출의 상당한 위엄을 세운 것이다. 그렇지 않았다면, 궁실을 짓고 조정을 채워도 결국은 소언과 왕응지王凝之<sup>72</sup> 무리처럼 저지 당했을 것이다. 태국과 란쌍Lanxang 왕국<sup>73</sup>은 모두 미얀마·베트남 사이에 위치하며, 운남의 보이普洱·원강元江과 경계를 접하고 있고, 수도인 방콕 Bangkok<sup>74</sup>은 곧 운남 난창강瀾滄江이 바다로 흘러 들어가는 입구<sup>75</sup>로 바로 옛날의 프놈국Norkor Phnom<sup>76</sup>이다. 그 동북쪽에는 또한 코친차이나<sup>77</sup>라는 해구가 있는데, 바로 옛날의 첸라[78]이다. 조수와 비옥한 토지가 그곳에 모여 있으며, 또한 동남아시아의 도시로 지금은 모두 영국United Kingdom[79] 에 속하지 않는다.

# 暹羅國

一

劉健『庭聞錄』: 暹羅·古剌·景邁三國, 皆與緬世仇. 明永曆桂王入緬時, 其遺臣散入各國. 有馬九功者, 爲古剌招明潰兵三千, 有江國泰者, 暹羅妻以女. 各遣使約李定國於孟艮, 將掎角夾攻緬. 而吳三桂兵已攻永曆於阿瓦, 於是李定國發憤死, 二國之師, 失望而返.

俞燮『癸巳類稿』: 緬東爲葫蘆廣南, 南爲暹羅, 物產略同. 自與中國構難以來, 緬加戍東北, 而力戰東南, 經費曠竭, 百姓愁怨. 四十七年, 其酋孟魯, 殺贅角牙而自立, 國人又殺孟魯立孟雲. 而值暹羅之難. 暹羅國踦長, 居緬[東]南, 緬於乾隆三十六年滅之. 鄭昭者, 中國人也. 乾隆四十三年, 暹羅遺民憤緬無道, 推昭爲王. 乘緬匪抗拒中國, 人傷財盡之後, 盡復舊封, 又興師占緬地. 贅角牙屢爲所困. 暹羅於四十六年入貢陳其事. 朝廷不使亦不止也. 四十七年, 鄭昭死, 子華嗣. 華亦有武略, 孟雲不能支, 乃東徙居蠻得列. 五十一年, 鄭華受朝封, 孟雲懼. 五十三年, 由木邦齎金葉表入貢, 送楊重英等出. 高宗哀憐之, 諭暹羅罷兵. 五十五年, 使賀八旬萬壽, 受封爵, 定十年一貢. 嘉慶十年秋, 暹羅貢表, 又言方出師攻緬得勝. 頒敕諭解之. 冬, 緬甸叩關求入貢, 蓋乞救也. 疆吏以非貢期拒不納, 而緬已削弱矣.

『聖武記』: 阮光平旣簒黎氏, 據安南, 懼王師再討, 又方與暹羅搆兵, 恐暹羅乘其後, 叩關謝罪乞降. 又言聞暹羅貢使將入京, 恐媒孽其短, 乞天朝勿聽其言. 及阮光平受封後, 旋死. 其子阮光纘嗣立, 而黎氏甥農耐王阮福映者奔暹羅. 暹羅妻以女弟, 助之兵, 克復農耐. 農耐, 『海錄』作農奈, 『海國聞見錄』作祿賴, 其國在廣南之南, 在柬埔寨之東北, 卽眞臘東境, 與廣南隔一海港. 勢日强, 號'舊阮', 屢與'新阮'戰, 奪其富春舊都. 竝縛獻海賊莫扶觀等於朝, 皆中國海賊, 受安南'東海王'僞封及總兵僞職. 又獻其攻克富春時所獲阮光纘封冊金印, 時嘉慶四年也. 七年十二月, 阮福映全滅安南, 遣使入貢, 乞以越南名國. 詔封越南國王.

『瀛環志略』曰: 暹羅流寓, 粤人爲多, 約居土人六之一. 有由海道往者, 有由欽州王光十萬山穿越南境往者. 其地土曠人稀, 田肥沃, 易耕獲, 故趨者衆. 然其國多蠱祟, 信符咒, 風俗政治, 遠遜安南.

按: 歐羅巴諸國自前明航海東來, 處處占立埔頭. 安南·暹羅·緬甸地皆濱海, 豈不動其盼羨? 安南雖有廣南灣之險, 而商船時時販鬻, 暹羅則內港深通, 乃歐羅巴皆未嘗措意, 卽緬甸亦僅於海濱曠土, 草創一廛, 是何以故? 且安南雖貧, 物産亦夥, 暹羅·緬甸, 夙稱豐饒, 西人槪從唾棄, 何也? 蓋西人以商賈爲本, 沿海埔頭, 專爲牟利, 若處處留兵護守, 則得不償失. 南洋諸島, 四面環海, 不相聯絡. 其人則巫來由番族, 性愚懦不知兵. 地形可以周覽而盡, 震以火砲, 鳥驚獸駭, 竄伏不敢動, 故西人坦然據之而不疑. 至安南三國, 毗連華夏, 山川修阻, 丁戶殷繁, 進戰退守, 與各島孤懸海中者迥別. 又立國皆數千百年, 爭地爭城, 詐力相尙, 意計所至, 西人不能測也. 留重兵則費不貲, 無兵則恐諸國乘其不備, 市舶往而埔頭不建, 其謂是與.

魏源曰: 明萬曆中, 平秀吉破朝鮮時, 暹羅自請出兵, 潛搗日本, 以牽其後. 兵部尙書石星從之, 而兩廣督臣蕭彥尼之. 滇撫陳用賓約暹羅夾攻緬甸, 緬疲於奔命, 遂不復內犯. 永曆因于緬甸, 暹羅復與古剌起兵攻緬, 以援李定國之師, 其忠於勝朝若是. 乾隆中, 緬甸不臣, 得暹羅夾攻屢捷, 而緬甸始貢. 阮光平父子簒黎氏, 寇沿海, 及暹羅助黎滅阮, 俘獻海盜, 而南洋息警, 其忠於國朝又若是. 其國每夏有黃水自海中來, 以漸而漲, 水尺苗尺, 水丈苗丈, 水退苗熟. 其水將至, 則傾國鼓樂儀仗以迎之, 及秋水退, 亦餞之如初. 有播植無耘耔, 有天工無人力. 故穀豐而賤, 甲乎南海. 自康熙[以]來, 歲運洋米數十萬石以濟閩·粤之民食. 近以免稅不利粤海關, 故關吏陰撓之, 始則售米不許置貨, 繼則置貨不許免稅, 於是觀望不至. 若不陰撓之而且推廣於天津, 歲歲采買, 積久竝可滅東南之漕, 廣天庾之積, 其裨益中國又若是. 宜乎世宗有'天南樂國'之襃, 高宗有'炎服屛藩'之額. 視朝鮮·琉球僅著恭順, 無裨邊疆者, 何如? 視西洋各夷歲叨中國茶·黃·磁·絲之益, 反報以鴉片之毒者, 更何如? 暹羅東境斗入大海, 廣袤數千里, 而滿剌加爲海艘之都會, 近日竝爲英夷割據, 又移滿剌加市埠於柔佛故地, 改名新嘉坡. 其入寇之兵食, 皆恃新嘉坡接濟. 暹羅軍柵堅壁, 同於緬甸, 見『四洲志』. 戰艦狹長, 同於安南. 『南齊書』「扶南傳」. 專尊中國, 藐英夷, 英夷究不能患. 『四洲志』. 誠使用明季夾攻日本之議, 令暹羅出兵, 恢復滿剌加·柔佛故地, 而安南以札船助之, 則英夷有內顧巢穴之憂. 與驅策廓夷·鄂夷, 攻印度之策竝行不悖. 昔陳湯用西域破康居, 王元策用吐番以搗印度. 皆洞地利, 悉敵情, 又皆決機徼外, 不由中制, 用能建不世非常之烈. 不然, 則築室盈廷, 亦終尼於蕭彦·王凝之流而已. 暹羅與南掌皆介緬甸·越南之間, 接壤雲南之普洱·元江, 其曼谷國都, 則雲南瀾滄江入海之口, 卽古之扶南國. 其東北尙有海口, 曰柬埔寨, 卽古之眞臘. 潮水膏沃同之, 亦南洋都會, 今皆不屬英吉利.

# 주석

1 유건劉健: 유건(1742~1827)은 청대 관리로 자는 천일天一이고 호는 낭거朗
渠·송재松齋라고도 하며, 귀주貴州 광순廣順 출신이다.

2 『정문록庭聞錄』: 유건의 저서로, 역사전기歷史傳記에 속하며 전체 6권으
로 이루어져 있다. 청대에 유일하게 오삼계吳三桂(1612~1678)의 영웅적 활
약상과 미인 진원원陳圓圓과의 사랑을 다루고 있는 책이다. 아울러 오삼
계와 이자성李自成과의 은원 관계도 다루고 있으며, 그가 결국에는 청에
투항하여 이자성과 장헌충張獻忠을 진압하고, 멀리 미얀마와 태국까지
따라가서 명나라 황실의 후예를 죽이며, 결국에는 청나라를 배신한다
는 내용을 담고 있다. 명대 후기를 조명하는 진귀한 사료로 그 내용이
상세하고도 독특하다.

3 태국Thailand: 원문은 '섬라暹羅'로, 태국의 옛 명칭이다. 태국은 동남아시
아 말레이반도와 인도차이나반도 사이에 걸쳐 있다.

4 바고Bago: 원문은 '고랄古剌'로, 지금의 미얀마 바고 일대이다. 미얀마 남
부에 위치한 도시로, 쌀농사 중심지이며 철도 교통 요충지이다. 대불탑
大佛塔, 대와불상大臥佛像 등의 불교 유적이 많다. 영어식 표기는 페구Pegu
이다.

5 치앙마이Chiang Mai: 원문은 '경매景邁'로, 지금의 태국 치앙마이이다. 태
국 북서부에 있는 고도古都로, 1296~1556년까지는 란나타이Lan Na Thai 왕
국의 수도였고 1776년에 태국 영토로 영입되었다.

6 미얀마Myanmar: 원문은 '면緬'으로, 옛 명칭은 버마Burma이다.

7 계왕桂王: 계왕은 바로 주유랑朱由榔(1623~1662)으로 명나라 신종의 손자
이며, 계단왕桂端王 주상영朱常瀛의 아들이다. 남명南明의 유왕遺王(재위
1646~1662)으로, 계왕이나 영력제로 불린다. 숭정崇禎 9년(1636)에 영명왕永
明王에, 융무隆武 때 계왕에 봉해졌다. 융무제 사후 양광총독兩廣總督 정괴

초丁魁楚와 광서순무廣西巡撫 구식사瞿式耜가 계왕을 추대해 감국監國(천자의 권한을 대행하는 직책)으로 삼았다. 계왕은 광동성 조경肇慶에 머물다가 황제로 즉위했고, 영력永曆으로 연호를 변경했다. 청의 공격을 받고 도피 생활을 하다가 구식사 등의 도움을 받았으나, 구식사의 피살로 다시 도피 생활을 하다가 남녕南寧에서 손가망孫可望에게 의탁했다. 이후 계림과 성도成都를 회복하고 이정국에게 옹립되어 운남으로 갔다. 그러나 손가망이 청에 항복하자 다시 도피 생활을 시작해서 영력 13년(1659)에 미얀마로 피신했다. 그러나 미얀마 왕에게 사로잡혀 청나라에 넘겨졌으며, 강희康熙 원년(1662)에 곤명에서 오삼계에게 살해당했다.

8 마구공馬九功: 마구공은 영력제의 생모인 소성태후昭聖太后(1578?~1669?) 마씨의 동생이다.

9 짜잉통Kyaingtong: 원문은 '맹간孟艮'이다. 지금의 미얀마 동부에 위치한 짜잉통 일대를 가리킨다. 짜잉통은 Kengtung, Keng Tong, Chiang Tung, Cheingtung, Kengtong 등으로 표기한다.

10 이정국李定國: 이정국(1620~1662)은 명말 청초 시기 섬서陝西 유림楡林 출신으로, 농민군 혁명 가담자이자 남명의 장군 겸 정치가이다. 자는 홍원鴻遠·영우寧宇이며 호는 순일純一이다.

11 잉와Innwa: 원문은 '아와阿瓦'이며, 아바Ava라고도 표기한다. 지금의 미얀마 만달레이구의 도시로, 이라와디강Irrawaddy River 강가의 아마라푸라Amarapura 남쪽에 위치한다. 잉와는 버마어로 '호수의 입구'를 뜻한다.

12 유섭兪燮: 유정섭兪正燮(1775~1840)을 가리킨다. 청대의 저명한 학자로, 안휘安徽 이현黟縣 출신이며, 자는 이초理初이다. 도광道光 원년(1821)에 거인擧人이 되었고, 만년에는 강녕江寧 석음서원惜陰書院의 주강主講을 지내기도 했다. 저서로 『설문부위교보說文部緯校補』, 『해국기문海國紀聞』, 『계사류고』, 『계사존고癸巳存稿』 등이 있다.

13 꽝남Quảng Nam: 원문은 '광남廣南'이다.

14 마웅마웅Maung Maung: 원문은 '맹로孟魯'로, 미얀마의 제 5대 국왕(재위 1763-1782)이다.

15 신구 민Singu Min: 원문은 '췌각아贅角牙'이다. 미얀마 꼰바웅 왕조Konbaung Dynasty의 제4대 국왕이었던 신고왕新古王(1756~1782)을 말한다. 신고왕辛古王이라고도 하며, 『청사고清史稿』에는 췌각아로 기록되어 있다.

16 보다우파야Bodawpaya: 원문은 '맹운孟雲'이다.

17 동남東南: 광서 2년본에는 '서남西南'으로 되어 있으나, 악록서사본에 따라 고쳐 번역한다.

18 피아 딱신Phya Taksin: 원문은 '정소鄭昭'이다. 태국 톤부리 왕조의 초대 국왕(재위 1767~1782)으로, 별칭은 딱신 피야딱Taksin Phiyatak(1734~1782)이다. 중국 광동성 화교와 태국인 사이에서 태어난 혼혈로 중국 이름이 바로 '정소'이다. 13세의 어린 나이에 아유타야 조정에 출사하여 무장이 되었다. 1767년 미얀마(버마) 군대에 의해 아유타야 왕조가 함락되자 남쪽으로 도망쳤던 태국 군대가 미얀마를 공격하여 1767년 말에 방콕을 탈환했다. 이후에 방콕 주변의 톤부리 지역에서 왕조를 건립하고 왕위에 올랐다.

19 정화鄭華: 악록서사본에 따르면, 라마 1세Rama I는 피아 딱신의 아들이 아니며 '정화'는 타인의 이름을 사칭한 것이라고 한다.

20 만달레이Mandalay: 원문은 '만득렬蠻得列'로, Mandalay의 음역이다. 광서 2년본에는 '만득蠻得'으로 되어 있으나, 악록서사본에 따라 고쳐 번역한다. 보다우파야는 왕위에 오른 지 얼마 되지 않아 1783년에 아마라푸라로 천도했다. 만달레이가 미얀마의 수도가 된 것은 1860년 민돈왕(1853~1878) 때의 일이다.

21 센위Hsenwi: 원문은 '목방木邦'으로, 지금의 미얀마 동부에 위치한 센위 일대이다.

22 금엽표金葉表: 청나라의 속국들이 황제에게 바치던 문서의 호칭으로, 금박金箔으로 만든 표를 말한다.

23 양중영楊重英: 양중영(?~1788)은 청대 운귀총독雲貴總督 양응거楊應琚의 아들이다. 관직이 강소안찰사江蘇按察使에까지 이르렀다. 건륭 32년(1767)에 미얀마에 사절로 파견되었다가 억류되었다. 건륭 53년(1788)에 귀환해

서 관직을 받았으며 당시에 한漢나라의 소무蘇武에 비견될 정도로 칭송받았다.

24 가경嘉慶: 청나라 제7대 황제 인종仁宗 애신각라영염愛新覺羅永琰(뒤에 옹염顒琰으로 개명)의 연호(1796~1820)이다.

25 『성무기聖武記』: 중국 청나라 때 위원魏源(1794~1857)이 편찬한 경세서經世書이다.

26 응우옌꽝빈Nguyễn Quang Bình: 원문은 '완광평阮光平'이다.

27 레Lê 왕조: 원문은 '여씨黎氏'이다.

28 청나라 조정: 원문은 '천조天朝'이다.

29 응우옌꽝또안Nguyễn Quang Toản: 원문은 '완광찬阮光纘'이다.

30 레주이끼Lê Duy Kỳ: 원문은 '여씨黎氏'로, 베트남 후레 왕조의 국왕이었던 여유기黎維祁를 말한다.

31 농내왕農耐王: 농내는 녹내祿奈, 녹뢰라고도 한다. 녹뢰는 베트남의 쩔런 Chợ Lớn, 사이공Saigon, 자딘Gia Định 일대로, 오늘날 호찌민시Hô Chi Minh를 말한다.

32 응우옌푹아인Nguyễn Phúc Ánh: 원문은 '완복영阮福映'이다.

33 코친차이나Cochinchina: 원문은 '간포채柬埔寨'이다.

34 첸라Chenla: 원문은 '진랍眞臘'이다.

35 나날이: 원문은 '일日'이다. 광서 2년본에는 '왈曰'로 되어 있으나, 악록서사본에 따라 고쳐 번역한다.

36 구 응우옌: 원문은 '구완舊阮'이다.

37 신 응우옌: 원문은 '신완新阮'이다.

38 후에Huế: 원문은 '부춘富春'으로, 지금의 베트남 후에를 가리킨다.

39 막부관莫扶觀: 막부관(?~1801)은 광동廣東 수계현遂溪縣 출신으로, 막관부莫官扶라고도 한다. 청나라 건륭, 가경 연간에 화남華南 해적의 두목이었으며, 일찍이 안남 떠이선 왕조西山王朝 때 총병을 지내기도 했다.

40 안남의 … 직책을 받기도 했다: 청나라 조정이 아니라 안남 떠이선 왕조에서 받은 작위와 총병 직책이어서 '동해왕위봉東海王僞封', '총병위직總

兵僞職'으로 표현한 것이다.

41 안남安南: 베트남의 옛 국명이다.

42 월남越南: 베트남의 옛 국명이다.

43 『영환지략瀛環志略』: 중국 청나라 때 서계여徐繼畬(1795~1873)가 편찬한 세계 지리서이다.

44 왕광王光 십만산+萬山: 『영환지략』에는 '왕광십만대산王光+萬大山'으로 되어 있다. 왕광 십만대산은 『해국문견록海國聞見錄』에 실린 지도의 설명에 따르면 광동과 광서의 경계 지역에 위치한다. '십만'은 장족 언어로 '적벌適伐'이며, '적벌대산'은 곧 '하늘에 닿을 만큼 높은 산'을 의미한다.

45 동남아시아: 원문은 '남양南洋'으로, 동남아시아와 그 해역을 의미한다.

46 말레이시아Malaysia: 원문은 '무래유蕪來由'이다. 이 외에도 무래유蕪來由, 마래추馬來酋, 목랄유木剌由, 무래유無來由, 목래유木來由, 몰랄여沒剌予, 몰랄유沒剌由, 마래홀馬來忽, 목랄전木剌田, 목랄왈木剌曰 등으로 불렸다.

47 원주민: 원문은 '번족番族'이다.

48 살펴보건대 … 이 말이 맞는 것 같다: 이상은 서계여의 안按이다.

49 만력萬曆: 명나라 제13대 황제 신종神宗 주익균朱翊鈞의 연호(1573~1620)이다.

50 도요토미 히데요시豊臣秀吉: 원문은 '평수길平秀吉'이다. 헤이시平氏, へいし 혹은 다이라우지たいらうじ는 일본에서 황족이 신적강하臣籍降下하면서 자칭하게 된 우지氏 가운데 하나이다. 『조선왕조실록』에서도 임진왜란을 일으킨 주요 인물들의 씨를 '평平'으로 기록하고 있는데, 도요토미 히데요시(풍신수길豊臣秀吉, 1536?~1598)를 평수길平秀吉로, 고니시 유키나가(소서행장小西行長)를 평행장平行長으로, 야나가와 시게노부(유천조신柳川調信)를 평조신平調信으로 기록한 것이 그 예이다. 도요토미 히데요시는 일본의 무장이자 정치가로, 오다 노부나가織田信長(1534~1582) 휘하에서 두각을 나타내어 중용되던 중 오다 노부나가가 아케치 미쓰히데明智光秀(1526·1528~1582)의 배신으로 죽게 되자 원수를 갚음과 동시에 일본 통일을 이룩했다.

51 명나라 만력萬曆 연간에 … 견제하겠다고 했다: 1592년, 태국의 병력을 빌려 일본 본토를 정벌하고자 하는 논의는 당시 조공을 바치러 북경에

왔던 태국의 참전 요청에서 비롯된 것이다. 이 요청을 병부시랑 송응창이 상주하여 만력제의 윤허를 받았다. 만력제는 조서를 발표하여 정식으로 태국 군대가 수군을 동원하여 직접 일본을 치도록 명령했다. 그러나 태국 군대 동원에 대한 논의는 양광총독의 큰 반향을 일으켰다. 양광총독 소언은 태국의 병력이 강한 것은 사실이지만 그 의도를 알기 어렵고, 만약 병력을 빌려 일본을 치는 전략을 실행할 경우 후일 국가적인 재앙을 불러올 것이기에, 이 전략을 멈추어야 한다고 상주했다. 다음 해 5월 조정은 태국 병력 동원 전략을 다시 조정했다.

52 석성石星: 석성(1538~1599)은 명나라 대명부大名府 동명東明 출신으로, 자는 공신拱宸이고, 호는 동천東泉이다. 가정 38년(1559)에 진사進士가 되고, 이과급사중吏科給事中에 발탁되었다. 융경 초에 내신內臣들이 방자하고 원칙이 없는 것을 지적하는 상소를 올렸다가 정장廷杖을 맞고 쫓겨나 평민이 되었다. 만력 초에 복권되어 병부상서까지 올랐다.

53 소언蕭彦: 소언은 명나라 영국부寧國府 경현涇縣 출신으로, 자는 사학思學이고, 호는 염거念渠이다. 융경 5년(1571)에 진사가 되고, 만력 초에 호부급사중戶部給事中에 올랐다. 후에 우첨도어사右僉都御史로 운남을 순무巡撫했고, 병란을 평정한 공으로 병부우시랑兵部右侍郎으로 승진해 양광兩廣의 군무軍務를 총괄하기도 했다. 일본이 조선을 침략했을 때 병부상서 석성이 태국의 병사를 동원하여 일본을 공격하자고 건의했는데, 일본에서 만 리나 떨어져 있는 태국이 어찌 넓은 바다를 날아가겠냐면서 논의를 철회할 것을 요청했다.

54 운남성 순무: 원문은 '전무滇撫'이다.

55 진용빈陳用賓: 진용빈(1550~1617)은 명나라 복건福建 진강晉江 출신으로, 자는 도형道亨이고 호는 육태毓台이다. 가정 5년(1800)에 진사가 되었으며, 장주현長州縣 지현知縣이 되고 후에 감찰어사監察御史로 승진했다. 후에 운남성 순무가 되어 미얀마의 침입을 막아 냈다.

56 남양南洋: 중국 남해南海를 가리킨다.

57 이래: 원문은 '이래以來'이다. 광서 2년본에는 '이以' 자가 빠져 있으나, 악

록서사본에 따라 고쳐 번역한다.

58 태국 쌀: 원문은 '양미洋米'이다.

59 세종世宗: 광서 2년본에는 '성조聖祖'로 되어 있으나, 역사적 사실에 따라 고쳐서 번역한다. 성조는 청나라 제4대 황제 강희제康熙帝(재위 1661~1722)이고, 세종은 제5대 황제 옹정제雍正帝(재위 1722~1735)를 말한다.

60 고종高宗: 중국 청나라 제6대 황제 건륭제乾隆帝(재위 1735~1795)를 말한다.

61 남방의 번국(炎服屏藩): 원문은 '염복병한炎服屏翰'이나 『청사고淸史稿』 「섬라전暹羅傳」에 따라 고쳐 번역한다.

62 류큐琉球: 원문은 '유구琉球'로 일본 오키나와沖繩의 옛 이름이다. 중국에서는 예로부터 대만臺灣을 '유구'로 불러 오다가, 명나라 태조 때 이르러서 오키나와를 '유구'로 부르기 시작했다. 대만을 '소유구', 오키나와를 '대유구'라고도 했는데, 이는 당시 대만보다 오키나와가 해상 교역에서 우위를 차지하고 있었다는 사실을 반영하는 것이다.

63 믈라카Melaka: 원문은 '만랄가滿剌加'이다. 한대에서 당대에 이르기까지 가라부사哥羅富沙라고도 불렸으며, 지금은 말레이시아를 구성하는 13개 주州 중 하나이다.

64 조호르Johor의 옛 땅: 원문은 '유불고지柔佛故地'이다. 악록서사본에 따르면, 지금의 싱가포르·말레이시아의 조호르주 및 인도네시아의 빈탄섬Pulau Bintan·링가섬Pulau Lingga 등의 지역을 가리킨다.

65 싱가포르Singapore: 원문은 '신가파新嘉坡'이다.

66 찰선札船: 노를 이용해 젓는 배를 가리킨다.

67 구르카Gurkhas: 원문은 '곽廓'으로, '곽이객廓爾喀'의 약칭이며 네팔Nepal을 가리킨다.

68 러시아Russia: 원문은 '악鄂'으로, '러시아'의 약칭이다.

69 진탕陳湯: 진탕(?~기원전 6?)은 서한西漢의 장군으로 산양山阳 하구瑕丘(지금의 산동성 연주) 출신이며, 자는 자공子公이다. 한나라 원제元帝 때 서역西域의 부교위副校尉에 임명되었으며 일찍이 서역도호西域都護 감연수甘延壽와 함께 기병하여 흉노의 질지선우郅支單于를 죽여서 변경 지역 안정에 큰 공

을 세웠다. 관직이 사성교위射聲校尉·종사중랑從事中郞에 이르렀으며, 관내후關內侯에 봉해졌다. 왕망王莽이 정권을 장악한 후, 파호장후破胡壯侯라는 시호를 받았다.

70 강거康居: 고대 서역에 존재했던 중앙아시아의 튀르크계 유목민 또는 그들이 세운 나라를 가리킨다.

71 왕원책王元策: 왕현책王玄策을 가리키며, 피휘避諱하여 '현玄'을 '원元'으로 바꾼 것이다. 왕현책은 당나라 사람으로 하남성河南省 낙양洛陽 출신이다. 당나라 태종과 고종 시기에 3차례나(일설에는 4차례라고도 한다) 인도 지역에 사신으로 다녀왔으며, 중국과 인도의 문화적 교류를 촉진시켰다.

72 왕응지王凝之: 왕응지(334~399)는 동진東晉 사람으로, 왕희지王羲之의 둘째 아들이며 자는 숙평叔平이다. 강주자사江州刺史·좌장군左將軍·회계내사會稽內史 등을 역임했다. 오두미도五斗米道를 신봉하여 손은孫恩이 회계를 공격했을 때 전혀 방비하지 않고 주술만 믿다가 도적에게 체포되어 살해당했다.

73 란쌍Lanxang 왕국: 원문은 '남장南掌'으로, 란쌍은 란창 왕국瀾滄王國이라고도 한다. 14~18세기에 걸쳐 메콩강Mekong River 중류 지역에 존재했던 역사적 왕조이다. 란쌍은 라오스어로 '백만 마리의 코끼리'를 뜻하며, 라오족의 정치 제도와 상좌부 불교를 합친 왕권 사상에 의해 지배되어 왔다. 란쌍 왕조는 현재 라오스 영토를 거의 지배하고 있어서 란쌍은 라오스의 다른 이름으로 사용되기도 한다.

74 방콕Bangkok: 원문은 '만곡曼谷'이다.

75 난창강瀾滄江이 바다로 흘러 들어가는 입구: 방콕에서 바다로 나가는 것은 짜오프라야강Mae Nam Chao Phraya이다. 악록서사본에 따르면, 중국의 난창강 하류는 메콩강으로, 위원이 잘못 알고 있는 것이다.

76 프놈국Norkor Phnom: 원문은 '부남국扶南國'이다. 동남아시아 초기 국가 중 하나로 1~7세기에 걸쳐 메콩강 하류 지역에서 발흥한 앙코르 왕조 이전의 고대 왕국이다. 프놈은 1세기 무렵에 세워진 것으로 추정되며, 이 지역에서는 기원전 4세기부터 인류가 정착한 흔적이 발견되었다. 3세

기 무렵, 중국의 역사서 『후한서』, 『진서』 등에 동시대 동남아시아 국
가로서 '부남국'으로 그 이름이 등장한다.

77  코친차이나: 원문은 '간포채東埔寨'이다.

78  첸라: 원문은 '진랍眞臘'이다.

79  영국United Kingdom: 원문은 '영길리英吉利'이다.

# 태국 본국 연혁 1

—

당나라 이전에는 프놈국이다.
원본에는 없으나, 지금 보충한다.

『진서晉書』에 다음 기록이 있다.

프놈Phnom은 서쪽으로 럼업Lâm Ấp[1]에서 3천여 리 정도 떨어져 있고, 바다의 큰 만에 자리하고 있다. 그 지경은 너비가 3천 리이며 성읍과 궁실이 있다. 사람들은 모두 못생겼고 피부가 검으며 곱슬머리에 벌거벗은 채 맨발로 다닌다. 성품이 꾸밈없고 정직하며, 노략질이나 도둑질을 하지 않고, 밭 갈고 씨 뿌리는 것을 업으로 삼아 일 년에 한 번 씨 뿌리고 세 번[2] 수확한다. 또한 무늬 새기고 조각하는 것을 좋아하고 식기는 모두 은으로 만들며 세금으로는 금·은·구슬·향을 바친다. 또 문서 기록 보관소가 있었는데, 문자는 오랑캐 문자와 비슷하다. 상례, 장례, 혼례는 대략 럼업과 같다. 처음에는 소마Soma[3]라는 여자가 왕이었는데, 카운딘야Kaundinya[4]라는 외국인이 [프놈국을] 차지하게 되었다.[5] 여러 세대를 이어가다가 장수 판찬Phan Chan[6]이 다시 되찾아 프놈국의 왕이 되었다. 태시泰始[7] 연간 초에 사신을 보내 공물을 바쳤다. 승평昇平[8] 초에는 다시 찬다나

Candana[9]가 왕을 칭하고 사신을 보내 길들인 코끼리를 바쳤다.

『남제서』「부남전」에 다음 기록이 있다.

프놈국은 진晉과 송宋대에 연이어 공물을 바쳤다. 송나라 말에 프놈 왕 카운딘야[10]는 상인과 물품을 광주廣州로 보냈다. 천축의 승려 나가세나 Nāgasena[11]는 배를 얻어 타고 귀국하려다가 풍랑을 만나 럼업국에 이르러 그 재물을 모두 빼앗기고 샛길로 프놈국에 돌아올 수 있었다. 영명永明[12] 2년(484), 프놈 왕은 나가세나를 보내 표를 올려 아뢰었다.

"럼업국 왕은 본래 [저의] 예전 노예였는데, 달아나 숨어 있다가 무리를 모아 마침내 럼업국을 공격해서 스스로 왕이 되어 늘 흉악한 분쟁을 일 삼고 있습니다. 바라옵건대 중국 조정에서 군대를 일으켜 역도를 벌하 시면 저희 나라에서도 [역도를] 제거하는 것을 돕고자 합니다. 아울러 금 박을 입힌 용왕 좌상(金縷龍王坐像) 1구, 백단상白檀像 1구, 상아탑(牙塔) 2구, 고패古貝[13] 2쌍, 유리 장식을 드리운 식기(琉璃蘇鋎) 2구, 대모玳瑁[14]로 장식한 빈랑檳榔[15] 쟁반(玳瑁檳榔盤) 1매를 바칩니다."

나가세나는 도성에 와서 그 나라 풍속에서는 마헤슈바라신Maheśvara[16] 을 섬기는데, 신은 항상 만다라산Mount Mandara[17]에 강림하며 풍토와 기후 가 항상 온화하여 초목이 지지 않는다고 말했다. 황제는 진홍빛과 자줏 빛 바탕에 황색·푸른색·녹색 무늬를 수놓은 비단 각 5필을 하사했다.

프놈인은 교활하고 약삭빨라서 주변의 복속되지 않은 사람들을 공격 하고 노략질하여 노비로 삼았으며, 금은과 채색 비단을 교역했다. 부유 한 집 남자는 비단을 잘라 가로로 두르고 여자는 [비단에 구멍을 내서] 머 리를 집어넣어 입었으며,[18] 가난한 이들은 베로 몸을 가렸다. 금가락지와 금팔찌,[19] 은식기를 사용했다. 나무를 베어 집을 지었는데, 국왕은 겹겹이

쌓인 궁전에 거주했고 목책으로 성을 만들었다. 해변에는 커다란 약엽籜
葉[20]이 자라는데, 길이가 8~9자로, 그 잎을 엮어서 지붕을 덮었고, 백성들
역시 집을 지어 살았다. 배를 만들었는데, [그 길이는] 8~9길이며 너비는
6~7자로, 선두와 선미가 물고기 같았다. 국왕은 행차할 때 코끼리를 탔
으며, 아녀자도 코끼리를 탈 수 있었다. 닭과 돼지 싸움을 즐겼다. 감옥
이 없고 소송이 발생하면 달걀 크기의 금가락지를 펄펄 끓는 물에 넣고
그것을 찾게 했으며, 또한 벌겋게 달구어진 쇠사슬을 손에 들고 일곱 걸
음 걷게 하면, 죄 있는 자는 손이 모두 타서 문드러지고 죄 없는 자는 상
처를 입지 않았다. 또 물속에 들어가도록 했는데, 정직한 자는 들어가도
가라앉지 않고 정직하지 않은 자는 금방 가라앉았다. 사탕수수, 제자諸
蔗,[21] 석류와 귤이 나며 빈랑도 많이 나고 새와 짐승은 중국과 같다. 사람
들은 성품이 착하고 전쟁에 익숙하지 않아 항상 럼업국의 침략을 받았으
며, 그 결과 교주交州[22]와 교류를 할 수 없어서 그 사신이 드물게 왔다.


『양서梁書』에 다음 기록이 있다.

프놈국은 일남군日南郡[23]의 남쪽, 바다 서쪽의 큰 만안에 위치하는데,
일남에서 [거리가] 가히 7천 리 정도 되며 럼업국 서남쪽의 3천여 리 지점
에 위치한다. 성은 바다에서 5백 리 정도 떨어져 있다. 큰 강이 있는데,
너비가 10리이며, 서북쪽에서 흘러 동쪽으로 바다에 들어간다. 그 나라
의 너비는 3천여 리이며 땅은 아래로 우묵하게 꺼지고 평평하면서 넓으
며, 기후와 풍속은 크게 견주어 보면 럼업국과 같다. 금·은·동·주석·침
수향沈水香[24]·상아·공작[25]·오색앵무五色鸚鵡가 난다. 그 남쪽 경계 3천여 리
에 돈손국頓遜國[26]이 있다. 돈손국 밖, 대해의 섬 가운데 비건국毗騫國[27]이
있는데, 프놈에서 8천 리 떨어져 있다. 전하는 말에 따르면, 비건국 왕의 신장

은 1길 2자이고 목의 길이가 3자이며 자손과 백성들은 태어나면 죽는데, 오직 왕만이 죽지 않는다. 그 왕은 천축의 글을 지을 수 있었는데, 가히 3천 마디 정도 되었고, 프놈 왕과는 서로 서신을 주고받았으며 숙명으로 말미암은 바가 불경과 서로 비슷하다고 운운했다. 말이 상당히 기이하고 황당해서, 대개 진한秦漢 시대에 봉래蓬萊·방장方丈·영주瀛洲의 세 섬에 죽지 않는 신선이 있었다는 이야기와 같은 것이다. 이전 역사서에는 기록이 없지만 여러 간책簡冊에 실려 있다. 지금은 상선이 사방으로 통하고 수만 리에까지 다다르는데, 가히 이런 섬이 있단 말인가? 또 전하는 바에 따르면, 프놈의 동쪽 경계는 곧 남중국해²⁸이며 바다 가운데 큰 섬이 있는데, 섬 위에 제박국諸薄國²⁹이 있다. 제박국의 동쪽에는 말루쿠Maluku³⁰가 있다. 다시 동쪽으로 남중국해를 1천여 리 정도 지나면 소순다열도Lesser Sunda Islands의 화산섬(自然火洲)³¹에 이르고, [이곳에서는] 화완포火浣布³²가 난다.

이전에 변방 밖에 살던 사람이 [프놈국] 여왕 소마를 아내로 맞이하여 아들을 낳아 왕으로 분봉한 것이 7읍이었다. 그 후, 왕 카운딘야³³는 그 읍들을 공격하여 병합했으며 또한 자손 가운데서 파견하여 여러 읍을 나누어 다스리게 했는데, [그들을] 소왕小王이라고 불렀다. 왕 카운딘야가 나이 90여 세에 죽자, 그 나라 사람들은 모두 대장 판만Phan Man³⁴을 추대하여 왕으로 삼았다. 판만은 용감하고 건장하면서 권모술수를 지녔다. 거듭 군사력으로 주변 나라들을 공격해 정벌하여 모두 복속시켰으며, 스스로 부남대왕扶南大王이라고 칭했다. 그리고 큰 배를 만들어 남중국해의 끝까지 가서 굴도곤屈都昆³⁵·구치九稚³⁶·전손典孫³⁷ 등의 10여 국을 공격하여 땅 5천~6천 리를 개척했다. 판만이 때마침 병으로 죽자, 대장 판찬³⁸이 그 자리를 대신했다. [그는] 나라 안의 일을 개선하고 고쳐서 다스렸으며 공연장³⁹을 세워 그곳에서 즐기게 했는데, 아침에서 점심, 저녁나절까지 서너 번 손님을 맞이했다. 백성들은 파초, 사탕수수, 거북이, 새를 선물로 주고받았다. 국법에 감옥은 없었다. 성의 해자에는 악어를 길렀고, 성문 밖 우리에는 맹수를 키웠는데, 죄지은 자가 있으면 맹수와 악어의 먹이로 [던져] 주었다. 악어와 맹수가 잡아먹지 않으면 무죄가 되어, 사흘이 지나면 풀어 주었다. 그 뒤의 왕인 카운딘야[40]는 본래 천축의 바라문婆羅門이었다. [그는] "마땅히 프놈의 왕이 될 것이다"라는 신의 계시를 받았다. 카운딘야는 마음으로 기뻐하며 남쪽으로 수랏타니Surat Thani[41]에 이르렀는데, 프놈 사람들이 이를 듣고 온 나라가 흔쾌히 추대하여 맞이해서 왕으로 세웠다. 카운딘야는 다시 제도를 고치고 천축의 법을 사용했다. 카운딘야가 죽자, 그 뒤를 이은 왕 스레스타바르만Sresthavarman[42]은 [유]송宋 문제文帝[43] 때 표를 받들고 방물을 바쳤다. 천감天監[44] 2년(503)에 자야바르만Jayavarman[45]은 다시 사신을 파견하여 산호로 만든 불상을 보내고 아울러 방물을 바쳤다. 대동大同[46] 5년(539)에 또 그 나라에 길이가 1길 2자인 부처의 머리카락이 있다고 하여 조서를 내려 사문沙門[47] 석운보釋雲寶를 파견하여 사신을 따라가서 맞이오게 했다.

　그 나라 사람들은 못생기고 얼굴이 검은 데다 곱슬머리이며, 거처하는 곳에 우물을 파지 않고 수십 가구가 함께 못 하나에서 물을 끌어다가 길었다. 천신을 섬기는 풍속이 있었으며, 동銅으로 천신의 상을 만들었는데, 얼굴이 둘이면 손이 넷이고 얼굴이 넷이면 손이 여덟이었다. 손에는 각각 쥐고 있는 것이 있었는데, 어린아이나 새와 짐승, 혹은 해와 달이다. 그 왕은 드나들 때 코끼리를 탔고, 비빈과 시종들도 그러했다. 왕은 앉을 때 옆으로 비스듬히 앉아 한쪽 무릎을 세우고 왼쪽 무릎은 땅에 댔다. [왕] 앞에 백첩포白氎布[48]를 펼치고 금분향로를 그 위에 올려놓았다. 나라의 풍속에 따르면, 상중에는 수염을 밀고 머리를 깎았으며 죽은 자는 네 가지 방법으로 장사를 지냈다. 수장水葬은 시신을 강에 던지는 것이고, 화장火葬은 재가 될 때까지 시신을 태우는 것이며, 토장土葬은 무덤을 만들어 시신을 매장하는 것이고, 조장鳥葬은 시신을 들판 한가운데 버려 두는 것이다. 사람들의 성품은 탐욕스럽고 인색하며 예의가 없고, 남녀는 제멋대로 야합해서 산다.

『수서隋書』에 다음 기록이 있다.

적토국赤土國[49]은 프놈국의 방계국[50]이다. 남중국해 가운데 위치하며, 바닷길로 백 일 남짓 가면 도읍지에 도착한다. 그 땅의 색이 대부분 붉었기 때문에 적토국이라 이름 지었다. 동쪽에는 보르네오Borneo 왕국[51]이 있고, 서쪽에는 바루스Barus 왕국[52]이 있으며, 남쪽으로는 카리탄Karitan 왕국[53]이 있고, 북쪽으로는 대해가 가로막고 있으며, 그 땅은 수천 리에 달한다. 그 나라 왕은 구담씨瞿曇氏이며, 원근에 [많은] 나라가 있다는 것을 몰랐다. [그는] 부친이 왕위를 내놓고 출가하여 승려가 되어 아들인 자신에게 왕위를 물려주었고, 왕위를 물려받은 지 16년이 되었다고 말했다. 세 명의 아내가 있는데, 모두 이웃 나라 왕들의 딸이다. 송클라성Songkhla[54]에 거주했는데, 문이 삼중으로 문 사이의 거리가 각기 일백 보 정도 된다. 문마다 날짐승(飛禽)·신선(仙人)·보살상이 그려져 있고, 황금 꽃(金花)과 방울 삭모(旄)[55]를 매달아 장식했다. 여인 수십 명이 어떤 이는 음악을 연주하기도 하고 어떤 이는 황금 꽃을 받들고 있다. 또 네 명의 여인을 치장해 놓았는데, 불탑 가장자리에 있는 금강역사의 모습처럼 그 용모를 꾸며 놓았으며 문을 사이에 두고 서 있었다. 문밖에 있는 이들은 병장기를 쥐었고, 문안에 있는 이들은 흰 먼지떨이를 잡고 있었다. 길을 사이에 두고 꽃을 장식한 흰 망을 늘어뜨려 놓았다. 왕궁의 여러 건물은 모두 이중의 누각이다. 북쪽으로 문을 냈고 북면하여 앉았다. 그 풍속은 부처를 공경했고 특히 바라문을 존중했다. 여름 겨울 할 것 없이 항상 따뜻했으며, 비가 많이 오고 맑게 갠 날이 드물었다. 씨 뿌리고 심는 데 [정해진] 시기가 없었고, 특히 벼(稻)·검은 기장(穄)·흰콩(白豆)·검은 참깨(黑麻)가 [재배하기에] 적당했다. 그 나머지 물산은 대부분 교지交趾와 같다. 사탕수수와 야자즙(椰漿)으로 술을 빚었다.

양제煬帝[56]가 즉위하여 멀리 떨어진 국외 지역[57]과 교통할 수 있는 자를 모집했다. 대업大業[58] 3년(607), 둔전주사屯田主事[59] 상준常駿과 우부주사虞部主事 왕군정王君政 등이 [적토국에 사신으로] 갈 것을 청하여 물품 5천 단段을 가져가서 적토국의 왕에게 주도록 했다.[60] 그해 10월, 상준 등은 남해군南海郡[61]에서 배에 올라 밤낮으로 20일을 갔는데, 매번 순풍을 만났다. 다낭Đà Nẵng[62]에 이르러서 그곳을 지나 동남쪽으로 짬섬Cù Lao Chàm[63]에 정박했는데, 서쪽으로 럼업국과 마주하고 있었고 위로는 사당이 있었다. 또 남쪽으로 가서 꼰선섬Đảo Côn Sơn[64]에 이르렀는데, 여기에서부터 크고 작은 섬들이 잇닿아 있었다. 다시 이삼일을 가서 서쪽으로 바라보니 랑카수카Langkasuka[65]의 산이 보였고, 이곳에서 남쪽으로 란까이섬Ko Ran Kai[66]에 도착하여 적토국의 경계에 이르렀다. 그 나라 왕이 바라문 쿠마라Kumāra[67]를 보내 큰 선박 30척으로 맞이했으며, 소라고둥을 불고 북을 치며 쇠사슬로 상준 등의 배를 정박시켰다. 한 달 남짓 지나서 그 도읍지에 도착하니, 왕이 그 아들을 보내 예의를 갖추어 접견했다. 먼저 사람을 보내 향기로운 꽃이 담긴 금쟁반과 향유가 담긴 금합金合, 향수가 담긴 금병, 백첩포白疊布 4장을 보내어 사신들에게 세면도구로 제공했다. 그날 미시未時[68]에 또 코끼리 두 마리를 이끌고 공작 깃털로 만든 일산日傘[69]을 지참하여 사신들을 맞이했다. 아울러 금화金花와 금쟁반으로 조서함을 받쳐 들고 이르렀다. 왕궁에 이르러 상준 등은 조서를 받들어 누각에 올랐는데, 왕 이하 모두 [자리 잡고] 앉아 있었다.[70] 조서의 선포가 끝나자, 상준 등을 모셔 자리에 앉히고 천축의 음악을 연주했다. 행사를 마치고 숙소로 돌아갔는데, 또 바라문을 보내 숙소에 먹을 것을 가져다주었다. 풀잎으로 만든 쟁반은 그 크기가 1길이나 되었다. 며칠 후 연회에 참석하기를 청했는데, 의장대와 수행원들은 처음 만났을 때와 같은 예를 행했으며 그 예우가 지극했다. [적토국의 왕은] 이윽고 아들을 보내 방물을 바치고 아울러 금부용관金芙蓉冠과 용뇌향龍腦香[71]을 바쳤다. 금을 주조하여 패다라Pattra[72]를 만들고 양각으로 글을 지어 표를 만들어 금함金函에 넣어 봉했다. [그리고] 바라문을 시켜 향기로운 꽃을 바치고 소라고등과 북을 연주하여 사신들을 전송케 했다. 바다로 나가자 녹색 물고기가 물 위로 떼 지어 날아오르는 것이 보였다. 10여 일을 항해하여 럼업국 동남쪽에 이르러, 섬을 따라 나아갔다. 그 바닷물은 넓이가 천여 보步이며 누런색에 비린내가 났는데, 배로 하루를 가도 없어지지 않았다. 큰 물고기의 배설물이라고 했다. 바다의 북쪽 해안을 따라 교지에 도달했다.

『신당서新唐書』에 다음 기록이 있다.

프놈국은 일남[73]의 남쪽 7천 리에 있는데, 그 땅이 낮고 우묵하며 환왕국環王國[74]과 풍속이 같다. 성곽과 궁실이 있고, 왕의 성씨는 고룡古龍이다. [왕은] 여러 층으로 된 누각에 살았으며, 목책으로 성을 둘렀고 호엽楛葉[75]으로 지붕을 덮었다. 왕은 행차 시 코끼리를 탔으며, 그 나라 사람들은 검은 피부에 곱슬머리였고, 나체로 다녔다. 그 풍속을 보면, 노략질이나 도둑질은 하지 않았다. 밭농사는 한 해 심으면 3년 동안 수확했다. 나라에 강금剛金[76]이 나는데, 자수정(紫石英)과 비슷하게 생겼다. 물 밑 바위에 붙어 자라기 때문에 잠수하여 채취했으며, [강금으로] 옥에 조각을 할 수 있고, 거세한 양의 뿔로 두드리면 곧 [바위에서] 떨어졌다. 사람들은 투계를 즐겼다. 금·진주·향으로 세금을 냈다. 브야드하푸라Vyadhapura[77]를 다스리다가 곧 첸라[78]에 병합되자, 점차 남하하여 앙코르보레이Angkor Borei[79]로 옮겨 갔다. 무덕武德[80]·정관貞觀[81] 연간에 재차 입조入朝했으며, 또 백두인白頭人[82] 둘을 바쳤다. 백두국白頭國은 바로 프놈국의 서쪽에 있는데, 사람들이 모두 흰머리에 살결이 기름처럼 윤이 난다. 산속 동굴에 사는데, 사방이 깎아지른 듯 가팔라서 사람들이 접근할 수 없으며, 참반국參半國[83]과 접해 있다.

『수경주水經注』[84]에 다음 기록이 있다.

축지竺芝[85]의 『부남기扶南記』에서 말한다.

프놈은 럼업에서 4천 리[86] 떨어져 있으며, 수로와 육로 모두 길이 통한다. 단화지檀和之[87]는 군대를 다이찌엠Đại chiêm 해구[88]로 들여보내 부자Vu Gia 하구 일내[89]를 점거했는데, 성이 6리에 달했다. 부지 히구 일대에서 아래로 부자강Sông Vu Gia[90]이 흘러 다이찌엠 해구[91]에 이르는데, 큰물이 연이어 흐르고 조수가 높아져 서쪽으로 흘러간다. 조수는 밤낮으로 7~8자 높이에 이른다. 이로부터 서쪽으로 흐르다가 삭망朔望이 되면 또 조수가 나타나서 1일에서 7일까지 물 높이가 1길 6자에 달한다. 7일 후에는 밤낮으로 번갈아 가면서 조수가 재차 일어나는데, 물 높이는 1~2자에 달한다. 봄, 여름, 가을, 겨울에 [그 현상이] 일정하게 나타나며 높낮이 정도가 물이 가득 차거나 줄어듦이 없는데, 이것이 물의 기본 흐름이 되었다. 상수象水[92]라고도 했고 또한 아울러 상포象浦라는 이름도 있다. 『진서晉書』「공신표功臣表」에서 말하는 금린金遴[93]의 맑은 물길은, 상수의 맑은 수원水源이 바로 이곳이다. 그 하천의 물가에 있는 물벌레들은 상당히 작으며

나무를 뚫어 배를 갉아 먹는데, 수십 일이 지나면 배가 훼손된다. 수원이
되는 못은 맑고 물살이 세며 성성한 물고기가 사는데, 검은색으로 몸통
길이가 5길이며, 머리는 말머리처럼 생겼고 사람이 물에 들어오기를 노
리고 있다가 즉시 [헤엄쳐] 와서 해를 끼친다.

『원사元史』에 다음 기록이 있다.
시암Siam[94]은 성종成宗[95] 원정元貞[96] 원년(1295)에 금자표金字表를 바쳤다.
시암인들과 믈라유Melayu[97]는 오래도록 서로 원수로 지내며 죽고 죽이는
일이 벌어졌는데, 이때에 와서 모두 [중국에] 귀순했다.

『명사明史』에 다음 기록이 있다.
태국은 참파의 서남쪽에 위치하며 순풍을 만나면 10일이면 도착할 수
있는데, 바로 수나라·당나라 때의 적토국이다. 후에 롭부리(羅斛)와 시암
(暹) 두 나라로 나뉘어졌다. 시암의 토양은 척박하여 농사짓기에 적합하
지 않았는데, 롭부리의 땅은 평평하고 넓어서 씨를 뿌리면 많은 수확물
을 거두었기 때문에 시암에서는 롭부리에 의지했다. 원나라 때, 시암에
서는 항상 입조하여 공물을 바쳤다. 그 후에 롭부리가 강성해져서 시암
의 땅을 병합하여 마침내 아유타야 왕국(暹羅斛國)이라고 칭했다.
홍무洪武[98] 3년(1370)에 사신 여종준呂宗俊 등에게 명하여 조서를 가지고
가서 아유타야에 [즉위 사실을] 알렸다. [홍무] 4년(1371)에 아유타야의 왕
은 사신을 보내 길들인 코끼리·다리가 여섯인 거북 및 방물을 바쳤고, [홍
무제는] 조서를 내려 『대통력大統曆』[99]과 채색 비단을 하사했다. 홍무 5년
(1372)에 [아유타야에서] 흑곰·흰 원숭이 및 방물을 바쳤다. 이듬해에 다시
입조해서 공물을 바쳤다. 아유타야 왕의 누이는 별도로 사신을 보내 금

엽표를 올리고, 중궁中宮<sup>100</sup>에 방물을 바쳤지만 모두 재차 받아들이지 않았다. 그 당시 아유타야 왕이 나약하고 용맹하지 않아서 그 나라 사람들은 왕의 백부를 추대하여 국사를 주관하게 하고, 사신을 보내 입조하여 [이러한 사실을] 고하고 방물을 바쳤다. 또한 본국의 지도를 바쳤다. 홍무 7년(1374)에 공물을 바치러 와서 아뢰었다.

"작년에 배가 오저양烏猪洋<sup>101</sup>에 이르렀다가 풍랑을 만나 배가 파손되어 바람에 실려 해남도海南島에 도착하여 관사官司의 도움을 받았습니다. 아직까지 풍랑 속에서도 남아 있는 두라금兜羅錦<sup>102</sup>·강향降香<sup>103</sup>·소목蘇木<sup>104</sup> 등의 방물을 바칩니다."

광동성의 신하는 이 일을 아뢰었다. 홍무제는 그가 표문表文이 없는 데다가, 이미 배가 전복되었다고 말해 놓고 방물이 여전히 남아 있다고 하는 것을 기이하게 여겨 그가 번상番商<sup>105</sup>이 아닌가 의심해서 받지 말라고 명했다. 중서성과 예부의 신하에게 다음 유지諭旨를 내렸다.

"옛날에 제후는 천지에게 1년에 한 번 소빙小聘<sup>106</sup>을 행하고, 3년에 한 번 대빙大聘<sup>107</sup>을 행했다. 구주 밖의 나라들은 곧 조대朝代마다 한 번 입조하고, 방물을 바쳐 성의와 공경을 표할 따름이었다. 오직 고려만이 자못 예악禮樂<sup>108</sup>을 알았기 때문에 3년에 한 번 조공하도록 했다. 다른 먼 나라들, 예를 들어 참파·안남·촐라Chola<sup>109</sup>·자와<sup>110</sup>·보르네오<sup>111</sup>·스리비자야<sup>112</sup>·아유타야 Ayutthaya<sup>113</sup>·첸라<sup>114</sup> 등의 여러 나라에서는 조공하는 일이 이미 빈번하여 그 수고로움과 드는 비용이 너무 많다. 이제 더 이상 그럴 필요가 없으니, 여러 나라에 공문을 이첩移牒하여 이를 알리도록 하라."

그런데도 입조하는 사신이 그치지 않았다. [아유타야 왕의] 세자<sup>115</sup> 역시 사신을 파견하여 황태자에게 전문箋文<sup>116</sup>을 올리고 방물을 바쳤다. 그 사신을 인도하여 황태자<sup>117</sup>를 알현하게 하고, 연회를 베풀고 선물을 하사하여 돌려보냈다. 홍무 8년(1375), 라메수안Ramesuan[118]의 세자 역시 사신을 파견하여 표문을 받들고 입조하여 조공을 바쳤으며, [홍무제는] 왕의 사신 대하듯 연회를 베풀고 선물을 하사했다. 홍무 10년(1377)에 세자[119]가 부왕의 명을 받들어 입조했다. 홍무제는 기뻐하며 '섬라국왕지인暹羅國王之印'이 새겨진 인장을 하사했다. 이로부터 그 나라에서는 조정의 명을 따라 비로소 섬라暹羅라고 불렸다. 매년 한 번 조공하거나 혹은 1년에 두 번 조공했다. 정통正統[120] 연간 이후로는 간혹 몇 년에 한 번 조공했다고 한다. 홍무 20년(1387)에 온주溫州 백성이 침향 등의 여러 물건을 구입했는데, 담당 관리가 오랑캐(番人)와 내통했다는 죄를 뒤집어씌워서 기시棄市[121]에 처하기로 했다. 홍무제가 이르기를 "온주는 섬라가 반드시 거쳐 가는 길목으로, 그 왕래로 인해 물건을 산 것이지 오랑캐와 내통한 것은 아니다"라고 했다. 이에 [온주 백성은] 죄를 용서받았다.

홍무 28년(1395)에 세자가 사신을 파견해 입조하여 공물을 바치고 또한 부왕의 죽음을 고했다. [홍무제는] 환관[122] 조달趙達 등에게 명하여 [섬라국]에 가서 제사를 지내게 하고, 세자에게 다음 칙서를 내려 왕위를 계승하도록 했다.

"짐이 즉위한 이래로 사신을 나라 밖으로 내보낸 것이 두루 사방에 미쳤는데, 그 경계를 밟은 것이 36국이며 소문으로만 들은 것이 31[123]국으로 [각 나라의] 풍토와 습속이 다르다. 대국이 18개, 소국이 149개로 지금 비교해 보니 섬라국이 가장 가깝다. 근래에 사신이 이르러 그대들의 선왕이 서거했음을 알게 되었다. [지금의] 왕이 선왕의 뒤를 계승하여 나라를 다스리게 되니 신하와 백성들이 기뻐하고 있다. 이에 특별히 사신을 파견하여 명을 내리니, 왕은 법도를 잃지 말고 향락에 빠지지 말며, 그로써 전대前代의 공업功業을 빛내야 한다. 이를 준수하라!"

영락永樂[124] 2년(1404) 9월에 오랑캐 배(番船)가 풍랑으로 인해 복건 해안에 이르러, 그들을 힐문해 보니 바로 우호 관계를 맺으려고 섬라국에서 류큐에 보낸 자들이었다. 담당 관리[125]가 [배에 실린] 물건들을 기록하여 보고했다. 영락제가 이르기를 "두 나라가 우호 관계를 맺는 것은 매우 좋은 일인데, 불행히도 풍랑을 만났으니 어찌 이를 계기로 이익을 도모한단 말인가? 담당 관청에서는 선박을 수리하고 식량을 주어 순풍을 기다려서 곧 류큐로 보내도록 하라"라고 했다. 이달에 [섬라국] 왕은 방물을 바쳤고, 『열녀전烈女傳』[126]을 내려 줄 것을 청했으며, 양형量衡[127]을 반포하여 본국의 영원한 법도로 삼기를 청하자 [영락제가] 이를 허락했다. 이에 앞서 참파의 조공 사절이 돌아가다가 풍랑을 만나 그 배가 파항Pahang[128]에 이르자 섬라국에서는 억류하여 돌려보내지 않았다. 수마트라 및 믈라카에서는 다시 섬라국이 황제가 하사한 인신印信[129]과 고명誥命[130]을 빼앗아 갔다고 호소했다. 영락제는 칙서를 내려 그 일에 대해 책망했다. 영락 6년(1408) 8월에 환관[131] 정회鄭和를 섬라국에 사신으로 파견하자, 섬라국 왕은 방물을 바치고 사죄했다. 영락 7년(1409) 정월에 간악한 백성인 하팔관何八觀 등이 섬라로 도주하자, 영락제는 사신에게 명하여 귀국해서 그 왕에게 [이 일을] 알려 죄를 짓고 도주한 이들을 받아들이지 말도록 했다. [섬라국] 왕은 명을 받들어 [도주한 이들을] 송환했으며, [영락제는] 칙서와 폐백幣帛[132]을 하사하여 왕을 표창했다. 영락 17년(1419)에 섬라국이 믈라카를 침입한 것을 질책하니, [섬라국] 왕은 사신을 파견하여 사죄했다.

선덕宣德[133] 8년(1433)에 섬라국의 조공 선박이 참파국의 꾸이년Quy Nhon 항[134]에 이르러 모두 그 나라 사람들에게 약탈당했다. 정통 원년(1436)에 조공 사절이 북경에 와서 [참파국의 약탈] 상황을 호소했다. 참파국 왕에게 칙서를 내려 약탈한 사람과 물건을 모두 돌려주도록 했다. 얼마 후 참파국에서 자문咨文[135]을 예부에 보내 아뢰었다.

"본국이 전년에 사신을 수마트라Sumatra[136]에 보냈는데, 마찬가지로 섬라국 도적들에게 약탈당했습니다. 반드시 섬라국에서 먼저 약탈한 것을 돌려준다면 본국에서도 응당 감히 돌려주지 않을 수 없을 것입니다."

성화成化[137] 17년(1481)에 [섬라국의] 조공 사절이 돌아가다가 도중에 몰래 남아 여아를 사고 또한 사염私鹽을 배에 잔뜩 싣자, [성화제는] 관리를 파견하여 경계하고 타이르도록 명했다. 이에 앞서 정주汀州 사람 사문빈謝文彬이 소금을 팔러 바다로 나갔다가 풍랑을 만나 섬라국에 흘러 들어가서 관직이 곤악坤岳에까지 이르렀는데, 이는 명나라의 학사學士와 같은 것이다. 후에 [사문빈이] 사절단에 충원되어 입조했는데, 금지 물품을 매매하다가 그 일이 발각되어 사법 관리에게 넘겨져 문초를 당했다.

홍치弘治[138] 10년(1497)에 사이관四夷館[139]에 섬라어 번역관(暹羅譯字官)이 없어서 광동에 조서를 내려 섬라국의 언어와 문자에 능통한 자를 구해 북경으로 보내서 [사이관에] 배치해 쓰도록 했다. 정덕正德[140] 4년(1509)에 섬라의 선박이 풍랑을 만나 광동에 들어왔는데, 시박사市舶司[141] 태감太監[142] 웅선熊宣이 수신守臣[143]과 논의하여 그 화물에 세금을 매겨 군수에 충당했다. 이 일을 아뢰자, [정덕제는] 조서를 내려 함부로 전횡한 것을 질책하고, 남경으로 소환했다. [정덕] 10년(1515)에 금엽표를 바치며 입조하여 조공을 바쳤는데, 사이관 안에 [섬라의] 글을 아는 이가 없었다. [정덕제는] 조서를 내려 그 사신 중에 한두 명을 뽑아 머물게 하여 사이관에 들여보내 [섬라의 말을] 배우게 했다. 가정嘉靖[144] 원년(1522)에 섬라·참파의 화물선이 광동에 이르렀다. 시박사 태감 우영牛榮이 집안사람을 풀어 사사로이 매매를 하자 법률에 따라 사형을 판결했다. 가정 32년(1553)에 [섬라국에서] 사신을 파견하여 흰 코끼리 및 방물을 바쳤는데, 흰 코끼리가 오는 도중에 죽자 사신은 진주와 보석으로 상아를 장식해서 금쟁반에 담아 흰 코끼리의 꼬리털과 함께 바쳐서 신표로 삼았다. 가정제는 그 성의를 가상히 여겨 후하게 상을 내려서 돌려보냈다. 융경隆慶[145] 연간에 [섬라의] 이웃 나라인 퉁구 왕조Taungoo Dynasty[146]가 청혼을 했다가 거절당하자, 『동서양고東西洋考』에 "퉁구 왕조는 속칭 방사放沙이다"라는 기록이 있다. 수치스럽고 화가 나서 군대를 크게 일으켜 섬라국을 공격하여 격파시켰다. [섬라국] 왕이 스스로 목매어 자살하자 세자를 포로로 잡아 돌아갔다. 둘째 아들이 왕위를 계승하고 복수하려는 마음을 굳게 다졌다.

만력 연간에 퉁구의 군대가 다시 쳐들어오자 [섬라국] 왕은 군대를 정비하여 힘내 공격해서 퉁구를 크게 격파했다. 섬라국은 이로부터 해상을 제패했다. 군대를 이동시켜 첸라를 공격해 격파하니 그 왕이 항복했다. 이로부터 해마다 군대를 일으켜 마침내 여러 나라를 제패했다. 만력 20년[147](1592)에 일본이 조선을 침략하자, 섬라국은 비밀리에 군대를 보내 직접 일본을 교란시키고 그 후방을 견제하겠다고 청했다. 중추中樞[148] 석성은 [그 제안을] 따르자고 건의했으나 양광총독 소언이 불가하다고 주장하여 곧 그만두었다. 숭정崇禎[149] 16년(1643) 3월에 이르러 여전히 입조하여 공물을 바쳤다. 섬라국은 주위가 천 리에 이르고 풍속이 강하고 사나우며 수전水戰에 익숙했다. 대장大將은 성철聖鐵[150]로 몸을 휘감고 있어 칼과 화살도 뚫을 수 없었다. 성철은 사람의 뇌골腦骨이다. 왕은 졸라[151] 출신이다. 관직은 10등급으로 나뉜다. 왕에서 서민에 이르기까지 일이 발생하면 모두 그 부인이 결정했다. 부인의 포부는 실로 남편을 능가했다. 아내가 중국인(華人)과 사통하면 곧 남편은 술자리를 마련하여 [중국인과] 함께 술을 마시는데, 전혀 개의치 않고 책망하지도 않으며 "내 아내가 아름다워서 중국인이 좋아한다"라고 말했다. 불교를 숭배하여 믿었으며, 남

녀 대부분이 승려였다. 또한 암자와 절에 거주하며 재계하고 계율을 지켰
다. 의복은 자못 중국과 비슷했다. 부귀한 자는 특히 부처를 경배하여 백금
의 재산이라도 즉시 그 절반을 시주할 정도였다. 기후가 일정치 않아서[152]
추웠다 더웠다 했고, 지세가 낮고 습하여 사람들은 모두 이층집[153]에 살았
다. 남녀 모두 상투를 틀고 다녔으며 백포白布로 머리를 둘렀다. 부귀한
자가 죽으면 수은을 입에 부어 넣고 안장했다. 가난한 자는 [시신을] 해변
에 옮겨 놓고 까마귀 떼가 날아와 쪼아 먹도록 내버려 두었는데, 이것을
조장이라고 한다. 물건을 사고팔 때는 해패海貝를 사용하는데, 해패를 사
용하지 않는 해에는 나라에 반드시 큰 역병이 돌았다. 공물로는 코끼리·
상아·무소뿔·공작 꼬리(孔雀尾)[154]·물총새 깃털·바다거북 등딱지(龜筒)[155]·발
여섯 달린 거북(六足龜)·보석·산호·편뇌片腦[156]·미뇌米腦[157]·강뇌糠腦·뇌유腦
油[158]·뇌시腦柴·장미수薔薇水[159]·완석碗石[160]·정피丁皮[161]·아위阿魏[162]·자경紫梗[163]·
등갈藤竭[164]·등황藤黃[165]·유황硫黃[166]·몰약沒藥[167]·오다니烏爹泥[168]·안식향安息
香[169]·나곡향羅斛香[170]·속향速香·단향檀香·황숙향黃熟香[171]·강진향降眞香·유향乳
香[172]·수향樹香·목향木香[173]·정향丁香·오향烏香[174]·후추(胡椒)·소목蘇木·육두구
肉豆蔻[175]·백두구白豆蔻[176]·필발蓽茇[177]·오목烏木[178]·대풍자大楓子[179] 및 살합랄撒哈
剌[180]·서양의 각종 천이 있다. 그 나라에는 삼보묘三寶廟가 있는데, [그곳에
서는] 환관 정화를 제사 지냈다.


『영애승람瀛涯勝覽』[181]에 다음 기록이 있다.

섬라국의 땅은 천 리에 달하며 나라가 온통 산으로 둘러싸여 있고 산
세가 가파르고 험하다. 지대가 낮고 습하며, 기후가 일정치 않아서 비바
람이 몰아쳤다가 더웠다가 한다. 참파국에서 서남쪽으로 7일 밤낮을 항
해하여 바야흐로 신문대新門臺[182] 해구에 이르러 항구로 들어가면 그 나라

에 도달한다. 왕은 웅장하고 화려한 궁실에 거주한다. 백성은 이층집에 거주하는데, 그 이층집은 빈랑나무와 덩굴을 촘촘히 연결하여 매우 단단하게 얽어서 만든다. 등나무 자리와 대자리를 깔고, 그 안에서 자거나 휴식을 취한다. 왕은 촐라 출신으로, 백포로 머리를 휘감고 윗옷은 입지 않으며 허리에는 생사를 박아 넣은 끈을 매고, 거기에다 솜이 든 비단으로 허리를 조여 맨다. 코끼리에 걸터앉아 행차하거나 가마를 탔다. 금손잡이가 달린 일산의 덮개는 교장엽葵蔁葉[183]으로 만들었다. 왕은 불교를 숭상했고, 그 나라 사람들도 모두 그래서 승려가 상당히 많았다. 그 의복은 중국과 비슷하며, 언어는 광동과 같다. 풍조가 자유분방하고 수전에 익숙해서 항상 주변 나라를 정벌했다. 시장에서는 해패를 사용했는데, 그 가치가 은전과 같았다. 그곳에서는 홍마긍紅馬肯 원석이 나며 홍아홀紅雅忽 원석보다는 한 단계 아래인데, 밝고 투명하기가 석류씨와 같다.[184] 그 나라에서 서북쪽으로 2백여 리 되는 곳에 수코타이Sukhothai[185]라는 큰 마을이 있는데, 운남[106]과 왕래하며 각종의 번국番國 물건들이 갖추어져 있다.

명나라 황충黃衷[187]의 『해어海語』[188]에 다음 기록이 있다.
섬라국은 남중국해에 위치하며, 동관현東莞縣[189] 남정문南亭門에서 출항하여 남쪽으로 오저烏潴·독저獨潴·칠주七洲[190]에 이르러, 성반星盤[191]이 남서쪽 7시 방향을 가리키는 곳으로 가면 외라항外羅港[192]에 도달하며, 남서쪽 8시 방향을 가리키는 곳으로 45일을 항해하면 참파·팔렘방Palembang[193]에 도달하고, 대불령산大佛靈山[194]을 지나게 된다. 그 산 위에는 봉화대(烽墩)[195]가 있는데, 자오찌국의 것이다. 또 [성반이] 남서쪽 7시 방향을 가리키는 곳으로 가면 꼰다오섬[196]에 도달하며, 다시 남서쪽 7시 방향으로 가면 대모주玳瑁洲·대모액玳瑁額[197] 및 귀산龜山[198]에 이른다. 서쪽 9시 방향으로 가면 섬라국 항구로 들어가는데, 물 가운데 있는 긴 섬이 [연이은] 제방처럼 들쭉날쭉했고, 중국의 거패하車壩河[199]처럼 배들이 드나들었으며, 그 나라에서 모두 통제했다. 조금 들어가면 이민족 추장이 다스리는[200] 관關이 하나 있고, 다시 조금 들어가면 두 번째 관이 있는데, 바로 도읍지이다. 그 땅은 습하고 축축하며 성곽이 없다. 왕은 아유타야[201]에 거주했는데, 중국의 궁궐 짓는 법과 약간 비슷해서, [지붕에] 주석 판을 덮었다. 동쪽 벽을 열면 큰 문이 있는데, 이것은 왕이 드나드는 문이다. 나라는 12개의 제방[202]으로 나누어 다스렸고, 추장이 주관했는데, 중국에 아문衙門이 있는 것과 같았다. 그 나라의 요충지는 귀산과 나콘시탐마랏Nakhon Si Thammarat[203]이며, 주요 지역으로 아쿤Akun[204]이 있다.[205] 맹제猛齋는 중국에서 말하는 총병總兵[206]과 같은데, 갑병甲兵이 [그 아래에] 속한다. 중국인 이주민들이 거주하는 내가奶街라는 곳이 있다. 토착민들은 물속에 기둥을 세우고 [그 위에] 널빤지로 지은 이층집에 흩어져 살았으며, 질기와를 얹지 않고 교장엽으로 지붕을 덮어서 가렸다.

그 나라는 스님을 숭상하여 왕은 전생에 모두 스님이었고 스님이 내세에 왕이 된다고 생각했다. 신분이 귀한 스님을 또한 승왕僧王이라고 칭했으며, 나라에서 명령을 내리고 국정을 결정할 수 있는 권한을 가지고 있었다. 무릇 백성이 왕을 알현할 때는 반드시 합장을 한 채 무릎을 꿇고 왕의 발을 세 번 어루만지며 직접 자신의 머리를 발에 대고 세 번 절해야 하는데, 이를 정례頂禮[207]라고 한다. 보통 왕자는 자라면서 산스크리트어와 바라문의 예법을 익혔고, 술수術數[208] 같은 것은 모두 신분이 높은 스님의 [말씀을] 따랐기 때문에 신분이 높은 스님의 권력이 왕과도 같았다. 그 나라에는 성姓이 없는데, 중국인 이민자들은 처음에는 원래 성을 따랐으나 [그런 풍조가] 한두 번 전해지다가 역시 성이 없어졌다. 사람들은 모두 머리를 깎았으며, 도둑질하는 것을 부끄럽게 여겼다. [그 나라의] 감옥은 땅에 구덩이를 파서 이중으로 된 3층 건물로 지었는데, 이를 천뢰天牢라고 한다. 가벼운 죄를 지으면 맨 위층에 가두고 중죄에 버금가는 죄를 지으면 중간층에 가두었으며 참형에 처할 자는 맨 아래층에 가두었다. 가벼운 죄는 가죽 채찍으로 형벌을 가했고 중죄에 버금가는 죄는 발가락 열 개를 자르고 손가락 열 개를 잘랐다. 참형에 처할 죄를 지은 자는 허리를 자르거나 코끼리가 짓밟게 했다. 신분이 높은 스님이 왕에게 간청하면 왕은 곧 용서해 주고 스님의 노예로 만들었는데, 이를 노건奴囝이라고 했다. [백성들의] 부역賦役은 가벼웠지만, 다만 코끼리를 공양하는 것이 가장 무거운 부역이었다. 그러므로 참형을 사면받은 이는 노건으로 삼지 않고 평생 코끼리를 공양하게 했다.

나라에는 길흉을 점치는 이[209]가 없었기 때문에 무릇 낮에 일식이 발생하면 그것을 본 백성이 왕에게 달려가 고했는데, 먼저 온 자에게 상을 내렸다. 음력 정월[210]이 되면 왕은 무당에게 명하여 방향을 점치게 하고, 가마꾼 승려[211]에게 경치가 좋은 곳을 따라가도록 명해서 [그곳에서 만난] 사람을 사로잡아 그 쓸개를 도려내 여러 가지 약재를 섞어 탕을 끓였다. 왕은 [탕에] 발을 적시고 코끼리는 머리를 적셔서 용맹한 기백을 드러냈다. 보통 쓸개를 사용할 때에는 중국인의 쓸개가 최고였으며, 스님의 것은 도려내지 않았고, 임산부의 것도 도려내지 않았으며, 부스럼이나 흉터가 있는 이의 것도 도려내지 않았다. 그리고 쓸개를 사용할 때는 나이의 많고 적음을 고려했다. 음력 3월[212]은 한 해의 첫머리(歲首)이다. 음력 4월[213]에는 비로소 농사를 짓는다. 음력 5월[214]에는 장마가 내려 물이 불어나기 시작한다. 음력 8월[215]에는 장마가 물러간다. 왕은 곧 용주를 타고 거동하여 토지신과 오곡신에게 제사를 지낸다. 벼가 열리면 수확하기 시작한다. 보통 농작물이 무성하게 자라면 장마로 [불어난 물의] 깊이를 살핀다. 벼 줄기의 길이가 1길 3자이고 벼 이삭이 1자 8치에 달하며 벼가 자라서 낱알이 한 치 크기로 들어찬다. 논밭은 사람들이 먹고살 정도로 넉넉했으며, 흉년 드는 해가 드물었다.

여인들은 대부분 총명하고 영리했으며, 수놓고 베 짜는 솜씨가 중국보다 뛰어났다. 특히 술을 잘 빚어서 섬라국의 술은 여러 오랑캐 중에서 최고였다. 여인들은 몸단장할 때 반드시 여러 가지 향을 사용하여 몸과 머리카락을 윤기 있게 했고, 밤낮으로 서너 번 목욕했으며, 거리낌 없이 농지거리를 했다. 왕의 처첩도 모두 한껏 단장하고 시장에서 장사하면서 남자들과 거래를 했는데, [거래 중에] 당황하지도 않았고 감히 지나치게 행동하지도 않았다. 부모 및 남편상을 당하면 곧 비구니처럼 머리를 깎았다. 열흘이 지나면 예전처럼 머리를 길렀다. 사람이 죽으면 부유한 이는 시신을 화장해서 장사 지냈다. 가난한 이는 시신을 들어 뗏목에 태워 바다에 띄웠으며, 상을 당한 가족들은 해변에서 무릎을 꿇고 엎드려서 스님을 청해 염불을 했다. 독수리 떼가 [날아와서] 부리로 쪼아 눈 깜짝할 사이 다 먹어 치우는데, 이것을 조장이라고 한다.

악어가 나타나 해를 끼치면 즉시 왕에게 급히 달려가서 알린다. 왕은 신분이 높은 스님을 불러 밥에 주술을 걸어 악어들이 있는 곳에 던지게 하고 이어 패다라에 부적 몇 장을 써서 노건의 몸에 붙여서 물에 빠뜨리면 악어 몇 마리가 끌려 나왔다. 신분이 높은 스님은 악어를 조사해서 [사람에게 해를 끼친] 흔적이 많으면 그것을 죽여서 배를 갈라 연주鉛珠 두 되를 얻었다. 흔적이 적으면 곧 악어 등에 부적을 새겨 넣고 주문을 외운 후 놓아주었다. 그 나라 사람들은 원한이 생기면 모두 스님을 찾아가 저주를 내려 달라고 부탁했다. 토착민이나 오랑캐가 그 저주에 걸렸을 경우, 죽지 않으면 곧 병들었다. 그러나 중국인에게는 효험을 볼 수 없었다. 스님에게 공양을 대접할 때는 적어도 보리·찰벼[216]·메벼·소·양·돼지·거위·오리·닭·물고기 등의 10가지 음식을 갖추어 모두 익혀서 바쳤다. 스님은 경을 외운 후에 공양했는데, 공양할 때는 반드시 여러 그릇에 있는 [음식을] 남김없이 먹었다. 10가지 음식이 갖추어져야 공양을 올렸다. 그곳의 산물로는 소방목蘇方木·빈랑·야자·두리안·편뇌 등의 갖은 향·갖은 과일·상아·무소뿔·금은보화·대모 등이 많이 난다. 교역할 때 물건을 사들여 다시 되파는 방법을 썼기 때문에 그 나라 백성들은 [살림이] 넉넉했다. 부와 권세를 지닌 추장은 각각 다른 섬을 차지하여 거주했는데, 노건이 수백 명에 달하고 축적해 놓은 재물이 늘 상당해서, 창고 문단속을 하지도 않았고 도둑이 들까 걱정하지도 않았다. 서양 여러 나라의 기이한 산물과 물건들이 이 땅으로 몰려들었다. 장인의 솜씨가 정교해서 보석을 박아 넣은 반지가 당시 중국에 들어갔을 때 한 개 가격이 수천 금에 달했다. 땅이 넓고 군대가 강해서 일찍이 첸라 본래는 쯔놈국의 속국이었다. 를 병합했으며, 사사로이 공물을 받고 세금을 부과했다. 중국과 이해관계가 얽혀 있지 않아서 그대로 두고 따져 묻지 않았다.

　사청고謝清高의 『해록海錄』에 다음 기록이 있다.

　섬라국은 캄보디아 서쪽에 위치하며 사방이 수천 리에 달하고, 서북쪽으로 미얀마와 땅이 맞닿아 있으며, 나라가 크고 백성들은 살림이 넉넉했다. 배가 항구에서 내륙 쪽 강으로 들어가 북쪽으로 가면 그 나라 도읍지에 도착하는데, 대략 10여 리 정도의 거리이다. 해안을 끼고 숲이 울창하며 논밭이 서로 뒤섞여 있고, 군데군데 물가에 임한 누대가 있었다. 원숭이와 새가 우짖는 소리가 끊어지지 않고 계속 이어졌다. 남녀 모두 상체를 드러냈는데, 남자는 한 폭의 천으로 하체를 둘렀고 여자는 치마를 입었다. 관리의 의복은 중국의 비웃과 거의 같았고, 색깔로 귀천을 가렸는데 붉은색을 [입은 이가] 높은 사람이었다. 오른쪽 어깨에는 모두 문신을 새겼다. 왕은 화려한 색채의 옷을 입었고, 옷 위에 불상을 수놓았으며 몸과 머리에는 장식용 금박을 붙였다. 기물은 모두 금으로 제작했다. 육지에서는 코끼리가 모는 가마를 탔고 물에서는 용주를 탔다. 무릇 아랫사람이 윗사람을 만나면 한쪽 어깨를 드러내고 맨발인 채로 허리를 굽혀 몸을 웅크렸다. 그 나라에는 성곽이 없었고, 백성들은 모두 판자로 된 집에서 살았다. 왕은 기와를 지붕에 얹었고 물가 쪽에 집을 지었다. 토착민들은 대부분 농사짓는 일에 힘썼으며, 때 되면 씨 뿌리고 곡식이 익으면 수확하여 김맬 일이 없었기 때문에 낙원이라고 불렀다. 상인은 대부분 중국인이었다. 술을 빚고 아편을 판매하고 도박장을 운영하는 이 3가지 경우에는 그 세금이 과중했다. 불교를 받드는 풍조가 있어서 매일 아침 식사 때 사원의 스님들이 가사를 걸치고 집마다 탁발하면 모든 가정에서는 반드시 좋은 밥과 반찬을 [준비해] 합장하고 절하며 바쳤다. 스님들은 사원으로 돌아와 부처님께 음식을 바치고 나서 또 그것을 삼등분하여 스님이 일부를 먹고 일부는 새들에게, 나머지 일부는 벌레와 쥐에게 먹이로 주었다. 일 년 내내 이와 같아서, 스님들은 직접 불 지펴 밥 짓는 일이 없었다. 출가하여 스님이 되는 것을 예를 배우는 것이라 했기 때문에 부귀한 집안의 자제들도 모두 스님이 되었으며, 20세 이후에는 환속을 허용했다. 결혼할 때는 모두 사원에 가서 부처님께 절을 한 후에 집으로 돌아와서 혼례를 치렀다. 중국 문자를 상당히 중시하여 시문에 능한 사람이 있으면 국왕은 그들을 모두 불러들여서 음식을 대접했다. 그 나라에는 군대가 있었는데, 백성을 군인으로 선발했다. 한 달 동안은 양식을 모두 병사가 직접 준비했으나, 한 달이 지난 후에는 왕실에서 군량미를 하달했다. 사방에 이웃한 작은 나라들은 대부분 이 나라에 복속되어 있다.

이 땅에서는 금·은·철·주석·상어 지느러미·해삼·전복·대모·흰 설탕·땅콩·빈랑·후추·두구豆蔲²¹⁷·사인砂仁²¹⁸·목련·야자·속향·침향·강향·가남향·상아·무소뿔·공작·물총새·코끼리·곰·사슴·물사슴·야생마 등이 난다. 물사슴은 사슴과 모양이 비슷하지만 뿔이 없으며, 푸른색으로 [몸집이] 큰 것은 소만 하다. 야생마는 사슴처럼 생겼고 [몸집이] 큰데, 상인들은 항상 야생마의 뿔을 가져다 녹용인 척하며 [속여서 팔아먹는다.] 무소뿔은 두 종류가 있는데, 검은색에 [크기가] 큰 것은 서각鼠角으로 값이 싸다. 꽤 큰 것은 무게가 두세 근 정도이고, 작은 것 또한 무게가 한 근 정도 나간다. 색이 약간 희며, 가장자리에 홈 하나가 수직으로 뻗어 올라간 것이 천조각天曹角이다. 그 홈이 뿔 끝부분까지 수직으로 뻗어 있는 것 역시 비싸지 않다. 만약 뿔 끝부분의 2~3푼 되는 지점에 홈이 없고 [모양이] 완벽하며 색깔에 윤기가 흐르고 작은 것이라면 [기격이] 비싸다. 야자수는 종려나무처럼 생겼으며, 곧은 줄기에 가지가 없고, 큰 것은 둘레가 한 아름이나 되며 키가 큰 것은 5~6길 크기에 달한다. 심어서 7~8년이 지난 후에 열매를 맺으며, 매년 꽃이 네 송이만 피고 꽃대 가까이에 잎이 생겨나는데, 길이가 여러 자나 된다. 꽃은 상당히 자잘하며 가지 하나에 단지 코코넛(椰子) 몇 개만이 달린다. 여러 갈래로 꽃이 피며 번갈아 사계절 동안 코코넛을 딸 수 있다. 술을 빚으려는 이들은 꽃대가 다 자라고 꽃이 채 피지 않았을 때 파초잎으로 그 줄기를 싸서 꽃이 피지 못하게 하고 다시 끈으로 단단히 묶어 줄기 끝부분 몇 마디를 베어서 질항아리에 받쳐 놓고 질항아리 속으로 액이 떨어지면 매일 이른 아침과 오시·유시·해시에 그 액을 거른다. 이른 아침에 거른 것은 맛이 맑고 달달하며, 해가 뜬

후에 거른 것은 약간 새콤한데, 모두 술맛이 약간 돈다. 다시 그것을 발효시키면 술이 되는 것이다. 줄기를 베어 낸 곳이 약간 건조되면 그 부분을 또 벗겨 내고 꽃대가 다할 때까지 그렇게 했다. 코코넛 배젖(椰肉)으로는 기름을 짤 수 있고, 내과피(殼)로는 그릇을 만들 수 있으며, 중과피(衣)로는 닻줄을 만들 수 있어서 번인番人들 대부분 야자수를 심었다. 해마다 특산품으로 중국에 바쳤다.

# 暹羅本國沿革一

一

唐以前爲扶南國.
原本無, 今補.

『晉書』: 扶南西去林邑三千餘里, 在海大灣中. 其境廣袤三千里, 有城邑宮室. 人皆醜黑, 拳髮, 倮身跣行. 性質直, 不爲寇盜, 以耕種爲務, 一歲種, 三歲穫. 又好雕文刻鏤, 食器皆以銀爲之, 貢賦以金銀珠香. 亦有書記府庫, 文字有類於胡. 喪葬婚姻略同林邑. 其始女子葉柳王之, 爲外國人混潰所據. 傳數世, 其將范尋復世王扶南. 泰始初, 遣使貢獻. 昇平初, 復有竺旃檀稱王, 遣使貢馴象.

『南齊書』「扶南傳」: 扶南, 晉·宋世通職貢. 宋末, 扶南王僑陳如遣商貨至廣州. 有天竺道人那伽仙附載欲歸國, 遭風至林邑, 掠其財物皆盡, 那伽仙間道得達扶南. 永明二年, 扶南國王遣那伽仙表言. "林邑王本其舊奴, 竄逸聚衆, 遂破林邑, 自立爲王, 常搆凶讐. 請中朝出師伐逆, 臣國願助翦撲. 竝獻金縷龍王坐像一軀, 白檀像一軀, 牙塔二軀, 古貝二雙, 琉璃蘇鉝二口, 瑇瑁檳榔盤一枚." 那伽仙詣京師, 言其國俗事摩醯首羅天神, 神常降於摩耽山, 土氣恒暖, 草木不落. 上報以絳紫地黃碧綠紋綾各五匹.

扶南人黠慧知巧, 攻掠傍邑不賓之民爲奴婢, 貨易金銀綵帛. 大家男子, 截錦爲橫幅, 女爲貫頭, 貧者以布自蔽. 鍛金環鑲銀食器. 伐木起屋, 國王居重閣, 以木柵爲城. 海邊生大箬葉, 長八九尺, 編其葉以覆屋, 人民亦爲閣居. 爲船八九丈, 廣裁六七尺, 頭尾似魚. 國王行乘象, 婦人亦能乘象. 鬪雞及豨爲樂. 無牢獄, 有訟者, 則以金指環若雞子投沸湯中令探之, 又燒鑲令赤, 著手上捧行七步, 有罪者手皆燋爛, 無罪者不傷. 又令沒水, 直者入, 卽不沈, 不直者, 卽沈也. 有甘蔗·諸蔗·安石榴及橘, 多檳榔, 鳥獸如中國. 人性善, 不便戰, 常爲林邑所侵擊, 不得與交州通, 故其使罕至.

『梁書』: 扶南國在日南郡之南, 海西大灣中, 去日南可七千里, 在林邑西南三千餘里. 城去海五百里. 有大江廣十里, 西北流, 東入於海. 其國輪廣三千餘里, 土地洿下而平博, 氣候風俗大較與林邑同. 出金·銀·銅·錫·沈水香·象牙·孔翠·五色鸚鵡. 其南界三千餘里, 有頓遜國. 頓遜之外, 大海洲中, 有毗騫國, 去扶南八千里. 傳言毗騫國王身長丈二, 頭長三尺, 子孫及國人生死如常, 惟王不死. 其王能作天竺書, 可三千言, 與扶南王相報達, 說其宿命所由, 與佛經相似云云. 語絶怪誕, 蓋卽秦漢間蓬萊三島有不死仙人之說. 前史無識, 載諸簡冊. 今商舶四通, 極數萬里, 可有此島乎? 又傳扶南東界, 卽大漲海, 海中有大洲, 洲上有諸薄國. 國東有五馬洲. 復東行漲海千餘里, 至自然火洲, 出火浣布.

前有徼外人納女王柳葉爲妻, 生子, 分王七邑. 其後王混盤況攻竝之, 亦遣子孫中分治諸邑, 號曰小王. 盤況年九十餘乃死, 國人共擧大將范蔓爲王. 蔓勇健有權略. 復以兵威攻伐旁國, 咸服屬之, 自號扶南大王. 乃治作大船, 窮漲海, 攻屈都昆·九椎·典孫等十餘國, 開地五六千里. 蔓遇疾死, 大將范尋代立. 更繕治國內, 起觀閣遊戲之, 朝旦中晡三四見客. 民人以焦蔗龜鳥爲禮. 國法無牢獄. 于城溝中養鱷魚, 門外圈猛獸, 有罪者輒以喂猛獸及鱷魚. 魚獸不食爲無

罪, 三日乃放之. 其後王憍陳如, 本天竺婆羅門也. 有神語曰: "應王扶南". 憍
陳如心悅, 南至盤盤, 扶南人聞之, 擧國欣戴, 迎而立焉. 復改制度, 用天竺法.
憍陳如死, 後王持梨陁跋摩, 宋文帝時奉表獻方物. 天監二年, 跋摩復遣使送珊
瑚佛像, 竝獻方物. 大同五年, 又言其國有佛髮長一丈二尺, 詔遣沙門釋雲寶隨
使往迎之.

其國人醜黑, 拳髮, 所居不穿井, 數十家共一池引汲之. 俗事天神, 天神以銅
爲像, 二面者四手, 四面者八手. 手各有所持, 或小兒, 或鳥獸, 或日月. 其王出
入乘象, 嬪侍亦然. 王坐則偏踞翹膝, 垂左膝至地. 以白氎敷前, 設金盆香爐於
其上. 國俗居喪則剃除鬚髮, 死者有四葬. 水葬則投之江流, 火葬則焚爲灰燼,
土葬則瘞埋之, 鳥葬則棄之中野. 人性貪吝無禮義, 男女恣其奔隨.


『隋書』: 赤土國, 扶南之別種也. 在南海中, 水行百餘日而達所都. 土色多
赤, 因以爲號. 東波羅剌國, 西婆羅娑國, 南訶羅旦國, 北拒大海, 地方數千里.
其工姓瞿曇氏, 不知有國近遠. 稱其父釋王位出家爲道, 傳位于子, 嗣位十六
年矣. 有三妻, 竝鄰國王之女也. 居僧祗城, 有門三重, 相去各百許步. 每門圖
畫飛禽·仙人·菩薩之像, 懸金花鈴毦. 婦女數十人, 或奏樂, 或捧金花. 又飾四婦
人, 容飾如佛塔邊金剛力士之狀, 夾門而立. 門外者持兵仗, 門內者執白拂. 夾
道垂素網綴花. 王宮諸屋, 悉是重閣. 北戶北面而坐. 其俗敬佛, 尤重婆羅門.
冬夏常溫, 雨多霽少. 種植無時, 特宜稻·穄·白豆·黑麻. 其餘物產多同於交趾.
以甘蔗·椰漿爲酒.

煬帝卽位, 募能通絕域者. 大業三年, 屯田主事常駿, 虞部主事王君政等請
行, 齎物五千段以賜赤土王. 其年十月, 駿等自南海郡, 乘舟晝夜二旬, 每値便
風. 至焦石山而過, 東南泊陵迦鉢拔多洲, 西與林邑相對, 上有神祠焉. 又南行
至師子石, 自是島嶼連接. 又行二三日, 西望見狼牙須國之山, 於是南達雞籠

島, 至于赤土之界. 其王遣婆羅門鳩摩羅以舶三十艘來迎, 吹蠡擊鼓, 進金鎖以纜駿船. 月餘至其都, 王遣其子以禮見. 先遣人送金盤貯香花, 金合貯香油, 金瓶貯香水, 白疊布四條, 以供使者盥洗. 其日未時, 又將象二頭, 持孔雀蓋以迎使人. 竝致金花金盤以藉詔函. 至王宮, 駿等奉詔書上閣, 王以下皆坐. 宣詔訖, 引駿等坐, 奏天竺樂. 事畢還館, 又遣婆羅門就館送食. 以草葉爲盤, 其大方丈. 後數日, 請入宴, 儀衛導從如初見之禮, 禮遺甚厚. 尋遣子貢方物, 竝獻金芙蓉冠·龍腦香. 以鑄金爲多羅葉, 隱起成文以爲表, 金函封之. 令婆羅門以香花奏蠡鼓而送之. 旣入海, 見綠魚群飛水上. 浮海十餘日, 至林邑東南, 竝山而行. 其海水闊千餘步, 色黃氣腥, 舟行一日不絕. 云是大魚糞也. 循海北岸, 達于交趾.


『新唐書』: 扶南在日南之南七千里, 地卑窪, 與環王同俗. 有城郭宮室, 王姓古龍. 居重觀, 柵城, 楷葉以覆屋. 王出乘象, 其人黑身鬈髮, 倮行. 俗不爲寇盜. 田一歲種, 三歲獲. 國出剛金, 狀類紫石英. 生水底石上, 沒水取之, 可以刻玉, 扣以羖角, 乃泮. 人喜鬪雞. 以金·珠·香爲稅. 治特牧城, 俄爲眞臘所竝, 益南徙那弗那城. 武德·貞觀時, 再入朝, 又獻白頭人二. 白頭者, 直扶南西, 人皆素首, 膚理如脂. 居山穴, 四面峭絕, 人莫得至, 與參牟國接.


『水經注』: 竺芝『扶南記』曰: 扶南去林邑四千里, 水步道通. 檀和之令軍入邑浦, 據船官口, 城六里者也. 自船官下注大浦之東湖, 大水連行, 潮上西流. 潮水日夜長七八尺. 從此以西, 朔望竝潮, 一上七日, 水長丈六尺. 七日之後, 日夜分爲再潮, 水長一二尺. 春夏秋冬, 鼇然一定, 高下定度, 水無盈縮, 是曰海運. 亦曰象水也, 又兼象浦之名.『晉』「功臣表」所謂金遴淸徑, 象渚澄源者也. 其川浦渚有水蟲彌微, 攢木食船, 數十日船壞. 源潭湛瀨, 有鮮魚, 色黑, 身五丈, 頭如馬首, 伺人入水, 便來爲害.

『元史』: 暹國當成宗元貞元年進金字表. 暹人與麻里子兒舊相讐殺, 至是皆歸順.


『明史』: 暹羅在占城西南, 順風十晝夜可至, 卽隋·唐赤土國. 後分爲羅斛·暹二國. 暹土瘠, 不宜稼, 羅斛地平衍, 種多獲, 暹仰給焉. 元時, 暹常入貢. 其後羅斛强, 竝有暹地, 遂稱暹羅斛國.

洪武三年, 命使臣呂宗俊等賚詔諭其國. 四年, 其王遣使貢馴象·六足龜及方物, 詔賜『大統曆』及綵幣. 洪武五年, 貢黑熊·白猴及方物. 明年, 復來貢. 其王之姊別遣使進金葉表, 貢方物於中宮, 凡再卻之. 時其王懦而不武, 國人推其伯父主國事, 遣使來告, 貢方物. 且獻本國地圖. 洪武七年來貢, 言: "去年, 舟次烏豬洋, 遭風壞舟, 飄至海南, 賴官司救護. 尙存飄餘兜羅錦·降香·蘇木諸物進獻." 廣東省臣以聞. 帝怪其無表, 旣言覆舟, 而方物乃有存者, 疑其爲番商, 命卻之. 諭中書及禮部臣曰: "古諸侯於天子, 比年一小聘, 三年一大聘. 九州之外, 則每世一朝, 所貢方物, 表誠敬而已. 唯高麗頗知禮樂, 故令三年一貢. 他遠國, 如占城·安南·西洋瑣理·爪哇·浡泥·三佛齊·暹羅斛·眞臘諸國, 入貢旣頻, 勞費太甚. 今不必復爾, 其移牒諸國俾知之." 然而來者不止. 其世子亦遣使上箋於皇太子, 貢方物. 命引其使朝東宮, 宴賚遣之. 洪武八年, 其舊明臺王世子亦遣使奉表朝貢, 宴賚如王使. 洪武十年, 世子承其父命來朝. 上喜, 賜以'暹羅國王之印'. 自是其國遵朝命始稱暹羅. 而比年一貢, 或一年兩貢. 至正統後, 乃或數年一貢云. 洪武二十年, 溫州民有市其沈香諸物者, 所司坐以通番, 當棄市. 帝曰: "溫州乃暹羅必經之地, 因其往來而市之, 非通番也." 乃獲宥.

洪武二十八年, 世子遣使朝貢, 且告其父之喪. 命中官趙達等往祭, 敕世子嗣王位. 諭之曰: "朕自卽位以來, 命使出疆, 周于四維, 足履其境者三十六, 聲通于耳者三十一, 風殊俗異. 大國十有八, 小國百四十九, 較之于今, 暹羅最近.

邇者使至, 知爾先主已逝. 王紹先王之緒, 有道于邦家, 臣民歡懌. 茲特遣人錫命, 王其罔失法度, 罔淫于樂, 以光前烈. 欽哉.”

永樂二年九月, 有番船飄至福建海岸, 詰之, 乃暹羅與琉球通好者. 所司籍其貨以聞. 帝曰: “二國修好, 乃甚美事, 不幸遭風, 豈可因以爲利? 所司其治舟給粟, 俟風便遣赴琉球.” 是月, 其王貢方物, 乞賜『烈女傳』, 請頒量衡爲國永式, 從之. 先是占城貢使返, 風飄其舟至彭亨, 暹羅覊留不遣. 蘇門答剌及滿剌加又訴暹羅奪所賜印誥. 帝降敕責之. 六年, 中官鄭和使其國, 其王貢方物謝罪. 永樂七年正月, 奸民何八觀等逃入暹羅, 帝命使者, 還告其主, 毋納逋逃. 其王卽奉命送還, 賜敕幣獎之. 永樂十七年, 責暹羅侵滿剌加, 王遣使謝罪.

宣德八年, 其國貢舟次占城新州港, 盡爲其國人所掠. 正統元年, 貢使來京訴狀. 敕占城王, 令盡還所掠人物. 已而占城移咨禮部言: “本國前歲遣使往須文達那, 亦爲暹羅賊人掠去. 必暹羅先還所掠, 本國自不敢不還.”

成化十七年, 貢使還, 至中途, 竊買子女, 且多載私鹽, 命遣官戒諭. 先是, 汀州人謝文彬, 以販鹽下海, 飄入其國, 仕至坤岳, 猶天朝學士也. 後充使來朝, 因貿易禁物事覺下吏.

宏治十年, 以四夷館無暹羅譯字官, 詔廣東訪取能通彼國言語文字者赴京備用. 正德四年, 暹羅船有飄至廣東者, 市舶中官熊宣與守臣議, 稅其物供軍需. 事聞, 詔斥宣妄攬事柄, 撤還南京. 十年, 進金葉表朝貢, 館中無識其字者. 詔選留其使一二人入館肄習. 嘉靖元年, 暹羅·占城貨船至廣東. 市舶中官牛榮縱家人私市, 論死如律. 三十二年, 遣使貢白象及方物, 白象死于途, 其使者以珠寶飾其牙, 盛以金盤, 竝獻白象尾毛爲信. 帝嘉其意, 厚遣之. 隆慶中, 其鄰國東蠻牛求婚不得, 『東西洋考』曰: 東蠻牛俗名放沙. 慚怒, 大發兵攻破其國. 王自經, 虜其世子以歸. 次子嗣位, 勵志復仇.

萬曆間, 東蠻牛兵復至, 王整兵奮擊, 大破之. 暹羅由是雄海上. 移兵攻破眞

臘, 降其王. 從此歲歲用兵, 遂霸諸國. 萬曆二十年, 日本破朝鮮, 暹羅請潛師
直搗日本, 牽其後. 中樞石星議從之, 兩廣督臣蕭彥持不可, 乃已. 迄崇禎十六
年三月, 猶入貢. 其國周千里, 風俗勁悍, 習于水戰. 大將用聖鐵裹身, 刀矢不
能入. 聖鐵者, 人腦骨也. 王, 瑣里人. 官分十等. 自王至庶民, 有事皆決于其婦.
其婦人志量, 實出男子上. 婦私華人, 則夫置酒同飲, 恬不爲怪, 曰: "我婦美,
爲華人所悅也." 崇信釋敎, 男女多爲僧尼. 亦居庵寺, 持齋受戒. 衣服頗類中
國. 富貴者尤敬佛, 百金之產, 卽施其半. 氣候不正, 或寒或熱, 地卑濕, 人皆樓
居. 男女椎髻, 以白布裹首. 富貴者死, 用水銀灌其口而葬之. 貧者則移置海濱,
聽群鳥飛啄, 謂之鳥葬. 交易用海䃜, 是年不用䃜, 則國必大疫. 其貢物有象·象
牙·犀角·孔雀尾·翠羽·龜筒·六足龜·寶石·珊瑚·片腦·米腦·糠腦·腦油·腦柴·薔薇水·
碗石·丁皮·阿魏·紫梗·藤竭·藤黃·硫黃·沒藥·烏爹泥·安息香·羅斛香·速香·檀香·黃
熟香·降眞香·乳香·樹香·木香·丁香·烏香·胡椒·蘇木·肉豆蔻·白豆蔻·蓽茇·烏木·大
楓子及撒哈剌·西洋諸布. 其國有三寶廟, 祀中官鄭和.


『瀛涯勝覽』: 暹羅地方千里, 環國皆山, 峭拔崎嶇. 地下濕, 氣候不常, 或嵐
或熱. 自占城西南舟行七晝夜, 方至新門臺海口入港, 方達其國. 王居宮室壯
麗. 民樓居, 其樓密聯檳榔片藤, 繫之甚固. 藉以藤席竹簟, 寢處於中. 王乃瑣
里人也, 白布纏首, 無衣, 腰束嵌絲繫, 加以綿綺壓腰. 跨象行, 或肩輿. 金柄傘
蓋茭葦葉爲之. 尙釋敎, 國人皆然, 僧尼甚多. 其服類中國, 言語與廣東同. 俗
澆浮, 習水戰, 常征伐鄰邦. 市用海䃜, 一如錢價. 厥產紅馬肯的石, 次于紅雅
忽, 明瑩如石榴子. 國西北二百餘里, 有市鎮曰上水, 通雲南, 各種番貨俱有.


明黃衷『海語』曰: 暹羅國在南海中, 自東莞之南亭門放洋, 南至烏瀦·獨瀦·
七洲, 星盤坤未針至外羅, 坤申針四十五程至占城·舊港, 經大佛靈山. 其上烽墩

則交趾屬也. 又未針至崑崙山, 又坤未針至玳瑁洲·玳瑁額於龜山. 酉鍼入暹羅港, 水中長洲隱隆如埧, 船出入如中國車壩然, 其國之一控扼也. 少進爲一關, 守以夷酋, 又少進爲二關, 卽國都也. 其地沮洳, 無城郭. 王居據大嶼, 稍如中國殿宇之制, 覆以錫板. 關東壁爲巨扉, 是爲王門. 治內分十二塘埧, 酋長主焉, 猶華之有衙門也. 其要害爲龜山·爲陸昆, 主以阿昆. 猛齋, 猶華言總兵, 甲兵屬焉. 有奶街, 爲華人流寓者之居. 土夷乃散處水柵板閣, 蔭以茭草, 無陶瓦也.

其國右僧, 謂王前世皆僧, 僧來世作王. 其貴僧亦稱僧王, 國有號令決焉. 凡國人謁王, 必合掌跪而撫王足者三, 自撫其首者三, 謂之頂禮. 凡王子始長習梵字梵禮, 若術數之類, 皆從貴僧, 故貴僧之權侔于王. 國無姓氏, 華人流寓者, 始從本姓, 一再傳亦亡矣. 人皆髠首, 恥爲竊盜. 其監獄則穴地爲重樓三級, 謂之天牢. 輕罪置上級, 差重置中級, 殊死者置下級. 其輕刑以皮鞭, 差重斷足十指, 差重斷手十指. 罪至殊死者腰斬, 或以象踐之. 貴僧爲請于王, 王乃宥之, 沒爲僧奴, 謂之奴囝. 賦役省薄, 惟給象爲最重. 故殊死獲免者, 不爲奴囝, 則以給象終身焉.

國無占候, 凡日薄蝕, 國人見者則奔告于王, 首至者賞. 建寅之月, 王乃命巫占方, 命力者由勝方所向, 掠人而剔其膽, 雜諸藥爲湯. 王濡足, 象濡首, 以作猛氣. 凡用膽, 華人爲上, 僧不剔, 孕婦不剔, 瘡痏不剔. 是故用膽視歲甲子爲多寡也. 建辰之月, 是爲歲首. 建巳之月, 始作農事. 建午之月, 潦始漲. 建酉之月, 潦退. 王乃御龍舟, 乃祀土穀. 禾乃登, 始獲. 凡稼之長茂, 視潦之淺深. 稈長丈有三尺, 穀八尺有咫, 稻長盈寸. 田畞膽數口, 少歉歲也.

婦女多慧巧, 刺繡織袵, 工於中國. 尤善醞釀, 故暹酒甲於諸夷. 婦飾必以諸香澤其體髮, 日夕三四浴, 戲狎不禁. 雖王之妻妾, 皆盛飾倚市, 與漢兒相貿易, 不訝亦不敢亂. 居父母若夫之喪, 則削髮如比邱尼. 經旬乃蓄鬠如舊. 凡死喪, 富者火尸而葬. 貧者擧屍筏而浮諸海, 喪屬跪伏海濱, 迎僧而咒. 群大鳥啄食,頃刻而盡, 謂之鳥葬.

凡有鱷患, 則奔赴於王. 王詔貴僧咒飯而投諸鱷所, 乃以貝多葉書數符, 佩以奴団, 沒水牽數鱷出. 貴僧稽其嚙迹多者戮之, 刳其腹, 有得鉛珠二升者. 迹少, 乃鯀符其背, 咒而縱之. 國人凡有仇怨, 皆謁僧求咒. 其咒土夷遭者, 非死卽病. 然不能驗于華人也. 凡飯僧少具十品食, 麥·糯·秔·牛·羊·豕·鵝·鴨·雞·魚, 皆熟而薦之. 僧咒而後舉, 舉必盡數器. 不足十品, 不以供. 其產多蘇方木·檳榔·椰子·波羅蜜·片腦·諸香·雜果·象齒·犀角·金寶·玳瑁之屬. 貿易用貤, 故其民饒富. 豪酋各據別島而居, 奴団數百口, 蓄貲每巨萬, 不蓋藏, 不虞寇. 西洋諸國異產奇貨輻輳其地. 匠藝工致, 嵌寶指環, 時至中國, 一枚值數千金. 地廣兵強, 嘗併有占臘, 本扶南屬國. 而私其貢賦. 以不繫中國利害, 置不問也.

謝淸高『海錄』曰: 暹羅國在柬埔寨之西, 縱橫數千里, 西北與緬甸接壤, 國大而民富庶. 船由港口入內河, 北行至國都, 約十餘里. 夾岸林木蔥蘢, 田疇互錯, 時有樓臺, 下臨水際. 猿鳥號鳴, 相續不絕. 男女俱上裸, 男以幅布圍下體, 女則被裙. 官長衣製, 與中國雨衣略同, 以色辨貴賤, 紅者爲上. 右臂俱刺文. 王則衣文彩, 繡佛像其上, 飛金貼身首. 器皆以金. 陸乘象輦, 水乘龍舟. 凡下見上, 偏袒跣足, 屈腰蹲身. 國無城郭, 民皆板屋. 王則瓦覆其上, 臨水爲之. 土人多力農, 時至則播種, 熟則收獲, 無事耘鋤, 故稱樂土. 商賈多中國人. 其釀酒·販鴉片煙·開場聚賭三者, 權稅甚重. 俗尊佛教, 每日早飯, 寺僧被袈裟沿門托缽, 家家必以精飯肴蔬, 合掌拜獻. 僧回寺奉佛外, 又三分之, 僧食其一, 鳥雀食其一, 以其一飼蟲鼠. 終歲如是, 僧無自舉火者. 出家爲僧, 謂之學禮, 雖富貴家子弟亦多爲之, 弱冠後聽其還俗. 其婚嫁, 俱至僧寺拜佛, 然後歸合巹焉. 頗重中國文字, 客有能詩文者, 國王多羅致之, 而供其飲食. 國有軍旅, 則取民爲兵. 一月之內, 其糗糧皆兵自備, 越月然後王家頒發. 四鄰小國多屬焉.

土産金·銀·鐵·錫·魚翅·海參·鰒魚·玳瑁·白糖·落花生·檳榔·胡椒·豆蔻·砂仁·木蘭·椰子·速香·沈香·降香·枷楠香·象牙·犀角·孔雀·翡翠·象·熊·鹿·水鹿·山馬. 水鹿形似鹿而無角, 色靑, 其大者如牛. 山馬形似鹿而大, 商賈常取其角, 假充鹿茸. 犀角有二種, 色黑而大者爲鼠角, 價賤. 極大者重二三斤, 小者亦重斤餘. 其色稍白, 而旁有一潤直上者, 爲天曹角. 其潤直上至頂者, 亦不貴. 若頂上二三分無潤而圓滿, 色潤而微者, 則貴矣. 椰木如棕, 直幹無枝, 其大合抱, 高者五六丈. 種七八年然後結子, 每歲止開花四枝, 花莖傍葉而生, 長數尺. 花極細碎, 一枝止結椰子數顆. 四花分四季朶之. 欲釀酒者, 則於花莖長盡花未及開時, 用蕉葉裹其莖, 勿令花開, 再以繩密束之, 砍莖末數寸, 取瓦罐承之, 其液滴于罐中, 每日淸晨及午·酉·亥三時, 則收其液. 淸晨所收味淸酣, 日出後則微酸, 俱微有酒味. 再釀之則成酒矣. 所砍處稍乾則又削之, 花莖盡而止. 椰肉可以榨油, 殼可爲器, 衣可爲船纜, 故番人多種之. 歲以土物貢中國.

# 주석

1   럼업Lâm Ấp: 원문은 '임읍林邑'이다. 럼업은 고대 국가명으로, '상림지읍象
    林之邑'의 약칭이다. 럼업의 옛터는 지금의 베트남 중부에 있으며, 진한秦
    漢 시기에는 상군象郡 상림현象林縣(지금의 후에) 지역이었다. 동한 말엽, 상
    림현 공조功曹의 아들 구런區連이 스스로 왕위에 올랐다. 중국 역사서에
    서는 처음에는 임읍으로 부르다가 당나라 지덕至德 연간(756~758) 이후로
    환왕으로 바꾸어 불렀고, 9세기 후반에는 점성이라고 칭했다. 17세기
    말에 꽝남의 응우옌씨에게 멸망했다. 중국 정사와 『제번지』, 『도이지
    략島夷志略』, 『영애승람』 등에 모두 럼업국에 대한 기록이 있다.

2   세 번: 원문은 '삼三'이다. 광서 2년본에는 '이二'로 되어 있으나, 악록서
    사본에 따라 고쳐 번역한다.

3   소마Soma: 원문은 '섭류葉柳'이다. 광서 2년본에는 '유섭柳葉'으로 되어 있
    으나, 악록서사본에 따라 고쳐 번역한다.

4   카운딘야Kaundinya: 원문은 '혼궤混潰'이다.

5   처음에는 … 되었다: 뱀의 딸 소마가 다스리고 있던 프놈국에 카운딘야
    라는 한 바라문이 서쪽(인도 또는 말레이반도)에서 왔다. 카운딘야는 꿈속에
    서 만난 한 신의 계시로 신궁神弓을 얻은 후 무리를 이끌고 동쪽으로 항
    해해서 소마의 땅에 이르렀다. 소마의 군대와 카운딘야 무리 사이에서
    전투가 벌어졌고, 카운딘야가 소마의 배를 신궁으로 쏴 맞추자 소마는
    항복했다. 카운딘야는 소마를 아내로 맞이하고 왕이 되어 프놈국을 다
    스렸다.

6   판찬Phan Chan: 원문은 '범심范尋'이다.

7   태시泰始: 서진西晉 황제 무제武帝 사마염司馬炎의 첫 번째 연호(265~274)이다.

8   승평昇平: 승평은 동진東晉 목제穆帝의 두 번째 연호(357~361)이다. 원문은
    '승평升平'으로 되어 있으나 역사적 사실에 따라 고쳐 번역한다.

**9** 찬다나Candana: 원문은 '축전단쯔旃檀'으로, 프놈의 제12대 왕이다.

**10** 카운딘야: 원문은 '교진여憍陳如'로, 카운딘야 자야바르만Kaundinya Jayavarman을 가리킨다. 카운딘야는 성이고 자야바르만이 이름이다. 프놈국의 카운딘야 왕조 또는 바르만Varman 왕조로 불리는 시대의 왕으로 484~514년까지 활동한 것으로 알려져 있다.

**11** 나가세나Nāgasena: 원문은 '나가선那伽仙'이다.

**12** 영명永明: 남제南齊 무제武帝 소색蕭頤의 연호(483~493)이다.

**13** 고패古貝: 『남사南史』에서는 '나무'로, 『신당서』에서는 '풀'로 보았는데, 일반적으로 중국 고대에는 목면이나 면화를 가리켰다. 이곳에서 고패는 수량이 '쌍'으로 표현된 것에서 '심해고패深海古貝'로 볼 수 있다. 심해고패는 인도양과 중국 남중국해 심해 속 열대산호초 사이에서 자라는 조개류로, 큰 것은 무게가 100kg 이상이고 너비는 3m에 달한다. 그 모양은 옥처럼 희고 깨끗하며 광택이 아름답다. 심해고패와 금, 은, 마노, 산호, 유리, 호박은 불교의 칠보七寶에 속한다.

**14** 대모玳瑁: 바다거북과에 딸린 거북이나 그 등딱지를 말한다.

**15** 빈랑檳榔: 빈랑은 태평양 연안, 동남아시아, 동아프리카 등 열대지방 일부에서 자라는 종려나무의 일종이다. 열매는 빈랑자라고 부르며 약재로 사용한다.

**16** 마헤슈바라신Maheśvara: 원문은 '마혜수라천신摩醯首羅天神'이다. 마헤슈바라신은 대천세계를 주재하는 신으로, 대자재천大自在天이라고도 한다. 이 천신은 눈이 셋, 팔이 여덟으로 천관天冠을 쓰고 흰 불자拂子를 든 채 흰 소를 타고 다닌다. 본래 인도 브라만교의 만물 창조의 신 시바Shiva를 가리킨다. 시바신은 브라만교의 『리그베다』에서는 폭풍의 신 루드라Rudra의 존칭으로 쓰이고, 힌두교에서는 창조신 브라만Brahman, 보존의 신 비슈누Vishnu와 함께 최고의 신으로 숭배된다. 원문에는 '혜醯'가 '해醯'로 되어 있으나, 일반적으로 '혜'를 사용하는 것이 맞다.

**17** 만다라산Mount Mandara: 원문은 '마탐산摩耽山'이다. 악록서사본에 따르면, 프놈국 도성 브야다하푸라(지금의 캄보디아 프레이벵Prey Veng) 안에 있는 천신

묘天神廟가 세워진 산을 가리킨다.

18 머리를 집어넣어 입었으며: 원문은 '관두貫頭'이다. 광서 2년본에는 '빈두賓頭'로 되어 있으나, 문맥상 악록서사본에 따라 고쳐 번역한다. 한 장의 천을 둘로 접어서 그 접은 선의 중앙에 구멍을 뚫고, 그곳에 머리를 끼워서 입는 옷을 관두의貫頭衣라고 한다. 남아메리카의 민속 의상인 판초Poncho와 북아프리카 이슬람권 나라의 민속 의상인 갈라베야Galabeya 등도 이것의 일종이다.

19 팔찌: 원문은 '관釧'이다. 광서 2년본에는 '누鏤'로 되어 있으나, 악록서사본에 따라 고쳐 번역한다.

20 약엽箬葉: 대나무의 일종인 얼룩조릿대를 말한다.

21 제자諸蔗: 자오찌국에서 생산되는 사탕수수를 가리킨다.

22 교주交州: 교주는 지금의 베트남 북부와 중부, 중국 광서 장족 자치구 일대에 존재했던 중국 역사상의 옛 행정 구역이며, 후한後漢의 13주 중 한 지역이었다. 원래는 교지자사부交趾刺史部라고 했는데, 후한 말에 교주자사부交州刺史部로 이름을 고쳤다.

23 일남군日南郡: 베트남어로는 녓남Nhật Nam이다. 일남은 남쪽이라는 뜻도 있지만, 한나라가 기원전 111년에 남비엣Nam Việt을 멸망시키고 세웠던 베트남 북중부 지역의 3개 군 가운데 하나이다.

24 침수향沈水香: 주목의 목재에서 얻은 향목으로, 향을 조제하는 주요한 재료이며 물에 가라앉는 특성이 있어 침수향이라고 한다. 산스크리트어로 칼라구루Kālāguru이며, 중국에서는 기남奇南, 또는 기람奇藍이라고 한다.

25 공작: 원문은 '공취孔翠'로, 공작만을 지칭하기도 하고 공작과 물총새(翠鳥)를 병칭하기도 한다.

26 돈손국頓遜國: 돈손국은 전손典遜이라고도 하며 동남아시아의 옛 나라이다. 일반적으로 지금의 미얀마 타닌타리Tanintharyi을 지칭하는 것으로 여겨진다. 일설에는 태국의 나콘Nakhon 부근에 있었다고도 하고, 말레이반도를 지칭한다고도 하며, 6세기 초에 프놈국의 속국이 되었다.

27 비건국毗騫國: 악록서사본에 따르면, 옛 땅이 지금의 인도네시아 수마트라섬Pulau Sumatra에 있었다고 하는데, 이 섬의 또 다른 명칭 페르카섬Pulau Percha의 음역인 듯하다. 일설에는 말레이시아의 파항주 일대에 있었다고도 하는데, 바로 파항 하구 페칸Pekan이라는 명칭에 음을 맞춘 것으로 여겨진다.

28 남중국해: 원문은 '대창해大漲海'로, 바로 남중국해를 말한다.

29 제박국諸薄國: 제박국은 산스크리트어 Yava의 음역으로, 지금의 인도네시아 자와섬Pulau Jawa이나 수마트라섬을 가리키며 이 두 섬을 함께 지칭하기도 한다.

30 말루쿠Maluku: 원문은 '오마주五馬洲'이다. 광서 2년본에는 '마오주馬五洲'로 되어 있으나, 악록서사본에 따라 고쳐 번역한다. 오마주는 바로 말루쿠제도이며, 오마는 가우메디Gaumedi라는 현지 정향나무에 대한 음역이다.

31 소순다열도Lesser Sunda Islands의 화산섬(自然火洲): 광서 2년본에는 '화火'가 '대大'로 되어 있으나, 악록서사본에 따라 고쳐 번역한다. 자연화주自然火洲는 바로 지금의 인도네시아 소순다열도에 있는 화산섬이다.

32 화완포火浣布: 방화용防火用 직물, 즉 불에 타지 않는 섬유를 말한다. 『주서周書』에 "화완포는 더러워졌을 때 불 속에 넣어 태우면 깨끗하게 세탁이 된다"라는 기록이 있다. 『열자列子』에도 "화완포는 불에 타지 않는 섬유로 불쥐의 가죽을 벗겨 만든다"라고 기록되어 있다.

33 카운딘야: 원문은 '혼반황混盤況'이다.

34 판만Phan Man: 원문은 '범만范蔓'이다.

35 굴도곤屈都昆: 악록서사본에 따르면, 옛 땅은 말레이시아 크다주Kedah 일대에 있었다.

36 구치九稚: 지금의 말레이반도 북부 서안西岸에 위치한다.

37 전손典孫: 바로 돈손頓遜을 가리킨다.

38 판찬: 원문은 '범심范尋'이다.

39 공연장: 원문은 '관각觀閣'으로, 공연 등을 감상할 수 있는 누각의 일종이다.

**40** 카운딘야: 원문은 '교진여憍陳如'로, 아야교진여阿若憍陳如를 말한다. 안나 콘단냐Anna Kondanna라고 부르며, 산스크리트어로 카운딘야라고 한다. 아 야는 이름이고, 교진여는 성이다. 카운딘야는 다섯 비구(카운딘야, 바시파, 바 드리카, 마하나만, 아슈밧지) 중 한 명으로 바라나시 북쪽에 있는 녹야원鹿野苑 에서 석가의 초전법륜을 듣고 가장 먼저 깨달음을 얻은 비구이다. 본래 우루벨라Uruvelā에서 싯다르타와 함께 고행했으나 그가 네란자라Nerañjarā 강에서 목욕하고 우유죽을 얻어 마시는 것을 보고 타락했다고 여겨 그 곳을 떠나 녹야원에서 고행을 했다. 그러나 깨달음을 성취한 붓다가 녹 야원에서 설법하자 제일 먼저 깨달았다고 한다. 카운딘야는 이후 프놈 국의 왕을 비롯하여 동남아 여러 나라 왕들의 성으로 사용되었다.

**41** 수랏타니Surat Thani: 원문은 '반반盤盤'이다. 옛 땅은 지금의 태국 수랏타 니이다.

**42** 스레스타바르만Sresthavarman: 원문은 '지리타발마持梨陀跋摩'이다.

**43** 문제文帝: 남북조南北朝 시기 유송 왕조劉宋王朝의 제3대 황제 유의륭劉義隆 (407~453)이다.

**44** 천감天監: 남조南朝 양梁 무제武帝 소연蕭衍의 첫 번째 연호(502~519)로 17년 간 사용되었다. 소연은 남조 제齊의 화제和帝 소보융蕭寶融으로부터 제위 를 선위받아 양을 건국했다.

**45** 자야바르만Jayavarman: 원문은 '발마跋摩'인데, 스레스타바르만의 뒤를 이 어 프놈 왕이 된 자야바르만을 말한다.

**46** 대동大同: 양 무제 소연의 다섯 번째 연호(535~546)로 11년간 사용되었다.

**47** 사문沙門: 출가하여 수행하는 사람을 일컫는 말이다. 상문桑門·상문喪門· 사문나沙門那·사라마나舍羅摩拏 등으로 쓰며, 식심息心·정지靜志, 淨志·빈도 貧道·근식勤息 등으로 번역하기도 한다.

**48** 백첩포白氎布: 서역 목화의 일종인 초면草棉의 종자모種子毛로 짠 면직물 을 가리킨다.

**49** 적토국赤土國: 실리불제室利佛逝·삼불제三佛齊라고도 하며, 실리불제는 산 스크리트어 스리비자야Srivijaya의 음역이다. 실리불제, 즉 스리비자야는

지금의 인도네시아 팔렘방에 근거를 둔 나라이다. 인도와 중국을 잇는 항로 가운데 위치하고, 믈라카해협과 순다해협의 중앙이라는 지리적 조건으로 8세기에 접어들어 해상 무역 국가로 빠르게 발전했다. 7세기 후반 인도에 유학했던 당나라 승려 의정義淨(635~713)이 도중에 스리비자야에 들러 산스크리트어 연구와 불경 번역 등에 힘썼던 것으로 보아 당시 이 나라 불교의 융성함을 알 수 있다. 8세기 중엽에는 말레이반도의 일부도 지배했던 것으로 보이며 영토도 넓어져 동남아시아에서 거의 유일한 대국이 되었다. 10세기를 최전성기로 하여 점차 쇠퇴하다가 14세기에 몰락했다. 이곳에서 출토되는 비문이나 중국인 의정의 여행기 『남해기귀내법전南海寄歸內法傳』을 통해 스리비자야가 중국이나 동남아시아 여러 나라, 그리고 인도와 활발한 교역 활동을 통해 경제적으로 번영했음을 알 수 있다.

50 방계국: 원문은 '별종別種'이다. 원래 부족에서 분리되어 나와 독립적으로 발전한 부족을 별종이라고 한다. 사서에서 민족 관계를 기술할 때 사용하는 용어이다.

51 보르네오Borneo 왕국: 원문은 '파라랄국波羅剌國'으로 일반적으로 보르네오로 보는데, 바로 칼리만탄Kalimantan을 가리킨다. 보르네오섬Pulau Borneo은 세계에서 3번째로 큰 섬으로 믈라유제도의 한가운데 자리 잡고 있으며, 브루나이·인도네시아·말레이시아 세 나라의 영토로 나뉜다. 인도네시아에서는 칼리만탄섬Pulau Kalimantan이라고 부른다. 보르네오섬은 유일하게 한 섬에 세 나라가 함께 있다.

52 바루스Barus 왕국: 원문은 '파라사국婆羅娑國'이다. 지금의 인도네시아 수마트라섬 서쪽 기슭의 바루스를 말하는데, 일반적으로 수마트라섬 서북부 일대를 가리키기도 한다.

53 카리탄Karitan 왕국: 원문은 '가라단訶羅旦'이다. 지금의 인도네시아 수마트라섬에 위치했는데, 자와섬에 위치했다고 보는 설도 있다.

54 송클라성Songkhla: 원문은 '승지성僧祇城'이다. 악록서사본에 따르면, 옛 땅이 태국 송클라라고 보는 설이 있으며 산스크리트어로는 Singora이

고, 말레이시아의 크다주로 보는 설도 있고, 싱가포르로 보는 설도 있는데, 산스크리트어로는 Singapura이다.

55 삭모(髦): 기旗나 창槍 등의 머리에 술이나 이삭 모양으로 만들어 부착하는 붉은 빛깔의 가는 털을 말한다.

56 양제煬帝: 중국 수나라 제2대 황제로 본명은 양광楊廣(재위 604~618)이다. 만리장성을 수축하고 대운하를 완성했다. 3차례 고구려를 침입했으나 대패했고, 각지에서 민란이 일어나 수나라가 멸망하게 되었다.

57 멀리 떨어진 국외 지역: 원문은 '절역絶域'이다.

58 대업大業: 수 양제 양광의 연호(605~618)이다.

59 둔전주사屯田主事: 공부주사工部主事로는 둔전주사에 2인, 우부주사虞部主事에 2인, 수부주사水部主事에 2인이 있다. 모두 공부의 말단 속관이다.

60 대업大業 3년(607) ⋯ 주도록 했다: 수 양제는 607~610년에 상준常駿과 왕군정王君政 등을 적토국에 파견했다. 이 나라가 동남아를 거쳐 서역에 이르는 동서 교역의 중요한 지점이었기 때문이다. 수나라는 이 시기에 대만 등 남중국해의 10개국과 해양 교통 관계를 맺었다. 또한 운하를 건설하여 정치적으로도 야심 찬 개혁을 추진했다.

61 남해군南海郡: 지금의 광주廣州이다.

62 다낭Đà Nẵng: 원문은 '초석산焦石山'으로, 지금의 다낭을 말한다.

63 짬섬Cù Lao Chàm: 원문은 '능가발발다주陵迦鉢拔多洲'이다. 지금의 베트남 짬섬을 가리킨다.

64 꼰선섬Đảo Côn Son: 원문은 '사자석師子石'으로, 지금의 베트남 남해에 위치한다.

65 랑카수카Langkasuka: 원문은 '낭아수국狼牙須國'이다. 랑카수카는 지금의 말레이반도 북부에 위치한다. 악록서사본에 따르면, 송나라 이전에 그 영토는 비교적 넓어서 오래도록 태국의 나콘시탐마랏과 빠따니Pattani, 송클라에서 말레이시아 크다 일대에 이르는 지역을 포함했으나, 송나라 이후에는 오로지 빠따니 일대만을 지칭했다.

66 란까이섬Ko Ran Kai: 원문은 '계롱도雞籠島'이다. 지금 태국의 춤폰주

Chumphon 해안 밖에 있는 란까이섬의 의역意譯이다.

**67** 쿠마라Kumārā: 원문은 '구마라鳩摩羅'이다.

**68** 미시未時: 오후 1~3시까지를 가리킨다.

**69** 공작 깃털로 만든 일산日傘: 원문은 '공작개孔雀蓋'이다.

**70** 앉아 있었다: 원문은 '좌坐'이다. 광서 2년본에는 '궤跪'로 되어 있으나, 악록서사본에 따라 고쳐 번역한다.

**71** 용뇌향龍腦香: 동남아시아산 향료로, 상록교목인 용뇌수에서 채취한 수지樹脂를 건조시킨 무색투명한 향료이다. 원산지는 동남아시아의 말레이반도, 보르네오섬, 수마트라섬 등지이다. 5~6세기 이후의 아랍·그리스·스페인 등의 문헌에 귀중한 향료로 등장하는데, 이를 통해 이때부터 교역품으로 사용되었다는 추정을 할 수 있다. 허준許浚의 『동의보감東醫寶鑑』에 따르면, "용뇌향은 안질·두통·중풍 등 병 치료에도 유용된다"라고 기록되어 있다. 신라 경덕왕景德王 11년(752) 6월, 일본에 간 신라 사신이 지녔던 신라 교역품 명세서인 『매신라물해買新羅物解』에는 다른 향료와 함께 용뇌향이 포함되어 있다. 이는 동남아시아산 향료를 일본에 되파는 신라의 국제적 중계 무역상의 일단을 보여 준다.

**72** 패다라Pattra: 원문은 '다라엽多羅葉'이다. 패다라는 팔미라야자Palmyra palm의 잎이다. 팔미라야자는 야자과에 속하는 상록교목으로, 높이 20m, 둘레 2m에 달하며 줄기는 밋밋하다. 식물체의 여러 부위에서 얻는 섬유로 부채와 모자, 우산, 종이 등을 만든다. 그 잎은 패다라라고 하여 바늘 등으로 경문을 새기기도 했다. 인도, 스리랑카, 미얀마, 말레이반도 등의 열대지방에 분포하며, 열매와 씨를 먹을 수 있다. 패다라는 잎사귀가 수분이 적고 두꺼워서, 바짝 말랐을 때 단단해지는 특성이 있다. 그러므로 이 잎은 종이보다 습기에 강하고 보존성이 뛰어나 오래전부터 철필을 사용하여 경문을 새기는 사경寫經에 이용되었다. 좁고(6cm) 긴(30~60cm) 잎을 직사각형으로 잘라 앞면과 뒷면에 모두 바늘 등 날카로운 것으로 글자를 새기고 기름을 바르면 기름이 스며들면서 글자가 나타나고 이것에 구멍을 뚫어 옆으로 길게 꿰매면 불경이 새겨진 패엽경

貝葉經이 완성된다. 본문에서는 금으로 패다라 모양을 만든 것을 말한다.

73 일남: 광서 2년본에는 '일본日本'으로 되어 있으나, 악록서사본에 따라 고쳐 번역한다.

74 환왕국環王國: 참파 왕국을 말한다. 베트남 중부 지방에 위치했던 인도네시아계의 옛 참족이 세운 왕국이다. 이들 옛 참족은 오늘날 베트남 중부 남단에 거주하는 참족의 직접적인 조상이 된다. 당나라 때는 임읍으로 불렸고, 일시적으로 환왕국으로 자칭하기도 했다. 송나라 때는 점성이라고 불렀다.

75 호엽檺葉: 모형牡荊 종류에 속하는 식물의 잎이다. 모형은 마편초과에 딸린 갈잎떨기나무로, 길이가 2~3m 정도 된다. 잎은 마주나며 손바닥 모양의 겹잎에, 3~5개의 잔잎은 잎꼭지가 길고 긴 모양이나 피침형이며 가장자리에 톱니가 있다. 7~8월에 담자색의 입술 모양 꽃이 잎겨드랑이에 주렁주렁 피며, 공 모양의 열매가 달린다.

76 강금剛金: 광서 2년본에는 '금강金剛'으로 되어 있으나, 악록서사본에 따라 고쳐 번역한다.

77 브야드하푸라Vyadhapura: 원문은 '특목성特牧城'이다. 지금의 캄보디아 프레이벵주의 파프놈Pa Phnom 지역을 가리킨다.

78 첸라: 원문은 '진랍眞臘'이다. 첸라는 6세기 메콩강 중앙 유역에서 일어난 크메르족의 나라이다.

79 앙코르보레이Angkor Borei: 원문은 '나불나성那弗那城'이다. 옛 땅은 지금의 캄보디아 타케오주Takéo의 앙코르보레이로 추정된다.

80 무덕武德: 당나라 고조高祖 이연李淵의 연호(618~626)이다.

81 정관貞觀: 당나라 태종太宗 이세민李世民의 연호(627~649)이다.

82 백두인白頭人: 백두국 사람으로, 『통전通典』 권188 「부남扶南」 조條에 다음과 같은 기록이 있다. "정관 연간에 낙양으로 백두국 사람 두 명을 바쳤다. 그 나라는 프놈의 서쪽, 참반의 서남쪽에 있으며, 남녀가 날 때부터 모두 흰머리에 몸 또한 심하게 하얗다. 산 동굴에 거주하는데, 사방

이 험준하여 사람들이 접근하지 못한다. 참반국과 서로 접해 있다." 백
두인을 지금의 베트남·라오스·태국 등지에 분포 거주하는 크무인Khmus
으로 보는 주장이 있다.

83 참반국參半國: 옛 땅이 지금의 태국 치앙마이 북쪽으로 추정된다.

84 『수경주水經注』: 중국 북위北魏 때 학자 역도원酈道元이 저술한 지리서이
다. 전체 40권으로, 황하黃河·회하淮河·양자강揚子江 등 1,252개의 중국
각지의 하천을 두루 편력하여, 하천의 계통·유역의 연혁·도읍·명승지·
전설 등을 기술했다. 원래 『수경水經』이란 책이 있었는데, 이 책에 주注
를 붙인 것이다.

85 축지쯔芝: 축지쯔枝라고도 한다.

86 4천 리: 원문은 '사천리四千里'이다. 광서 2년본에는 '사천四千'으로 되어
있으나, 악록서사본에 따라 고쳐 번역한다.

87 단화지檀和之: 단화지(?~456)는 남북조 시대 송나라의 무장武將으로, 고평
高平 금향金鄕 출신이다. 송 문제 때 용양장군龍驤將軍과 교주자사交州刺史
를 지냈다. 문제 원가元嘉 23년(446) 교주자사 재임 중, 럼업 왕 팜즈엉마
이Phạm Dương Mại가 여러 차례 송나라를 공격하자 황명을 받들어 소경헌
蕭景憲과 종각宗慤 등을 이끌고 임읍을 정벌했다.

88 다이찌엠Đại chiêm 해구: 원문은 '읍포邑浦'로, 지금의 베트남 부자 하구 일
대이다.

89 부자Vu Gia 하구 일대: 원문은 '선관구船官口'이다.

90 부자강Sông Vu Gia: 원문은 '대포大浦'이다.

91 다이찌엠 해구: 원문은 '동호東湖'이다.

92 상수象水: 지금의 베트남 부자강이다.

93 금린金遴: 일반적으로 지금의 태국 나콘빠톰주Nakhon Pathom 일대나 랏차
부리주Ratchaburi 부근에 위치한다고도 한다.

94 시암Siam: 원문은 '섬국暹國'이다.

95 성종成宗: 원나라의 제2대 황제 성종 테무르Temür(재위 1294~1307)이다.

96 원정元貞: 원나라 성종의 첫 번째 연호(1295~1297)이다.

97 믈라유Melayu: 원문은 '마리자아麻里子兒'이다. 이는 말레이인들이 스스로를 가리킬 때 사용하는 믈라유의 음역으로 알려져 있다. 악록서사본에 따르면, 옛 땅이 말레이반도 남부 일대에 있었다고 하며, 믈라카를 가리키기도 하고 싱가포르나 조호르를 가리키기도 한다.

98 홍무洪武: 명나라 태조 홍무제洪武帝의 연호(1368~1398)이다.

99 『대통력大統曆』: 명나라 때의 역법으로, 원나라의 곽수경郭守敬이 만든 『수시력授時曆』을 홍무 17년(1384)에 누각박사漏刻博士 원통元統이 일부 수정하여, 그해를 기원으로 『대통력법통궤大統曆法通軌』를 만들었다. 1년을 365.2425일로 하는 역법은 『수시력』과 같으며, 백 년마다 1만분의 1씩을 줄이는 소장법消長法을 제외한 것이 『수시력』과 다른 점이다. 명나라 말기까지 260여 년 동안 사용되었다.

100 중궁中宮: 황후의 처소인 중궁전中宮殿이나 황후를 가리킨다.

101 오저양烏豬洋: 광동성의 상천도上川島 앞바다를 말하는데, 그곳에 있는 섬에 오저산烏豬山이 있어서 상천도 앞바다를 오저양이라고 불렀다.

102 두라금兜羅錦: 비단의 일종이다.

103 강향降香: 강진향降眞香이라고도 한다. 강향은 강향단降香檀의 줄기와 뿌리의 심재心材 부분이다. 인도나 중국에서 재배되며 매운맛에 따뜻한 성질을 가지고 있다. 어혈을 풀어 주며 진통 및 출혈 치료에 효과가 있어 약용으로 사용된다. 또한 향이 있어 향료를 만들 수 있다. 돌림 열병이 도는 시기나 집안에 괴상한 기운이 있을 때 피우면 삿된 기운과 나쁜 기운을 물리칠 수 있다고 전해진다.

104 소목蘇木: 콩과의 낙엽관목으로, 인도·말레이시아·중국 남부 등의 열대 아시아에 분포한다. 소방목·적목赤木·홍자紅紫라고도 한다. 목재는 단단하고, 심재는 밝은 홍색이며, 나무껍질과 열매에 색소가 있어서 예로부터 홍색 염료의 재료로 사용했다. 한의학에서는 혈액 순환을 촉진하고 어혈을 없애며 부기를 가라앉히고 복통을 진정시키는데, 여성의 심복통心腹痛, 무월경, 산후 어혈로 배가 아픈 경우, 이질, 파상풍, 부스럼 등에 쓴다.

105 번상番商: 소수민족 출신의 상인이나 외국 상인을 말하는데, 이곳에서는 외국 상인을 지칭한다.

106 소빙小聘: 제후가 매년 천자에게 대부를 파견하여 입조하게 하는 의식이다.

107 대빙大聘: 제후가 3년에 한 번 천자에게 경卿을 파견하여 입조하게 하는 의식이다.

108 예악禮樂: 광서 2년본에는 '예의禮義'로 되어 있으나, 악록서사본에 따라 고쳐 번역한다.

109 촐라Chola: 원문은 '서양쇄리西洋瑣里'이다. '쇄리瑣里'라고도 한다. 지금의 인도반도 동해의 탄자부르Thanjavur에 위치한 나라였다. 또한 뉴질랜드 북섬 코로만델Coromandel 해안 근처에 있던 나라였다고도 한다. 촐라는 면포산지로 유명해 그곳의 면을 서양포西洋布라고 불렀고, 그로 인해 나라 이름을 '서양쇄리'라고 했다.

110 자와: 원문은 '과왜瓜哇'로, 조왜爪哇의 오기이다.

111 보르네오: 원문은 '발니淳泥'이다.

112 스리비자야: 원문은 '삼불제三佛齊'이다.

113 아유타야Ayutthaya: 원문은 '섬라곡暹羅斛'이다.

114 첸라: 원문은 '진랍眞臘'이다.

115 세자: 라마라차왕Ramaracha(재위 1395~1409)을 가리킨다.

116 전문箋文: 사은謝恩이나 축하를 목적으로 황태자에게 올리는 외교문서의 일종이다. 중국에서는 한나라 이후 신년이나 탄신일 등 기념일에 맞추어 축하하는 목적으로 전문을 쓰기 시작했으며, 주로 사륙변려체로 쓰였다. 우리나라에서는 고려 시대 이후에 사용되었다.

117 황태자: 원문은 '동궁東宮'이다.

118 라메수안Ramesuan: 원문은 '구명대왕舊明臺王'으로 아유타야 왕국의 제9대 왕(재위 1369~1370)이다.

119 세자: 라마라차를 가리킨다.

120 정통正統: 명나라 제6대 황제 영종英宗 주기진朱祁鎭의 연호(1435~1449)이다.

121 기시棄市: 저자 같은 공개장소에서 죄인을 처형한 뒤, 시신을 길거리에 내버려 두어 대중에서 보여 주는 형벌로 일종의 범죄 예방의 목적을 지니고 있었다. 주로 나라를 위태롭게 한 역적이나 부모 형제 등을 살해한 강상綱常 죄인에게 적용되었다.

122 환관: 원문은 '중관中官'이다. 관련 명칭으로는 시인寺人·엄관閹官(혹은 奄人)·태감·내감內監·내관內官·내신內臣·내수內竪·중관·환시宦寺·환자宦者·황문黃門 등이 있다.

123 31: 원문은 '삼십일三十一'이다. 광서 2년본에는 '삼십이三十二'로 되어 있으나, 악록서사본에 따라 고쳐 번역한다.

124 영락永樂: 명나라 제3대 황제 성조成祖 주체朱棣의 연호(1402~1424)이다.

125 담당 관리: 원문은 '소사所司'로, 복건포정사이다.

126 『열녀전烈女傳』: 『열녀전』은 전한 시대의 사상가 유향劉向이 기존의 경전과 역사 서적에 등장했던 여러 여성 인물들을 재구성한 전기집으로, 모두 7권 104편이다. 유향은 성제成帝 때 황후 및 후궁의 외척 세력을 견제하기 위한 방법으로 『열녀전』을 저술했다고 한다.

127 양형量衡: 부피와 무게의 단위를 재는 법 및 잴 때 사용하는 기구器具를 가리킨다.

128 파항Pahang: 원문은 '팽형彭亨'이다.

129 인신印信: 인장印章을 지칭한다.

130 고명誥命: 원문은 '고誥'인데, 고칙誥勅이라고도 한다. 중국 황제가 제후국의 왕을 인준認准하는 문서이다.

131 환관: 원문은 '중관中官'이다. 광서 2년본에는 '중궁中宮'으로 되어 있으나, 악록서사본에 따라 고쳐 번역한다.

132 폐백幣帛: 화폐와 비단을 말한다.

133 선덕宣德: 명나라 제5대 황제 선종宣宗 주첨기朱瞻基의 연호(1425~1435)이다.

134 꾸이년Quy Nhon항: 원문은 '신주항新州港'이다. 꾸이년항은 지금의 베트남 중남부에 위치한 빈딘성의 성도이다. 이곳은 고대 베트남 남방의 첫 번째 부두였다.

135 자문咨文: 같은 계급의 관청 사이에 오가는 공문을 말하며, 이문移文이라고도 한다. 공문서 형식이 대개 첫머리에 '위자정사爲咨呈事' 또는 '위자복사爲咨復事'로 시작되어 '차자此咨'라는 문자로 끝나기 때문에 붙여진 이름인 듯하다. 조선 시대에 중국과 외교적 교섭이나 통보, 조회할 일이 있을 때 주고받던 공식적인 외교문서를 자문이라 했고, 그 용지는 조지서造紙署에서 만들었다. 그러므로 본문의 자문은 중국과 주변국이 주고받던 외교문서를 가리키는 것이다.

136 수마트라Sumatra: 원문은 '수문달나須文達那'이다. 산스크리트어 Sumatra의 음역으로, 바로 소문답랍蘇門答臘을 말한다. 처음에는 단지 이 섬 북부에 위치했던 고대 국가를 가리키거나 그곳의 항구(지금의 록세우마웨Lhokseumawe 일대에 위치했다)를 가리켰다. 명대 중기 후반부에 이르러서 비로소 점차 전체 섬의 명칭이 되었다.

137 성화成化: 명나라 제8대 황제 헌종憲宗 주견심朱見深의 연호(1464~1487)이다.

138 홍치弘治: 원문은 '굉치宏治'이다. 홍력弘曆을 피휘하여, '홍弘'을 '굉宏'으로 고친 것이다. 명나라 제9대 황제 효종孝宗 주우당朱祐樘의 연호(1487~1505)이다. 『사고전서四庫全書』가 청나라 고종高宗 때 편찬되었는데, 고종의 이름이 홍력이어서 황제의 이름을 피휘하여 '굉치'로 쓴 것이다.

139 사이관四夷館: 영락 5년(1407)에 설치된 전문 번역기관으로, 변강邊疆의 소수민족 및 주변국의 언어와 문자 번역을 맡았다. 처음에는 한림원翰林院 소속이었으나 후에 태상시太常寺 소경少卿이 관리·감독했다. 그 안에는 몽골, 여진, 티베트, 인도, 아랍, 백이百夷, 고창高昌, 미얀마 등 8관館이 설치되었는데, 후에 팔백八百과 섬라의 2관이 증설되었다. 『명사』 「직관지職官志」 3 참조.

140 정덕正德: 명나라 제10대 황제 무종武宗 주후조朱厚照의 연호(1505~1521)이다.

141 시박사市舶司: 해상 무역 관련 사무를 담당한 관청이다. 무역세 징수, 무역품 판매 허가증 교부, 번박番舶의 송영送迎 등을 맡아서 처리했다. 관명官名으로서의 시박사는 당나라 개원 연간(713~741)에 나타나지만, 제도로서 실질적인 정비가 있었던 것은 남해 무역이 크게 발전한 송나라 이

후였으며, 광주를 비롯해서 천주泉州·온주·명주明州·항주杭州·수주秀州·밀주密州 등지에 증설되었다. 시박사의 장관長官은 처음에는 소재지의 주지사州知事나 전운사轉運使를 겸했으나 진귀한 사치품을 다루는 남해 무역이 정부 수입 증가에 상당히 중요했기 때문에 1102년에는 남해 무역을 전담하는 제거시박사가 설치되었고, 원나라에도 그 사무가 인계되었다. 명나라는 해금海禁 정책을 시행하여 밀무역 중심이 되었기 때문에 남해 무역은 광동 한 항구로 축소되었다. 청나라 때 해관海關이 설치되어 시박사는 폐지되었다.

142 태감太監: 원문은 '중관中官'인데, 시박사태감市船司太監을 가리킨다.

143 수신守臣: 한 지역을 다스리는 지방 장관을 가리킨다.

144 가정嘉靖: 명나라 제11대 황제 세종世宗 주후총朱厚熜의 연호(1521~1567)이다.

145 융경隆慶: 명나라 제12대 황제 목종穆宗 주재후朱載垕의 연호(1567~1572)이다.

146 퉁구 왕조Taungoo Dynasty: 원문은 '동만우東蠻牛'이다. '만동우蠻東牛'로 표기해야 한다고도 하는데, 태국어 무앙퉁우Muang Tong U의 음역으로 미얀마의 퉁구 왕조를 가리킨다.

147 20년: 원문은 '이십년二十年'이다. 광서 2년본에는 '삼십년三十年'으로 되어 있으나, 역사적 사실에 따라 고쳐 번역한다.

148 중추中樞: 당대에는 중서령中書令의 별칭이었고, 송대에는 추밀원樞密院의 별칭이었으며, 명대에는 병부兵部의 별칭이었다. 여기서는 병부상서를 가리킨다.

149 숭정崇禎: 명나라 제16대 황제 사종思宗 주유검朱由檢의 연호(1628-1644)이다.

150 성철聖鐵: 사람의 뇌골 혹은 야자나 빈랑 등의 과일 속에 생긴 결석의 일종으로, 전설에 따르면 성철을 몸에 두르면 칼과 무기도 뚫지 못하여 호신용으로 사용했다고 한다. 벽주闢珠라고도 한다. 원대 주달관周達觀의 『진랍풍토기眞臘風土記』「국주출입國主出入」, 송대 주밀周密의 『지아당잡초志雅堂雜抄』「보기宝器」, 명대 황충의 『해어』「벽주」에 관련 기록이 보인다.

151 졸라: 원문은 '쇄리瑣里'이다.

152 일정치 않아서: 원문은 '부정不正'이다. 광서 2년본에는 이 글자가 없으나, 악록서사본에 따라 고쳐 번역한다.

153 이층집: 원문은 '누樓'로, 누각樓閣의 준말이다. 지면보다 바닥을 높게 설치하여 만들어진 집 또는 방을 말한다.

154 공작 꼬리(孔雀尾): 광서 2년본에는 '공작모孔雀毛'로 되어 있으나, 악록서사본에 따라 고쳐 번역한다.

155 바다거북 등딱지(龜筒): 광서 2년본에는 '귀급龜及'으로 되어 있으나, 악록서사본에 따라 고쳐 번역한다. 바다거북의 일종인 휴귀蠵龜의 등딱지에는 문양이 있으며, 대모의 등딱지와 비슷하나 얇은 편이고, 붙이는 장식으로 사용되었다.

156 편뇌片腦: 용뇌龍腦, 용뇌향, 빙편氷片, 매화뇌梅花腦, 매편梅片, 미뇌라고도 한다. 이것은 수마트라와 보르네오 등 남중국해 군도와 인도 등지에서 나는 용뇌향수龍腦香樹에 포함된 유지油脂를 결정結晶해서 만든다. 강심제強心劑, 청량제淸凉劑 등의 의약품으로 사용되고, 방충제나 방부제로도 사용된다.

157 미뇌米腦: 편뇌의 일종이다.

158 뇌유腦油: 고래나 돌고래 등의 뇌에서 짠 기름이다.

159 장미수薔薇水: 장미로薔薇露라고도 하며, 장미꽃을 수증기로 증류시키거나 장미수를 물에 녹여서 얻는 투명한 액체이다. 약품의 향이나 맛을 조절하는 데 쓰였다

160 완석碗石: 태국과 스리랑카 등에서 명나라에 바친 물품 중 하나이다. 중국에는 아란석鵶闌石으로 알려져 있다.

161 정피丁皮: 정향나무의 껍질을 말한다. 위장을 튼튼하게 하므로 구토와 설사 따위에 사용한다.

162 아위阿魏: 다년생초로 취아위臭阿魏, 세엽아위細葉阿魏라고도 한다. 이란·아프가니스탄이 원산지로, 강장제로 사용되며 거담·진경鎭痙·조경調經·살충殺蟲에 효과가 있다.

163 자경紫梗: 들깨의 줄기 부분을 자경이라고 한다. 들깨는 식용으로 사용

되며, 줄기·잎·씨앗이 모두 약재로도 사용된다. 잎은 자소紫蘇, 줄기는 자경, 열매는 소자蘇子라고 한다.

164 등갈藤竭: 혈갈血竭, 기린갈麒麟竭이라고도 한다. 기린수麒麟樹의 열매와 줄기에서 채취한 수액으로 만든다.

165 등황藤黃: 동남아시아에서 자라는 가르키니아속 나무에서 채취해 의약품이나 안료로 사용한다. 등황의 색깔은 주황이나 갈색 계통이며, 분말로 만들면 연노란색을 띤다. 원산지는 캄보디아, 태국, 남부 베트남 일부 지역이다.

166 유황硫黄: 광물성 약재의 하나로, 천연산 황을 융해하여 잡질雜質을 제거한 뒤에 사용한다. 속이 차서 생기는 설사나 치질 따위의 치료에 사용하며, 화약 제조에도 사용한다.

167 몰약沒藥: 감람과식물인 콤미포라 미르라Commiphora myrrha나 콤미포라 아비시니카Commiphora abyssinica 등의 나무껍질에서 채취한 천연 고무 수지로 만든 담황색 또는 암갈색의 크고 작은 덩어리를 말한다.

168 오다니烏爹泥: 광서 2년본에는 '오다향烏爹香'으로 되어 있으나, 악록서사본에 따라 고쳐 번역한다. 콩과 아카시아속에 속하며, 해아다孩兒茶·오루니烏壘泥라고도 한다. 인도, 대만, 미얀마 및 중국 등에서 난다.

169 안식향安息香: 안식향나무 껍질에서 나는 향기이다. 안식향나무는 때죽나무과에 속한 낙엽교목으로 맛은 맵고 쓰며 약간 달다. 수마트라·인도네시아·태국 등에서 난다. 안식향은 정신을 안정시키고 기와 혈의 순환을 촉진하며 정신 혼몽, 명치통, 복통, 산후 혈운, 기침, 소아 경간, 비증에 효험이 있다. 꿈자리가 사납거나 잠들 무렵 귀물鬼物이 자주 보일 때 안식향을 태우면 효과가 있다고 한다.

170 나곡향羅斛香: 원나라의 『도이지략』에 롭부리(羅斛) 왕국에서 나곡향이 나는데, 그 향이 맑고 멀리까지 퍼지며 침향沈香으로 부른다는 기록이 있다.

171 황숙향黃熟香: 열대지방에서 나는 향료로, 단향의 일종이다.

172 유향乳香: 감람과橄欖科 유향속에 속하는 인도유향(Boswellia serrata, 이명

Boswellia thurifera)과 오만유향(Boswellia sacra, 이명 Boswellia carterii), 동아프리카 유향(Boswellia socotrana) 등의 나무 진을 굳혀서 만드는 방향성 고무 수지로, 향이나 향수의 원료로 사용된다.

173  목향木香: 쌍떡잎식물 초롱꽃목 국화과의 다년생초로, 운목향雲木香과 천목향川木香을 통칭한다. 원산지는 유럽과 북아시아로, 타원형의 잎에 가장자리에 톱니가 있고, 뒷면에 털이 났으며, 약초로 재배한다. 뿌리를 발한·이뇨·거담제로 사용한다.

174  오향烏香: 아편을 가리키며, 태국·자와 등에서 조공품으로 바쳤다.

175  육두구肉豆蔲: 쌍떡잎식물 미나리아재비목 육두구과의 상록수와 활엽수의 교목이다. 본디 인도차이나에서 널리 재배되었는데, 동남아시아에서도 조금씩 재배하게 되었다. 일찍이 대항해 시대가 열린 16세기와 18세기 후반까지 육두구뿐만 아니라 후추, 정향, 메이스 등은 매우 비싼 값으로 유럽 전역에서 거래되었다.

176  백두구白豆蔲: 백두구는 생강과 식물로, 열대지방인 태국, 베트남, 캄보디아, 라오스, 스리랑카, 과테말라, 남아메리카, 중국 등지에서 재배된다. 과피果皮 안에 약 20~30립의 종자가 차 있으며, 그 색은 비교적 까맣고 방향성芳香性이 뛰어날수록 상품上品이다. 백두구는 주로 소화기계 질환에 쓰이는 약재이다.

177  필발華茇: 필발은 남방에서 생산되는 초목을 가리키며, 고대 중인도의 한 나라인 마가타국摩伽陀國에서는 필발리華撥梨라고 했고, 아프가니스탄 북부 발흐 동쪽의 요충지 푸룸Purum에서는 아리아타阿梨阿陀라고 불렀다. 필발은 특이한 향이 있고, 맛은 매우며 성질은 뜨겁다. 장과 위가 차서 생기는 복부 동통, 구토, 식욕 감퇴, 설사, 이질, 치통 등에 사용한다.

178  오목烏木: 흑단나무(黑檀)를 말한다. 흑단은 흑단나무에서 얻는 단단하고 검은 목재이다. 조직이 치밀하고 단단하며, 연마했을 때 부드러운 광택이 나서 장식용 목재로서 큰 가치를 지닌다.

179  대풍자大楓子: 대풍자과 대풍자나무의 성숙한 종자를 건조시킨 것이다. 성질은 뜨겁고, 맛은 매우며 독성이 있다. 거풍祛風, 조습燥濕, 공독攻毒,

살충殺蟲, 조담燥痰에 효과가 있다.

**180** 살합랄撒哈剌: 가죽 또는 폭이 넓은 모융毛絨을 말한다.

**181** 『영애승람瀛涯勝覽』: 마환馬歡(1380~1460)이 지은 남해 기행문이다. 마환은 절강성浙江省 회계會稽 출신의 이슬람교도로, 이 책은 정화의 제4차 및 제7차 남해 원정에 동행하면서 방문한 남아시아 20개국에 대한 견문을 지리·풍속·물산·역사 등에 걸쳐 기술한 것이다. 이 책은 저자가 첫 항해에서 돌아온 직후인 1416년 무렵에 쓰였으나, 그 뒤 항해를 거듭하면서 가필 수정하여 최종적으로 완성된 것은 1451년으로 추정된다. 이 책은 명나라 초기 남아시아 각 나라의 상황을 연구하는 데 매우 중요한 사료史料이다.

**182** 신문대新門臺: 광서 2년본에는 '신문新門'으로 되어 있으나, 악록서사본에 따라 고쳐 번역한다. 신문대는 지금의 태국 메남강 하구의 사뭇쁘라깐 주Samut Prakan 일대이다.

**183** 교장엽茭蔁葉: 바닷가 모래톱에서 자라는 수초로, 그 잎이 길고 뾰족하다.

**184** 그곳에서는 … 석류 씨와 같다: 홍마긍과 홍아홀은 루비 원석으로 추정된다.

**185** 수코타이Sukhothai: 원문은 '상수上水'이다. 상수는 상수련고저上水連孤底의 약칭으로, 지금의 태국 수코타이를 가리킨다.

**186** 운남: 광서 2년본에는 '안남安南'으로 되어 있으나, 악록서사본에 따라 고쳐 번역한다.

**187** 황충黃衷: 황충(1474~1553)은 광동廣東 남해 출신으로, 자가 자화子和이고, 별호가 병수病叟이다. 홍치 9년(1496)에 진사가 되었고, 남경호부주사南京戶部主事를 제수받았으며, 호주지부湖州知府가 되었다가 복건전운사福建轉運使·광서참정廣西參政·운남포정사雲南布政使를 역임하고 병부시랑에까지 이르렀다. 저서로 『구주문집矩洲文集』 10권, 『시집詩集』 10권, 『주의奏儀』 10권, 『해어』 3권 등이 있다.

**188** 『해어海語』: 명나라 황충이 편찬한 책이다. 남중국해의 산천풍토에 대해 상세히 기록했으며, 전편이 풍속·물산物産·외도畏途·물괴物怪 등으로

분류되어 있다. 16세기 동남아 역사·지리와 남중국해의 교류 관계를 연구하는 데 있어서 참고할 만한 가치가 있는 책이다.

189 동관현東莞縣: 관성莞城이라고도 하며 지금의 광동성 주강珠江 입구이다.

190 오저烏潴·독저獨潴·칠주七洲: 파라셀제도Paracel Islands를 가리키는데, 남중국해에 떠 있는 수많은 산호초로 이루어진 작은 섬들이다.

191 성반星盤: 정오의 태양 높이를 측정하는 도구인 아스트롤라베Astrolabe를 말한다. 아스트롤라베의 기원은 6세기까지 거슬러 올라가지만, 초기 중세 유럽과 이슬람 세계 때부터 널리 쓰인 듯하다. 15세기 중반에는 뱃사람들이 천문항법용으로 사용했다.

192 외라항外羅港: 외라항은 지금의 광동성 뇌주반도雷州半島 남단에 위치한다.

193 팔렘방Palembang: 원문은 '구항舊港'이다.

194 대불령산大佛靈山: 지금의 베트남 푸카인성Phú Khánh 동안東岸의 바렐라곶 Cap Varella 일대에 위치한다.

195 봉화대(烽墩): 광서 2년본에는 '봉돈峰墩'으로 되어 있으나, 악록서사본에 따라 고쳐 번역한다. 이 봉화대는 지금의 베트남 바렐라 북쪽에 있다.

196 꼰다오섬: 원문은 '곤돈산崑崓山'이다. 지금의 베트남 꼰다오섬을 가리킨다.

197 대모액玳瑁額: 광서 2년본에는 '대모玳瑁'로 되어 있으나, 악록서사본에 따라 고쳐 번역한다. 지금의 태국 나콘시탐마랏 항구 밖의 끄라섬Ko Kra 부근이다.

198 귀산龜山: 악록서사본에 따르면, 지금의 방콕만Bay of Bangkok 북부에 위치하며, 혹은 사따힙Sattahip 동남쪽의 사메산섬Ko Samae San 모퉁이나 사메산 일대에 위치한다고도 한다.

199 거패하車壩河: 귀주성 동남쪽에서 발원한 양자강 유역의 한 지류이다.

200 다스리는: 원문은 '수守'이다. 광서 2년본에는 '소少'로 되어 있으나, 악록서사본에 따라 고쳐 번역한다.

201 아유타야: 원문은 '대서大嶼'이다. 악록서사본에 따르면, 지금의 태국 아유타야주로 그 땅이 메남강 안에 있었기 때문에 대서라고 한다.

202 제방: 원문은 '당구塘堨'이다.

203 나콘시탐마랏Nakhon Si Thammarat: 원문은 '육곤陸昆'이다. 바로 지금의 태국 나콘시탐마랏 일대를 가리킨다.

204 아쿤Akun: 원문은 '아곤阿昆'이다.

205 주요 지역으로 아쿤Akun이 있다: 원문은 '주이아곤主以阿昆'이다. 광서 2년본에는 없으나, 악록서사본에 따라 고쳐 번역한다.

206 총병總兵: 정식 명칭은 총병관總兵官이다.

207 정례頂禮: 높은 공경의 뜻으로 이마가 땅에 닿도록 절하는 예법이다. 합장한 채로 두 무릎을 꿇고 두 팔꿈치를 땅에 댄 다음 손을 펴서 상대편의 발을 받들어 그 발에 자신의 머리를 대는 인도의 예법에서 비롯되었다.

208 술수術數: 고대 중국에서 말하는 술수는 수학·천문·점성술·풍수 등을 포함한다.

209 길흉을 점치는 이: 원문은 '점후占候'이며, 구름의 모양·빛·움직임 등을 보고 길흉을 점치는 일이나 그러한 일에 종사하는 사람을 가리킨다.

210 음력 정월: 원문은 '건인지월建寅之月'이다.

211 가마꾼 승려: 원문은 '역자力者'이다. 역자법사力者法師라고도 하며, 사원에 소속되어 가마를 메는 승려를 가리킨다.

212 음력 3월: 원문은 '건진지월建辰之月'이다.

213 음력 4월: 원문은 '건사지월建巳之月'이다.

214 음력 5월: 원문은 '건오지월建午之月'이다.

215 음력 8월: 원문은 '건유지월建酉之月'이다.

216 찰벼: 원문은 '유穤'인데, 문맥상 '나糯'로 추정된다.

217 두구豆蔲: 육두구를 말한다.

218 사인砂仁: 축사밀縮砂蜜이라고도 한다. 성질이 따뜻하고 맛이 맵고 독성이 없다. 모든 기병氣病과 명치 아래와 배의 통증, 소화불량, 설사가 심할 때 사용하면 효과가 있다. 그 모양은 백두구와 비슷하다.

# 태국 속국 연혁 2

—

지금의 캄보디아는 옛날 진랍국이다.
원본에는 없으나, 지금 보충한다.

『수서』에 다음 기록이 있다.

진랍국은 럼업의 서남쪽에 위치하며, 본래 프놈국의 속국이었다. 일
남군에서 뱃길로 60일을 가면 [그 나라에] 도달한다. 남쪽으로는 차거국
車渠國[1]과 접하며, 서쪽에는 주강국朱江國[2]이 있다. 그 나라 왕은 성이 찰리
씨利利氏이고, 그의 조부 대로부터 점차 강성해져서 마침내 프놈국을 합
병하여 차지했다. [왕은] 이사나성伊奢那城[3]에 거하며, 성곽 아래에 2만 호
가 산다. 성안에 큰 건물이 하나 있는데, 왕이 정사를 처리하는 곳이다.
큰 성이 모두 30개이고, 성안에는 수천 호가 있으며, 각각 마을을 다스리
는 우두머리가 있는데, 관명은 럼업국과 같다. 그 나라 왕은 3일에 한 번
정사를 처리했는데, 위에 화려한 휘장이 달린 오향칠보평상(五香七寶床)에
앉았다. 그 휘장은 문목文木[4]으로 뼈대를 세우고, 상아와 금장식으로 벽
을 만들었는데, 작은 집처럼 생겼다. 불꽃 모양의 금장식을 매달아 놓았
는데, 적토국의 것과 같다. 앞에는 금향로가 있으며, 두 사람이 양옆에서

시중을 든다. 왕은 울긋불긋 염색한 고패⁵를 입으며, 비단으로 허리와 배 부분을 묶어서 아래로 정강이까지 늘어뜨리고, 머리에는 금은보화로 장식한 화려한 관을 쓰고, 진주 장식 영락⁶을 착용하며 발에는 가죽신을 신고 귀에는 금귀고리를 한다. 평소에는 백첩포(日氍)⁷를 입으며, 상아로 신을 만들어 [신는다.] 만약 머리카락을 늘어뜨리면 영락을 착용하지 않는다. 신민臣民의 복식도 대체로 비슷하다. 고락지孤落支, 고상빙高相憑, 파하다릉婆何多陵, 사마릉舍摩陵, 염다루髥多婁라는 다섯 대신이 있다. 층계와 뜰 문과 누각에는 시위병들이 천여 명에 이르는데, 갑옷을 입고 무장했다. 그 나라는 참반參半·주강朱江 두 나라와 화친을 맺고, 럼업·타원陀洹⁸ 두 나라와는 여러 차례 전쟁을 했다. 그 나라 사람들은 평상시에도 모두 갑옷과 무기를 지녔는데, 만약 정벌할 일이 생기면 그것을 사용했다.

그 나라의 풍속은 왕의 본처 자식이 아니면 후사가 될 수 없었다. 왕이 처음 즉위하는 날, 모든 형제가 잔인한 형벌을 받았다. 손가락 하나를 자르거나 코를 베기도 했으며, 다른 곳으로 추방하고 출사하지 못하게 했다. 사람들은 체형이 작고 피부가 검었는데, 부인들 [중에는] 또한 피부가 흰 사람도 있었다. 모두 곱슬머리에 늘어진 귀를 지녔고 성품과 기질이 민첩하고 강했다. 거처하는 곳과 [사용하는] 기물은 적토국과 아주 유사했다. 오른손을 깨끗하게 여기고 왼손은 불결하다고 여겼다. 매일 아침 씻고 버드나무 가지로 이를 닦고 나서야 경문과 주문을 암송했다.

그 나라 북쪽에는 산과 언덕이 많고, 남쪽에는 물과 습지가 있다. 날씨가 아주 더워서 서리와 눈이 내리지 않으며 풍토병과 피부병, 독충이 많다. 토질은 벼와 기장을 재배하기에 적당하며, 찰기장과 조는 적게 나고 과일과 채소는 일남군·구진군九眞郡과 비슷하다. 다른 것으로는 파나사수婆那娑樹⁹·비야수毗野樹¹⁰·파전라수婆田羅樹¹¹·가필타수歌畢佗樹¹²가 있으며,

나머지는 대부분 구진군과 비슷하다. 도읍 가까운 곳에 링가파바타산 Linga Parvata[13]이 있는데, 산 위에 신을 모신 사당이 있고, 항상 5천 명의 병사가 그곳을 지켰다. 성의 동쪽에 파다리婆多利라는 신이 있는데, 인육으로 제사를 지냈다. 그 나라 왕은 해마다 별도로 사람을 죽여서 밤에 제사 지내고 기도를 올렸는데, 또한 지키는 병사가 천 명이나 되었다. 그곳에서는 귀신을 공경하는 것이 이와 같았다. 대부분 불법을 받들었으며, 특히 도사를 믿었고, 불교 신자와 도사들은 모두 건물에 상을 세워 두었다. 대업 12년[14](616)에 사신을 보내 공물을 바쳤는데, 황제의 예우가 매우 두터웠다. 그 후로는 다시 [왕래가] 끊어졌다.


『당서』에 다음 기록이 있다.

진랍국은 크메르Khmer[15]라고도 하며, 본래 프놈국의 속국으로 경사京師에서 20,700리 떨어져 있다. 동쪽으로는 차거국에 이르고, 서쪽으로는 표국驃國과 붙어 있으며, 남쪽으로는 바다에 면해 있다. 북쪽으로는 도명道明[16]과 이어져 있고, 동북쪽으로는 환주驩州에 닿아 있다. 그 나라 왕 자야바르만 1세Jayavarman I[17]는 정관 초에 프놈국을 병합하여 그 지역을 차지했다. [건물의] 문은 모두 동쪽으로 나 있고, 앉는 자리도 동쪽이 상석이다. 손님이 오면 가루 빈랑·용뇌·향합香蛤[18]을 대접했다. 술은 마시지 않았는데, 오직 아내와는 방안에서 마셨으며 존속과는 [술 마시는 것을] 피했다. 전투용 코끼리가 5천 마리 있었는데, 뛰어난 코끼리는 고기를 먹여서 길렀다.

대대로 참반·표국과는 우호 관계를 유지했으나, 환왕環王[19]·건타원乾陀洹[20]과는 여러 차례 서로 싸웠다. 무덕[21] 연간에서 성력聖曆[22] 연간에 이르기까지 모두 네 차례 입조했다. 신룡神龍[23] 연간 이후로 둘로 나뉘었는데,

절반은 북쪽으로 산과 언덕이 많아 육진랍陸眞臘이라 불렀고, 절반은 남쪽으로 바다로 이어져 못과 늪이 많아서 수진랍水眞臘이라고 불렀다. 수진랍은 땅이 8백 리로, 왕은 파라제발성婆羅提拔城[24]에 거주했다. 육진랍은 문단文單[25]이라고도 하고 파루婆鏤[26]라고도 했는데, 땅은 7백 리이고, 왕은 '차굴笪屈'이라고 불렀다. 개원開元[27]·천보天寶[28] 연간에 왕자가 자신을 따르는 사람 26명을 거느리고 입조하자, [당에서는] 과의도위果毅都尉[29]에 임명했다. 대력大曆[30] 연간에 부왕副王[31] 파미婆彌와 그의 처가 입조하여 길들인 코끼리 열한 마리를 바치자, [당에서는] 파미를 시전중감試殿中監[32]으로 발탁하고 보한賓漢[33]이라는 이름을 하사했다. 이때는 덕종德宗[34]의 즉위 초기로, 진기한 새와 짐승을 모두 풀어 주었다. 만이蠻夷가 바친 길들인 코끼리는 울타리 안에서 길렀다. 원단元旦 조회 때 궁에 있는 코끼리가 실제로 모두 32마리였는데, 형산荊山 남쪽에 모두 풀어 주었다. 원화元和 연간에 수진랍은 또 사신을 보내 입공했다.

『송사』에 다음 기록이 있다.

진랍국은 점랍占臘이라고도 한다. 그 나라는 참파Champa[35]의 남쪽에 위치하며, 동쪽은 바다에 임해 있고, 서쪽은 파간Pagan[36]에 접해 있으며, 남쪽으로는 그라히Grahi[37]에 닿아 있다. 그 지방의 풍속은 참파와 같고, 땅은 7천여 리이다. 동으로 만든 누대가 있는데, 그 위에 동탑 24개·동코끼리 8마리를 열 지어 두었고, 동코끼리는 각각 무게가 4천 근이 나간다. 그 나라에는 전투용 코끼리가 거의 20만 마리나 되며, 말은 많기는 한데 [크기가] 작다. 정화政和[38]·선화宣和[39] 연간에는 모두 입조하여 조공을 바쳤고, [송에서는] 참파와 동등하게 그 왕에게 관직을 내렸다.

『명사』에 다음 기록이 있다.

진랍은 참파의 남쪽에 위치하며, 순풍을 만나면 3일이면 도착한다. 수나라·당나라 및 송나라 때 모두 입조하여 조공을 바쳤다. 송나라 경원慶元[40] 연간에 참파를 멸망시키고 그 땅을 차지했는데, 이로 인해 국호를 점랍으로 바꾸었다. 원나라 때는 여전히 진랍이라 칭했다.

홍무 3년(1370) 8월, [홍무제는] 사신 곽징郭徵 등을 파견하여 조서를 가지고 가서 진랍국을 위무했다. [홍무] 4년(1371), 진랍국의 파산왕巴山王은 사신을 보내 표문을 올리고 공물을 바쳤다. 홍무 16년(1383), [홍무제는] 사신을 파견하여 감합문책勘合文冊을 진랍국 왕에게 하사했다. 무릇 국내에[41] 사신이 와도 감합이 부합하지 않는 경우에는 곧 위조에 속하기 때문에 포박한 뒤 심문하게 했다. [홍무제는] 다시 금박을 넣어 무늬를 짠 비단 32필·자기 19,000점을 하사했다. 진랍국 왕은 곧 사신을 보내 공물을 바쳤다. 홍무 19년(1386), [홍무제는] 다시 행인行人 유민劉敏·당경唐敬과 환관을 파견하여 자기를 하사했다. 홍무 20년(1387), 당경 등이 귀국하자 [진랍국] 왕은 사신을 보내 코끼리 59마리와 향 6만 근을 바쳤다. 얼마 후, [홍무제는] 사신을 보내 [진랍국] 왕에게 도금을 한 은인장을 하사했다.

영락 연간에는 여러 번 입조하여 공물을 바쳤다. [진랍의] 사신은 본국이 자주 참파국에게 침략당하고 있다는 이유로 장기 체류하며 돌아가지 않았다. 영락제는 환관을 파견하여 그를 전송해서 돌아가도록 했고, 아울러 참파국 왕에게 칙서를 내려 전쟁을 멈추고 사이좋게 지내도록 했다. 경태景泰[42] 연간 이후로 상례적으로 이르지는 않았다.

그 나라 도성의 둘레는 70여 리이고,[43] 영토의 너비는 수천 리에 달한다. 그 나라에는 금탑·금으로 만든 다리·30여 개의 궁전이 있다. 국왕은 세시에 한 번 집회를 열어 옥으로 만든 원숭이·공작·흰 코끼리·무소[44]를 면전에 진열하여 이를 백탑주百塔洲[45]라고 불렀다. 음식물을 금쟁반과 금그릇에 담았기 때문에 '부귀한 진랍'이라는 말이 생기게 되었다. 백성들은 부유하고 넉넉했다. 기후가 항상 무더워서 서리와 눈을 몰랐고, 벼는 일 년에 여러 번 여물었다. 남녀 모두 머리카락을 틀어 올려 묶었고, 짧은 윗도리를 입었으며, [아래에는] 나뭇가지를 이용해 만든 천[46]을 둘렀다.

형벌로는 코를 베는 형·발꿈치를 자르는 형·죄인의 얼굴에 글자를 새겨 넣은 후 먼 지방으로 유배 보내는 형이 있고, 도둑질을 하면 수족을 잘랐다. 번인이 당인唐人을 죽이면 사형이고, 당인이 번인을 죽이면 벌금형에 처했는데, 돈이 없으면 몸을 팔아 속죄했다. 당인이란 여러 번인들이 중국인을 부르는 호칭으로, 무릇 해외 각 나라에서 모두 그렇게 불렀다. 문자는 노루나 사슴 등 여러 동물의 가죽을 검게 염색한 후, [곱게 빻은] 가루를 이용해 작은 글씨로 그 위에 [글을] 적었는데, 오래도록 벗겨지지 않았다. 10월을 연초로 삼고, 윤달은 모두 9월에 두었다. 밤은 4경으로 나누었으며, 또한 천문에 밝은 자가 있어서 일식과 월식을 계산할 수 있었다.

이 지방에서는 유자儒者를 반힐班詰이라 부르고, 승려는 저고苧姑라 부르며, 도사는 팔사八思라고 부른다. 반힐로서 관직에 나간 자는 화관華貫이라고 했다. 처음에는 목에 흰색 줄 한 개를 걸어서 스스로 구별했는데, 부귀해진 이후에도 예전처럼 흰색 줄을 걸었다. 그 풍속은 불교를 신봉했는데, 스님들은 모두 생선·육류를 먹었고, 혹은 그것으로 부처님께 공양을 바쳤지만 술은 마시지 않았다. 이 나라는 스스로 감패지甘孛智라고 칭했고, 후에 감파자甘破蔗로 와전되었는데, 만력 연간 이후로 다시 간포채柬埔寨로 바꾸었다.

『동서양고東西洋考』에 다음 기록이 있다.

간포채는 바로 옛날 진랍국이다. 이 나라는 스스로 감패지라고 칭했는데, 후에 감포지澉浦只로 와전되었다. 지금 간포채라고 하는 것은 또한 감포지의 와전이다. 옛날에는 프놈국의 속국이었고, 왕의 성은 찰리씨이다. 치트라세나Chitrasena[47]왕에 이르러 프놈국을 병합하여 차지했으며, 마침내 여러 오랑캐의 우두머리가 되었다. 수나라 대업 13년(617), 사신을 파견하여 공물을 바쳤는데, 황제의 예우가 매우 두터웠다. 당나라 때에 이르러, 점차 국토를 개간했다. 신룡 연간 이래로 나라가 둘로 나뉘었다. 북쪽은 산과 언덕이 많아 육진랍이라 했고, 남쪽은 바다 가까이에 있어서 수진랍이라 했다. 오랜 시간이 지난 후, 다시 하나로 합해졌다. 지금 상선이 이르는 곳은 대부분 수진랍의 땅이다. 송나라 때는 여러 차례 입조하여 공물을 바쳤다. 건염建炎[48] 연간에 이 나라는 여러 번 참파와 전쟁을 했으나 패배했다. 경원[49] 연간에 이르렀을 때, 크게 [군대를] 일으켜 복수하여 참파를 멸망시켰다. 마침내 그 땅을 차지하여 나라 이름을 점랍으로 바꾸었다. 이리하여 땅이 7천여 리에 달했다.

원나라는 참파에 행성行省을 설치했고,[50] 일찍이 호부虎符[51]·금패金牌를 [참파에] 보냈는데, 진랍으로 가다가 빼앗겨 버렸다. 원정 연간에 비로소 불러 타이르니 복종했다. 명나라가 들어서자 공물이 끊이지 않았다. 지금 상선이 도성에 이른 적은 아직까지 없고, 단지 바다 한구석에 위치한 속국에만 이르렀기 때문에 그 나라의 화려함을 보지 못했다. [이 속국은] 파간[52]이라고 한다. 『송사』에 따르면, 파간에서 입조하여 공물을 바치자 조정에서는 논의를 통해 자오찌에 준하는 예로써 대우하기로 했다고 한다. 다만 본조本朝에 공물을 바치는 오랑캐로 오직 파간은 보이지 않는데, [파간이] 마땅히 진랍국에 병합되었음은 두말할 필요 없다.[53] 살펴보건

대, 파간은 바로 지금의 항구이港口夷로, 용내龍泰라고도 한다.[54]


『황청통고』「사예문」에 다음 기록이 있다.

캄보디아[55]는 서남해에 위치하며, 해안에 진흙이 많아서 진흙 꼬리(爛泥尾)라고 부른다. 북쪽으로 큰 산이 가로막혀 있고, 나라 안에는 성과 연못이 없다. 왕은 산 가까이에 대나무를 얽어서 궁을 짓고 [지붕에는] 띠잎을 덮었다. 백성들도 마찬가지였다. 특히 해변 가까운 곳에서는 조수가 밀려들면 집이 위로 떠올랐다가 아래로 가라앉았다. 기후는 늘 따뜻하고 춥지 않아서 항상 봄이나 여름 같았다. [윗]옷은 단추 없이 몸에 걸치거나 입지 않기도 했다. 아래에는 수만水幔[56]이라는 치마를 둘렀다. 머리는 길러서 화려한 두건을 둘렀는데, 왕에서 백성에 이르기까지 차이가 없었다. 제도상, 오직 귀한 자들만 처음부터 품질 좋은 비단을 걸치고, 백성들은 모두 베를 걸치게 해서 차등을 두었다.

사람들은 유약하고, 코끼리 사육을 즐겼으며, [코끼리를] 훈련시켜 적을 막았다. 음식을 먹을 때는 모두 손으로 [음식을] 뭉쳐서 먹었다. 고기잡이와 사냥, 농사를 지어 생활했으며, 검을 차고 산으로 들어가 무소뿔을 찾아 웃어른에게 바치는 것을 예로 여겼다. 부모가 세상을 떠나면 머리를 깎고, 검은색을 상복으로 입었다. 이 땅에서는 소목·상아·백두구·등황·노루 가죽[57]·빈랑자·황랍黃蠟[58]이 난다. 매년 겨울과 봄 사이에 절강·복건·광동 상인이 그곳에 가서 무역을 하며, 근래에는 아울러 생사도 거래하고, 여름과 가을이 되면 돌아간다. 광동인들이 돌아갈 때, 배가 반드시 칠주대양七洲大洋을 거쳐 노만산魯萬山에 이르러 호문虎門으로 들어가는데, 그 거리를 따져 보면 7,200리이고, 하문廈門에서 뱃길로 170경(340시간, 약 14일)이 걸린다.

국왕은 이름이 랄㻋인데, 왕의 애첩이 낳은 아들이 왕위를 찬탈했으며 그 이름은 알 수 없다. 안남·섬라의 속국이다. 이 나라 옆에 폰티마스 Ponteamass[59]가 있는데, 하문에서 뱃길로 140경(280시간, 약 12일)이 걸린다. 마찬가지로 안남·섬라의 속국이다. 풍속은 거의 하띠엔Hà Tiên[60]·캄보디아와 비슷하다.

『해국문견록』에 다음 기록이 있다.

꽝남에서 산과 바다를 따라가면 참파·녹뢰에 이르고, [그곳에서] 서쪽으로 돌아가면 캄보디아에 이른다. 하문에서 참파까지는 뱃길로 1백 경(2백 시간, 약 8일)이 걸리고, 캄보디아까지는 뱃길로 113경(226시간, 약 9일)이 걸린다. 캄보디아는 비록 별도의 한 나라이지만, 꽝남과 태국 두 나라 사이에 위치한다. 동쪽으로는 꽝남에 공물을 바치고, 서쪽으로는 태국에 공물을 바쳤다. 조금이라도 불손한 행동을 할 경우,[61] 바닷길과 육로로 각각 쳐들어와서 정벌했다.

이 민족은 백두국·말레이시아 계열로, 대부분 [윗]옷을 입지 않고 천으로 하반신을 둘렀는데, 이를 수만이라고 한다. 땅에서는 납·주석·상아·물총새 깃털·공작·양포[62]·소목·강향·침향과 속향 등의 갖은 향·제비집·해초·등나무가 난다. 살펴보건대, 『해록』에서는 녹뢰를 용내, 간포채를 본저국本底國이라 했다.

『황청통고』「사예문」에 다음 기록이 있다.

하띠엔국[63]은 서남해에 맞닿아 있고, 안남·태국의 속국이다. 왕은 성이 막씨鄭氏로, 지금의 왕은 이름이 천사天賜[64]인데, 그 연혁과 세대의 순서는 고증할 수 없다. 나라 안에 높은 산이 많아서 관할 지역은 수백 리에 불과하다. 성은 목재를 이용해서 만들었다. 궁실은 중국과 다르지 않으며, 왕의 거처 외에는 모두 벽돌과 기와를 사용한다.

복식 관련 제도는 전대와 비슷하다. 왕은 머리를 길러서 망건을 두른 비단 모자를 쓰고, 곤룡포를 입었으며, 각띠를 두르고 가죽신을 신었다. 백성들은 옷깃이 길고 소매가 넓은 옷을 입었다. 상을 당하면 모두 흰옷을 입었고, 평소에는 여러 가지 색깔의 옷을 입었다. 이 나라는 항상 따뜻해서 가을과 겨울이 되어도 춥지 않았다. 사람들은 대부분 옷을 걸치지 않았지만, 아랫부분에는 치마를 둘렀다. 서로 만났을 때는 합장하여 가슴 높이까지 올리는 것이 인사법이었다. [이 나라는] 문학을 중시하고 시서를 좋아하여 나라 안에 공자 사당을 세웠다. 중국인이 이 나라에 살았는데, [한문을] 읽을 줄 알고 문장 의미에 밝은 이들이 있으면 모셔다가 스승으로 삼았기 때문에 젊은이들은 모두 교양 있고 점잖았다.

산물로는 해삼·생선포·작은 새우·육포가 있다. 옹정 7년(1729) 이후로 무역이 끊이지 않았다. 친주대양을 지나서 노만산에 이르러 호문 입구를 거쳐 광동 경계에 도달하기까지 그 거리는 7,200리에 달하며, 하문에서는 뱃길로 160경(320시간, 약 13일)이 걸린다. 살펴보건대, 하띠엔은 캄보디아와 연결되어 있으므로 섬이 아니며, 역시 진랍의 옛 땅이다. [하띠엔은] 바로 『송사』에서 말하는 파간국**65**이자 응·우옌푹아인**66**이 다스렸던 농내의 옛 나라인 것 같다. [농내는] 용내라고도 한다. 건륭 말년에 편찬된 『황청통고』에 따르면, 응·우옌푹아인이 섬라 군대를 빌려 안남을 회복한 것은 바로 가경 초라고 한다.


원나라 사람 주달관의 『진랍풍토기』에 다음 기록이 있다.

진랍국은 점랍이라고도 부르며, 그 나라에서는 스스로 감패지라고 칭한다. 지금 우리 원나라에서는 『서번경西番經』**67**에 따라 그 나라 이름을 감포지라고 부르는데, 또한 감패지와 발음이 비슷하다. 온주에서 바다로 나가 남서쪽 7시 방향으로 가면서 복건·광동의 바다 밖에 있는 여러 항구를 지나 칠주양을 건너서 교지양交趾洋[68]을 거쳐 참파에 도착했다. 다시 참파에서 순풍을 만나면 반달 만에 진포眞蒲[69]에 도착하는데, 바로 [진랍의] 땅이다. 또 진포에서 남서쪽 8시 방향으로 항해하다가 꼰다오섬[70]을 지나 항구로 들어갔다. 항구는 모두 수십 개이지만, 오직 네 번째 항구[71]로만 들어갈 수 있다. 그 나머지는 모두 모래가 [쌓여 수심이] 얕아서 큰 배가 통과할 수 없다. 멀리 바라보니 긴 넝쿨에 얽힌 오래된 나무, 누런 모래톱의 흰 억새풀 [투성이로] 얼핏 [항구를] 쉽게 알아볼 수 없기에 뱃사람들은 항구 찾는 것을 어려운 일[72]로 여겼다. 항구에서 북쪽으로 항해하여 조수의 흐름을 타면 반달 만에 캄퐁츠낭Kampong Chhnang[73]이라는 지역에 도착하는데, 이곳은 바로 [진랍의] 속군屬郡이다. 다시 캄퐁츠낭에서 작은 배로 갈아타고 조수의 흐름을 따라가면 십여 일 만에 폰레이Ponley[74]·푸르사트Pursat[75]을 지나서 톤레사프호Tonlé Sap[76]를 건너 캄퐁Kampong[77]이라는 곳에 도착하는데, 도성까지는 50리이다. 『제번지諸番志』[78]에 따르면, 그 땅은 너비가 7천 리이며, 그 나라는 북쪽으로 참파까지 반 개월 여정이고 서남쪽으로 섬라까지 반 개월 여정이며, 남쪽으로 번우番禺[79]까지는 10일 여정이고 동쪽으로는 큰 바다가 있다고 한다. 옛날에는 [중국과] 상거래가 있었던 나라이다. 본 왕조의 사도원수唆都元帥[80]가 참파에 행성을 설치했으며, 일찍이 호부만호虎符萬戶[81]와 금패천호金牌千戶[82]를 파견하여 함께 이 나라에 도착했는데, 끝내 사로잡혀 돌아오지 못했다. 원정[83] 연간 을미년(1295)에 사신을 파견하여 타일렀고, 다음 해(1296) 2월에 명주明州를 떠나 20일에 온주 항구에서 바다로 나가 3월 15일에 참파에 도착했다. 도중에 역풍으로 항해가 원만치 못해, 가을[84] 7월[85]이 되어

서야 [진랍국]에 도착했다. 대덕大德<sup>86</sup> 연간 정유년(1297) 6월에 배를 돌려서 8월 12일에 사명四明<sup>87</sup>에 도착했다.

또한 다음 기록이 있다.

시기에 맞춰 씨를 뿌리는데, 한 해에 서너 번 수확이 가능하다. 대개 사계절이 항상 여름과 같아서 서리와 눈을 모른다. 이 땅에서는 반년 동안 비가 내리고 반년 동안은 비가 내리지 않는다. 4월에서 9월까지는 매일 오후에 반드시 비가 내린다. [우기에는] 톤레사프호<sup>88</sup>의 수위가 점차 7~8길 높이까지 올라가서 큰 나무들이 모두 물에 잠겨 오직 나뭇가지 끝만 보일 뿐이다. 물가에 사는 사람들은 모두 이동하여 산으로 들어간다. 10월 이후로는 절대 비 한 방울 내리지 않는다. 톤레사프호도 겨우 작은 배만 다닐 수 있을 정도이며, 깊은 곳도 3~5자가 넘지 않는다. 사람들은 다시 아래로 이동한다. 씨 뿌리는 사람들은 어느 때 벼가 익으며, 그때 물이 어느 정도까지 차오르는지를 가늠하여 땅의 [상황을] 살펴서 파종한다. 또한 최고 등급의 논<sup>89</sup>이 있는데, [이 논은] 씨를 뿌리지 않아도 항상 벼가 자란다. 물이 1길 높이에 이르면, 벼 역시 같은 높이로 자란다. 무릇 벼 심는 논과 채소밭에는 인분을 사용하지 않는다. 중국인이 그곳에 왔을 때, 모두 중국의 인분 더미에 대해서 언급하지 않았는데, [진랍인에게] 무시당할 것을 우려해서이다.

또한 다음 기록이 있다.

산천은 진포에 들어오면서부터 평평한 숲과 좁은 언덕이 [이어졌고,] 긴 강에 큰 항구가 수백 리<sup>90</sup> 펼쳐져 있었으며, 오래된 나무에 넝쿨이 얽혀 있고 짐승들의 울부짖음이 어지러이 들려왔다. 반항半港에 이르러서야 비로소 넓은 논이 보이는데, 작은 나무 한 그루 보이지 않고 멀리 바라보아도 벼와 기장만 무성할 뿐이다. 야생 소 수천 수백 마리가 무리 지어 그 사이를 돌아다니거나 모여 있다. 또한 대나무 언덕 역시 수백 리 이어져 있다. 그 대나무 마디 사이를 잘라서[91] 죽순을 맛보면 상당히 쓰다. 사방에는 모두 높은 산이 있다.

또한 다음 기록이 있다.

속군은 90여 개다. 진포·캄퐁츠낭[92]·파간[93]·파일린Pailin[94]·팔설八薛[95]·피마이Phi Mai[96]·사이공Saigon[97]·목진파木津波[98]·뢰감갱賴敢坑[99]·팔시리八廝里[100] 등으로, 그 나머지는 [일일이] 다 나열할 수 없다. 각각 관리를 두었고, 모두 목책을 둘러 성을 만들었다.

또한 다음 기록이 있다.

모든 마을에는 절이 있거나 탑이 있다. 인가는 꽤 조밀하고, [마을마다] 맡아서 지키는 관리가 있다. 큰길 옆에는 또한 쉬어 갈 수 있는 객사[101] 같은 것이 있다. 근래에는 태국인들과 전쟁을 하는 바람에 마침내 모두 황무지가 되어 버렸다.

또한 다음 기록이 있다.

[그 나라] 풍속으로, 이전에는 8월에 쓸개를 꺼내는 습속이 있었다. 참파의 왕이 매년 사람 쓸개를 한 항아리 요구했는데, [한 항아리에] 가히 천여 개 정도이다.[102] 밤이 되면 여러 방향으로 사람을 보내 성안과 마을을 다니며 쓸개를 빼 오게 하여 숫자가 차면 참파국 왕에게 바쳤다. 근래 들어 이 악습을 없앴다.

또한 다음 기록이 있다.

그 나라 사람들은 장사할 때 모두 여인들이 [맡아서] 했다. 그래서 중국인들이 이곳에 오면 반드시 먼저 여인을 하나 들여서 장사하게 했다. 바다와 산, 들판 가까이에 사는 사람들은 날이 덥고 푹푹 찌기 때문에 얼굴과 머리가 모두 검다. 왕궁과 귀한 집안의 여인들은 직접 해를 보거나 바람을 맞지 않았기 때문에 여전히 옥처럼 맑고 깨끗하다. 여자아이가 막 7~9세가 되면, 반드시 승려를 청해서 먼저 동정의 몸을 열었으며,[103] 11~12세에는 시집갔다. 선천적으로 몸이 온전치 않으면, 20세가 되었을 때 [의식을 치렀는데, 이 나이는] 40살이나 마찬가지였다. 이 나라 풍속은 어린아이가 공부할 나이가 되면 모두 먼저 절에 가서 공부했으며, 성장하면 환속했다. 그 이유는 알 수 없다.

또한 다음 기록이 있다.

기후가 지독히 덥고 뜨거워서 매일 여러 번 목욕하지 않고는 견딜 수가 없다. 밤이 되어도 한두 차례 [씻지 않을 수] 없다. 애초에 욕실이나 목욕통은 없으며 다만 집마다 각각 연못이 하나 있다. 아니면 두세 집이 연못 하나를 공동으로 사용한다. 남녀 구분 없이 나체로 연못에서 목욕한다. 다만 부모와 웃어른, 자녀와 나이 어린 사람들은 또한 앞뒤로 서로 피하고, 같은 또래는 구애받지 않는다. 여인들은 목욕할 때[104] 매일같이 성밖에 있는 큰 강으로 간다. 물은 항상 끓여 놓은 듯 따뜻한데, 다만 5경(새벽 4시 전후)이 되면 약간 식었다가 해가 뜨면 다시 따뜻해졌다.

중국인으로 선원이 된 자는 이 나라에서는 옷을 입지 않고 양식을 구하기 쉬우며 여인을 쉽게 얻을 수 있고 집도 쉽게 마련할 수 있으며,[105] 물품도 쉽게 넉넉히 얻을 수 있고 장사를 해도 이익을 얻기 쉽다는 이점 때문에 왕왕 이곳에 체류하며 돌아가지 않았다.

또한 다음 기록이 있다.

병사들 역시 대부분 나체에 맨발로, 오른손에는 표창標槍을 왼손에는 방패를 잡았으며 활과 화살, 투석기, 갑옷과 투구는 없다. 듣자 하니 시암[106] 사람들과 싸울 때 백성을 모두 내보내 싸우게 했지, 별다른 계책은 없었다고 한다.

또한 다음 기록이 있다.

왕은 죽은 왕의 사위로, 원래는 병권 담당[107] 직책을 맡았다. [장인이 죽자] 딸이 금검金劍을 훔쳐 [남편에게 주어서] 마침내 나라를 차지하게 되었다. [왕은] 몸에 성철을 부착하여 칼과 화살로도 상처를 낼 수 없었기 때문에 이것을 믿고 거리낌 없이 밖으로 행차했다. 행차할 때는 모든 군대가 앞에서 호위하고 깃발과 악기 연주가 그 뒤를 따랐다. 3백~5백 명의 궁녀가 꽃무늬 옷을 입고 머리에 꽃을 장식한 채로 손에는 커다란 초를 들고 하나의 대오를 이루었는데, 대낮에도 초를 밝혔다.[108] 또한 어떤 궁녀들은 궁 안에서 [사용하는] 금은으로 만든 그릇과 아름답게 꾸민 그릇을 들고 있는데, 제조 방법이 [중국과는] 확연히 달라서 어디에 쓰이는지는 알 수 없다. 또한 어떤 궁녀들은 표창과 방패를 들고 있는데, [이들은] 궁궐수비대[109]로 역시 대오를 이루고 있다. 또 모두 금으로 장식한 양 수레·말수레가 있다. 신료들과 나라의 인척들은 모두 코끼리를 타고 앞쪽에 있는데, 멀리서 바라보면 [그들이 쓴] 붉은 일산이 그 수를 셀 수 없을 정도이다. 또한 그다음으로는 그 나라 왕의 처첩이 따르는데, 가마나 수레를 타거나 말이나 코끼리를 탔으니 금으로 장식한 일산이 어찌 백여 개에 그치겠는가? 그다음이 왕으로, 코끼리 위에 서서 손에는 금으로 만든 보검[110]을 들고 있다. 상아 역시 금으로 장식했고, 휘장에 금장식을 한 흰 일산은 모두 20여 개로 일산의 손잡이는 모두 금으로 만들었다. 사방을 에워싼 코끼리가 상당히 많으며, 또한 그것을 호위하는 군대가 있다. 만약 가까운 곳으로 행차하면, 금가마만을 탔는데, 모두 궁녀들에게 가마를 들게 했다. 무릇 출입을 할 때는 반드시 작은 금탑과 금불상을 앞에 모셔 두었는데, 보는 이들은 모두 땅에 꿇어앉아 이마가 땅에 닿도록 머리를 조아렸다. 그 나라 왕은 하루에 두 번 어전에서 나랏일을 살핀다. 무릇 신하와 백성 중에 왕을 알현하고자 하는 자는 모두 먼저 줄지어 땅에 앉아 기다린다. 잠시 후, 안에서 은은하게 음악 소리가 들려오고 밖에서 나팔을 불어 왕을 맞이한다. 잠시 후, 두 명의 궁녀가 고운 손으로 주렴을 걷으면 왕이 검을 들고 금으로 장식한 창[111] 안에 서 있는 것이 보인다. 신료 이하 모두 합장하고 바닥에 머리를 조아린다. 나팔 소리가 그치면, 왕은 시지 기죽 위에 앉아 정사를 치리한다. 다 끝나고 나시 읭이 곧 [금으로 장식한 창] 안으로 들어가고 두 명의 궁녀가 다시 주렴을 늘어뜨리면 사람들은 제각기 몸을 일으켜[112] 돌아간다.

# 暹羅屬國沿革二

—

今柬埔寨, 古眞臘.
原本無, 今補.

『隋書』: 眞臘國在林邑西南, 本扶南之屬國也. 去日南郡舟行六十日而至. 南接車渠國, 西有朱江國. 其王姓利利氏, 自其祖漸已強盛, 遂兼扶南而有之. 居伊奢那城, 郭下二萬家. 城中有一大堂, 是王聽政之所. 總大城三十, 城有數千家, 各有部帥, 官名與林邑同. 其王三日一聽朝, 坐五香七寶床, 上施寶帳. 其帳以文木爲竿, 象牙·金鈿爲壁, 狀如小屋. 懸金光焰, 有同于赤土. 前有金香爐, 二人侍側. 王着朝霞古貝, 縵絡腰腹, 下垂至脛, 頭戴金寶花冠, 被眞珠瓔珞, 足履革屧, 耳懸金璫. 常服曰甄, 以象牙爲屬. 若露髮, 則不加瓔珞. 臣人服制, 大抵相類. 有五大臣, 一曰孤落支, 二曰高相憑, 三曰婆何多陵, 四曰舍摩陵, 五曰髥多婁. 階庭門閣, 侍衛有千餘人, 被甲持仗. 其國與參半·朱江二國和親, 數與林邑·陀洹二國戰爭. 其人行止皆持甲仗, 若有征伐, 因而用之.

其俗非王正妻子不得爲嗣. 王初立之日, 所有兄弟竝刑殘之. 或去一指, 或劓其鼻, 別處供給, 不得仕進. 人形小而色黑, 婦人亦有白者. 悉拳髮垂耳, 性氣捷勁. 居處器物, 頗類赤土. 以右手爲淨, 以左手爲穢. 每旦澡洗, 以楊枝淨齒, 誦經咒.

其國北多山阜, 南有水澤. 地氣尤熱, 無雪霜, 饒瘴癘毒蠱. 土宜稻粱, 少黍粟, 果菜與日南·九眞相類. 異者, 有婆那娑樹·毗野樹·婆田羅樹·歌畢佗樹, 其餘多同九眞. 近都有陵伽鉢婆山, 上有神祠, 每以兵五千人守衛之. 城東有神, 名婆多利, 祭用人肉. 其王年別殺人以夜祀禱, 亦有守衛者千人. 其敬鬼如此. 多奉佛法, 尤信道士, 佛及道士竝立像於館. 大業十二年, 遣使貢獻, 帝禮之甚厚. 其後亦絶.


『唐書』: 眞臘一曰吉蔑, 本扶南屬國, 去京師二萬七百里. 東距車渠, 西屬驃, 南瀕海. 北與道明接, 東北抵驩州. 其王利利伊金那, 貞觀初, 竝扶南有其地. 戶皆東向, 坐上東. 客至, 屑檳榔·龍腦·香蛤以進. 不飮酒, 惟與妻飮房中, 避尊屬. 有戰象五千, 良者飼以肉.

世與參半·驃通好, 與環王·乾陀洹數相攻. 自武德至聖曆, 凡四來朝. 神龍後, 分爲二, 半北多山阜, 號陸眞臘, 半南際海, 饒陂澤, 號水眞臘. 水眞臘地八百里, 王居婆羅提拔城. 陸眞臘或曰文單, 曰婆鏤, 地七百里, 王號'笪屈'. 開元·天寶時, 王子率其屬二十六來朝, 拜果毅都尉. 大曆中, 副王婆彌及妻來朝, 獻馴象十一, 擢婆彌試殿中監, 賜名寶漢. 是時德宗初卽位, 珍禽奇獸悉縱之. 蠻夷所獻馴象畜苑中. 元會充庭實者凡三十二, 悉放荊山之陽. 元和中, 水眞臘亦遣使入貢.


『宋史』: 眞臘國亦名占臘. 其國在占城之南, 東際海, 西接蒲甘, 南抵加羅希. 其縣鎭風俗同占城, 地方七千餘里. 有銅臺, 列銅塔二十有四·銅象八, 以鎭其上, 象各重四千斤. 其國有戰象幾二十萬, 馬多而小. 政和·宣和皆來朝貢, 封其王與占城等.

『明史』: 眞臘在占城南, 順風三晝夜可至. 隋·唐及宋皆朝貢. 宋慶元中, 滅占城而竝其地, 因改國名曰占臘. 元時仍稱眞臘. 洪武三年八月, 遣使臣郭徵等齎詔撫諭其國. 四年, 其國巴山王使使進表貢. 洪武十六年, 遣使齎勘合文冊賜其王. 凡國中使至, 而勘合不符者, 卽屬矯僞, 許縶縛以聞. 復遣使賜織金文綺三十二, 磁器萬九千. 其王卽使使來貢. 洪武十九年, 復遣行人劉敏·唐敬偕中官齎磁器往賜. 洪武二十年, 唐敬等還. 其王使使貢象五十九匹, 香六萬斤. 尋遣使賜其王鍍金銀印.

永樂中屢入貢. 使者以其國數被占城侵擾, 久留不去. 帝遣中官送之還, 竝敕占城王罷兵修好. 景泰後不常至.

其國城隍周七十餘里, 幅員廣數千里. 國中有金塔·金橋·殿宇三十餘所. 王歲時一會, 羅列玉猿·孔雀·白象·犀牛於前, 名曰百塔洲. 盛食以金盤·金碗, 故有 '富貴眞臘'之諺. 民俗富饒. 天時常熱, 不識霜雪, 禾一歲數稔. 男女椎髻, 穿短衫, 圍梢布.

刑有劓·刖·刺配, 盜則去手足. 番人殺唐人罪死, 唐人殺番人則罰金, 無金則鬻身贖罪. 唐人者, 諸番呼華人之稱也, 凡海外諸國盡然. 文字以麂鹿雜皮染黑, 用粉爲小條畫於上, 永不脫落. 以十月爲歲首, 閏悉用九月. 夜分四更, 亦有曉天文者, 能算日月薄蝕. 其地謂儒爲班詰, 僧爲苧姑, 道爲八思. 由班詰入仕者爲華貫. 先時項掛一白線以自別, 旣貴曳白如故. 俗尙釋敎, 僧皆食魚·肉, 或以供佛, 惟不飮酒. 其國自稱甘孛智, 後訛爲甘破蔗, 萬曆後又改爲柬埔寨.


『東西洋考』: 柬埔寨, 卽古眞臘國也. 其國自呼甘孛智, 後訛爲澉浦只. 今云柬埔寨者, 又澉浦只之訛也. 先爲扶南屬國, 王姓利利氏. 至質斯多那, 兼扶南而有之, 遂雄諸夷. 隋大業十三年, 遣使貢獻, 帝禮之甚厚. 至唐, 疆上寖闢. 神龍以來, 國分爲二. 北多山阜, 號陸眞臘, 南近海, 號水眞臘. 久之, 仍合爲一.

今買舶所至, 大都水眞臘地也. 宋時屢入貢. 建炎間, 其國屢與占城戰, 失利.

至慶元時, 大舉復仇, 破占城. 遂王其地, 改國號占臘. 於是地方七千餘里.

元之置省占城也, 嘗遣虎符·金牌, 同往眞臘, 爲所拘執. 元貞中, 始招諭賓服

之. 明興, 職貢不絕. 今買舶未有到王城者, 只到海隅一屬國耳, 故不見其靡麗.

或云卽蒲甘也. 按『宋史』蒲甘入貢, 朝議欲待以交阯之禮. 乃本朝貢夷, 獨無

蒲甘, 應是爲眞臘所竝無疑矣. 源案: 蒲甘卽今港口夷, 一作龍奈.


『皇淸通考』「四裔門」: 柬埔寨在西南海中, 海岸多泥, 名爛泥尾. 北枕大山,

國中無城池. 王卽山而建府, 架竹木爲之, 覆以茅葉. 民居亦然. 其尤近海濱者,

潮汐至, 則屋爲之浮而上, 沈而下. 天時暖而不寒, 常若春夏. 衣不以鈕扣, 披

于其身. 若已解者, 下則圍以裙, 名曰水幔. 首蓄髮, 蒙以花帕, 自王至於國人

無異. 制惟貴者始得服綢緞, 國人皆布, 以是爲等差.

人柔弱, 喜飼象, 敎之操演禦敵. 飮食咸用手搏. 以漁獵耕種爲業, 帶劍入

山, 尋犀角獻尊長以爲禮. 父母喪則剃髮, 以黑色爲居喪之服. 土產蘇木·象牙·

白豆蔲·滕黃·麖皮·檳榔子·黃蠟. 每多春間, 浙·閩·粤商人往彼互市, 近則兼市

絲觔, 及夏秋乃歸. 粤人之歸也, 舟必經七洲大洋, 到魯萬山, 由虎門入, 計程

七千二百里, 距廈門水程一百七十更.

國王名辣, 王丹女之子簒之, 不知其姓名. 安南·暹羅屬國也. 其旁有尹代嗎

國, 距廈門水程一百四十更, 亦屬安南·暹羅. 風俗略與港口·柬埔寨同.


『海國聞見錄』曰: 廣南沿山海至占城·祿賴, 繞西而至柬埔寨. 廈門至占城

水程一百更, 至柬埔寨水程一百一十三更. 柬埔寨雖另自一國, 介在廣·暹二國

之間. 東貢廣南, 西貢暹羅. 稍有不遜, 水陸各得竝進而征之.

番係白頭·無來由, 多裸體, 以布幅圍下身, 名曰水幔. 地產鉛·錫·象牙·翠毛·

孔雀·洋布·蘇木·降香·沈速諸香·燕窩·海菜·藤. 案: 『海錄』: 祿賴作龍奈, 柬埔寨作本底國.

『皇清通考』「四裔門」: 港口國瀕西南海中, 安南·暹邏屬國也. 王鄭姓, 今王名天賜, 其沿革世次不可考. 國中多崇山, 所轄地才數百里. 有城以木爲之. 宮室與中國無異, 自王居以下, 皆用磚瓦. 服物制度, 彷彿前代.

王蓄髮, 戴網巾紗帽, 身衣蟒袍, 腰圍角帶, 以靴爲履. 民衣長領廣袖. 有喪皆衣白, 平居以雜色爲之. 其地常暖, 雖秋冬亦不寒. 人多裸, 而以裳圍其下. 相見以合掌拱上爲禮. 重文學, 好詩書, 國中建有孔子廟. 漢人流寓其地, 有能句讀曉文義者, 則延以爲師, 子弟皆彬彬如也.

其產海參·魚乾·蝦米·牛脯. 雍正七年後, 通市不絕. 經七洲大洋, 到魯萬山, 由虎門入口, 達廣東界, 計程七千二百里, 距廈門水程一百六十更. 源案: 港口地方與柬埔寨相連, 非海島也, 亦眞臘舊境. 疑卽『宋史』所謂蒲甘國, 而阮王福映之農耐舊國. 一作龍奈者也. 『通考』修于乾隆末, 而阮福映借暹兵克復安南, 則在嘉慶初云.

元周達觀『眞臘風土記』: 眞臘國或稱占臘, 其國自稱曰甘孛智. 今我元按『西番經』名其國曰澉浦只, 蓋亦甘孛智之近音也. 自溫州開洋, 行丁未針, 歷閩·廣海外諸州港口, 過七洲洋, 經交阯洋, 到占城. 又自占城順風可半月到眞蒲, 乃其境也. 又自眞蒲行坤申針, 過崑崙洋入港. 港凡數十, 惟第四港可入. 其餘悉以沙淺, 故不通巨舟. 然彌望皆修藤古木, 黃沙白葦, 倉卒未易辨認, 故舟人以尋港爲難事. 自港口北行, 順水可半月, 抵其地, 曰査南, 乃其屬郡也. 又自査南換小舟, 順水可十餘日, 過半路村·佛村, 渡淡洋, 可抵其地, 曰干傍, 取城五十里. 按『諸番志』稱其地廣七千里, 其國北抵占城半月路, 西南距暹羅半月程, 南距番禺十日程, 其東則大海也. 舊爲通商往來之國. 本朝唆都元帥之置省占城也, 嘗遣一虎符百戶·一金牌千戶同到本國, 竟爲拘執不返. 元貞乙未, 遣使招諭, 以次年二月離明州, 二十日自溫州港口開洋, 三月十五日抵占城. 中途逆風不順, 秋七月始至. 大德丁酉六月回舟, 八月十二日抵四明.

又曰: 天時耕種, 歲可三四熟. 蓋四時常如夏, 不識霜雪也. 其地半年有雨, 半年無雨. 自四月至九月, 每日午後必雨. 淡水洋中, 水痕漸高至七八丈, 巨樹盡沒, 惟留一秒. 人家濱水而居者, 皆移入山. 至十月後, 點雨絶無. 洋中僅可通小舟, 深處不過三五尺. 人家又復移下矣. 耕種者計何時稻熟, 是時水可淹至何處, 隨其地而播種之. 又有一等野田, 不種常生. 水高至一丈而稻亦與之俱高. 凡稻田蔬圃, 皆不用糞. 唐人到彼, 皆不與言及中國糞壅之事, 恐爲所鄙也.

又曰: 山川自入眞蒲以來, 平林夾岸, 長江巨港, 綿亘百里, 古樹修藤, 禽聲雜還. 至半港始見曠田, 則又絶無寸木, 彌望禾黍芃芃而已. 野牛千百成群, 遊聚其間. 又有竹坡, 亦綿亘數百里. 其竹節間生刺, 筍味至苦. 四畔皆有高山.

又曰: 屬郡九十餘. 曰眞蒲·曰査南·曰巴澗·曰莫良·曰八薛·曰蒲買·曰雉棍·曰木津波·曰賴敢坑·曰八廝里, 其餘不能悉記. 各置官屬, 皆以木柵爲城.

又曰: 每一村, 或有寺, 或有塔. 人家稍密, 自有鎭守之官. 大路旁亦有郵亭之類. 近與暹人交兵, 遂皆荒曠.

又曰: 風俗, 前此有八月取膽之俗. 因占城王每年索人膽一甕, 可千餘枚. 遇夜則多方令人於城中及村落取之, 俟數足以饋占城王. 近年已除此惡俗.

又曰: 國人交易皆婦人. 所以唐人到彼, 必先納一婦以司貿易. 瀕海山野之人, 炎日蒸炙, 面黧首黔. 至王宮貴室之婦女, 不親風日, 仍瑩潔如玉. 惟女甫及七八九歲, 卽必延僧先開其童身, 十一二卽嫁. 先天不完, 故甫及二十, 卽如四十歲人. 其俗小兒入學者, 皆先就僧家敎習. 曁長而還俗, 其故莫能考也.

又曰: 地苦炎熱, 每日非數次澡浴則不可耐. 入夜亦不免一二次. 初無浴室盆匜, 但每家各有一池. 否則兩三家合一池. 不分男女, 皆裸浴其間. 惟父母尊長與子女卑幼, 先後尙相回避. 如行輩則無拘也. 婦女澡洗, 城外大河, 無日無之. 水常溫如湯, 惟五更則微涼, 至日出則復溫矣.

唐人之爲水手者, 利其國中不著衣裳, 且米糧易給, 婦女易得, 屋室易辦, 器用易足, 貿販易獲利, 往往逋留不返.

又曰: 軍卒亦多裸跣, 右執標槍, 左執戰牌, 無弓箭砲石甲冑. 傳聞與暹人相攻, 皆驅百姓使戰, 別無謀畫.

又曰: 國王乃故國主之婿, 原以典兵爲職. 使女竊其金劍, 遂據其國. 身嵌聖鐵, 刀箭不能傷, 恃此出遊無忌. 凡出時, 諸軍馬擁其前, 旗幟鼓樂踵其後. 宮女三五百, 花布花髻, 手執巨燭, 自成一隊, 雖白日亦點燭. 又有宮女皆執內中金銀器皿及文飾之具. 制度迥別, 不知何用. 又有宮女執標槍·標牌爲內兵, 又成一隊. 又有羊車·馬車, 皆金飾之. 臣僚國戚皆騎象在前, 遠望紅涼傘不計其數. 又其次, 則國王之妻及妾媵, 或轎或車, 或馬或象, 其銷金涼傘, 何止百餘? 其後則是國主立于象上, 手持金寶劍. 象牙亦以金飾之, 張銷金白涼傘, 凡二十餘柄, 其傘柄皆金爲之. 其四圍擁簇之象甚多, 又有軍馬護之. 若遊近處, 止用金轎, 皆以宮女舁之. 大凡出入, 必奉小金塔·金佛在其前, 觀者皆跪地頂禮. 國王日兩次坐衙治事, 凡臣民欲見國王者, 皆先列坐地上以俟. 少頃, 內中隱隱有樂聲, 在外方吹螺以迎之. 須臾, 見二宮女纖手捲簾, 而國主乃仗劍立于金窗之中矣. 臣僚以下, 皆合掌叩頭. 螺聲方絕, 王坐獅子皮聽事. 既畢, 尋卽入內, 二宮女復垂其簾, 諸人各起身散矣.

# 주석

1    차거국車渠國: 타닌타리나 말레이반도 북부로 추정된다.

2    주강국朱江國: 퓨Pyu 왕조를 가리킨다. 악록사서본에 따르면, 8세기에 퓨 왕조의 영토는 미얀마의 이라와디강 유역을 모두 포함했고, 후에는 미얀마인이 세운 파간 왕조Pagan Kingdom의 뒤를 이었으며, 퓨인 역시 점차 미얀마인에게 동화되었다.

3    이사나성伊奢那城: 악록사서본에 따르면, 옛터는 지금의 캄보디아 캄퐁톰성Kampong Thom 동북쪽에 있는 삼보르프레이쿡Sambor Prey Kuk 폐허이다.

4    문목文木: 재질이 촘촘해서 나뭇결이 거의 없으며, 무소뿔처럼 색이 검다.

5    울긋불긋 염색한 고패: 원문은 '조하고패朝霞古貝'이다. 조하朝霞는 아침노을로, 아침노을의 색처럼 울긋불긋 물들인 천을 조하포朝霞布라고 하며, 고패古貝는 목면이나 목화를 말한다. 그러므로 '조하고패'는 울긋불긋 염색한 면직물을 가리킨다

6    진주 장식 영락: 원문은 '진주영락眞珠瓔珞'이다.

7    백첩포(白氎): 목화의 일종인 초면의 종자모(면섬유)로 짠 면직물을 말한다.

8    타원陀洹: 지금 미얀마 동남부에 위치한 다웨이Dawei 일대를 가리킨다.

9    파나사수婆那娑樹: 광서 2년본에는 '파나파수娑那婆樹'로 되어 있으나, 악록사서본에 따라 고쳐 번역한다. 『수서』에 따르면, 파나사수는 꽃이 없고, 잎은 감나무와 비슷하며, 열매는 동과冬瓜와 유사하다고 기록되어 있다.

10   비야수毗野樹: 『수서』에 따르면, 비야수는 꽃은 모과나무와 비슷하고, 잎은 살구나무와 비슷하며, 열매는 닥나무와 유사하다고 기록되어 있다.

11   파전라수婆田羅樹: 『수서』에 따르면, 파전라수는 꽃·잎·열매가 모두 대추나무와 거의 비슷하다고 기록되어 있다.

12   가필타수歌畢佗樹: 『수서』에 따르면, 가필타수는 꽃이 사과나무와 비슷하

며, 잎은 느릅나무와 비슷하고, 열매는 배와 닮았다고 기록되어 있다.

13  링가파바타산Linga Parvata: 원문은 '능가발파陵伽鉢婆'이다. 광서 2년본에는
    '능가발사陵伽鉢裟'로 되어 있으나, 악록서사본에 따라 고쳐 번역한다. 지
    금의 라오스 남단 메콩강 서쪽 언덕의 파사에 위치한다.

14  12년: 원문은 '십이년十二年'이다. 광서 2년본에는 '십삼년十三年'으로 되어
    있으나, 역사적 사실에 따라 고쳐 번역한다.

15  크메르Khmer: 원문은 '길멸吉蔑'이다. 길멸은 당나라 때 진랍의 별칭이다.

16  도명道明: 프놈국 서북부에 위치하며, 지금의 라오스 중부에서 태국 동
    북부 일대까지의 지역에 해당한다.

17  자야바르만 1세Jayavarman I: 원문은 '찰리이금나剎利伊金那'로 크메르의 개
    국자이다. 광서 2년본에는 '찰리씨剎利氏'로 되어 있으나, 악록서사본에
    따라 고쳐 번역한다.

18  향합香蛤: 바지락을 가리킨다.

19  환왕環王: 중국 역사서에서는 환왕을 처음에는 임읍으로 부르다가 당나
    라 지덕 연간(756~758) 이후로 환왕으로 바꾸어 불렀고, 9세기 후반에는
    점성이라고 칭했다.

20  건타원乾陀洹: 건타원은 타원을 말하는 것이며, 진타원眞陀洹이라고도 한다.

21  무덕: 당 고조 이연의 연호(618~626)이다.

22  성력聖曆: 무주 무측천武則天의 연호(698~700)이다.

23  신룡神龍: 당 중종中宗 이현李顯의 연호(705~706)이다.

24  파라제발성婆羅提拔城: 옛 땅은 바로 캄보디아 앙코르보레이 지역으로 추
    정된다.

25  문단文單: 지금의 캄보디아 북부와 라오스 중남부에 위치한다.

26  파루婆鏤: 지금의 캄보디아 북부와 라오스 중남부에 위치한다.

27  개원開元: 당 현종玄宗 이융기李隆基의 첫 번째 연호(713~741)이다.

28  천보天寶: 당 현종 이융기의 두 번째 연호(742~756)이다.

29  과의도위果毅都尉: 당나라 때 절충부折衝府의 부장관副長官을 가리킨다. 절충
    부는 부병제府兵制의 기초를 이루는 것으로, 지방에 설치한 군부軍府이다.

30 대력大曆: 당 대종代宗 이예李豫의 연호(766~779)이다.

31 부왕副王: 왕의 적장자를 부왕이라 칭하고, 나머지 아들들은 왕자王子라고 칭한다.

32 시전중감試殿中監: 당나라 때 시관試官은 정식 관직이 아닌 임시 관직이었다. 전중감殿中監은 위魏에서 설치하여 이어져 왔는데, 당나라 때는 승여복어乘興服御(의복과 탈 것) 관련 법령을 담당했다.

33 보한寶漢: 광서 2년본에는 '빈한賓漢'으로 되어 있으나, 악록서사본에 따라 고쳐 번역한다.

34 덕종德宗: 당나라 제9대 황제로 대종의 맏아들 이괄(재위 779~805)이다.

35 참파Champa: 원문은 '점성占城'이다.

36 파간Pagan: 원문은 '포감蒲甘'이다. 일반적으로 9~13세기에 이르는 미얀마의 파간 왕조를 가리키는데, 그 나라 도성의 명칭이기도 하다.

37 그라히Grahi: 원문은 '가라희加羅希'이다. 말레이반도 중심부에 위치했던 그라히 왕국을 가리킨다.

38 정화政和: 북송 제8대 황제 휘종徽宗 조길趙佶의 네 번째 연호(1111~1118)이다.

39 선화宣和: 북송 휘종의 여섯 번째 연호(1119~1125)이다.

40 경원慶元: 남송 제4대 황제 영종寧宗 조확趙擴의 첫 번째 연호(1195~1200)이다.

41 국내에: 원문은 '국중國中'이다. 광서 2년본에는 '중국中國'으로 되어 있으나, 악록서사본에 따라 고쳐 번역한다.

42 경태景泰: 명나라 제7대 황제 대종代宗 주기옥朱祁鈺의 연호(1450~1456)이다.

43 그 나라 … 70여 리이고: 앙코르톰Angkor Thom은 그렇게 크지 않았다. 『진랍풍토기』에 따르면, "성의 둘레는 20리였다"라고 되어 있다.

44 옥으로 만든 원숭이·공작·흰 코끼리·무소: 『도이지략』에는 '옥원玉猿·금공작金孔雀·육아백상六牙白象·삼각은제우三角銀蹄牛'로 기록되어 있다.

45 백탑주百塔洲: 앙코르톰 안에 있는 프놈바켕Phnom Bakheng을 가리키기도 한다.

46 나뭇가지를 이용해 만든 천: 원문은 '초포梢布'이다.

47 치트라세나Chitrasena: 원문은 '질사다나質斯多那'로, 메콩강 유역에서 캄보

디아 북서부까지 영역을 넓힌 군주이다.

48 건염建炎: 송나라 제10대 황제이자 남송의 제1대 황제 고종高宗 조구趙構의 첫 번째 연호(1127~1130)이다.

49 경원: 광서 2년본과 악록서사본에는 모두 '건원建元'으로 되어 있으나, 『명사』에는 '경원'으로 되어 있다. 문맥상 '경원'이 맞기 때문에 『명사』에 따라 고쳐 번역한다. 경원은 남송의 제4대 황제 영종 조확의 첫 번째 연호(1195~1200)이다.

50 원나라는 … 설치했고: 지원 19년(1282) 참파의 왕이 원나라에 사신을 보내 조공하자 쿠빌라이가 형호점성행중서성荊湖占城行中書省을 설치하고, 위구르인 아릭 카야Ariq Qaya를 행성의 평장정사平章政事로 삼아 참파를 명의상 원나라의 관할에 두었다.

51 호부虎符: 구리로 범의 형상을 본떠 만든 징병徵兵의 표지標識이다.

52 파간: 원문은 '포감蒲甘'이다.

53 마땅히 … 필요 없다: 실제 파간은 진랍국에 병합되지 않았다.

54 살펴보건대 … 용내龍柰라고도 한다: 파간·항구이·용내는 서로 다른 세 지역이므로, 위원의 이 부분 설명에는 오류가 있다. 파간은 지금의 미얀마에 위치하고, 항구이는 바로 지금의 베트남과 캄보디아 경계에 있는 하띠엔이며, 용내는 지금의 베트남 호찌민시이다.

55 캄보디아: 원문은 '간포채柬埔寨'이다.

56 수만水幔: 동남아시아 국가에서 하반신에 두르는 천을 가리킨다.

57 노루 가죽: 원문은 '장피獐皮'이다. 광서 2년본에는 '경피麘皮'(황금빛 사슴 가죽)로 되어 있으나, 악록서사본에 따라 고쳐 번역한다.

58 황랍黃蠟: 꿀벌의 집에서 꿀을 짜내고 그 찌끼를 끓여 만든 기름 덩이로, 봉랍蜂蠟·황점黃占이라고도 한다. 기운을 북돋우고, 상처 부위를 빨리 낫게 하며, 해독과 통증 억제에 효능이 있다.

59 폰티마스Ponteamass: 원문은 '윤대마국尹代嗎國'이다. 폰티마스는 지금의 베트남 하띠엔 일대를 가리킨다.

60 하띠엔Hà Tiên: 원문은 '항구港口'이다.

61 조금이라도 … 할 경우: 원문은 '초유불손稍有不遜'이다. 광서 2년본에는 '초유일손稍有一遜'으로 되어 있으나, 악록서사본에 따라 고쳐서 번역한다.

62 양포洋布: 기계로 짠 평직물을 가리킨다.

63 하띠엔국: 원문은 '항구국港口國'으로, 지금의 베트남과 캄보디아 경계에 있는 하띠엔을 가리킨다.

64 막씨鄭氏로, 지금의 왕은 이름이 천사天賜: 막티엔띡Mạc Thiên Tích으로 아버지 막끄우(鄭玖)의 뒤를 이어 하띠엔국의 총병으로 있다가 후에 하띠엔국의 실질적 통지자가 되었다.

65 파간국: 원문은 '포감국蒲甘國'이다.

66 응우옌푹아인: 원문은 '완왕복영阮王福映'이다.

67 『서번경西番經』: 『서번경』은 티베트 불교 경전을 말한다. 서번西番은 서번西蕃이라고도 쓰며, 티베트의 다른 이름이다.

68 교지양交趾洋: 교양交洋, 교해交海, 교지해交趾海, 교지대해交趾大海라고도 하며, 중국 해남도에서 베트남 중부 일대에 이르는 해역을 가리킨다.

69 진포眞蒲: 지금의 베트남 바리어Bà Rja나 붕따우Vũng Tàu 일대이다.

70 꼰다오섬: 원문은 '곤륜양崑崙洋'으로, 지금의 베트남 남부 꼰다오섬 부근 해역이다.

71 네 번째 항구: 지금의 베트남 메콩강 하구로, 미토My Tho나 짜빈Tra Vinh 을 가리킨다.

72 어려운 일: 원문은 '난사難事'이다.

73 깜퐁츠낭Kampong Chhnang: 원문은 '사남查南'으로, 지금의 캄보디아 깜퐁 츠낭이다.

74 폰레이Ponley: 원문은 '반로촌半路村'이다. 악록서사본에 따르면, 폰레이 는 톤레사프호 남쪽에 위치한다.

75 푸르사트Pursat: 원문은 '불촌佛村'이다. 지금의 캄보디아 톤레사프호 남쪽이나 서남쪽에 위치하는데, 일반적으로 푸르사트를 가리키며 불촌은 푸르사트의 의역이다.

76 톤레사프호Tonlé Sap: 원문은 '담양淡洋'이다. 지금의 캄보디아 톤레사프

호를 가리킨다.

77 캄퐁Kampong: 원문은 '간방干傍'이다. 광서 2년본에는 '천방干傍'으로 되어 있으나, 악록서사본에 따라 고쳐 번역한다. '간방'은 '캄퐁'의 음역으로, 부두를 의미한다. 지금의 시엠레아프강Siem Reap River에서 톤레사프호로 들어가는 곳이다.

78 『제번지諸番志』: 송대 조여괄趙汝适(1170~1228)의 지리서로, 『지국志國』·『지물志物』의 2권으로 구성되어 있다. 조여괄은 송 태종太宗의 8대손으로, 가정 연간(1208~1224)과 보광寶廣 연간(1225~1227)에 천주에서 복건로제거시박사福建路提擧市舶司로 있었다. 그가 시박사로 있을 당시, 송나라는 이미 해외 무역을 권장하고 번상蕃商들의 중국 입국을 적극 유치하던 시기였기에 그는 여러 나라 번상들과 접촉할 기회가 많았다. 이런 과정을 통해 그는 해외 정보를 수집하고 외국의 실태를 전해 들을 수 있었다.

79 번우番禺: 문맥상 그라히를 가리키며, 이 두 글자는 가라희加羅希의 오류로 추정된다.

80 사도원수唆都元帥: 원나라 때, 남방 경략經略 책임자였던 소게투Sogetu를 가리키는데, 그는 베트남과 참파를 관리했던 인물이다. 그러나 두 지역을 성공적으로 관리하지 못하자 다시 캄보디아 경략을 위해 사절로 파견되었다.

81 호부만호虎符萬戶: 광서 2년본에는 '만호萬戶'가 '백호百戶'로 되어 있으나, 악록서사본에 따라 고쳐 번역한다.

82 호부만호虎符萬戶와 금패천호金牌千戶: 원나라의 관제상 군직軍職의 하나인 만호와 천호 등의 관직에 제수하면서 상징물로 호부와 금패를 하사했는데, 호부를 받은 만호를 '호부만호'로 금패를 받은 천호를 '금패천호'로 칭했다.

83 원정: 원나라 성종(재위 1295~1307)의 첫 번째 연호(1295~1296)이다.

84 가을: 원문은 '추秋'이다. 광서 2년본에는 없으나, 악록서사본에 따라 고쳐 번역한다.

85 7월: 원문은 '칠월七月'이다. 광서 2년본에는 '칠일七日'로 되어 있으나, 악

록서사본에 따라 고쳐 번역한다.

86 대덕大德: 원나라 성종의 두 번째 연호(1297~1307)이다.

87 사명四明: 영파寧波를 가리킨다.

88 톤레사프호: 원문은 '담수양淡水洋'이다.

89 최고 등급의 논: 원문은 '일등야전一等野田'이다. 광서 2년본에는 '야野'가 '하下'로 되어 있으나, 악록서사본에 따라 고쳐 번역한다.

90 수백 리: 원문은 '수백리數百里'이다. 광서 2년본에는 '백리百里'로 되어 있으나, 악록서사본에 따라 고쳐 번역한다.

91 그 대나무 마디 사이를 잘라서: 원문은 '기죽절간생자其竹節間生刺'이다. 광서 2년본에는 '기간죽절상간생자其間竹節相間生刺'로 되어 있으나, 악록서사본에 따라 고쳐 번역한다.

92 캄퐁츠낭: 원문은 '사남査南'이다.

93 파간: 악록서사본에 따르면, 파주巴州로 지금의 베트남 속짱Sóc Trăng·박리에우Bạc Liêu 일대이다.

94 파일린Pailin: 원문은 '막량莫良'이다. 막량은 지금의 캄보디아 바탐방주 Battambang의 파일린이다.

95 팔설八薛: 라오스 참파삭주Champasak의 파사라고도 한다.

96 피마이Phi Mai: 원문은 '포매蒲買'이다. 포매는 지금의 태국 나콘라차시마 Nakhon Ratchasima 부근의 피마이를 가리킨다.

97 사이공Saigon: 원문은 '치곤雉椎'이다. 치곤은 사이공으로, 지금의 베트남 호찌민시이다.

98 목진파木津波: 지금의 캄보디아 바탐방주라고도 한다.

99 뢰감갱賴敢坑: 스퉁트렝주Stung Treng라고도 한다.

100 팔시리八廝里: 지금의 캄보디아 캄포트주Kampot의 반살라Bansala라고도 한다.

101 객사: 원문은 '우정郵亭'이다.

102 가히 천여 개 정도이다: 원문은 '가천여매可千餘枚'이다. 광서 2년본에는 '천만여매千萬餘枚'로 되어 있으나, 악록서사본에 따라 고쳐 번역한다.

103 여자아이가 … 열었으며: 주달관의 『진랍풍토기』, 「실녀室女」 부분에 따르면, 이러한 의식을 '진담陣毯'이라고 했다. 1989년 출간된 와다 히사노리和田久德의 역주본에서는 진담을 승려에 의해 처녀성을 없애는 성녀식成女式이라고 보았다. 「실녀」 부분에 따르면, 진담 의식은 종교적·국가적 의식으로 성인식의 일종으로 볼 수 있다.

104 여인들은 목욕할 때: 원문은 '부녀조세婦女澡洗'이다. 광서 2년본에는 없으나, 악록서사본에 따라 고쳐 번역한다.

105 마련할 수 있으며: 원문은 '판辦'이다. 광서 2년본에는 '변辨'으로 되어 있으나, 악록서사본에 따라 고쳐 번역한다.

106 시암: 원문은 '섬暹'이다.

107 병권 담당: 원문은 '전병典兵'이다.

108 초를 밝혔다: 원문은 '점촉點燭'이다. 광서 2년본에는 '조촉照燭'으로 되어 있으나, 악록서사본에 따라 고쳐 번역한다.

109 궁궐수비대: 원문은 '내병內兵'이다.

110 금으로 만든 보검: 원문은 '금보검金寶劍'이다. 광서 2년본에는 '금金' 자가 없으나, 악록서사본에 따라 고쳐 번역한다.

111 금으로 장식한 창: 원문은 '금창金窓'이다

112 몸을 일으켜: 원문은 '기신起身'이다. 광서 2년본에는 '신身' 자가 없으나, 악록서사본에 따라 고쳐 번역한다.

# 찾아보기

해국도지(四) 인물 색인

**[ㄱ]**

가정제 322
각승 204
강국태 287
건륭제 288
고래 207
고종 292
곽문민 131
곽징 367
관수 171
광형 157
구달 168
구련 177, 203
꽝쯩제 79, 81

**[ㄴ]**

나가세나 309
농내왕 289

**[ㄷ]**

단화지 172, 173, 178, 316
당경 367
대환 178
도요토미 히데요시 291
도용 207
동소 204
두보 176
두원 171
등준 170, 171

등함 170

**[ㄹ]**

라마 3세 249
라메수안 319
레주이끼 94, 130, 289
레주이담 80, 94
레주이후에 94
레주이히 130
레호안 198
로버츠 96
리깐득 198
리치, 마테오 49

**[ㅁ]**

마구공 287
마르케스, 호세 마르티노 50
마성왕 199
마웅마웅 288
마원 133, 168, 170, 180
막당중 94
막부관 95, 289
목성 133

**[ㅂ]**

범비사달 173
베누아, 미셸 49
베엔, 피에르 피뇨 드 79
보다우파야 288

보토투카 201, 202
브리지먼, 엘리자 콜먼 50

[ㅅ]
사도 199, 200
사문빈 321
사범 81
사청고 328
상도생 172
상준 314, 315
석성 291, 322
석운보 312
석현 157
섭종진 96
성종 317
세종 292
소경헌 172, 173
소마 308, 311
소언 291, 293, 322
손사의 94
스레스타바르만 312
신구 민 288

[ㅇ]
아릭 카야 202
알레니, 줄리오 49, 71
양제 314
양중영 288
양타배 198
여문의 105
여종준 317
영락제 320
영력제 130, 287, 291
오삼계 287
온 공 176
온방지 176
완랑 176
완미지 172
왕군정 314

왕기 61
왕삼보 156
왕원책 293
왕응지 293
우동 61
우영 321
욱영하 104
웅선 321
위원 38, 51
유건 287
유민 367
유방 179, 180
유세호 153
유웅 170, 171
응우옌꽝또안 95, 130, 289
응우옌꽝빈 80, 81, 94, 95, 130, 289, 292
응우옌냑 80, 81, 94
응우옌럼 94
응우옌 모 씨 152
응우옌씨 93-95, 157
응우옌푹아인 80, 95, 96, 130, 289, 290, 372
응우옌후에 81, 94
이덕견 201, 202
이시요 80
이아집 80
이정국 287, 291
임자전 201, 202
임칙서 33

[ㅈ]
자야바르만 312
자야바르만 1세 365
장근 207
장보 133
장중 175
정지룡 98, 99
정형 205
정화 244, 288, 320
제파태 207

조달 319
조문병 153
종각 172, 173
주달관 372
주번 169, 171
증연 201
진대수 243
진류형 154
진용빈 291
진일단 204
진탕 157, 293
진흡 205
짜오 프라야 짜끄리 250
쩐구이코앙 205
쫑짝 177
쩐동 94
쩐똥 152
쩐씨 94, 129

[ㅊ]
찬다나 308
추연 49
축지 316
치트라세나 369

[ㅋ]
카운딘야 308, 309, 311, 312
쿠마라 314

[ㅌ]
토곤 202

[ㅍ]
파미 366
파산왕 367
판만 311
판찬 308, 311
팜당깐투안 171
팜딕카이 171
팜반 169-171, 174, 175, 177, 178
팜젓 169, 178
팜즈엉마이 172, 173
팜쯔 169, 174
팜쯔농 171
팜판찌 179, 180
팜펏 170, 178
팜호닷 171, 176
팜홍 168, 177
페르비스트, 페르디난트 49
풍의 207
프놈 왕 311
피아 딱신 244, 250, 256, 288

[ㅎ]
하후람 169
한집 169
호한트엉 205
홀도호 202
홍무제 318, 319
환온 171
황충 324

## 해국도지(四) 지리 색인

[ㄱ]
가흥부 128

가흥직례주 127
간포채 371

감명 210
감패지 372
감포지 373
강거 293
강소 95
강평 132
강회성 202
개평 72
건노 169
건타원 365
경북승정 152
경주 72, 199, 203
고려 318
고우주 51
곤대마 155
관산 131
광남만 154, 155
광남산 98, 153, 155
광남승정사 151
광동 49, 50, 95, 97, 100, 105, 125, 126, 128,
    131, 207, 248, 251, 292, 321, 324, 372, 373
광동성 244, 318
광서 83, 91, 92, 97, 100, 125, 128, 131, 132,
    227
광위직례주 127
광주 170, 175, 196, 229, 242, 253, 309
교남주 206
교주 126-128, 130, 154, 170, 172, 179, 196, 310
교주도호부 93
교지 130-132, 154, 205, 314, 315
교지국 96, 99, 104, 125, 131, 324
교지양 373
구덕 175
구덕군 170, 172
구르카 293
구온 132
구진 170, 175
구진군 169, 364, 365
구치 311

굴도 169
굴도곤 311
귀문관 125, 128
귀산 324
귀순 130
귀주 131
그라히 366
금도편 231
금치 91
까마우 231
까오빈 102
깜팽펫 239
껴룬비 231
꼰다오섬 244, 247, 252, 324, 373
꼰선섬 314
꽝남 79, 93-95, 97, 101-103, 105, 126, 127, 151,
    157, 210, 239, 289, 371
꽝남국 80, 152
꽝동 127
꽝득 102
꽝빈 102
꽝안 102
꽝응아이 154
꽝찌 102
꽝호아 127
꾸이년 101, 104, 152
꾸이년항 200, 206, 320
꾸이쩌우현 127
꾸이호아 127
꾸이호아장로 91
끄우쩐 93, 151
끼엔빈 127
끼엔쓰엉현 127
끼호아 127
낀몬시 127
낀박 102, 104, 126

[ㄴ]
나옹 128

나콘사완 239
나콘시탐마랏 239, 244, 245, 325
나파 128
난창강 231, 293
남경 321
남녕부 130
남빈 101
남양 292
남오 155
남정문 324
남중국해 210, 247, 250, 254, 311, 324
남트엉 102
남하 102
남해군 314
냐짱 101, 104
네덜란드 61, 63, 98, 99, 104, 106
녓남 93, 151
노만산 155, 370, 372
노용 170
녹내 97
녹령 128
녹뢰 97, 155, 371
농내 95, 97, 289, 372
농카이 249
능수 210

[ㄷ]
다낭 127, 314
다웨이 231, 239
다이찌엠 해구 316
단프엉현 125
당응아이 100-103, 106
당쫑 100, 101, 103, 106
대금사강 101
대기계 169
대낙고령 128
대모액 324
대모주 247, 252, 324
대불령산 324

대식국 197
대원회수 176
대주 200, 201
대주두 155, 156
대진 36
대포 179
도명 365
도선 126
도안홍부 126
도안홍현 127
독저 324
돈손국 310
동관현 324
동나이강 91, 92, 100
동남아시아 61, 63, 93
동흥가 132
득꽝 127
딘뜨엉 101
떤안 127
떤홍현 127
뚜엔꽝 102
뚜엔장 126
뚜엔호아 127
뚜엔호아장로 91
뜨랏 239
뜨랑주 125, 132
뜨선 151
뜨선부 126
뜨선현 127
뜨응이아 127

[ㄹ]
라오스 73, 91, 101, 207, 249, 250, 252, 255-257
란까이섬 314
란쌍 79, 82
란쌍 왕국 128, 293
랏차부리 239
랑박 102
랑선 125-127

랑선부 131
랑장성 127
랑장현 127
랑쩌우로 91
랑카수카 314
러시아 36, 73, 293
럼업 96, 168-171, 203, 308, 316, 363, 364
럼업국 172, 173, 179, 309, 310, 315
럼타오부 126
럼타오현 127
레섬 156, 244, 247, 252
록빈주 125
롭부리 239, 245, 249, 250, 252, 317
뢰감갱 375
류큐 63, 292
류큐제도 73
리골 249
리년 127, 151
링가파바타산 365

[ㅁ]
마르타반만 101
마일국 196
마천령 125, 132
마팔아국 200
만녕주 132
만다라산 309
만달레이 288
만랄가국 207
만리장사 156
만사격 231
만주 155
말레이군도 73
말레이시아 82, 250, 255, 371
말루쿠 72, 311
말루쿠제도 210
망해성 128
망해평원 91
매강 249

메남강 231, 248, 249, 252, 257
메익 231, 239
메콩강 83, 100, 101
명광승정 152
명주 373
모군동 125
목진파 375
몽자현 126, 131, 132
묘산 132
묘아항 132
무굴 71
무온산 179
문란주 125
뭄바이 105
믈라유 255, 317
믈라유제도 100
믈라카 61, 62, 227, 245, 248, 249, 293, 320
믈라카해협 249
미국 36, 248, 256
미얀마 63, 73, 81, 82, 101, 128, 153, 155, 227-
230, 250, 252, 255, 257, 287-291, 293, 328
미합중국 250
민쾅 126, 127

[ㅂ]
바고 255, 287, 291
바덴 231
바루스 왕국 313
바르디아 231
바싹강 83
바오 100
바오딴 100
박당 126
박빈 127
박장성 127
박하현 127
박학 126
반델론 249
반띠어 미어 231

반반주 126
반산탑 202
반우옌 125, 132
반자르마신 62
반항 374
방성 132
방콕 227, 228, 230, 231, 248, 249, 251, 257,
　293
백두국 371
백룡미 132
번우 373
베트남 63, 72, 73, 79, 83, 101, 104, 106, 125,
　210, 252, 256, 293
벵골 61, 96, 253
벵골만 100, 102
보나이주 125
보록현 125
보르네오 61, 62, 72, 318
보르네오 왕국 313
보르네오 칼리만탄 62
보이 293
복건 95, 97, 98, 131, 229, 242, 248, 255, 292,
　320, 373
복건성 204
복안현 126
본저국 210, 371
봉피세 180
부단 169
부량강 83
부자강 316
부자 하구 316
북극해 71, 72
북산 125
분타랑주 179
불노산 180
불서국 198
브루나이 62, 257
브야드하푸라 316
비건국 310

비엔호아 101
비자야 154
빈다라 210
빈자 125
빈타라국 196
빈타인 101
빈투언 101
빙상주 125, 130
빠따니 61, 62, 244, 245, 249
빡남 231, 244, 247, 252

[ㅅ]
사농현 126
사명 374
사명부 125, 130, 132
사위국 157
사위성 210
사이공 100, 375
사주 130
사회포구 172
산남승정 152
산서승정 152
살윈강 101, 249
삼대 127
삼불제 196
상군 154
상동주 130
상림현 168, 170, 203
상석서주 130
상원주 196
상포 173
상해 251, 253
새외 169
서국이 170
서권현 169
서랑 169
석룡 132
선남 126
선떠이 102, 126

선떠이성 127
선비 126
섬국 200
섬라 205, 250, 319, 371
섬라국 242, 252, 321, 323-325, 328
센위 288
소기계 169
소낙고령 128
소순다열도 311
솜복 231
솜복쿡삼보르 231
송까우 125, 126
송클라성 313
수랏타니 312
수마트라 72, 320, 321
수코타이 239, 324
수코타이 왕국 239
수판부리 239
순화부 151
순화승정사 151
술루군도 62
슈라바스티 62
스리랑카 62, 71
스리비자야 62, 318
스페인 63
시마도 91
시베리아 73
시비주 196
시사겟 239
시아유타야 249
시암 231, 245, 248, 250, 252-254, 256, 257,
    317, 377
식복 169
신문대 323
신안부 152
싱가포르 93, 248, 254, 293
싱고라 244
쓰리 파고다 패스 231
쓰엉강 125, 126

[ㅇ]
아나톨리아 71
아랍 37, 73
아마라바티 202, 207
아메리카 252
아미주 130
아삼 227
아시아 71-73, 100, 101
아와국 248
아유타야 239, 244, 257, 318, 325
아유타야 왕국 239, 240, 245, 317
아이쩌우 129, 151
아이헨 231
아인도 127
아체 61, 62
아쿤 325
아프리카 36, 72
안남 93, 94, 96, 97, 125, 126, 128, 131, 132,
    152, 154, 207, 228, 229, 289-291, 293, 318,
    371, 372
안남국 79-83, 91-93, 95, 96, 98-100, 104-106,
    128, 129, 151, 154, 157, 203, 204, 206, 210,
    227, 230, 244, 248-250, 256
안남도호부 128
안떠이 127
안박주 125
안방 126
안월현 125, 126
안장 101
안즈엉 126
안평 130
압차우 247, 252
앙코르보레이 316
애주 207
양광 154
양산승정 152
양주 38
여송 72
여인산 207

여화강 83
연화탄 126, 132
염주 126, 131, 154
염주부 132
영국 36, 63, 72, 91, 101, 248, 252, 256, 257,
   293
영안주 131
영정도 103
영파 251, 253
옌증현 125
옌테현 125
오뢰령 132
오뢰산 126
오리주 196
오인도 36, 73, 93
오저 324
오저양 318
옥산 131
옥산문 132
온주 125, 319, 373
와이섬 247
왕광 십만산 290
외라항 324
용내 97, 210, 371, 372
용륜 132
용영 130
용주 125, 131, 132
용주현 130
우롱현 125
운남 83, 92, 97, 100, 101, 125, 126, 128, 130-
   132, 154, 196, 227, 231, 245, 249, 293, 324
원강 293
원강현 130
월남 95, 96, 130, 290
월상 170, 203
월상국 249
유대 71
유럽 36, 37, 61, 63, 72, 81
육내 210

응에안 102, 126, 127, 151
응옥마 127
응이아홍현 127
웅티엔 127
의안승정 152
이동 130
이라와디강 101
이탈리아 61, 230
인도 62, 71, 227-229, 254, 293
인도양 72
일남 169, 171, 315
일남군 155, 171-175, 177, 310, 363
일본 36, 63, 291, 293, 322
일본열도 73
임안부 130
잉와 287

[ㅈ]
자딘 100
자럼 126
자오장 128
자오쩌우 129
자오찌 151, 152, 155, 198, 199, 202
자와 36, 62, 71, 72, 202, 318
자운푸르 62
장주 181
장중 175
적토국 250, 313, 314, 317, 364
전손 311
절강 95, 98, 242
점랍 367, 372
점불로 179, 203
점성 180
점파 179, 203
정란동 126
제국 180
제박국 311
조선 63, 292, 322
조주 251, 255

조호르 62, 245, 293
좌강 130
좌능채 130
주강 364
주강국 363
준가르 35
중국 178, 196, 197
지엔쑤엉 176
지엔쩌우 127, 129
지중해 72
진남 128
진남관 132
진랍 367, 372
진랍국 363, 365, 366, 369
진안부 130
진포 373-375
짜오프라야강 101
짜익마로 231
짜잉통 287
짠타부리 231, 251, 257
짬섬 314
전옌현 126
쯔엉안 127
찌에우퐁 127
찌에우즈엉 131

[ㅊ]
차거국 363, 365
차리강 125
차암 231
차이낫 239
차이야 239, 244, 245
차이품 239
참반 364, 365
참반국 316
참파 79, 92, 95, 97, 98, 100, 152, 154, 198, 199,
    202-206, 210, 317, 318, 320, 321, 324, 366,
    367, 371, 373
참파국 91, 196, 244, 250, 255, 320, 323, 375

창평 127
천리석당 156
천애역 132
천주 251
천진 253, 292
천축 171, 245, 311, 315
청화부 151
청화승정사 151
체라이강 100
첸라 97, 100-103, 179, 198, 202, 204, 207, 210,
    256, 257, 289, 294, 316, 318, 322, 328
첸라국 196, 199
촌부리 239, 257
촐라 61, 208, 318, 322, 324
춤폰 239
충주 130
치앙마이 287
친 231
칠원주 125
칠주 324
칠주대양 156, 370, 372
칠주양 154, 210, 244, 252, 373

[ㅋ]
카나리아제도 71
카리탄 왕국 313
카오사밍 239
캄보디아 100-102, 155, 210, 249, 255, 257,
    328, 370, 372
캄퐁 373
캄퐁츠낭 373, 375
캘리컷 61
코라트 239
코시창 247, 252
코치 61
코친차이나 79, 81, 82, 97, 239, 244, 246, 247,
    249, 289, 293
쿠뚝 101
쿠뚝성 172-174

크다 249
크람섬 247, 252
크메르 365
클라파 105
클란탄 62, 249

[ㅌ]
타닌타리 231
타오강 126, 132
타원 364
타이 252
타이응우옌 102, 126, 127
타인노이 102
타인도 127
타인바현 126
타인응오아이 102
타인호아 94, 127, 128, 151
타인호아성 126
타장 127
타장로 91
타지 62
타타르 71
탕호아 127
태국 62, 63, 72, 73, 79-83, 91, 92, 95, 97, 99,
    101, 103, 104, 153, 210, 227-231, 239, 242,
    244-253, 255, 287-291, 293, 308, 317, 363
태원승정 152
태평 130
태평부 130, 131
태평양 72
터키 73
토번 293
토앗랑 125
토쭈섬 247
톤레사프호 100, 373, 374
톤레토치호 100
톤부리 왕국 250
통킹 79, 81, 82, 91-96, 102, 131, 151
통킹성 92

통화 127
투란 100
투언하이 100
투언호아 79, 80, 83, 93-95, 97, 100, 102, 103,
    126, 127, 151
투언호아성 92
투언호아항 106
투이비주 126
튀르크 71
트렝가누 245, 249
트엉홍 127
티베트 73, 227
티에우티엔 127
티엔쯔엉 127
티엔코앙 127

[ㅍ]
파간 366, 369, 375
파간국 372
파라제발성 366
파라찰 250
파일린 375
파항 62, 245, 320
판두랑가 62, 79, 202, 207, 210
팔렘방 324
팔설 375
팔시리 375
페루국 50
페르시아 62, 71, 73
페르시아만 72
펫차부리 239
펫차분 239
평원주 126
평이애 125, 132
포단국 196
포르투갈 61, 63, 255
폰레이 373
폰엔 101
폰티마스 371

표국 365
푸껫 249
푸르사트 373
푸르엉강 91, 96, 97, 126, 128
푸르엉해안 106
푸빈 127
푸쑤언 94
푸옌 101, 104
푸옹호아 127
프놈 308, 311, 312
프놈국 171, 172, 174, 293, 309, 310, 313, 315,
　　316, 328, 363, 365
프랑스 63, 79, 103, 255
피낭 102, 257
피낭섬 253
피낭항 103
피마이 375
피찟 239
필리핀 36
핏사눌록 239

[ㅎ]
하노이 100, 132
하동주 130
하띠엔 101
하띠엔국 371
하뢰동 130
하문 153, 155, 247, 251, 370, 372
하석서주 130
하양애 126, 132
하이동 102, 126, 127
하이동부 132
하이즈엉 127

하이즈엉성 126, 127
하쭝현 127
하호아현 126
하홍 127
항구이 370
해남도 155, 254, 318
해서 36
해양승정사 152
향산현 244
형산 366
호로 287
호문 370, 372
호아응에 101
호안쩌우 129, 151
호이안 100
호찌민 103, 104
혼쭈오이섬 247, 252
혼코아이섬 244, 247, 252
홍강 100
홍콩 50
홍해 72
환 203
환왕 179, 365
환왕국 315
환주 196
횡산 169, 171
후에 154, 210, 289
흐엉강 101, 102
흠주 130-132, 290
홍호아 102, 126, 127, 128
홍호아성 127
홍화승정 152
히말라야산맥 227

**[ㄱ]**
고종어제시집 80
곤여도설 49, 72
구라파주총기 50
기미산방잡기 96

**[ㄴ]**
남제서 173, 293, 309

**[ㄷ]**
당서 365
대만외기 98
대만지 105
대명일통지 72
대통력 317
동서양고 151, 246, 322

**[ㅁ]**
만국지리전도집 49, 72, 91
매월통기전 49, 250
명사 61, 79, 156, 203, 367
미리가합성국지략 50

**[ㅂ]**
부남전 293
비해기유 104

**[ㅅ]**
사예고 231
사예문 125, 239, 370, 371
사주지 33, 49, 293
삼국연의 256
서경 151
서번경 372
성무기 93, 289

속통고 61, 210
송사 196, 210, 366, 372
송서 172, 173
수경주 174, 316
수서 177, 313
시경 34
신당서 179, 315

**[ㅇ]**
안남기략 81
양서 170, 310
열녀전 320
영길리이정기략 96
영애승람 323
영환지략 96, 290
오문기략 105
외국사략 49, 100, 252
일통지 51, 130
임읍기 174

**[ㅈ]**
전계 81
정문록 287
제번지 373
주고 106
주역 34
지구도설 248
지구전도 49
지리비고 50, 99, 248
직방외기 49, 71
진랍풍토기 372
진서 168, 308, 316

**[ㅊ]**
천문지구합론 51

**[ㅎ]**

해국문견록 154, 157, 244, 289, 371

해록 209, 289, 328, 371

해어 324

황청통고 125, 152, 156, 239, 370-372

## 해국도지(四) 개념 색인

**[ㄷ]**

동인도 회사 255

**[ㄹ]**

레씨 81, 95, 128, 130

레 왕조 80, 131, 289, 292

**[ㅁ]**

막씨 93, 156, 371

막 왕조 131

**[ㅇ]**

이슬람 71

**[ㅈ]**

짜끄리 왕조 250

**[ㅊ]**

참파족 92

**[ㅌ]**

퉁구 왕조 322

**[ㅎ]**

홍모국인 153

흠천감 49

**저자 소개**

위 원 魏 源(1794~1857)

청대 정치가, 계몽사상가이다. 호남성湖南省 소양邵陽 사람으로 도광
2년(1822) 향시鄕試에 합격했다. 1830년 임칙서 등과 함께 선남시사宣
南詩社를 결성해서 황작자黃爵滋, 공자진龔自珍 등 개혁적 성향을 지닌 인
사들과 교류했다. 1840년 임칙서의 추천으로 양절총독 유겸裕謙의 막
료로 들어가면서 서양에 관심을 갖게 되었다. 같은 해 임칙서에게서
『사주지』를 비롯해 서양 관련 자료를 전해 받고『해국도지』를 편찬
했다. 주요 저작으로는『공양고미公羊古微』,『춘추번로주春秋繁露注』,『성
무기聖武記』 등이 있다.

## 역주자 소개

정 지 호 鄭址鎬

도쿄대학 대학원 인문사회계 연구과에서 박사학위를 취득하고 현재 경희대학교 사학과 교수로 재직 중이다. 주요 연구로 중국의 전통적 상업 관행인 합과合夥 경영 및 량치차오梁啓超의 국민국가론에 대해 다수의 논문을 발표했으며 현재는 귀주貴州 소수민족 사회에 대한 연구를 진행하고 있다. 저서로는 『합과: 전통 중국 상공업의 기업 관행』, 『키워드로 읽는 중국의 역사』, 『진수의 《삼국지》 나관중의 《삼국연의》 읽기』, 『한중 역사인식의 공유』(공저)가 있으며, 역서로는 『애국주의의 형성』, 『중국근현대사 1: 청조와 근대 세계』, 『동북사강』 등이 있다.


이 민 숙 李玟淑

한국외국어대학교에서 중국고전소설로 박사학위를 받았으며, 현재 한국외국어대학교에서 강의하고 있다. 고서적 읽는 것을 좋아해서 틈틈이 중국 전통 시대의 글을 번역해 출간하고 있다. 특히 필기문헌에 실려 있는 중국 전통문화를 이해하고 재구성하는 것에 관심이 많다. 저서로는 『한자 콘서트』(공저), 『중화미각』(공저), 『중화명승』(공저), 역서로는 『태평광기』(공역), 『우초신지』(공역), 『풍속통의』(공역), 『강남은 어디인가: 청나라 황제의 강남 지식인 길들이기』(공역), 『임진기록』(공역), 『녹색모자 좀 벗겨줘』(공역), 『열미초당필기』 등이 있다.

고 숙 희 高淑姬

성균관대학교 대학원에서 중문학 박사학위를 받았으며, 현재 중앙
승가대학교에서 강의하고 있다. 동서양 고전을 즐겨 읽으면서 동서
양 소통을 주제로 한 대중적 글쓰기를 시도하고 있다. 특히 18세기
한중 사회의 다양한 문화에 대해 큰 관심을 가지고 소소한 글쓰기를
하고 있다. 최근에는 법의학과 전통 시대 동아시아 재판 서사에 대
해 깊은 관심을 가지고 연구를 진행 중이다. 저서로는 『고대 중국의
문명과 역사』와 『중국 고전 산문 읽기』가 있고, 역서로는 『송원화본』
(공역), 『중국문화 17: 문학』, 『백가공안』, 『용도공안』, 『열두 누각 이야
기十二樓』, 『新 36계』 등이 있다.


정 민 경 鄭暋暻

중국사회과학원에서 중국문학 전공으로 박사학위를 받았다. 현재
제주대학교 중문과 조교수로 재직 중이다. 중국소설과 필기를 틈틈
이 읽고 있으며 중국 지리와 외국과의 문화 교류에도 관심이 많다.
저서로는 『옛이야기와 에듀테인먼트 콘텐츠』(공저), 『중화미각』(공저),
『중화명승』(공저)이 있고, 역서로는 『태평광기』(공역), 『우초신지』(공역),
『풍속통의』(공역), 『명대여성작가총서』(공역), 『강남은 어디인가: 청나
라 황제의 강남 지식인 길들이기』(공역), 『사치의 제국』(공역), 『(청 모종강
본) 삼국지』(공역) 등이 있다.

해국도지
海國圖志